저마다의 길

18세기 개인의 발견 **4**

유 한 준 평 전

저마다의 길

박경남 지음

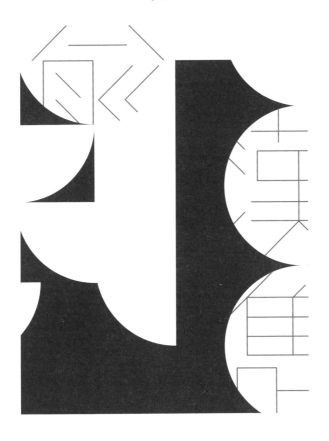

글항아리

멀리 갔다가 되돌아온 느낌이다.
쳇바퀴 같기도 하고,
포물선을 그리며 되돌아온 부메랑 같기도 하다.
제자리인 줄 모르고
맹목적으로 달리다
내가 던진 부메랑에 가슴을 맞고
문득 한 발자국도
가지 못했음을 깨닫는다.

저암공에게,
함께 가준 벗들에게,
다른 누구보다 나 자신에게
미안하고 아프다.

편견이란, 무섭다.

한번 굳어진 생각은 좀처럼 바뀌지 않는다.

모든 사단은 『과정록』에서 비롯되었지만,

사람들은 여전히 지극히 사적인 그 기록을

공정한 판결문처럼

금과옥조로 떠받든다.

살아남은 아들이 백세의 원수라고 하자

두 사람은 손가락 한마디 길이의 편지로 인해 원수가 되었고,

한 사람은 한갓 질투심으로 남의 묘를 파헤치는 파렴치한이 되었다.

죽은 두 사람은 말이 없고,

아들의 기록만이 남아

그렇게 불구대천의 원수가 되어버렸다.

굳은살처럼 배긴 오래된 생각에

조금의 균열이라도 낼 수 있다면

연암과 저암은 흐뭇해할까?

아니면

『과정록』의 기록으로

남아 있기를 바랄까?

저마다 길이 있다.

나의 홑눈과

똥파리의 겹눈이 다르듯,

천 개의 눈에는

수천의 세상이 담겨 있고,

그마저도 시시각각 변한다.

똥파리의 툭 튀어나온 눈을

사람들은 우습게 보지만,

그의 영롱한 눈은

무려 이만팔천 개의 낱눈이 모여

어두운 곳에서도 빠르게 움직이는

물체를 포착한다.

홑눈에 맺힌 상과 이만팔천 개의 낱눈에 비친 상이 다르듯,

서로 다른 몸을 가진 너와 나는

다르게 느끼고 생각한다.

잘못된 길이 그의 감각에는 옳게 느껴진다면,

때로 만나 피 튀기며 싸우더라도

헤어져 가는 그의 길을 숙명처럼 받아들여야 한다.

따로 또 같이

우리는 잠시 만났다가

따로 또 따로

자기 길을 걸어갈 뿐이다.

그 길 끝에 다시 만날 것을 믿지만,

다시 만나지 못할 수도 있음을

알고 있다.

툭 건드리자

혁은 모든 일을 주도했고,

욱은 동시에 많은 일을 잘해냈고,

영은 뒷일을 도맡아주었다.

민족문화연구원 잔디밭을 지나

연구실 옆방으로 그들이 출입하자

검은 고양이는 이른 아침부터

우두커니

대문을 바라보기 시작했고,

하루의 집필을 마치고

팔리지 않는 빈집에서

세 사람은 밤새도록

끝나지 않는 노래를 부르다

스르르 잠이 들기도 했다.

정선에서

서로의 글을 읽어주던

그날 새벽,

나는 무언가에 취한 듯

동해 무릉계곡에 가서

저암의 이름이 새겨진

너럭바위에 대자로 누워

볼품없이 흉측하게 크기만 한 글자들이

정녕 내가 아는 저암의 행위인가 의심했다.

이윽고 계곡 상류를 거슬러 올라

용추폭포에 도달해

검은 못 한가운데로 수직 낙하하며 굉음을 내는

그 옆 바위에 새겨진,

또 다른 그의 이름을 발견하고
비로소 나는 안도했다.
바위에 깊은 생채기를 내며 새긴 이름은
흉물이 되었고,
비바람에 씻기고 물에 부딪혀
자연스레 사라지려고 하는 이름은
예술이 되었다.
우리의 추억도 그렇게
세월의 시간 속에 희미해져갈수록
더욱 아름다워질 것이다.

이 책은 박사 논문을 토대로
그 후에 차곡차곡 쌓인 글들을
'18세기 개인의 발견'이라는 평전 기획에 맞게
새롭게 쓰고 다듬어 배치한 것이다.
이 과정에서 새로 추가된 부분도 있고,
여전히 이 책 바깥에,
혹은 머릿속에 이미지로 남아 있는 부분도 있다.
대충 보고 함부로 말하기는 쉽지만,
깊이 알수록 말도 글도 자꾸 머뭇거린다.
십여 년 전
박사 논문을 쓰며 품었던 의문이
평전을 쓰면서 비로소 글이 될 수 있었다.
또 얼마나 기다려야 차오른 생각이

한 편의 글로 나타날 수 있을까?
재바르지 못한 나를 탓하며
그저 묵묵히
나의 길을 걸어갈밖에.

언제나 아빠를 애타게 기다리는 딸에게,
자는 척 무심히 도시락을 챙겨놓는 아내에게,
천명天命을 모르는 오십의 아들을 걱정하는 팔순의 아버지께
이 책이 자그만 선물이 되었으면 좋겠다.

2021년 5월
빛이 들지 않는 지하 방에서
햇살 가득한 연구실로 이사 온 후
박경남 쓰다

저마다의
길

5장 나만의 문학, 개인의 발견

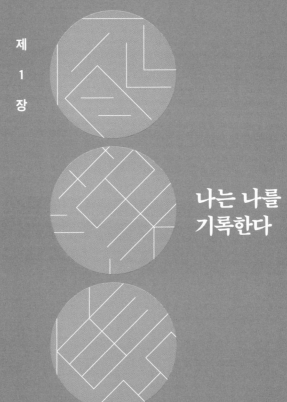

나는 나를
기록한다

나의 일과 행실을 차라리 내가 묘지명으로 쓰면 진실하고 확실하며
간략하고 과장되지 않아 오히려 믿을 만할 것이다.
이에 스스로 묘지명을 짓는다.

스스로 묘지명을 짓다

1

어느 날 문득 죽음이 임박했다고 느낀 한 노인이 잠에서 깨어 고요한 밤에 잠 못 이루고 있다. 자신도 모르게 눈이 번쩍 뜨인 이 노인은 어떤 또렷한 생각에 이끌려 침상에 누워 지나온 일을 회상한다. 70여 년의 세월이 눈 깜박하는 순간에 꿈처럼 지나간 듯하다. 어린 나이에 부친과 형을 잃고 가장이 된 기억과 세상의 훌륭한 글을 모두 읽고 불후의 문장을 남기고자 밤을 지새웠던 나날들, 느지막이 시작했던 관직 생활의 보람과 후회, 거침없는 생각과 소중한 만남들을 글로 표현했던 순간들이 모두 꿈처럼 다가왔다가 이내 허물어졌다. 문득 자신의 문학과 저술이 껍데기 같다는 생각이 들어 노인은 회한 섞인 감정에 휩싸여 편안히 다시 잠들 수 없었다. 그리고 어떤 식으로든 자신의 삶을 기록해야 할 것 같았다.

나의 묘지명

자신의 글이 덧없게 느껴지는 순간에도 결국 이 노인이 불면의 밤을 치유하고자 선택한 것은 스스로를 돌아보는 자기만의 글쓰기였다. 지나온 삶에 대해 짧고도 긴 명상에 잠겼던 그는 이내 가지런히 몸을 정돈하고, 집에 있을 때면 책을 보거나 글의 초안을 잡았던 서안書案에 앉아 글을 써내려가기 시작했다. 죽음이 얼마 남지 않았다는 직감에 더욱 또렷해진 정신과 잠들지 않는 육신을 달래기 위해 그는 오늘 자신만의 묘지명墓誌銘을 쓰기로 했다. 그 누구도 자신보다 자기를 더 잘 알지 못하고, 자기보다 정직하게 자신의 삶을 기술할 수 없기 때문이다.

> 세상 사람들을 보니, 부모님께서 돌아가시면 소위 행장을 갖추어, 먹고 마시고 일어나 머무르신 것까지 날마다 수시로 행하신 일들을 티끌 하나 빠짐없이 다 쓰지 않음이 없다. 행장을 가지고 나와, 벼슬아치들을 주욱 훑어보고는 관직이 높고 권세가 있는 사람을 택해 묘지명을 부탁하니 명銘을 쓰는 자가 또한 어찌 묘지명의 법도를 알 수 있겠는가? 자제들의 뜻에서 벗어날까 염려하며 하나도 빠뜨리지 않고 쓰고자 하는 것들을 다 쓰니 이 때문에 묘지명의 말을 믿을 수 없는 것이다.[1]

그렇다. 부모님의 죽음 앞에 자식들이 할 수 있는 최선의 일은 다만 그분들을 기억하는 것이리라. '티끌 하나 빠짐없이' '먹고 마시고 일어나 머무르신' 모든 사소한 일까지 행장에 적어, 어떻게든 관직이 높고 권세 있는 명망가를 찾아 부모님의 묘지명을 짓는 것이 자식 된 도리를 다하는 것일지도 모른다. 하지만 천생 글쟁이인 이 노인은 그것이 못마땅하다. 묘지명이란 죽은 이의 삶에 대한 엄정한 평가여야 하거늘, '자제들의 뜻에서 벗어날까' 눈치나 살피며 자식들이 원하는 대로 시시콜콜 그의 일생을 다 적어낸다면, 그리고 그들이 바라는 대로 망자(亡者)의 일생을 찬양하기만 한다면, 과연 '그 묘지명의 말을 믿을 수가' 있는 것일까?

'정직한 글쓰기'는 이 노인이 평생 견지했던 글에 대한 태도였고, 그것은 바꾸어 말하면 '거짓 없는 삶'에 대한 그의 열망이자 희구였다. 죽음을 마주한 묘지명이라는 글 앞에 그는 더욱 자신에게 정직하고 싶었고, 그래서 어떤 과장도 없이 사실만을 간략하게 기록하고 싶었다. 불행히도 그가 아끼던 아들이 그보다 먼저 세상을 뜬 까닭에, 아니 바로 그랬기 때문에 다행히도 그는 자식들이 쓴 '행장의 신뢰할 수 없는 말에 기대어 무궁함을 도모'하지 않을 수 있었고, 자신의 일생을 스스로 기록할 수 있었다.

> 쓰지 않는 것이 없는 행장의 신뢰할 수 없는 말에 기대어
> 무궁함을 도모하느니, 차라리 나의 일과 나의 행실을 내
> 가 묘지명으로 쓰면 진실하고 확실하며 간략하고 과장되
> 지 않아 오히려 믿을 만할 것이다. 이에 스스로 묘지명을
> 짓는다.[2]

자신의 삶을 스스로 정리하는 이유를 이렇게 밝히고 시작하

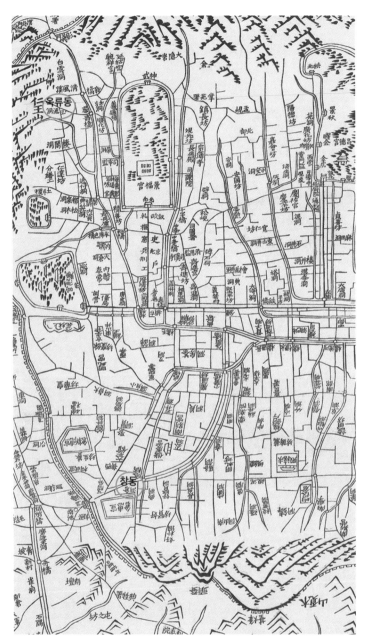

수선전도首善全圖(부분), 100.5×74.5cm, 국립중앙박물관. 유한준은 1732년(영조 8) 인왕산 아래 옥류동玉流洞에서 태어나 34세가 되는 1765년(영조 41), 남산[木覓山] 아래 태창(太倉: 宣惠倉)이 있는 창동倉洞으로 이사간다. 옥류동 시절 그는 동자童子로서 집안 어른들을 따라 시회詩會에 참석했으며, 창동에서는 자신의 거처를 중심으로 '남촌시회南村詩會'를 열었다.

는 이 묘지명을 쓴 해는 노인의 나이 77세인 무진년[3]으로, 이는 서기로 환산하면 1808년(순조 8)이고, 이 글을 쓴 시기는 대략 5월 어느 여름날 밤으로 추정된다. 사후가 아닌 살아생전에 묘지명을 작성하기에 "졸년卒年과 장지葬地는 마땅히 나중에 기록하기로 하였다."[4]

나의 이름은

한여름 밤에 홀로 깨어 임박한 죽음을 마주 보며 스스로 묘지명을 쓰고 있는 일흔일곱의 이 노인은 누구인가? 이제 그만 그의 이름을 밝힐 때가 된 것 같다. 노인의 마음을 이해하기 위해 에둘러 돌아오긴 했지만, 사실 그의 묘지명은 다음과 같이 스스로의 이름을 밝히는 것으로 시작한다.

> 나의 이름은 한준漢雋이요
> 자字는 만천曼倩이라.
> 曳名漢雋, 字曰曼倩

노인의 이름은 한준이고, 자는 만천이다. 묘지명에는 이렇게 간단히 밝히고 있지만, 처음에 그는 '한경漢烱'이라는 이름과 '여성汝成'이라는 자를 쓰다가 나중에 '한준'과 '만천'으로 이름과 자를 바꾸었고[5] 이 밖에도 친구와 지인들 사이에서는 창애蒼崖와 저암著菴이라는 호로 불리웠다.

『규장각도서 장서인보』 2, 「유한준 장서인」 284쪽. 서면과 인장. 인장에는 자신의 이름 '경㷡'을 풀이한 '上爲日, 下爲火, 離之象也'라는 글자가 전서로 새겨져 있다.

청년기에 쓴 것으로 보이는 「명해名解」라는 글에서 그는 자신의 이름 '한경'에 대한 뜻풀이를 하고 있다. '한漢'은 돌림자이니 특별한 설명이 없고, 다만 '경㷡'이라는 글자만 풀이하면서 글자의 윗부분은 '해[日]'이고 밑은 '불[火]'이니 『주역』 이괘의 상象이라고 하며 그 상에 대한 설명을 이름과 관련짓고 있다. 해는 '비어 있으면서 밝고' 불도 '속은 비어 있지만 사물에 붙어 밝게 타니' 모두 '비어 있음[虛]'과 '밝음[明]'의 이미지이고, '허명虛明'은 전통적으로 '사람 마음'의 덕을 형용하는 말이기도 하다. 마음은 계곡과 같으니 비어 있고 고요하며 그 고요한 마음으로 하나에 집중하면 신묘한 경지에 이르고, 또한 마음은 거울과 같으니 거울처럼 밝고 공정함으로 세상과 소통하면 온 세상의 변화를 이루어낼 수도 있다. 유한준은 이처럼 소싯적부터 밝고 공명정대한 마음으로 세상과 소통하겠다는 의미를 자신의 이름에 부여하면서 그 이름에 부끄럽지 않은 삶을 살겠다고 다짐했던 것이다.[6] '한경'이라는 이름에 남다른 의미를 부여했던 그는 1786년(정조 10) 55세가 되던 해 가전家傳과 함께 '자신의 전自傳'을 작성하면서 '한준'이라는 이름으로 개명한 것으로 보인다.[7] 다만 개명의 이유와 '준雋'자에 대한 의미에 대해서 그는 별다른 언급을 남기고 있지 않다.

또한 그는 1781년(50세)에 쓴 「별호설別號說」에서 풍서豐墅 이공李公(이민보李敏輔)이 자신에게 '창애'라는 호를 지어주었음을 밝히고 있다. 이 글에는 이민보가 유한준의 거처가 창산蒼山(지금의 남산)이고 기상과 문장이 창애蒼崖와 같으니 실제보다 과한 호칭이 아니라고 하며 '창애'라는 호를 쓸 것을 거듭 권유한 정황이 밝혀져 있다.[8] 하지만 유한준은 도학道學·문장文章·공업功業·절의節義·기예技藝 등에 별다른 성취도 없으면서 함부로 호를 써서 스스로를 꾸미거나 자신을 높이는 세태를 싫어했기에[9] 창애라는 호를 선뜻 받아들이지 않았다. 고심 끝에 그는 같은 글에서 창애라는 호를 타산지석으로 삼아 그 호에 의탁할 만한 성취를 이루도록 스스로 더욱 노력할 것을 다짐하고 있다. 그리고 훗날 이 호에 부끄럽지 않다고 생각되면 그때 호를 받아들여도 늦지 않다고 하면서 글을 끝맺고 있다.[10] 이를 통해 그가 호를 쓰는 것에 무척 신중하고, 실제에 맞지 않는 호칭을 내세우며 자신을 과장하거나 꾸며대는 명실상부하지 않은 삶을 매우 경계했음을 알 수 있다.

하지만 그 스스로 호를 쓰지 않으려 했던 것[11]과는 별개로 1765년(34세) 그가 남산 아래 거처를 마련한 이후, 활발한 창작활

정선鄭歠, 「유연견남산도悠然見南山圖」, 종이, 62.7×74.5cm, 국립중앙박물관. 도연명陶淵明, 「음주飮酒」의 한 구절인 '유유히 남산을 바라본다悠然見南山'를 도해圖解한 것이다. 유한준의 호 창애蒼崖는 곧 "창산蒼山"을 가리키는데, 유한준이 남산에 산다고 하여 이민보가 붙여준 호號다.

동과 시회詩會 등의 문예 활동으로 문장가로서 명망이 점차 높아
짐에 따라 그를 아는 벗과 주변 사람들은 자연스럽게 그가 사는
거처를 따서 그를 창애라는 호로 불렀던 것으로 보인다.[12] 또한
1792년(61세) 환갑을 맞아 유한준은 스스로의 글을 모아 『자저自
著』라는 자찬 문집을 펴내는데, 이 문집을 본 사람들은 자연스럽
게 그를 저암著菴이라는 호로 불렀다. 물론 이 역시 그가 원했던
것은 아니었지만.[13]

나의 선조는

이제 다시 묘지명을 쓰는 노인의 붓끝으로 돌아가보자. 서안 위
원고 위에 이름과 자를 간략히 적었던 이 노인은 다음과 같이 그
의 가문을 단출하게 적어나간다.

기계杞溪 유씨는
신라와 고려에 드러났고
조선에서는 부자지간인
경안景安·숙민공肅敏公이 계셨네
고조高祖와 현조玄祖는
거듭 이공貳公에 오르셨고
자교당慈教堂께서는
우옹尤翁을 스승으로 모셨으며
대를 이으신 조부께서는
장수하여 관직도 따라 높아졌네.
杞溪之俞, 歷羅麗顯
國朝兩世, 景安肅敏
至其高[14]玄, 毗皆貳公
維慈教堂, 贄事尤翁
王考其嗣, 耆秩班崇

공수래공수거! 인생이란 결국 빈손으로 왔다가 빈손으로 가
는 것, 한 조각 구름처럼 일어났다 구름처럼 스러지는 것이 아니

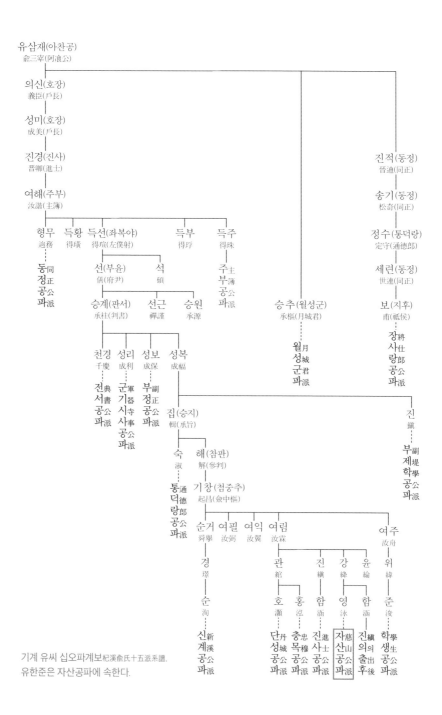

기계 유씨 십오파계보^{杞溪兪氏十五派系譜}.
유한준은 자산공파에 속한다.

겠는가? 보통의 묘지명이었다면 가문의 위세를 드러내느라 장황하게 길어졌을 이 대목에서 노인은 담담하게 가문의 역사를 자신의 기억 속에서 거의 다 덜어내버린다. 그리하여 신라부터 조선까지 유구한 전통이 있는 동방의 대성大姓이자 당대를 대표하는 경화세족京華世族 기계 유씨 천 년의 역사가 단 마흔 글자로 요약되었다.

사실 그의 집안은 기계 유씨가 족보를 만들 때마다 서문을 써온 터라 유한준 역시 기계 유씨 가문의 내력과 선조들의 생애를 누구보다 소상히 알고 있었다. 실제로 그는 자신의 묘지명을 쓰는 이 순간으로부터 22년 전, 그의 나이 55세가 되는 1786년에 족부族父 유언호俞彦鎬(1730~1796)를 대신해 기계 유씨의 모든 파보派譜와 여러 집안에 소장되어 있던 문헌들을 다 열람하고 족보에 서문을 쓴 바 있다.[15] 그리고 그중 자신이 속한 파인 자산공파慈山公派의 가계만을 선별해 신라시대 아찬阿飡을 지낸 시조 유삼재俞三宰부터 자신이 살고 있는 당대까지 스물한 세대 선조들의 생애를 「가전家傳」으로 정리하기도 했다.[16] 유삼재 이후, 신라 말에 절의를 지키다 기계현杞溪縣으로 좌천되었던 유의신俞義臣이 신라시대에 드러난 인물이라면[17] 고려시대에는 유성미俞成美·유진경俞晉卿·유여해俞汝諧·유득선俞得瑄·유선俞儒·유승계俞承桂·유성복俞成福이, 그리고 조선에 들어와서는 유집俞輯이라는 이름이 문헌 기록에 전한다. 하지만 이들에 대한 기록은 누락되거나 모순되는 곳도 있어 유한준은 유집 이전의 선조들에 대해서는 관직명과 이름, 배우자와 묘소 위치 등만을 간략히 「가전」에 기록하고 있다. 그리고 문헌자료의 근거

「오달제가 그린 묵매도吳達濟筆墨梅圖」, 종이, 104.9×56.4cm, 국립중앙박물관.
윤집尹集, 홍익한洪翼漢과 함께 삼학사三學士로 불리는 오달제吳達濟의 매화 그
림. 유한준의 고조 유황은 삼학사를 이어 척화를 주장한 열 명의 사류士流 중
한 사람으로 지목되어 단양에 유배되었다.

가 분명한 유해兪解(1414~1437)·유기창兪起昌(1437~1514)·유여림兪汝霖(1476~1538)·유강兪絳(1510~1570) 및 자산공파의 파조派祖인 유영兪泳(1525~1585)을 비롯하여 그 후계들인 유대의兪大儀(1549~1593)·유성증兪省曾(1576~1649)·유황兪榥(1599~1655)·유명뢰兪命賚(1652~1712)·유광기兪廣基(1674~1757)·유언일兪彦鎰(1697~1747)에 대해서 독립된 전을 짓고 있다.[18]

이 중 노인이 자찬 묘지명에서 특별히 언급하고 있는 경안공景安公은 곧 유여림으로 관직이 정이품 예조판서까지 이르렀고, 숙민공肅敏公은 그의 아들 유강으로 호조판서에 이르렀다. 조선 전기 왕실의 인척 관계를 이용해 사리사욕을 취했던 중종대의 김안로金安老(1481~1537)와 명종대의 윤원형尹元衡(?~1565) 같은 부당한 권력에 맞서 두 사람은 모두 그들의 권력 남용과 잘못된 횡포를 임금께 직언하며 정치를 바로잡고 나라를 평안케 하고자 했다. 그리고 이러한 공적으로 사후에 경안과 숙민이라는 시호를 받았다. 그러니까 경안공 유여림과 숙민공 유강은 부자 2대에 걸친 의기로운 언행으로, 기계 유씨의 후손들뿐만 아니라 국가와 기개 있는 선비들 사이에서 추중을 받았던 인물인 것이다.[19]

한편, 묘지명에 언급된 유한준의 현조玄祖 유성증은 이이첨李爾瞻(1560~1623)과 그 무리의 전횡을 비판하다 사형에 처해질 뻔했으며, 병자호란에는 강화도의 파수대장把守大將이 되어 봉림대군을 끝까지 호위하여, 전쟁이 끝난 후 승지承旨와 참의參議를 거쳐 강원감사에 이르렀다.[20] 고조인 유황은 격렬한 척화론자로 병자호란 당시 순검사巡檢使로 활약했지만, 전쟁이 끝난 후 삼학사를 이어 척화를 극렬히 주장한 열 명의 사류士流 중 한 사람으로 지목되어 단양에 유배되었다. 이후 그는 사면되어 승지가 되었지만 그때도 남한산성과 강화도의 수모와 고초를 잊지 말라고 인조에게 상소할 정도로 의기가 곧은 사람이었다.[21] 유황의 관직도 전라감사에까지 이르렀으니, 두 사람 모두 지방관으로서는 최고 우두머리인 감사, 즉 종2품 관찰사를 역임했기에 똑같이 감사공으로 불렸다. 그리고 또한 이 두 사람은 사후에도 종일품從一品 의정부議政府 좌찬성左贊成에 추증되어 삼정승 아래 관직 서열 제2위의 자리까지 오르게 된다. 묘지명에서 노인이 이 두 분께서 '이공貳公에까지 오르셨다' 한 것은 바로 이를 말한다.

감사공 유성증 신도비. 경기도 남양주시 화도읍 차산리 소재.

결국, 유한준이 「가전」을 통해 드러냈던 기계 유씨의 직계 선조들은 하나같이 두 왕조를 섬기지 않는 절의 있는 신하였고, 왕과 백성의 위험 앞에 자신의 몸을 기꺼이 바치고, 부당한 권력에 맞서 서슴없이 직언을 쏟아내는 의기롭고 기개 있는 선비들이었던 것이다. 묘지명에서 언급하고 있는 증조 자교당慈敎堂 유명뢰 역시 스승 우암 송시열이 1674년(현종 15) 예송 문제로 윤휴尹鑴(1617~1680)와 허목許穆과 대립하여 결국 장기長鬐(지금의 포항)에 유배를 가게 되자 스스로 과거를 그만두고 단양에 은거한 사람이다. 또한 1689년(숙종 15) 소의昭儀 장씨의 아들 윤昀의 원자 책봉을 반대하다 남인들에 의해 우암이 사약을 받

충간공 유황 신도비. 경기도 남양주시 화도읍 차산리 소재. '충간忠簡'은 유황의 시호.

고 죽은 기사환국이 일어나자 그는 더욱 비분강개하여 세상과 단절하고 평생 은둔했으니[22] 스승에 대한 절의를 지킨 인물이라고 하겠다. 여든네 살까지 장수해서 돈령부敦寧府와 중추부中樞府의 노인직을 두루 거친 조부 유광기[23]도 1722년(경종 2) 임인옥사 때 노론사대신 및 공경公卿, 유사儒士 등 당파를 같이하는 동지들과 함께 옥고를 치렀으며,[24] 젊어서 부인을 잃은 후에는 다시 장가들지 않고 50년을 혼자 살기도 했다.[25] 이로 보면, 종묘사직과 왕실 및 정치적 동지들과의 공적인 의리뿐만 아니라, 스승과 아내와의 사적인 신의까지도 가볍게 보지 않는 이 집안의 분위기를 능히 짐작할 수 있다.

직계 선조들의 전기를 작성할 때 이용할 수 있는 모든 문헌 자료를 다 검토한 후, 생생한 일화와 함께 작은 세주까지 달면서 선조들의 일생을 구체적이고 정확하게 기록하려 했던 이 노인은, 자신의 묘지명을 쓰면서는 그마저 집착이라고 생각한 듯, 1만 자에 가까운 「가전」의 기록들을 다만 기억에 의존하며 단 40자로 간단히 요약하고 있다. 그리고 그 맨 끝에는 '때를 만나지 못해 벼슬길이 뜻대로 되지 않아 평생 가난하게 살았던'[26] 종7품 봉상시奉常寺 직장直長을 지낸 부친과 그럼에도 한결같이 남편을 존중하고 돈독하게 지냈던 모친 창녕성씨昌寧成氏를 담담하게 소개하

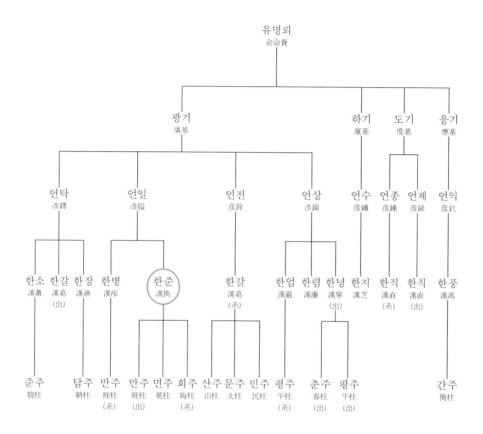

유한준 가계도

고 있다.

> 부친의 휘는 ○○으로
> 관직은 낮았지만 존경을 받았네
> 모친은 창녕의
> 성씨 집안으로
> 그 부친은 필승必升이며
> 한결같이 아름답고 돈독하셨네.
> 考諱○○, 官卑標尊
> 妣惟昌寧, 成氏之門
> 其考必升, 壹懿咸敦

물론 신라부터 조선까지 내려오는 가문의 천 년 역사를 1만여 자가 아닌 백 자도 안 되는 짧은 말로 요약한 데는, 다른 무엇보다 산문적 기록에 충실한 전傳과 4언체의 시로 작성된 명銘의 형식적 차이가 있었을 것이다. 또한 노인이 묘지명에서 스스로 말하고 있듯 대를 이어 내려온 계파와 존함들, 관력과 행적은 이미 선조들의 비문에 상세하게 적혀 있기 때문에[27] 굳이 따로 쓸 필요가 없어서이기도 할 것이다. 그러나 한편 이 노인이 젊은 시절 3900여 자의 「광한부廣韓賦」라는 6언체 장편 사부辭賦를 거뜬히 지어냈던 것을 생각하면 단지 운문이라는 형식적 요인이 그의 글을 짧게 만든 것만은 아닐 것이다. 죽음이 임박한 자신의 삶을 가만히 되돌아보니, 살아오면서 이미 많은 말을 쏟아냈고 또한 이미 글로 써놓은 많은 기록이 자신과 선조들의 삶을 증거하고 있기에 노인은 저절로 말수가 줄어들었던 것이리라.

죽음이 삶을 덜어내어 소멸하는 것이라면, 우리 삶 속에 흩어진 그 많은 말과 글을 덜어내지 않고서 우리가 어떻게 담담하고 홀가분하게 자기 삶을 떠나보낼 수 있겠는가? 우리네 삶이 '응애'하는 외마디 말에서 시작하는 것이라면, 또한 죽음이란 삶의 소멸과 함께 찾아오는 말의 소멸이 아니겠는가? 그런 까닭에 죽음을 담담히 받아들이는 자는 말수가 적고, 죽은 자는 또한 말이 없는 법이다.

그가 평생 머물렀던 곳

나의 문학은

노인이 묘지명에서 호명한 선조의 삶을 따라 읽어오면서, 민감한 독자들은 이미 눈치챘을 수도 있겠지만, 유한준의 직계는 증조 유명뢰 이래로 포의布衣로 은둔하거나 음직으로 관계에 나가 변변치 않은 관직을 전전했기에 가세가 점점 기울기 시작했다. 물론 이들의 은둔과 벼슬길의 막힘은 고조 유황 이후 격렬히 척화를 주장했던 이 집안의 내력과 관련이 있다. 그들은 스스로 출사 자체를 거부하기도 했고, 또한 기사환국 및 신축·임인옥사의 전개와 그 해결 과정에서 이 가문 사람들이 표방했던 강경한 노론적 입장으로 인해 노론의 정치적 패퇴와 운명을 같이하기도 했다.

그러나 그 이유야 어쨌든 때를 만나지 못한 이 불우한 시절이 증조, 조부, 부친을 거쳐 유한준에 이르기까지 4대째 계속되면서 청년기의 유한준은 극심한 가난에 시달려야 했고 그 가난을 견딜 수 있도록 도와주었던 것이 바로 그의 문학이었다. 다음은 스무 살 이전의 자신의 모습을 회상하고 있는 자찬 묘지명의 한 대목이다.

노인이 태어난 해는

원릉元陵 때로

그해는 두보와 같고

그날은 석가보다 앞서네

어려서는 재바르고 빨라

문장에 조금 눈을 떴네.

나이 열여섯 열일곱에

부친과 형이 돌아가셔서

어릴 땐 호서湖西에 살면서

몽당붓으로 춤추듯 붓을 놀렸지.

안취범安取範 공께서

가난하고 미천한 나를 가엾게 여겨

그 딸을 시집보내고

옷과 음식을 보내주셨지.

叟之降生, 在元陵时

年符子美, 日先如来

幼躁而傀, 文竇略開

年十六七, 父亡兄卒

童羈湖曲, 毡禿勃窣

安公取範, 憐其窮微

以女妻之, 賜食與衣

'원릉'은 영조의 능호다. 또한 묘지명의 원문에는 앞 네 구절의 바로 아래에 '노인은 영종 임자년 4월 7일생으로, 두보가 임자생이며, 석가속불釋迦俗佛은 4월 8일생이다'[28]라는 세주가 달려 있다. 이를 종합하면 이 노인의 생년월일은 영조 재위 시대의 임자년, 곧 1732년(영조 8) 음력 4월 7일이다. 시성 두보처럼 시를 잘 쓰고 불성 석가모니처럼 중생을 구제한 위대한 성인이 될 수 있다면 그보다 더 좋은 삶은 없겠지만 이 평범한 아이는 달리 특별한 점은 없고 다만 문학적 재능이 조금 있을 뿐이었다.

노인의 젊은 시절은 그다지 밝지 못했는데 그것은 선대부터 내려온 익숙한 가난에 더하여 10대 중반부터 찾아온 부모 형제와 친지의 죽음에 직면해야 했기 때문이다. 노인이 스스로 묘지명에서 회상하고 있듯 '나이 열여섯 열일곱에, 부친과 형이 돌아가셔서' 그는 호서 지방, 즉 자형 김려행金礪行이 살고 있는 충청도 예산군 덕산에 내려와 몸을 의탁해야 했다. 묘지명에는 이 당시 자신의 모습을 '어릴 땐 호서에 살면서 몽당붓으로 춤추듯 붓을 놀렸지'라고 묘사하고 있는바, 스무 살도 채 되지 않은 이른 시절에 부친과 형마저 잃고 덕산의 자형 집에 내려와 홀로 울적한 마음을 달래며 다 떨어지고 해진 몽당붓으로 쓰고 또 쓰며 울울한 가슴을 달랬을 그의 모습을 상상하니 마음이 아프다. 그렇게 글로 자신의 마음을 풀어내며 가슴 답답한 세월을 보내고 있던 이듬해 유한준은 그의 처지를 가엾게 여긴 장인 안취범安取範의 배려로 나이 열여덟에 이웃집 처자를 맞아 혼인하게 된다. 주위에 살며 그의 글재주를 눈여겨보았던 안취범 공은 가난하고 미천한 유한준을 가엾게 여겨 자신의 딸을 시집보내고 옷과 음식을 보내 주었으니, 가장 어렵고 가망 없는 순간에 자신을 믿고 지지해 준 장인어른의 그 속 깊은 배려를 죽음에 임박한 순간까지 차마 잊을 수 없었던 것이다.

하지만, 장인어른이 베푼 은혜로 얻게 된 이런 기쁨과 위안은 안타깝게도 그리 오래가지 못했다. 노인은 묘지명에서 자신의 불행을 애써 감추고 있지만, 소싯적 유한준 앞에는 더 많은 죽음이 기다리고 있었다. 아버지와 형이 돌아가신 후 폐결핵을 앓아 가쁜 숨을 내쉬며 식은땀에 젖어 있는 어린 유한준을 어머니의 간곡한 부탁으로 호서에 있는 자기 집으로 데리고 왔던 자형은 수개월 동안 어린 그를 보살피다 갑작스레 세상을 떠나게 된다.[29] 또한 궁핍한 시절 자신을 보듬어 안아주었던 그의 장인마저 유한준이 스물다섯 살이 되던 해에 돌아가시고 그 이듬해에는 누이가,[30] 그다음 해에는 어머니마저 세상을 하직한다.[31] 가족들의 연이은 죽음으로 스물일곱의 나이에 그는 부모 형제도, 기댈 만한 외가와 친척도 없는 고아와 같은 신세가 되었으니, 서른 살이 되기도 전에 가난과 죽음은 이 노인에게 이미 너무도 가깝고 친숙한 것이었다. 의지할 데 없는 외롭고도 고달픈 상황은 계속되었고 또한 갈수록 심해졌으나 위로는 마음 놓고 하소연할 부모 형제도 없이, 또 생계를 꾸려나갈 번번한 관직도 없이 그는 다만 연약한 아내와 병든 형수님, 아들 하나와 두 조카를 데리고 함께 살면서 하루하루의 끼니를 걱정하며 힘겨운 삶을 헤쳐나가는 가장의 역할을 해야 했던 것이다.[32]

이렇게 힘겹고 어두운 시절 그를 위로한 것이 바로 문학이었고, 문학만이 그가 즐길 수 있는 유일한 낙이었다. 묘지명에는 뒤이어 이런 대목이 나온다.

딱히 즐겨하는 게 없지만
문장만은 즐겨했지.
처음 문장을 배울 때는
진한秦漢의 글을 닥치는 대로 읽었지.
장자의 해학과 굴원의 원망
사마천의 거침없음과 한유의 기이함을
빨고 뜯고 뼈까지 발라먹다가
50년이 훌쩍 지나버렸네.
性無所嗜, 嗜在文辭
初下手時, 秦漢外馳
莊諧屈怨, 馬肆韓奇
嘬膿鑽剔, 垂五十朞

노인은 스물 즈음에 처음 고문을 배웠는데,[33] 젊은 시절부터 오랫동안 이 노인이 좋아했던 문장은 진한 고문과 한유의 글이었다. 그는 자신과 비슷한 슬픔과 울분을 가진 문장가들의 글을 닥치는 대로 읽으며 자신의 불행을 달랬으니 장자·굴원·사마천·한유 등의 글에 심취해서 50년의 세월을 보냈다고 말한다. 젊은 시절 노인에게 문학이란 무엇보다 부모 형제를 모두 잃고 힘겨운 세상을 혼자 살아가야 하는 외로움을 달래는 유일한 탈출

구었다. 그는 마음속 울분을 글로 쏟아냈던 사마천과 같은 이들에게 공감하며 그들의 말과 글이 주는 맛에 흠뻑 빠져들어 '빨고 뜯고 뼈까지 발라먹으며' 허기진 마음과 불우한 처지를 달랬다. 자기 한 몸 가눌 수 없는 궁핍함을 오로지 글을 통해 위로하며 자신의 소박한 꿈과 자유로운 생각과 벅찬 감정들을 마음껏 표출하면서 즐거움과 위안을 찾을 수 있었던 것이다.

나의 관직은

노인은 그 자신의 묘지명에서 아주 담담하게 자신이 평생 거쳐 갔던 관직을 간략히 기술하고 있는바, 한편으로는 그의 목소리를 통해 그가 지냈던 관직을 되돌아보고, 다른 한편으로는 묘지명에 다 담을 수 없었던 그의 관력들을 여타의 문헌 자료들을 참고해서 연도별로 재구성해 그의 삶에 조금이나마 더 가까이 접근해보도록 한다. 노인은 다른 사람들에 비해 늦깎이로 벼슬살이를 시작했지만, 늦은 만큼 사회 현실에 대한 깊은 고민이 있었다. 말단의 중앙 관직을 착실히 거치며 경험을 쌓은 후, 한 지방을 관할하는 지방관이 되었을 때는 의욕적으로 현실을 개혁하고자 했다. 문장가로서뿐만 아니라 사회개혁가로서 가장 빛났던 순간이기도 했던 시절을 그의 글을 통해 되돌아봄으로써, 그가 관직 생활을 통해 개선하고자 했던 것들이 무엇이었는지 살펴보기로 하자.

자라서 어른이 되면서는

연도	연령	관력
1768 (영조 44)	37	2월 22일, 진사시進士試에 급제. 3등 60위로 급제 당시 이름은 유한경.
1771	40	2월 11일, 음직蔭職으로 영릉참봉寧陵參奉(종9품)에 임명.
1772	41	10월 5일, 사옹원司饔院 봉사奉事(종8품)에 임명. 10월 24일, 의금부義禁府 도사都事(종9품)에 임명.
1773	42	10월 10일, 의금부 도사에서 체직.
1776	45	3월 7일~7월 28일, 빈전도감殯殿都監 감조관監造官으로 종사. 8월 17일, 군자감軍資監 주부主簿(종6품)에 임명. 12월 8일, 형조좌랑刑曹佐郎(정6품)에 임명.
1777 (정조 1)	46	4월 18일, 형조정랑刑曹正郎(정5품)에 임명. 7월, 경상도 군위현감軍威縣監(종6품)에 임명.
1779	48	6월, 군위현감에서 체직.
1781	50	10월, 형조정랑에 임명. 11월, 한성부漢城府 서윤庶尹(종4품)에 임명.
1782	51	6월, 한성부 서윤으로 도청都廳의 낭청郎廳에 차출. 8월 14일, 황해도 해주판관海州判官(종5품)에 임명.
1784	53	12월, 해주판관에서 체직. 12월 25일, 전라도 익산군수益山郡守(종4품)에 임명.
1785	54	7월, 익산군수에서 체직.
1787	56	8월 6일, 사도시司䆃寺 첨정僉正(종4품)에 임명. 10월 10일, 경기도 부평부사富平府司(종3품)에 임명.
1789	58	1월, 부평부사에서 체직. 3월, 충청도 청주목사淸州牧使(정3품)에 임명.
1790	59	1월, 청주목사에서 체직.
1792	61	12월 28일, 오위五衛의 부사과副司果(종6품)에 제수.
1794	63	3월, 경기도 김포군수金浦郡守(종4품)에 임명. 11월, 김포군수에서 체직.
1796	65	2월 12일, 사복시司僕寺 첨정(종4품)에 임명. 7월, 사복시 첨정에서 체직. 7월 25일, 강원도 삼척부사三陟府使(종3품)에 임명.
1798	67	12월 18일, 삼척부사에서 체직.

학예學藝 또한 조금 넉넉해져서

늦게 소과小科에 급제하여

영릉참봉이 되었네.

시종 벼슬을 옮겨 다녀

사옹원과 의금부를 거쳤고

영조께서 승하하셨을 때는

혼전魂殿을 살피었네.

일을 마치고 승진하여

군자감 주부가 되었고

좌랑에서 정랑까지

형조에 있다가

나산羅山(군위) 현감으로 나가

3년 후에 사임했네.

형조刑曹와 경조京兆에 선발되었고

수양首陽(해주)의 관리가 되었으며

남쪽의 금마金馬(익산)로 옮겼다가

집으로 돌아오니 편히 쉴 틈이 없었네.

나중엔 사도시 첨정이 되고

다시 계양桂陽(부평)의 관리가 되었으며

목사牧使로 승진하여

상당上黨(청주) 마을에 부임했네.

상당에서 1년을 지내고

4년 동안 한가로이 지낸 후에

금릉金陵(김포)을 잠깐 다스리고

사복시에도 몸을 담갔네

멀리 삼척三陟에 부임하니

바다는 아름답고 기이했지

지방관을 일곱 번 지냈더니

어느새 고희를 바라보네.

既長既大, 藝亦稍瞻

晩而小成, 仕於寧寢

始轉終落, 天廚金吾

英考禮陟, 魂殿身紆

事竣而升, 乃主資簿

從佐至正, 卽于秋部

出監羅山, 三載棄綬

甄自秋兆, 視首陽篆

南徙金馬, 歸未席煖

後僉導寺, 復吏桂陽

升而爲牧, 上黨之鄕

爲黨一朞, 在散四年

金陵電治, 閟寺泡緣

去長悉直, 海寶瓌奇

七佩郡符, 年且迫稀

극심한 가난에 시달리면서도 문학을 자신의 운명으로 받아들이며 30대 중반까지 힘겹고 어두운 시절을 문학을 통해 위로받으며 보냈던 노인에게도 드디어 관직 생활의 기회가 주어졌다. 노인은 1768년 그의 나이 서른일곱에 비로소 진사시에 급제했고, 마흔이 되어 음직으로 최말단 관직인 종9품 참봉 벼슬을 얻어 벼슬길에 오른다. 이후 사옹원 봉사, 의금부 도사, 빈전도감 감조관 등 말단 관직을 차근차근 거친 후, 마흔다섯에 군자감 주부, 형조좌랑을 거쳐 그 이듬해에 정5품 형조정랑에 임명된다.

1771년 나이 사십에, 그것도 음직으로 얻은 종9품의 미관말직에 불과했지만, 유한준은 경기도 여주에 있는 효종과 부인 인선왕후가 묻힌 영릉의 참봉이 되어 왕릉을 관리하는 묘지기로서 정성을 다했다. 또한, 1776년 영조께서 승하하셨을 때는, 영조의 장례 준비를 하는 빈전도감에 차출되어 감조관으로 일하면서 돌아가신 임금의 영혼이 종묘에 입향할 때까지 혼전을 지키며 영조의 신위를 성심으로 살폈다. 이 공로가 인정되어 그는 감조관의 직무를 끝마친 후 곧바로 군수품 출납을 관장하는 군자감 주부로 승진했고, 그해 12월 현재의 법무부와 유사한 역할을 하는 형조의 좌랑이 되었다가 1777년 4월, 마흔여섯의 나이로 정5품인 형조정랑에까지 오른다. 왕릉을 지키는 말단 관리소장으로 출발하여 몇 번의 이직과 승진을 반복하며, 6년 만에 중앙 행정부의 법사法事를 담당하는 5급 사무직 행정관이 된 셈이다.

애초에 워낙 늦게 관직에 진출한 까닭에 스무 살 이전에 과거에 급제하여 사헌부·사간원·홍문관 등 삼사의 요직을 두루 거친 젊은 유망주들에 비하면, 그리고 이미 불혹을 훨씬 넘긴 그의 나이에 비하면, 형조정랑이라는 관직은 평범하다 못해 보잘것없을 수도 있겠다. 하지만 마흔 살인 데다가 음직으로 관직에 들어선 그의 핸디캡을 감안하면, 늦깎이로 시작된 그의 관직 생활은 비교적 순탄하고도 착실한 상승 가도를 걸었다고 할 만하다.

이후 유한준은 잠깐 동안 형조정랑에 다시 부임하거나 한성부 서윤 및 사도시 첨정에 임명되는 등 중앙관직을 간간이 지내기도 했지만, 1777년 마흔여섯에 경상도 군위현감에 부임한 뒤로는 1782년(51세) 황해도 해주판관, 1784년(53세) 전라도 익산군수, 1787년(56세) 경기도 부평부사, 1789년(58세) 충청도 청주목사, 1794년(63세) 경기도 김포군수를 거쳐 1796년 예순여섯의 나이에 강원도 삼척부사(종3품)에 부임하여 고희를 바라보는 예순일곱에 퇴임하기까지 총 일곱 번의 지방관을 역임한다.

결국 노인은 40대 중반부터 고희를 바라보는 70대 중반까지 거의 30년을 지방관으로 재직하며, 서울을 벗어나 경상·황해·전라·경기·충청·강원 등 전국을 두루 돌아다녔다. 서울과는 또 다른 지방의 팍팍한 현실을 목도하며 목민관으로서의 자기 소명을 다하고자 했던 것이다. 특히 지방관으로 처음 부임했던 경상도 군위현감과 황해도 해주판관 시절에는 전정田政(농지세), 군정軍政(병역세), 환곡還穀(양곡대여)의 폐단을 지적하고, 이로 인해 발생한 유민들의 비참한 생활을 고발하며 그 폐단을 적극적으로 시정하려고 했다. 이 사이에 노인은 유형원柳馨遠(1622~1673)의 『반계수록磻溪隨錄』을 읽고 깊이 공감하며 「유형원전柳馨遠傳」을 지어 그의 개혁책을 널리 선전하고자 했다.[34] 또한 세금 수취 과정에서 온갖 부정을 행하며 사리사욕을 챙기는 아전들과 세금을 내지 않는 지방 사족의 횡포를 지적하는가 하면, 민생을 보살피고 학문에 정진하기보다는 당색과 정파의 이익에만 집착하는 서원 및 사족들의 잘못을 신랄히 비판하는 등 실천적 개혁가로서의 면모를 보여주는 여러 글을 남겼다.

> 관의 세 가지 정사政事는
> 전정·군정·환곡이니
> 나라의 율령은
> 거역할 수 없다네.
> 백성이 곡식을
> 해마다 반환해도
> 향리들이 쥐새끼처럼
> 곡식을 훔치네.
> 官有三政, 惟田兵糶
> 國之絜令, 理不可逆
> 民反其穀, 以年以歲
> 吏竊其穀, 如雀如鼠
> _『자저』 권27, 「나산책羅山策」

윗글은 노인이 1777년 경상도 군위현감으로 처음 지방관이 되었을 때 쓴 글이다. 유생들에게 '나산'이라는 주제로 문제를 낸 후 그에 답을 요구하는 책문의 형식을 통해[35] 나산을 사례로 삼아 당시 백성이 겪고 있는 삼정(전정, 군정, 환곡)의 문란을 지적하고 있다. 그는 윗글에서 쥐새끼처럼 곡식을 훔치는 향리들을 고발하고 있는바, '누런 띠 풀 흰 갈대만 무성한데도, 마을사람에게서 고혈膏血을 짜내고, 거친 모래와 자갈뿐인 땅인데도 그 친족들까지 착취하네'라고 하면서 전정의 폐단을 지적하고 있다.[36] 또한,

'황구黃口는 그래도 괜찮지만, 백골白骨이 끊임없이 이어지니, 한 집에 열 집 분량의 세금을 징수하고, 한 몸이 다섯을 감당하네'라고 하면서 어린아이와 죽은 사람에게까지 군포세를 지우는 황구 첨정黃口簽丁과 백골징포白骨徵布를 거론하며 군정軍政의 폐단이 심각함을 고발하고 있다.[37] 마지막으로 유한준은 '집은 해마다 줄고, 환곡은 해마다 느니, 주는 것은 더욱 줄고, 느는 것은 더욱 는다'고 하면서 환곡의 폐단을 지적한 후,[38] 백성의 삶을 괴롭히는 이러한 폐단이 너무나 명백히 보이는데도, 수령과 감사 및 조정에서 아무런 관리 감독을 하지 못하고 있을 뿐 아니라, 그 어떤 구제책도 내놓지 못하고 있음을 개탄하고 있다.[39]

「나산책」이 대책문이라는 형식 속에 '나산'을 논술 주제로 삼아 포괄적인 삼정의 문란을 지적하고 있다면, 「나산책」이 쓰인 바로 그해에, 유한준이 경상도 관찰사에게 보낸 아래 글에는 나산의 환곡 문제가 그 세금의 액수까지 아주 구체적으로 밝혀져 있다.

환곡의 폐단은 이렇습니다. 본 현은 두실斗室처럼 작고 초라하며 백성의 집은 모두 텅 비어 있습니다. 가구는 2800호에 불과한데 환곡세는 3만 7000석입니다. 이처럼 많은 환곡을 저 정도의 가구가 분담하니, 소인국(초요국僬僥國) 사람에게 솥을 들어올리게 하고, 파리·모기에게 산을 짊어지게 하는 것과 무엇이 다르겠습니까? 사방 들녘에 이미 가을이 왔지만 관의 빚 독촉을 감당하기 어려우니 감당할 수 없으면 도망가고, 도망가거나 죽게 되면 친족이 그 빚을 물게 됩니다. 해마다 친족에게 빚을 징수하고 해

마다 이웃 사람의 재산을 침해하니 죽어나갈 수밖에 없는 우리 백성의 삶이 슬플 뿐입니다.[40]

윗글에서 언급하고 있듯 경상도 나산에는 총 2800호가 살고 있는데, 이들이 상환해야 할 환곡이 3만7000석이니, 이는 한 가구당 매년 평균 13석의 환곡세 상환 부담을 안고 있는 것이다. 유한준은 이를 '소인국 사람에게 솥을 들어올리게 하고, 파리·모기에게 산을 짊어지게 하는 것'이라고 비유하고 있는바, 사람들을 압사시킬 정도로 상환 부담액이 컸던 모양이다. 그런 까닭에 백성 중에는 수확의 계절인 가을이 왔지만, 오히려 관의 빛 독촉을 감당하기 어려워 도망가는 이들이 적지 않았고, 이들이 빠진 빈자리를 또한 이웃과 친족들이 대신해야 했기 때문에 결국 도망간 이나 남아 있는 이 모두가 죽어나갈 수밖에 없는 상황에 직면하고 있었던 것이다. 유한준은 이러한 나산의 절박한 상황을 관찰사에게 전하면서 흉년인 올해만이라도 없어진 가구의 환곡세를 징수하지 말아달라고 간곡히 호소하며 글을 맺고 있다.[41]

노인의 지방관 시절의 글을 보면, 18세기 후반 경상도 나산을 통해 확인되는 조선의 환곡 문제는 단순히 향리만의 문제도 아니고, 현감과 관찰사만의 문제도 아니다. 농사밖에 모르는 무지렁이 백성을 빚더미에 몰리게 해 사지로 몰고 간 이들은 백성 위에 군림하며 지도층의 본분을 잊은 채 무사안일과 사리사욕에 빠져들어갔던 지배층 전체다. 유한준은 그중 특히 자기 자신이 속한 신분이기도 한 '사족층'에 대해서 더욱 신랄한 비판을 가하고 있다.

무릇 미천한 백성은 부끄러움으로 책선責善하기 어렵고, 부끄러움으로 책선할 수 있는 사람은 사대부일 것입니다. 사대부가 어찌 다만 넓은 도포에 큰 갓을 쓰고 눈을 치켜 뜨고 활보하는 자를 이르겠습니까? 도리를 알고 법령을 준수하며 스스로 그릇되지 않게 삶으로써 미천한 백성을 부끄럽게 만드는 사람일 것입니다. 이와 같지 않다면 미천한 백성과 또한 무엇이 다르겠습니까? 그러므로 지금 이후로는 양반가가 먼저 나서서 평민들이 그것을 따르도록 하고, 세금 납부를 주도하여 더 많이 더 신속하게 한도를 채워 끝낼 수 있도록 하십시오. 백성이 그것을 보고 스스로 부끄러워하며 뉘우치게 되면 양반으로서의 명예를 얻고, 관官은 덕치와 예로 백성을 인도하는 효과를 보게 될 터이니, 윗사람과 아랫사람이 함께 복되고 백성과 나라가 모두 이롭지 않겠습니까?[42]

윗글은 나산현의 사족과 백성에게 환곡의 수급 상황을 알리고 협조를 요청하기 위해 마을 곳곳에 부친 방이다. 그런데 이 글에서 마을 현감인 유한준이 환곡 문제를 해결하기 위해 겨냥하고 있는 사람들은 백성이 아닌 학식 있는 선비들이다. '넓은 도포에 큰 갓을 쓰고 눈을 치켜뜨고 활보하면서' 백성에게 군림하거나 관의 명령을 우습게 아는 것을 고고함으로 착각하는 양반들에 대해서 유한준은 그런 행동이 선비로서 부끄러운 행동으로 알라고 일갈한다. 미천한 무지렁이 백성이야 배우지 못해서 말귀를 못 알아듣는다지만, 알 만한 사람들이 더 법규를 준수하지 않고 있는 것이다. 그래서 조정의 명령을 받들어 수행해야 하는 지방관으로서 유한준은 양반가가 먼저 나서서 납세의 의무를 다하라고 요구하면서 사족층의 솔선수범을 촉구하고 있는 것이다.

환곡의 폐단은 비단 경상도 나산만의 문제가 아니었다. 유한준은 나산에서 돌아와 잠시 형조정랑과 한성부 서윤을 지낸 후, 1782년, 쉰한 살의 나이에 황해도 해주판관으로 부임하게 되는데, 여기서도 또 한 번 환곡의 폐단을 지적하고 있다. 5년여의 시간이 흐르고 한반도 동남쪽 경상도에서 서북쪽인 황해도로 공간이 바뀌었지만, 여전히 지방관으로서 해결해야 할 고질적인 문제는 바로 환곡의 폐단이었다.

본 고을의 온갖 폐단 중에 환곡의 폐단이 가장 크니 의지할 곳 없는 사람들에게는 막혀 있습니다. (…) 대낮에도 뇌물이 행해지며 음지에서 문서를 위조하여 면임面任은 그것으로 처자를 배불리 먹이고, 서리들은 술과 고기를 실컷 먹습니다.

진실로 기댈 곳이 있는 자들은 다른 사람을 먹이지 않고, 참으로 의지할 곳 없는 사람들이 도리어 다른 사람을 먹여 살립니다. 그리하여 토호와 마을의 부자들은 어쩔 때는 한 해가 다가도록 관청에 오지 않습니다. 샅샅이 뒤져서 찾아도 그 집까지는 미치지 못하고 그 몸까지는 피해가 닿지 않습니다.

다 떨어진 옷을 걸친 비쩍 마른 사내와 머리를 풀어헤친 때 묻은 얼굴의 여자는 많으면 열 섬, 적으면 대여섯 섬의

환곡미를 갚으려고, 사시사철 오랜 시간을 서서 일하며
열 손가락에 피가 맺혀도 오히려 빌려 먹은 환곡미를 갚기
에 부족합니다. 그러면 서리들은 공문을 가지고 가서 깨
진 솥을 던지고, 관청에서는 형틀을 설치해놓고 피가 나도
록 마른 볼기를 칩니다.[43]

윗글에서 유한준이 지적하고 있는 환곡의 폐단은 더욱 심각하
다. 정작 환곡미가 필요한 의지할 곳 없는 사람들에게는 환곡미
가 지급되지 않고, 기댈 곳이 있는 토호와 마을의 부자들에게 공
문서 위조라는 편법을 통해 환곡이 지급되고 있는 것이다. 게다
가 마을의 유력자인 이 토호와 부자들은 빌린 환곡미를 갚지 않
아도 아무런 피해를 입지 않는다. 애초에 뇌물을 받고 문서를 위
조해 환곡미를 제공한 마을 면임과 이서들이 이들 토호들과 결
탁하여 환곡세를 내지 않아도 그들의 집을 수색하거나 공범자이
기도 한 토호들에게까지 피해가 가지 않도록 적당히 조치를 취하
고 있기 때문이다. 즉 지방 유력자와 말단 공무원이 서로 담합하
여 뇌물을 받고 탈세를 도와주며 공생하고 있는 것이다.
　반면, 다 떨어진 옷을 입고, 머리를 제대로 빗지도 못한 채 열
손가락에 피가 맺힐 때까지 열심히 일하고 있는 저 비쩍 마른 사
내와 때 묻은 얼굴의 아낙은 과중한 이자 때문에 이미 대여섯 섬
에서 열 섬까지 불어나버린 환곡미를 감당할 수가 없다. 그런 그
들도 지방 유력자들처럼 환곡미를 갚지 않아도 되면 좋겠지만,
환곡미를 갚지 못한 그들을 기다리고 있는 것은 깨진 솥을 던지
며 이자를 독촉하는 서리들의 횡포와, 형틀에 눕혀 피가 나도록

봉기를 치는 관청의 가혹한 매질뿐이다. 백성을 도와야 할 관청과 서리들이 장기 저리로 백성에게 제공해야 할 환곡미를 문서를 위조해 빼돌려 지방의 유력자들에게 불법적으로 제공하고, 지방의 토호들이 갚지 않아 발생한 환곡미의 손실을 다시 고스란히 백성에게 높은 이자로 전가시키는 이 거꾸로 된 현실을 윗글은 낱낱이 고발하고 있는 것이다.

지방 유력자로 토호가 된 사인士人들의 타락과 폐단은 비단 여기에 그치지 않는다. 그들은 세를 불리기 위해 서원을 만들어 자신들의 근거지로 삼아 아무짝에도 쓸모없는 당파 싸움이나 하면서 시간을 허비하고 세상을 좀먹고 있다.

> 해주의 노론과 소론의 분당은 그 폐단이 이미 고질병이
> 되어 치료약을 구할 수 없으니 폐단이 생기지 않는 데가
> 없고, 해로움이 미치지 않는 바가 없습니다. 관리가 되어
> 일찍이 살펴보니 해주에는 소현紹賢과 문헌文憲 두 서원이
> 있는데 소현서원을 다니는 자는 노론이고 문헌서원을 다
> 니는 자는 소론입니다. 소현서원은 율곡선생을 배향하고
> 문헌서원은 해동부자(최충)를 배향합니다. 노 선생은 동인
> 과 서인이 있을 때의 사람이니 어찌 노론과 소론이 있겠으
> 며 해동부자는 또한 동인과 서인도 나누어지기 전의 사람
> 이니 어찌 지금의 소위 노론과 소론에 참여하겠습니까?
> (…) 노론과 소론의 여러 군자는 지금부터라도 당파를 버
> 리고 문을 닫고 조신하면서 밭 갈고 고기 잡아 어버이를
> 봉양하고, 『시경』과 『서경』으로 자식들을 가르치며, 충성

황해해주 소현서원, 15.2×9.1cm, 1923년 촬영, 국립중앙박물관.

과 믿음으로 마을 사람들과 사귀면서 소출된 쌀로 세금
이나 잘 내길 바란다.[44]

1783년 해주목사로 있을 때 노인이 목도한 사족들의 현실은
참으로 가관이다. 지방 도시인 황해도 해주까지 이른바 노론과
소론으로 당파가 갈라진 연원과 시기와 상관없이 노소로 당을
나누어 편을 갈라 싸우고 있으니, 이제 지방 도시까지 번진 노소
분당의 갈등은 고질병이 되어 치료약을 구할 수 없을 정도로 심
각했다. 노인이 보기에 더욱 꼴불견이었던 것은 노소 분당 이전
의 인물들인 고려시대 문인 해동부자 최충과 율곡 이이 선생을
배향하면서 배향 인물들의 덕성과 학문을 기리고 그들의 삶을
본받아야 할 서원이 그런 본래의 서원의 취지와는 무관하게 그

저 당파로 갈려 노소론 당파 싸움의 근거지가 되고 있는 것이었다. 따라서 그런 백해무익한 일을 벌이고 있는 사족들을 향해 해주목사로서 노인은, 차라리 '문을 닫고 조신하면서 밭 갈고 고기 잡아 어버이를 봉양하고, 충성과 믿음으로 마을 사람들과 사귀면서 소출된 쌀로 세금이나 잘 내길 바란다'고 일갈하고 있다.

지방 현감이나 목사로 부임하는 이들은 보통 그 지방의 서원과 향교를 장악하고 있는 사족들 및 그 지방에서 힘깨나 쓰는 토호 및 부민들과 좋은 관계를 유지하는 게 상례다. 그런데, 나산현감과 해주목사로 부임한 이 노인은 백성의 삶과 무관하게 아무짝에 쓸데없는 당파 싸움이나 벌이고, 공문서를 위조하면서까지 백성에게 돌아갈 환곡미를 빼돌리면서, 정작 자신들이 부담해야 할 세금은 온갖 불법과 탈법을 감행하며 면제받고 있는, 그러면서도 아무런 제제나 피해를 받지 않고 뻔뻔하게 살아가는 지방의 파렴치한 권력자들을 그냥 내버려두지 않았다. 방을 붙여 밀린 세금을 빨리 내라고 독촉하고, 당파 싸움의 근거지가 된 서원을 비판하면서 지방 사족들 및 토호들과 대립하고 있었으니 그들이 좋아할 리가 없을 터이다.

그래서 그런지 몰라도 유한준은 1778년 영남에 암행어사로 파견되었던 황승원黃昇源(1732~1807)의 보고서에 따라 처벌을 받고 군위현감에서 물러나 돌아와야 했다. 황승원의 암행 보고서에는 유한준 외에도 여러 명의 현감에 대한 부정적 평가가 실려 있는데, 그중 유한준에 대해서는 '치밀함이 부족하고 간교하기 그지없다. 선무選武에게 세금을 더 내게 하고, 흉년으로 조세를 경감하려다 남의 원한을 샀다'고 평가하고 있다. 선무란 곧 선무군관選武軍官으로, 군역을 회피하는 토호·부민의 자제들에게 그 자손까지도 군역에 충원되지 않도록 하는 특혜를 부여하는 대신 평상시에는 집에서 무예를 연습하고, 유사시에는 군졸을 지휘하도록 한 것이다. 평상시에 집에서 무예를 연습하라는 것은 군대에 끌려가는 것을 면제해주기 위한 명분에 불과한 것이고, 사실상 이들은 군대에 충원되는 것을 면제받는 대신 매년 베 한 필 혹은 전 두 냥을 세금으로 납부해야 했다.

황승원의 짧은 평가와 앞서 살펴보았던 나산현감 때의 유한준의 글을 종합적으로 비교 검토해보면, 아마도 유한준은 흉년이 들자 백성에게 부과된 조세를 경감해주는 대신 부유한 지방 토호의 자제들에게 부과된 선무군관포를 더 걷으려다 이들의 원한을 샀던 것으로 보인다. 원한을 품은 이들이 자신들의 억울함을 호소하면서 결탁했던 양반가들을 통해 나산현감으로 부임한 이 노인이 '치밀함이 부족하고 간교하기 그지없다'고 비난하는 호소문을 암행어사에게 은밀히 보고했을 터이고, 이로 인해 유한준은 나쁜 평점을 받고 임기 만료 전에 나산현감에서 물러나게 된 것으로 보인다. 하지만 영남에 암행어사로 파견되어 무분별하게 다수의 지방 현감을 단죄하고, 백성을 구제하는 별다른 개혁안을 제시하지 못했던 황승원은 그 이듬해 정조에게 '사려 깊지 못하다'는 평가를 받고 암행어사에서 파직되고,[45] 유한준은 시간이 얼마 지나 정5품인 형조정랑과 종4품인 한성부 서윤으로 승진하여 관직에 복귀하는 것을 보면 당대의 객관적 평가를 어느 정도 가늠할 수 있을 듯하다.

노인은 쉰한 살에 부임한 해주판관 이후에도 익산군수·부평부사·청주목사·김포군수·삼척부사를 역임하지만, 자신의 이상과는 다른 현실의 높은 벽을 실감해서인지 아니면 연로해지는 나이만큼 청장년의 기세와 결기를 점차 잃어버렸던 건지 충과 효를 강조하며 세상과 타협하거나 산수 간을 노닐며 유유자적하는 모습을 보인다. 노인은 이 시기 나산과 해주에서처럼 현실을 개혁하고자 하는 강한 의지와 강직한 기개를 보여주는 현실 비판적인 글을 거의 남기고 있지 않다.

1796년 노인은 예순다섯에 그의 마지막 지방관직인 강원도 삼척부사에 부임한다. 삼척부사로 있으면서 노인은 남양 홍씨 집안의 한 인물인 홍계하洪啟夏(1714~1784)의 효행과 우애를 기리는 묘표 1편(「해운정홍공묘표海雲亭洪公墓表」)만을 남기고 있을 뿐이다. 따라서 글을 통해 삼척부사 당시 유한준의 생각과 생활은 알기 어렵다. 이를 조금이나마 보충할 수 있는 것이 삼척 근처 동해의 무릉계곡과 그 상류에 있는 용추폭포 바위에 새겨져 있는 암각 글씨다. 특히 용추폭포는 검은빛을 머금은 너른 소에 수직으로 떨어지는 물소리가 압권인데, 폭포 오른쪽 바위에는 유한준 자신의 이름('俞漢雋')과 '용추龍湫'라는 글자가 음각으로 새겨져 있다. 그가 삼척부사로 있었을 때 무릉계곡을 유람하며 폭포의 모습을 보고 용의 덕을 바라면서 용추龍湫라는 글자를 쓰고 음각으로 새기니 이것이 폭포 이름이 되어 지금까지 전한다고 한다.

필자 역시 유한준의 자취를 좇아 새벽녘에 그곳에 당도해서, 해가 중천에 뜰 때까지 검푸른 못에 떨어지는 폭포를 오랫동안 바라본 적이 있다. 푸르다 못해 검은 연못과 그 속으로 수직 낙하하는 폭포 소리를 듣고 있노라면 마치 시간이 멈춘 듯했고 인

강원도 동해시 무릉계곡에 있는 용추폭포. 오른쪽 암벽에 당시 삼척부사였던 유한준이 직접 쓴 것으로 보이는 자신의 이름과 '龍湫'라는 글자가 새겨져 있다.

간 세상과 격절되어 오직 폭포와 나만이 그 공간에 머물러 있는 것 같았다. 그렇게 세상일을 잊고 아무 생각 없이 폭포를 바라보고 있으면, 폭포가 아래로 떨어지는 것이 아니라 마치 검은 못으로부터 굉음을 내며 용이 꿈틀거리듯 하늘로 올라가는 것처럼 보이기도 했다. 유한준 역시 그런 느낌을 받아 폭포의 이름을 용추라고 지었던 게 아닌가 싶다.

환갑을 훌쩍 넘긴 노년의 유한준은 생계를 위해 어쩔 수 없이 노구를 이끌고 지방관의 임무를 수행하고는 있었지만, 공무를 마친 틈틈이 여가를 활용해 한가로이 여러 명승지를 탐방했던 것으로 보인다. 그리고 옛 선인들과 지방관들이 그랬듯 자신이 머무는 곳에 이름을 새기거나 자신의 바람을 담은 이름을 경물에 부여하고 이를 바위에 새김으로써 자신의 지나간 자취를 추억하려 했던 것으로 보인다.

다음은 1798년(67세) 12월, 삼척부사 임기를 마치고 서울로 돌아와 관직을 역임한 내용이다.

삼척에서 돌아오니 조정의 천거로
외람되이 강료講僚가 되었고
그 사이 공조에도
잠시 동안 나아갔네.
세자 책봉의 경사를 만나
계사의 직책을 더했네.
임금께서 승하하신 후
병으로 능령陵令을 사직하고
벗들과 노닐다가
선공감 부정과
군자감 정에 임명되었고
잠시 심도(강화)의 관리가 되었으니
이것이 관직을 거친
시종이고 대강이네.
歸入朝剡, 講僚忝僭
間於考工, 爲郞者暫
慶値冊儲, 桂司仍忝
天崩以後, 病辭寢令
自後周旋, 均郞繕正
正于資皁, 瞥爲沁貳
斯其始終, 踐歷之槩

연도	연령	관력
1799	68	4월 20일, 원자궁元子宮 강학청講學廳의 요속僚屬(종4품 이하)에 임명. 9월 11일, 공조좌랑工曹佐郎(정6품)에 임명.
1800	69	1월 1일, 세자익위사世子翊衛司 익찬翊贊(정6품), 2월 12일과 7월 4일, 세자익위사 사어司禦(정5품)에 임명. 8월 29일, 오위五衛의 부사과副司果(종6품), 9월 10일, 영릉령寧陵令(종5품)에 임명되었으나 노병을 이유로 사양하는 등 이후에는 실제 직임을 수행하지 않은 것으로 보임.
1801 (순조 1)	70	8월 30일, 오위의 부사과에 임명.
1802	71	3월 11일, 선혜청宣惠廳 낭청郎廳(종6품)에 임명.
1806	75	10월 17일, 선공감繕工監(장작감將作監) 부정副正(종3품)에 임명.
1807	76	11월 21일, 군자감軍資監 정正(정3품)으로 임명.
1808	77	4월 17일, 강화경력江華經歷(종4품)에 임명.
1809	78	4월 11일, 장악원掌樂院 정正(정3품)에 임명.
1811	80	1월 2일, 가선대부嘉善大夫(종2품)로 가자加資되고, 5일에는 오위의 부호군副護軍(종4품)에 임명되었으며, 12일에는 형조 참의로 임명되다. 윤3월 15일, 원자궁 보청덕輔德廳의 요속에 임명. 7월 28일, 졸하다.

삼척부사를 역임하고 돌아와서 노인은 원자궁 강학청의 강료講僚가 되었고, 세자익위사 익찬이 되어 세자를 가까이에 모시는 영예를 얻었다. 1800년 정조가 승하하신 후, 자신이 처음 참봉 관직을 맡으며 지켰던 효종의 왕릉인 영릉령에 부임했지만 병으로 사임했다. 칠순이 넘은 나이가 되어서도 부사과·선혜청 낭청·선공감 부정·군자감 정에 임명되고, 자신의 묘지명을 쓰고

있는 1808년에도 강화경력에 임명되지만, 묘지명의 논조와 『승정원일기』 등의 기록을 통해 보건대, 칠순 이후의 관직은 임명되어도 나가지 않거나 잠시 나갔다가도 노병을 이유로 금방 돌아온 것으로 보인다.[46]

일흔일곱에 쓰인 자찬 묘지명에서 노인은 '심도(강화)의 관리', 곧 강화경력까지의 관력을 거론하고 있지만, 이후에도 노인은 장악원 정, 오위의 부호군을 거쳐 당상관인 정3품의 형조참의刑曹參議에 제수되고, 종2품의 가선대부로 가자되기도 했다. 하지만 노병으로 죽음을 눈앞에 둔 팔순의 노인에게 그것은 세상이 마지막으로 드리는 한낱 명예직일 뿐 다른 특별한 의미를 지니는 게 아니었다.

나란 사람은

마흔의 나이에 왕릉 묘지기로 시작해 생의 대부분을 한곳에 머물지 못하고 외직으로 돌았던 노인은 1811년 7월 28일 세상을 떠난다. 비단 관직뿐이었을까? 그의 문학, 생각, 삶에 대한 태도까지 평생토록 어느 한곳에 머물지 못했던 노인은 예순아홉 살의 자신을 그린 그림에 이런 말을 새겨 넣고 있다. 이것이 노인이 아니면 누구일까? 노인은 어떤 사람이었을까?

간략하여
고요한 기상을 가진 듯하지만

「유한준 초상」, 88×190cm, 서울대학교 규장각한국학연구원. 유한준 초상 오른편에 '著雍六十九歲眞'이라는 글자와 '非此翁而誰歟? 略似乎處靜之氣像, 而性則汎, 隱若有望遠之思慮, 而心也疏. 斯其所以平生之佽廬, 非古非今, 非實非虛, 非道非禪, 非隱非放也'라는 「자찬自贊」이 적혀 있다.

성품은 범박하고,

은밀하여

멀리 보는 생각이 있는 듯하지만

마음은 소활疏闊하다.

그가 평생 머물렀던 곳은

옛날도 아니고

지금도 아니다.

실實도 아니고

허虛도 아니며,

도道도 아니고

선禪도 아니며,

은일함도 아니고

방달함도 아니었다.[47]

    결국 노인은 자신이 어느 한 편에 귀속되지 않는 삶을 살아왔고, 또한 그렇게 살고자 한다는 자의식을 드러내고 있는 셈이다. 이 노인은 어떤 사람이었을까? 이 궁금증을 풀기 위해 이제 우리는 묘지명의 마지막 부분을 읽을 때가 된 것 같다. 노인은 묘지명의 맨 끝에 그 자신에 대해서, 그 자신의 사람됨에 대해서, 그 자신의 삶에 대해서 최종적인 평가를 내리고 있다. 그런데, 왜일까? 죽음이 임박한 나이에 묘지명이라는 거울을 마주하며 다시 자신을 돌아보는 순간, 그는 문득 자신이 아무것도 아님을, 아무것도 이룬 것이 없음을 토로한다. 결점투성이의 자신을 바라보며 이제

노인은 깊은 회한에 잠겨 있는 듯하다. 노인의 마지막 목소리를
듣는다.

> 나란 사람은
> 결점이 많아 완전하지 않지.
> 범범해서 잘 끊지 못하고
> 성겨서 견고하지 못하네.
> 아래에 처함을 좋아하고
> 앞에 나섬을 부끄럽게 여기며
> 욕심이 한 치 길이보다 짧으니
> 적다고 이를 만하지.
> 남들은 맑은 술, 나는 술찌끼니
> 세상의 누가 나의 물을 사리오.
> 曳於爲人, 多缺少全
> 汎而不割, 踈而不堅
> 喜居人下, 恥爲物先
> 寸長於慾, 寡則云爾
> 人釀我糟, 世市吾水

스스로 생각하기에도 결점이 많았고 단호하지도 치밀하지도
않아서 견고하게 온전히 이룬 일도 없다. 앞에 나서는 것보다는
뒤에 있는 것이 더 마음 편하고, 다른 사람의 위에 있기보다 아래
에 처함을 좋아하고, 권력욕도 명예욕도 재물욕도 손가락 한 마
디보다 작을 정도로 욕심이 없으니 무슨 성취가 있겠는가? 술 찌

꺼기처럼 보잘것없는 삶을 세상의 어느 누가 좋아할까마는 노인
은 그것이 자신의 삶이라고 말하며 담담하고도 조금은 슬픈 어
조로 자신을 낮추면서 한평생 무엇을 얻었는가를 스스로 되묻고
있다.

마침내 무엇을 얻었나?
서글피 해 저물녘 돌아가는데
여우도 죽을 때는 고향을 향하니
사람도 다하면 근본으로 돌아가네.
도는 육경과 사서에
온축되어 있는데
처음에 미혹되어 깨닫지 못하더니
죽음에 가까워서야 알게 되었네.
앎은 심오한 데까지 이르지 못했고
행실은 순서를 밟아 나가지 못했네.
후회한들 어찌 돌이킬 수 있으리?
성심을 다하지만 늙어 혼몽하구나.
고요한 밤에 잠 못 이루고
지나온 일을 생각하네.
竟亦何得? 怊悵夕返
狐死首邱, 人窮反本
道在六經, 四書之蘊
始迷罔覺, 及覺死近
知莫透奧, 行莫循級

悔何可追? 誠發耄及

夜靜無寐, 上下思之

　어느덧 삶의 황혼녘에 접어들어 곧 해가 지려는 것을 직감하며 노인은 호사수구狐死首邱, 곧 수구초심首丘初心의 단어를 떠올린다. 그러면서 자신 역시 죽음을 바라보는 나이에야 비로소 육경과 사서에 도가 있음을 깨닫게 되었다고 밝히고 있다. 그러고 나서 그는 근본이 되는 도학부터 차분히 순서대로 밟아나가 깊은 곳까지 이르지 못한 자신의 앎과 실천을 후회하며 깊은 밤에 잠 못 이루고 있음을 고백한다.

　자찬 묘지명의 이 대목은 분명 평생토록 문장에 종사했던 자신을 반성하고, 도학 공부에 충실하지 못했던 지나온 삶을 깊이 후회하는 것으로 읽힌다. 그리고 실제 그의 문집을 살펴보면 죽음이 임박한 70세 이후에 쓴 글에 문학에만 몰두했던 자신을 후회하며 늦게나마 경서를 읽고 있는 모습이 비교적 눈에 많이 띈다.

　젊은 날의 패기도 있었고, 문학적으로도 성숙하고 활달했던 30~40대였을 때의 노인은 유자로서의 삶을 살면서도 노장과 불가 등 여타의 사상에 대해서도 아주 개방적인 태도를 취하고 있었다. 청장년기는

경기도 남양주시 화도읍 차산리에 있는 유한준의 묘비.

물론 예순의 노인이 되어서도 그는 유가적 인의와 명분 질서를
비판하는 노장의 사고까지도 하나의 가능한 입론으로 받아들일
정도의 폭과 깊이를 갖춘 사람이었다.[48] 그래서 어떤 이는 아무런
두려움도 거리낌도 없이 자유분방하게 자기 생각을 쏟아내는 그
에게 번잡한 곡조를 버리고 유가적 미적 이상인 '고아한 노래雅歌
(『시경詩經』 대아大雅와 소아小雅풍의 노래)에 나아가라'고 충고하기
도 했다.[49] 그리고 노인이 회갑을 맞아 편찬했던 문집인 『자저』에
서문을 쓴 선배 학자들인 이민보와 오재순吳載純 또한, 문집에 담
긴 분방함과 일탈의 측면을 환기시키면서, 유가적 도의에 입각한
문학을 권유하고 있기도 하다.[50]

그런데 유가 사상에 얽매이지 않은 자유로운 문학 사상적 경
향을 가졌던 그는 칠순을 넘긴 바로 그즈음부터 일체의 관직을
그만두고 집안에 칩거하면서 분방했던 지난날을 진심으로 반성
하는 시간을 갖는다. 그리고 도학 공부의 중요성을 재삼 강조하
면서 실제로도 육경·사서 등의 유교 경전에 몰입하는 모습을 보
인다. 왜 그렇게 되었을까? 생을 마감할 때가 가까워진 늦은 나이
에 노인은 왜 새삼 자신의 삶에 대한 깊은 회한과 반성에 빠져들
었던 것일까?

여기에는 그만한 이유가 있을 듯하다. 저간의 사정을 보건대
자기 비하에 가까운 철저한 자기부정과 어찌 보면 급작스럽기도
한 이 칠순 노인의 사상적 변화에는 차마 말 못할 사정과 깊은
슬픔이 서려 있는 듯 보인다. 노인이 일흔이 되던 해, 정조의 서거
와 함께 시작된 신유사옥이 있던 1801년, 그는 자신이 사랑하는
유망했던 젊은 친지 한 사람을 잃고 큰 충격과 슬픔에 빠져든다.

목숨을 잃은 이는 바로 누이의 손자인 김백순金伯淳(1770~1801)인데, 그는 천주교를 신봉한 죄로 사형에 처해졌다.

> 김백순은 공의 큰누님 손자다. 공은 백순이 서양의 사술邪術에 물들었다는 말을 듣고 두세 차례나 불러서 질책하고 가르쳤다. 하지만 끝내 잘못을 깨닫지 못해 몽둥이로 맞아죽는 형벌에 처해지니, 공이 시체를 수습할 돈을 마련해주었다.[51]

> 공은 매번 백순의 일을 말할 때마다 이렇게 말씀하셨다. (…) "형제의 손자는 곧 자기 손자와 같은데 백순이 사술을 진심으로 달갑게 여기고 그에 빠져들어 후회할 줄 몰랐으니, 이것이 내가 사술을 더욱 깊이 미워하고, 뼈에 사무치는 한으로 여기게 된 바이네."[52]

위 두 글은 노인의 말년을 가까이서 지켜보았던 홍직필洪直弼(1776~1852)의 「저암유공유사著菴兪公遺事」에 보이는 것으로, 이 글에는 천주교에 빠져들었던 김백순에 관한 기사가 나온다. 김백순의 할아버지는 김려행이며, 그 아버지는 김이중金履中(1740~1787)이다. 이 집안은 병자호란 때 순절한 김상용金尙容(1561~1637)의 후손 가문으로 당대에 명망이 높았는데, 김려행이 유한준의 누이와 혼인하게 되면서 가깝고 친밀한 관계가 된 것이다. 그러니까 김려행은 유한준의 자형이 되고, 김이중은 생질이 되는 셈이다.

서소문역사공원에 위치한 순교자 현양탑. 신유박해 등 당시 순교자 명단이 새겨져 있다.

　두 사람과 저암 노인의 관계는 각별한 것이어서 노인이 어렸을
적 일찍이 부친과 형을 잃었을 때, 자형인 김려행에게 의탁해서
살았고, 김려행이 세상을 뜬 후에는 그 아들 김이중 형제가 외숙
인 저암 유한준과 함께 한집에서 살거나 혹은 평생 이웃하며 살
았으니 사실상 한 가족이나 다름없었다.[53] 위의 두 번째 글에서
저암 노인이 '형제의 손자는 곧 자기 손자와 같다'고 하며 김백순
의 일을 더욱 애통해하는 것은 이렇듯 평생 한 가족처럼 살며 쌓
아온 누이의 자제들과의 도타운 정 때문이기도 하다. 그런데 자

순교자 현양탑(부분). 순교자 명단에 김백순의 이름이 보인다.

신이 친손자처럼 여기고 있는 백순이 천주교라는 사술에 빠져들어 그것을 금하는 국법에 걸려 그만 장살당하고 말았으니, 유한준은 그 이후 천주교를 더욱 깊이 미워하고 그 손자의 죽음을 뼈에 사무치는 슬픔으로 간직하게 되었던 것이다.

김백순의 일은 1801년의 실록 기사와 신유박해와 관련된 피해자 측 기록으로 널리 알려져 있는 천주교 신자 황사영黃嗣永 (1775~1801)이 쓴 백서帛書에 비교적 상세히 실려 있다. 「황사영백서黃嗣永帛書」에 따르면, 김백순은 처음에는 천주교를 비방하는 평범한 서생이었다. 그런데 급격하게 돌아가는 세상이 위험하다고 느껴 처음에는 송나라 유학자들의 성리서를 탐구했지만 그 도리를 완전히 믿을 수 없었고, 그래서 다시 노장老莊의 서적을 탐독하다 사후에도 죽지 않은 불멸의 존재에 관심을 가지면서 천주교에 스스로 입문하게 된 것이다.[54] 그 후로 교우들과의 다년간의 토론 끝에 확실한 믿음을 갖게 되자 그는 천주교의 규율을 누구보다 엄격하게 지키는 신도가 되었다.[55] 또한 실록 기사에는 김백순 자신의 변론이 나오는바, 그는 '어려서부터 주자서를 읽어서 이단이 되지 않을 자신이 있었으므로' 천주교 이론을 통렬히 배척하기 위해 서양서를 보다가 오히려 전에 듣던 것과는 달리 지극히 공정한 도리가 있어 천주교에 종사하게 되었다고 말하고 있다. 그러면서 그는 "예수가 강림한 후에는 제사를 폐하는 것이 옳다"는 취지의 말을 남기고 있다.[56] 두 기록을 종합하면, 김백순은 순수한 학적 관심에서 출발하여 천주서 등 서양서에 대한 자발적인 독서와 교우들과의 토론 끝에 천주교의 교리를 확신하게 되면서 누구보다 엄격하고 신실한 천주교 신자가 되었던 것이다.

이처럼 스스로 확신이 있었기에 김백순은 국법과 유교적 제례 윤리를 저버리면서까지 천주교를 독실하게 믿었던 것이고, 유한준 등 많은 친척의 간곡한 만류에도 불구하고 자신의 신념을 지키다 권철신權哲身(1736~1801), 이가환李家煥(1742~1801), 이승훈李承薰(1756~1801), 정약종丁若鍾(1760~1801), 김건순金健淳(1776~1801) 등과 함께 신유사옥의 죄인으로 처형되었던 것이다. 저암 노인은 그 스스로 김백순의 일이 자신에게 깊은 미움과 통절한 아픔을 가져다주었다고 고백하고 있는바, 이후 그는 천주교 등 이단에 대한 깊은 경계심을 가지고 얼마 남지 않은 여생 동안 천주교뿐 아니라 노장에 대해서까지도 일정한 거리를 두게 된다.

평생을 문장가로 자처했던 그가 칠순을 넘긴 나이에, 도학 공부를 등한시한 자신을 자포자기자로 규정하며 다소 과도할 정도의 자기 부정에 휩싸였던 것도,[57] 또『대학』『중용』등의 유교 경전을 한 글자도 빠짐없이 암송하며 여생을 보내고자 마음을 먹고, 시종 신독愼獨의 자세로 일관하려 했던 점도[58] '천주교'로 상징되는 서양 윤리를 지친至親의 죽음과 함께 충격으로 경험해야 했던 사정에 기인했던 것으로 보인다.

이런 까닭에 노인이 쓴 묘지명의 마지막 부분에서도 그는 자기의 문학이 껍데기에 불과한 것이라고 통째로 부정하면서, 현세는 물론 후세에도 자신을 알아줄 사람이 없음을 슬퍼하며 다음과 같은 말로 자기 자신에 대한 모든 진술을 끝맺고 있다.

문학과 도학이 정수가 아니니

저술도 다만 껍데기일 뿐.

이를 안고 내 삶 마치면

후세의 누가 나를 알아줄까?

노인은 지위도 없고

자손도 없으니

청산의 먼 훗날

누가 내 무덤에 예를 올릴까?

묘지명을 스스로 짓고

무덤에 묻을 날 기다림은

혹시라도 뒷사람이

노인의 마음 알까 해서네.

文道非髓, 著述徒皮

抱此長終, 後誰叟知?

叟無名位, 叟無子孫

青山異日, 孰薦其墦?

銘辭自作, 待納幽堂

或俾後人, 知爲叟藏

묘지명을 맺으면서 노인은 자신이 현세에 있어서나 후세에 있
어서도 기억되지 못할 것이라는 비관적인 말로 자기 삶을 최종
적으로 정리한다. 현실에서는 명예와 지위도 얻지 못하고, 자신
의 뜻을 계승할 자식도 없으며, 또한 무엇보다 자신이 평생의 업
으로 삼아왔던 저술도 한낱 껍데기에 불과하다면, 유한준의 삶
은 그야말로 아무것도 이루지 못한 실패한 인생임에 틀림없다. 그
리고 그것이 일흔일곱의 나이에 스스로의 삶을 되돌아본 노인이
스스로 내린 냉정한 평가다.

하지만 과연 그럴까? 설령 현세의 공명을 누리지 못함이 그의
운명이고, 또 참으로 불행하게도 부모 형제와 자식의 죽음까지
다 감내한 후, 홀로 쓸쓸히 세상을 떠나야 하는 것도 그가 받아
들여야 할 삶의 몫이었다고 하더라도 정녕 그의 운명이자 그의
유일한 업이기도 했던 문학마저 정수가 아닌 껍데기로 세상에서
버림받았던 것일까? 하지만 '금세의 거장今世之鉅匠'으로도 불렸던
저암 노인의 문학에 대한 당대인들의 높은 평가를 볼 때[59] 실상
이는 사실이 아니다. 나의 문학은 껍데기일 뿐이라는 이 자조적
인 말은 오히려 타인들의 평가 기준보다 더 높은 곳에 자리하는
자기 자신에 대한 엄격한 평가 기준이 가져온 도저한 자기 겸허
일 수 있다.[60] 혹은 그 사람의 문학적 성취보다는 현세적 지위에
따라 문장의 가치를 평가하는 세태를 목도하면서, 평생토록 외직
을 떠돌던 이름 없는 평범한 관리에 불과했던 자기 자신에게 내

린 지극히 냉정하고도 현실적인 평가였을 수도 있다.

하지만 이런 비관적 결말 뒤에도 그는 한 가닥 희망을 버리지 않는다. 묘지명의 맨 마지막 구절에 보이듯 그는 후세에 자기를 알아줄 누군가를 기다리며, 자신의 생애를 요약한 명사銘辭를 스스로 짓고 있기 때문이다. 현재는 비록 명예도 권력도 후손도 없이 쓸쓸히 생을 마감할지라도 만약 자신의 문학이 천고의 시간을 이기는 스스로의 빛을 발하고 있다면, 언젠가 후세에는 반드시 자기 문학의 전모를 이해하고 저서에 깃든 자신의 마음을 올곧이 알아줄 이가 있을 것이라는 희망을 버리지 않았던 것이다.[61]

유한준의 인장 글씨

1. 성명의 일부를 사용

兪

兪生之印

汝成

上爲日, 下爲火, 離之象也

2. 본관인 기계杞溪의 옛 지명인 모혜牟兮 사용

兪古之牟兮縣人

古牟兮氏

牟兮

3. 문장에의 자부와 열망을 드러내는 문구 사용

文在玆矣

自成一家則

枯蟬抱木

유한준 『자저』 속 인장. 『규장각도서 장서인보』 2, 「유한준 장서인」 283~293쪽을 참조해
필자가 인장에 사용된 자구字句를 그 성격에 따라 분류함.

4. 교유하며 주고받은 말 사용

子之自著表表愈偉 汝成
(홍원섭이 유한준에게 해준 말)

耳如芭蕉, 心似蓮華, 百節疏通, 萬竅玲瓏
(유한준이 남유용에게 전서로 써준 글)

5. 산수 간에 사는 삶을 드러내는 시구 사용

一山一壑

一片氷心

一簾花景半淋書

問余何事栖碧山, 笑而不答心自閑,
桃花流水杳然去, 別有天地非人間

只可自怡悅, 不堪持贈君

나의 벗,
친구이자 적인

선생이란 칭호는 도덕과 학문 전체가 훌륭할 때만 쓰는 말이 아닙니다. 한 가지 좋은 점이 있고, 한 가지 기예만 있어도 옛사람들은 그를 따르며 선 생으로 불렀지요.

스승이자 지기였던:
김이곤과 남유용

1

스승이란 무엇인가? 사전적으로 '자기를 가르쳐서 인도하는 사람'이라고 간단히 정의하지만, 사실 사전적 의미처럼 애매한 규정도 없을 듯싶다. 나와 만난 모든 이가 스승이고, 모든 곳이 학교라고 생각하는 사람에게는 굳이 사람이 아니어도 그리고 특별히 자기를 가르치거나 인도하는 행위가 없어도 어떤 영감과 감흥을 주거나 혹은 자신을 변화시키는 계기가 되었다면, 그를 혹은 그것을 스승이나 선생으로 여길 수 있기 때문이다. 반면 더 엄격한 잣대로 '스승'과 '선생'을 규정하고자 하는 사람이라면 학문적으로도 깊이가 있고 도덕적으로도 훌륭한 사람만을 자신의 스승으로 인정할 것이기 때문이다. 따라서 스스로가 선생이나 스승을 어떻게 규정하느냐에 따라 우리는 도처에서 스승을 만날 수도 있고, 평생토록 선생다운 선생을 만날 수 없을지도 모른다.

유한준에게 스승이란 무엇인가? 어떤 사람에게 보낸 한 통의 편
지에서 유한준은 '선생'에 대해 다음과 같이 말한 바 있다.

> 선생이란 칭호는 오로지 도덕과 학문 전체가 훌륭할 때만
> 쓰는 말이 아닙니다. 진실로 한 가지 좋은 점이 있고, 한
> 가지 기예가 있어도 옛사람들은 어쩔 때는 그를 따르며 선
> 생으로 불렀지요. 이 때문에 한유는 석처사石處士와 온처
> 사溫處士, 맹정약孟貞曜을 선생으로 불렀고, 구양수歐陽修는
> 손태산孫泰山과 석조래石徂徠를 선생으로 불렀으며, 소식蘇軾
> 은 왕공王鞏과 장방평張方平, 조영치趙令畤 등 함께 어울렸던
> 모든 이를 어쩔 때는 선생으로 불렀지요. 저 몇 분의 군자
> 들이 어찌 안회·증자와 같은 도덕과 정자·주자와 같은 학
> 문이 있었겠습니까? 그들은 다만 한 가지 좋은 점과 한 가
> 지 기예만을 가지고 있었을 뿐이지요.[1]

유한준은 이 글에서 도덕과 학문 전체가 훌륭할 때만 선생이
라는 호칭을 쓰는 게 아니라, 한 가지 좋은 점이 있고, 한 가지
기예가 있어도 선생으로 부르며 그를 존중하고 존경할 수 있음
을 반복적으로 말하고 있다. 그러면서 한유가 하남의 수령으로
있을 때 교유했던 낙양 처사로서 변론을 잘했던 석홍石洪과 점술
에 밝았던 온조溫造 및 시인 맹교孟郊를 선생으로 불렀고, 태산서
원 건립의 주역으로 『춘추』에 밝았던 손복孫復과 문장을 잘했던

석개石介를 구양수가 선생으로 불렀으며, 서예와 회화에 재능이 뛰어났던 왕공 및 강직하며 기개가 높았던 장방평, 시사에 일가견이 있었던 조영치 등 함께 교유했던 사람들을 소식이 모두 선생으로 불렀음을 강조하고 있다. 결국 이 글을 통해 유한준은 변론과 점술, 시사와 문장, 서예와 회화, 경술과 기개 등 어느 하나라도 훌륭한 점이 있으면 한유·소식·구양수도 상대방을 선생으로 대우했음을 밝히면서, 안회·증자와 같은 도덕과 정자·주자와 같은 학문이 없더라도 자신이 어느 하나라도 배웠거나 배울 점이 있다면 그를 선생으로 대우하겠다는 자신의 '스승관'을 밝히고 있다.

> 저는 어려서 아버지와 형을 잃고, 자라서는 스승도 친구도 없이 다만 혼자서 과거시험에 소용되는 글을 익혔을 뿐입니다. 스스로 지난 일들을 돌이켜 살펴보다 소위 문장의 대가는 유향과 양웅, 사마천과 반고임을 알게 되었습니다. 이에 그들의 문장을 배우려고 쫓아다니며 그 속에서 즐겁게 노닐며 10여 년이 흘렀습니다. 늙어서도 불우하여 이 한 몸 보존하지 못할 만큼 궁핍하니 그저 혼자 글을 지으며 기뻐하는 것이 갈수록 심해져서 그 속에서 사방을 떠돌아다니고 마음대로 유희하며 내달리게 되었지요.[2]

한준의 자는 만천이고, 또 다른 자는 여성이다. 초명은 한경인데 나중에 지금 이름으로 개명했다. 나이 열여섯에 부친이 돌아가시고 한병漢邴이라는 형이 계셨는데 그 이듬해에 돌아가시니 홀로 남아 호서지방으로 잠시 가서 살다가 돌아왔다. 한준의 사람됨은 평온하나 깊지 못하여 사리에 어둡고 세상 물정을 잘 몰랐으며 특별히 잘하는 것이 없었다. 과거공부를 했으나 명성을 얻지 못했고 안동 김후재 선생에게 시를 배우고, 태학사 남유용 공에게 문장을 배웠으나 또한 명성을 얻지 못했다.[3]

유한준의 스승에 대해서는 위 두 자료가 대립된다. 1765년, 유한준 34세 때 박윤원朴胤源에게 보낸 편지인 첫 번째 글에서는 자신에게 특별한 스승이 없음을 밝히고 있지만, 1786년 55세 때 쓴 두 번째 글에서는 안동 김후재 선생에게 시를 배우고, 태학사 남유용南有容 공에게 문장을 배웠다고 분명히 밝히고 있기 때문이다.

시 선생 김이곤

우선 유한준이 시를 배웠다고 밝히고 있는 스승 김후재에 대해 살펴보자. 그는 바로 김이곤金履坤(1712~1774)이다. 본관은 안동이고, 호는 봉록鳳麓이며, 자는 후재다. 그는 선원仙源 김상용金尙容의 후손이며, 모주茅洲 김시보金時保의 손자이자 김순행金純行(1683~?)의 아들이다. 이덕무李德懋(1741~1793)가 그의 「청비록淸脾錄」에서 "시는 근세의 명가로 (…) 삼연三淵 김창흡金昌翕과 사천槎川 이병연李秉淵의 유풍과 여운이 있다"[4]고 한 것을 보면, 당시에는 삼연 이후 백악사단白岳詞壇의 계보를 잇는 이름난 시인이었음을 알 수 있

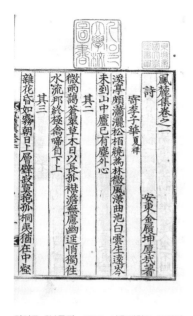

다. 유한준도 그가 백악의 삼연을 스승으로 삼았고[5] 시로써 명성이 일세를 굴복시켰으며[6] 추암擊菴 김순행 공은 삼연에게서 '그 언행과 문학이 본받을 만하다'는 평가를 받았고, 그 둘째 아들인 봉록공(김이곤)이 시로써 크게 이름을 떨쳤음을 여러 글에서 밝히고 있다.[7]

또한, 김이곤의 조카인 김재순金在淳의 시집 서문에서 유한준은 자신과 김재순과 박윤원이 어렸을 적 죽마고우로서 시사를 익히며 서로를 고무하고 격려했음을 밝히고 있다.[8] 그리고 바로 이 글에서 그는 아래와 같이 가르침을 주었던 스승 김이곤의 말을 전하고 있다.

김이곤, 『봉록집』, 1778, 서울대학교 규장각 한국학연구원.

나는 젊었을 적에 봉록 김공을 따르며 시 짓는 법을 배웠는데, 공께서는 이런 가르침을 주셨다. "너는 시를 짓고 싶느냐? 공자께서 『시경』 삼백 편을 편찬하셨으니 그것이 시의 종조다. 그 후로 한위의 시가 있었는데 한나라와 위나라는 옛날과 가까워서 그래도 『시경』 풍아의 뜻이 있었다. 그 후로는 당나라로, 당나라에는 성당盛唐·중당中唐·만당晚唐의 시가 있는데, 중당과 만당의 시는 이미 쇠미해졌고, 오직 성당의 시만이 올바른 시초를 얻었다. 시는 풍아와 정시正始의 음을 잃지 않아야 곧 시인 것이다." 내가 노둔

하여 비록 공의 말씀대로 할 수는 없었지만, 시에 이런 길
이 있고, 이 길을 버리면 시가 될 수 없음을 알게 되었다.[9]

윗글은 1810년, 유한준이 일흔아홉이 되었을 때 젊었을 적 자
신에게 시의 길을 가르쳐주었던 봉록 김이곤 선생의 말을 회상하
는 부분으로, 김이곤이 유한준에게 제시한 시의 길이란 바로 『시
경』과 한위·성당의 풍아와 정시의 음을 계승하라는 것이다. 더
이상의 자세한 설명이 없어 구체적으로 말하긴 어렵지만, 윗글에
서 이 계보를 '중당과 만당'의 쇠미한 시들과 대비시키고 있는 것
을 보면, 그 기상이 섬약하거나 수사에 치우친 시들을 지양하고,
『시경』의 풍아와 한위 고시에서 느껴지는 소박하면서도 솔직하
고 천진하면서도 굳건한 기상을 지닌 고시 계통의 시를 본받아
야 함을 지적한 것으로 보인다. 또 성당의 대표적인 시인인 이백
과 두보 등이 쓴 고시와 근체시에서 느낄 수 있는 호방한 기상과
충직한 마음이 깃들어 있는, 그러면서도 음률과 표현에 있어서
완숙미를 보여주는 시들을 이야기하는 듯 보인다.

유한준의 문집에 보이는 김이곤에 대한 최초의 기록은 1756년
스물다섯 살에 쓴 「봉록 어른에게 드리다」라는 시[10]인데, 윗글에
서 말한 젊었을 적이 바로 이즈음이라고 말할 수도 있겠다. 하지
만 죽마고우 유한준·김재순·박윤원이 아주 어렸을 적부터 시를
배우고, 이 세 집안이 청풍계와 옥류동 주변에 세거하며 북촌의
시회를 가졌음을 상기하면, 김재순의 숙부로 삼연 김창흡을 잇는
백악사단의 대표적 시인이었던 김이곤과의 만남은 10대 이전의
어린 시절까지 소급될 수도 있을 듯하다.[11] 두 사람이 처음 만난

정확한 시기는 알 수 없지만, 늦어도 유한준이 스물다섯 이전에 그들이 만났던 것은 분명하니 김이곤은 그야말로 소싯적 시를 가르쳐준 스승인 것이다. 그들의 만남은 김이곤이 세상을 하직할 때까지 지속되었는데, 김이곤이 스무 살이나 나이가 많았지만 작은 예절에 구애받지 않고 농담을 즐기는 성격인 데다[12] 오랫동안 관직에 오르지 못한 야인이기도 해서 서로의 불우함을 위로하고 우연히 만나도 격의 없이 의기투합하는 막역한 친구의 모습을 띠기도 했다.

유한준이 아직 관직에 오르기 이전인 1763년 12월, 제주도 감귤이 진상되었을 때 유생들에게 보게 하는 시험인 감제柑製가 있다는 소식을 듣고 궁궐에 갔지만 시험장에는 들어갈 수 없었다. 문밖에 유생은 한 사람도 없었고 시험장에 들어가지 못해서 한숨을 쉬며 배회하고 있는 이가 눈에 띄었는데 알고 보니 김이곤이었다. 두 사람은 서로를 알아보고 크게 한바탕 웃고는 설경을 보러 필운대에 갈 정도로[13] 스스럼없고 의기가 통하는 사이였다. 당시 유한준은 서른두 살이었고, 김이곤은 쉰두 살이었다. 두 사람은 당시까지 초시에도 들지 못해 직부전시直赴殿試의 기회를 주는 감제 초시에 응시한 것인데 궁궐에 도달해 신분을 확인하는 과정에서 비로소 그해 감제시험은 성균관 밖 유생에게도 응시 자격을 부여하는 통방외通方外가 적용되지 않는다는 것을 알게 된 것 같다. 실제로 외부에서 시험 보러 온 유생들이 아무도 없는 걸 보면 유한준도 김이곤도 다 잘못 알고 온 것이다. 어찌 보면 머쓱한 만남이기도 할 터인데, 두 사람은 한바탕 웃고 함께 눈 구경을 하며 시를 주고받으면서 서로의 불우함을 위로하고 있다.[14]

그 뒤 유한준은 서른일곱에 진사시에 합격하고 마흔에 음직으로 참봉 벼슬을 얻어 관직에 진출할 수 있었다. 김이곤도 쉰다섯에 음직으로 동몽교관이 되었다가 1774년 예순셋의 노구를 이끌고 황해도 신계현령新溪縣令으로 부임했는데, 그만 임소에서 세상을 하직하고 만다. 그가 신계현령으로 떠날 때 유한준은 예술적으로는 뛰어났으나 끝내 불우했던 그의 삶을 슬퍼하며 전송했고,[15] 햇살이 따뜻한 양지바른 곳에 그를 장사 지내며 '선생이 떠나자 시가 없어졌다'는 말로 당대의 뛰어난 시인이자 어릴 적 자신에게 시를 가르쳐주었던 불우했던 한 고인高人의 삶을 추모하고 있다.[16]

문장지기 남유용

한편 유한준이 문장을 배웠다고 했던 또 다른 스승 남유용과의 만남은 김이곤과는 달리, 유한준이 문학적으로 성숙했던 30대 중반 이후의 일로 확인된다. 유한준은 이 당시 재야의 문인으로, 당송 고문은 물론 진한 고문과 제자백가 및 불경, 그리고 농암 김창협과 삼연 김창흡은 물론 당파를 넘어 조귀명趙龜命 등 선배 학자들의 글을 자유롭게 섭취했다. 그리고 그런 경계 없는 활달한 독서 체험을 바탕으로 자신의 오래된 벗인 박윤원과 도문분리 논쟁을 벌이며, 성리학적 도문일치론의 속박을 넘어 도와 문의 분리에 입각한 각도기도各道其道의 독창적인 문학론을 정립해가고 있었다.

관직에는 미처 등용되지 못해 세상을 향해 자신의 포부를 마음껏 펼치지는 못했지만, 문학적으로 가장 활달한 사유와 거침없는 기상을 보여주었던 시기에 그는 이전부터 흠모했던 남유용에게 문장에 대한 가르침을 받고자 스스로 그를 찾아갔다. 다음은 두 사람의 첫 만남을 비교적 소상히 밝히고 있는 남유용의 아들 남공철南公轍의 기록이다.

(가) 돌아가신 아버님께서 벼슬에서 물러나 집에 계실 때, 참의공 저암 유공께서는 당시 진사進士로서 자기 글을 가슴에 품고 문밖에서 아버님을 뵙고자 이렇게 말씀하셨다. "제가 선생님을 태산북두처럼 우러러본 지 오래되었습니다. 다만 포의로서 감히 재상의 마당을 밟지 못했는데, 지금 선생님께서 관직을 그만두고 조정에서 물러나 계시니 제가 만나뵈어도 혐의가 없을 듯합니다." 아버님께서는 공을 맞이하여 그 뒤로 자주 뵈었다. 공은 용모가 당당하였으니 참으로 마음이 넓고 기개 있는 군자였다.

(나) 여러 차례 말씀을 나누면서 술을 드시고 취기가 오르자 돌아가신 아버지께서는 당신의 문집 전서를 가져다가 공에게 읽도록 하셨다. 공께서는 다 읽고 일어나서 "성대하고 풍부합니다. 백관百官과 곡창을 거느리고, 문장이 기름지지도 않고 파리하지도 않으니 순정한 도리가 여기에 다 모여 있습니다"라고 말씀하셨다.

(다) 처음에 공께서 문장이 껄끄럽고 자꾸 멈춤을 걱정하자 아버지께서는 『전국책戰國策』을 읽어보라 권하셨다. 공이 『전국책』을 다 읽고 익숙해지자 자유분방함을 제어할

수 없다고 하자, 아버지께서는 『예기』「단궁檀弓」편을 읽어 보라 하셨다. 그 후 문장이 더욱 간결해져서 지리함이 없 어지자, 공께서는 문장지기文章知己를 만났다고 여겼다. 돌 아가신 아버님의 제문에 '내가 공을 스승이라 부르니, 공 께서 자네는 벗일세'라고 쓰신 말은 참으로 실제의 일을 기록한 것이다.[17]

(가)에 드러나듯이 유한준이 남유용을 찾아간 것은 영조대 의 명망 높은 재상으로서 남유용이 나랏일을 두루 거치고 퇴임 한 후이고, 그 자신은 진사시에 급제한 상태이니 1768년 즈음으 로 추정된다.[18] 남유용이 1773년 7월 13일, 향년 76세로 서울 초 동草洞 본가에서 하직하니, 두 사람이 실제로 만났던 기간은 5년 남짓임을 알 수 있다. 유한준이 쓴 남유용의 제문에도 자신이 처 음 문장을 들고 찾아뵈었을 때가 남유용이 관직에서 물러나 있 을 때라고 밝히고 있는데,[19] 굳이 퇴임 후에 그를 찾은 것은 윗글 에도 나와 있듯 아직 관직에 들지 못한 자신이 재상가를 방문하 는 것이 혹시라도 관직 청탁을 위한 방문으로 오해될까 염려해서 다. 초야에 있으나 기개가 있고 당당했던 유한준을 남유용도 금 방 알아보고, 술과 문학을 벗삼아 자주 그와 교류했다.

두 사람의 문집에는 서로의 집을 오가며 술과 벗과 문학이 어 우러진 분위기 속에서 때로는 밤을 지새면서까지 함께 노닐며 화 답한 여러 편의 시가 수록되어 있다.[20] 그 모임에는 두 사람 외에 도 남유용의 매부인 김순택金純澤과 서재종제庶再從弟인 남유형南 有衡, 어린 조카인 남공좌南公佐, 손자인 남인구南麟耉 등 남유용의

「남유용 초상」, 97.3×60.0cm, 1748, 국립중앙박물관.

가족 친지는 물론, 김이중, 이규량李奎亮, 오재순, 김용겸金用謙, 조돈趙暾, 이중고李仲固, 김익金熤, 원인손元仁孫 등의 문인들이 참석했다.

특히 1770년 남유용이 유한준이 살고 있는 남촌으로 이사[21] 간 뒤로 두 사람은 더욱 잦은 만남을 가졌던 것으로 보인다. 이러한 교류를 바탕으로 두 사람의 우의는 더욱 깊어갔고, 그러던 어느 날, (나)에서 보이듯 남유용은 자신의 문집 초고 전집을 가져와 유한준에게 일독을 권할 정도로 유한준을 신뢰했던 듯하다. 유한준은 마치 문무백관을 거느리고, 온갖 곡식을 저장한 곡창과 같이 다채롭고 풍부한, 그렇다고 너무 기름져서 윤기가 흐르거나 창백하고 파리하지도 않은 일정한 절제미를 지닌 남유용의 글을 보고 그의 문학을 더욱 높이 평가했던 것으로 보인다.

(다)에는 남유용이 유한준에게 전했던 문장 학습에 대한 조언을 전하고 있는바, 문장이 껄끄럽고 잘 나가지 않자 남유용은 『전국책』을 통해 변론가들의 활달한 생각과 유려한 말을 익히도록 했다. 다시 유한준이 거기에 젖어들어 문장이 너무 분방해짐을 고민하자 『예기』「단궁」편의 간결하고 엄정한 문장을 배우도

록 조언하는 내용이다. 실상 이와 같은 문장 학습법은 이미 조선
에 유행했던 왕세정 등 전후칠자들이 주장했던 내용과 일치하는
것으로, 그런 사실을 이미 당송 고문과 진한 고문을 폭넓게 학습
하고 있었던 유한준이 몰랐을 리는 없다. 서른 살 이상이나 까마
득히 차이가 나는 문형을 지낸 어르신과의 대화 속에 이러한 내
용들이 오갔을 테니 자연스레 조언의 형태가 되었을 것이다. 서
로가 서로를 인정하며 문학적 공감대를 같이했던 까닭에 유한준
은 그를 스승으로 부르며 따랐던 것이고, 남유용은 남유용대로
세월의 격차와 상관없이 말이 통하는 유한준을 벗으로 여기며
문장지기로서의 교류를 지속했던 것으로 보인다.

일방적인 가르침의 형태로 서술되고 있는 (다)와 달리 유한준
이 쓴 「자전」에는 문장지기로서 대등한 생각을 주고받는 두 사람
의 대화가 전한다. 후배 문인의 재능을 아까워하며 사마천과 같
이 조선인들의 열전을 기록하라고 당부하는 태학사 남유용의 애
틋한 마음과 그런 조언을 감사히 받아들이면서도 스스로의 생각
을 거침없이 밝히며 자신의 길을 가고자 하는 유한준의 당당한
태도를 엿볼 수 있다.

(가) 태학사 남유용 공이 나에게 말했다. "옛날에 뜻이 있
는 사람 중에는 출세하여 이름을 얻지 못하면 어둠 속에
서도 글을 써서 후세에 이름을 드리운 분들이 있다. 그대
는 가난하지만 어찌 고금의 변화와 전시대의 득실, 당대의
사건 중에 놓치거나 빠뜨린 이야기들을 오랫동안 생각하
고 사려 깊게 연구하여 우리나라의 열전을 정리해 후세에

전하여 자신을 드러내려고 하지 않는가?"

(나) 내가 말했다. "그렇지 않습니다. 옛날 좌구명左丘明은 그가 실명한 이후에야『국어國語』가 유행했고, 사마천은 그가 거세된 이후에『사기』가 나왔으니 이는 천형天刑입니다. 반고班固는『한서』를 짓고 옥중에서 죽었으며, 진수陳壽는『삼국사』를 찬술한 후 유폐되었고, 범엽范曄은『후한기後漢紀』를 쓴 후 일족이 주살당했으니 이는 인화人禍입니다. 저들은 포폄과 기휘를 정밀하고 명확히 할 자질이 있고, 귀신을 감동시킬 만한 문장력이 있음에도 사서를 지은 후 형벌을 면치 못했습니다. 하물며 견문과 식견이 부족한 제가 선악과 시비를 함부로 논해 천지신명이 꺼리는 바를 범한다면 천형과 인화를 당함이 어찌 이루 다 말할 수 있겠습니까? 이에 문장이 쓸데가 없으니 유희하며 제 맘대로 쓸 뿐입니다.[22]

윗글은 「자전」에 삽입된 태학사 남유용과의 대화로, 현실에서 뜻을 이루지 못한 선비는 마땅히 저서로써 후세에 자신을 전해야 한다는 남유용의 말에 유한준이 저술의 조심스러움과 현실상의 제약에 대해 토로하는 내용이다. 남유용은 고금의 자료를 두루 수집해 우리나라의 인물을 입전한 동전東傳을 제작하라고 권유하지만, 유한준은 나름의 이유를 들어 거부의 의사를 표하고 있다. 그는 견문과 식견이 부족한 자신이 역사적 인물의 선악과 시비를 논한다면 큰 화를 당할 거라는 말로 동전을 편찬해서 후세에 이름을 남기라는 남유용의 권유를 우회적으로 거절하고 있는 것이다. 하지만 겉으로는 거부 의사를 밝히고 있지만, 유한준은 고문을 배우면서 불후의 문장을 남기고 싶은 꿈을 가지고 있었고 실제로 우리나라의 역사적 인물들의 열전인 『동전』을 제작하기 위해 그 목차와 인물들을 선정해놓기도 했다.[23] 따라서 유한준의 대답에서 주목해야 할 것은 형식적인 거절의 몸짓이 아니라 거절의 구체적인 이유다.

(나)에서 유한준은 좌구명·사마천·반고·진수·범엽 등의 사례를 차례대로 언급하며 그들이 뛰어난 자질과 훌륭한 문장력을 가졌음에도 불구하고 그 시대의 권력자나 주류적 가치관에 저촉되어 한결같이 큰 화를 당했음을 지적한다. 유한준의 도문분리적 문학관이나 사상적 개방성 및 현실·역사관 등이 당대 조선의 지배 이데올로기인 정주학적 관점과 충돌하는 측면이 적지 않음을 상기한다면,[24] 유한준은 이들 사례를 통해 지배 계층의 가치관이나 그들에 의해 만들어진 금기가 때로는 저술가의 목숨을 위협할 정도로 문학 창작이나 역사 기술에 많은 제약을 가하고 있음을 지적한 것으로 이해할 수 있다. 유한준은 이들이 역사 인물에 대한 가치 평가(포폄)를 정확히 하고, 자신이 주의해야 할 시대의 금기(기휘)를 잘 이해하고 있었음에도 형벌을 면치 못했다고 지적하는바, 그는 이러한 사실을 환기하며 자신의 저술 행위가 가져올 결과를 가늠해보지 않을 수 없었을 것이다.

실제로 그의 글 속에는 당대의 지배계층인 경화사족京華士族들의 타락을 신랄히 비판하거나 유교적 치세 이념 속에서 성인으로 추앙받는 요순堯舜과 탕무湯武의 행위를 야유하는 노장적 사고를 긍정하는 내용도 있어 이러한 시각들이 열전 창작에 그대로 반영되어 하나의 저서로 묶인다면 문제될 소지가 없는 것도 아니었다. 그렇기에 그는 견문과 식견의 부족함을 들어 그 스스로『동전』의 저술 시기를 늦추었고[25] 같은 이유로 남유용의 권유를 거절했던 것이다. 시대와 불화하지 않으면서 자기 뜻을 관철시킬 묘안과 능력을 갖추지 못했기에 그는 혹시라도 권력과 충돌을 일으킬 수도 있는 체계적인 역사 저술의 형태를 피하고, 다만 자신의 맺힌 마음과 자유로운 생각을 그저 마음 내키는 대로 풀어내며 유희자사遊戱恣肆하는 개인적 글쓰기로 자기 문학의 의미를 축소한 것으로 보인다.

이렇듯 유한준이 전하는 남유용과 유한준의 실제 대화는 일방적 가르침이기보다는 서로를 존중하는 가운데, 서로의 문학적 견해를 대등하게 주고받으면서 스스로의 생각을 거침없이 표현하는 문우지기로서의 모습을 띠고 있었다. 그리고 유한준의 이러한 태도는 비단 자신보다 나이가 많고, 식견이 높고 지위가 높은 사람에게만 국한되는 것이 아니다. 어느 하나라도 배울 것이 있으면 그 사람을 선생으로 모시며 존중하는 유한준의 말을 앞서 보았거니와 그는 그와 동년배에게도, 그리고 나이가 어리거나 신분이 낮은 사람에게도 이러한 태도를 견지했다.[26] 따라서 그는 배움에 있어서는 언제나 자세를 낮추고 상대방에 대한 예의를 잃지 않았지만, 그렇다고 신분과 지위, 나이에 구애되어 상대방을 무조건 따르기보다는 서로 다른 의견이 있으면 그것을 솔직하게 털어놓으며 상대방과 열띤 논쟁을 벌이기도 했다. 그것이 바로 유한준이 스승을 모시는 자세였다. 바로 그렇기에 그는 나이와 지위와 신분에 상관없이 그 모든 스승을 대등한 친구로서 마주했고, 상

대방 역시 그를 지기로서 대우했던 것이다. 이는 비단 태학사를
지낸 남유용에게만 그랬던 것이 아니라, 불우한 시인이었던 김이
곤에게도 그랬고, 동년배인 박윤원과 박지원에게도 그랬다. 그들
은 모두 유한준의 스승이자 벗이었고, 동반자이자 대립자이기도
했다.

2

박윤원은 본관이 반남潘南, 자는 영숙永叔, 호는 근재近齋로, 성리
학과 예학에 밝았던 조선 후기의 학자다. 유한준과는 죽마고우
로 고문을 함께 연마했으나 도학 공부에 전심하게 되면서 젊었을
적 유한준과 한 치의 양보도 없이 논전을 거듭하며 도문분리 논
쟁을 벌였던 사람이다. 그들이 논쟁을 벌이며 주고받았던 편지를
보면 두 사람은 친구이기보다는 서로를 설복시키려 했던 논쟁의
상대방이자 어찌 보면 상대편의 논리를 부수어야 내가 살아남
을 수 있는 적이기도 했다. 이 장에서는 서로 절차탁마하면서도
끝까지 변함없는 우정을 유지했던 두 사람의 관계를 도문분리론
논쟁을 중심으로 살펴보면서, 두 사람 우정의 양상과 의미에 대
해서 생각해볼 기회를 가져보고자 한다.

유한준의 문집을 검토하면 박윤원은 유한준이 가장 신뢰하고 존경해 마지않은 오래된 친구였다. 유한준의 「박영숙학산시록서朴永叔鶴山詩錄序」에 따르면, 박윤원은 유한준의 먼 친척[27]이자 동네 친구로서 오래 사귄 만큼 그 우정이 가장 깊었으며, 열네다섯 살 때부터 함께 과거 공부를 하고, 스무 살 즈음에는 고문을 같이 익혔던 동학이자 문우이기도 했다.[28] 두 사람은 서로 간의 깊은 정과 신뢰를 바탕으로 사석에서나 편지로 종종 문학이나 학문상의 토론을 벌였는데,[29] 두문분리론과 관련된 서신 논쟁 역시 이와 같은 평소 토론의 연장선상에서 자연스럽게 돌출되어 나온 것이라고 할 수 있다.

박윤원, 『근재집』, 서울대학교 규장각한국학연구원.

영숙이 바닷가에서 노닌 지 3~4년이 되자 바다의 큰 기상을 얻어 식견이 더욱 높아졌다. 육경 및 『근사록』과 주자의 책을 읽고 내게 말하길, 도학과 문장을 비교하면 문장은 가벼운 것이니 도학이 위고 문장은 그다음이라고 하면서, 도가 문장으로 인해 널리 퍼지지만 문장 또한 도가 아니면 오래갈 수 없다고 하였다. 하루는 서울로 편지를 보내 내게 도학을 권하였고, 나중에 서로 만났을 때도 그 말

을 하지 않은 적이 없었지만, 내가 용렬하고 우둔하여 그
말을 따를 수 없었다.[30]

위에서 영숙이 바닷가에서 노닌 지 3~4년이라고 한 것은 1763년
겨울, 박윤원이 아산 현감으로 부임하는 아버지 박사석朴師錫
(1713~1774)을 따라 충청도 아산의 바닷가 연안에 머물렀던 일을
가리킨다.[31] 박윤원은 아산에 내려간 후 『근사록』 등 도학 관련
서적들을 집중적으로 탐구한 후, '도 우위의 도문일치적 문학관'
으로 자신의 생각을 정리했고, 이 같은 생각을 담은 장문의 편지
를 유한준에게 보낸다. 물론 박윤원의 문학관은 그 이전부터 형
성된 것이겠지만, 스무 살 즈음부터 고문에 열중하고, 중년이 되
어 문을 통해 도에 들어갔다는 유한준의 진술에 따르면,[32] 아산
에 내려가 있었던 30대 초반에 도학으로의 확실한 전향의 태도
를 보였음을 알 수 있다. 박윤원은 가장 절친한 친구인 유한준을
도학으로 이끌고자 장문의 편지를 보냈음은 물론 나중에 직접
만났을 때도 거듭 성리학 공부를 권했음을 알 수 있다. 하지만 인
용된 글의 마지막 부분을 통해 알 수 있듯 유한준은 끝내 그의
권유와 도문일치적 문학관을 받아들이지 못했던 것으로 보인다.

　박윤원의 문집에는 그가 아산에 있을 때 유한준에게 보낸 다
수의 편지가 수록되어 있는바,[33] 그 첫 편지는 박윤원이 아산에
도착한 직후에 보낸 것으로, 북촌에서 유한준과 함께 지냈던 날
들을 그리워하는 내용이다. 박윤원은 몸은 비록 멀리 있더라도
서로의 옛정을 변함없이 간직하길 바라는 마음을 전하면서, 무엇
보다 멀리 떨어져 있어 더 이상 서로 강마하고 토론하지 못함을

크게 아쉬워하고 있다.[34] 그 이후 박윤원은 편지를 통해 아산에서의 근황을 알리는 동시에 도학과 문학에 대한 자신의 생각을 적극적으로 개진하며 유한준에게 사마천의 글보다는 도학에 힘쓸 것을 여러 차례 권하고 있다. 유한준이 시문을 배운 김이곤과 남유용을 거론하며 이제 성숙한 나이에 걸맞게 두 어른을 본받아 문학보다는 학문에 더욱 정진할 것을 권하기도 하고,[35] 또 다른 편지에서는 도학적 관점에서 사마천과 반고, 한유, 소식, 증공 등 역대 대문장가들의 불순함을 지적[36]하기도 하면서 충심으로 유한준을 도학으로 이끌고자 노력한다.

한편, 유한준은 이 과정에서 이미 도문분리에 관한 자신의 생각을 단편적으로나마 비춘 듯하며,[37] 도학 공부에 전념하라는 박윤원의 말에도 '도가 내 몸에 있는 것이라면 더디고 빠른 차이가 있더라도 결국엔 반드시 도에 입문하게 될 것'이라고 하며 박윤원의 급급한 마음을 달래고 있다.[38] 또한 서신을 교환하던 이 시기에 유한준은 아산에 내려가 박윤원을 직접 만나고 오기도 했는데,[39] 이때 유한준은 박윤원의 정성스러운 권유에 못 이겨 겉으로나마 도학에 정진할 것을 다짐하는 태도를 보이며, 박윤원을 위해 「나의 벗吾友」이라는 시를 짓고 있다. 이 시는 유한준이 30대 중반에 지은 것으로 그 제목처럼 친구 박윤원에 대해 쓴 것이다. 유한준은 시의 전반부에 박윤원이 문학에서 도학으로 그 행로를 바꾼 정황과 장문의 편지로 자신을 설득한 일을 적고,[40] 후반부에는 박윤원이 편지에서 주장한 내용을 그대로 가져와 도학 찬양과 문장가들에 대한 비판의 목소리를 담은 후,[41] 마지막에 박윤원이 먼저 이러한 사실을 체험하고 자신이 방향을 잃지 않도록 권고했음을 밝히고 있다.[42] 이로 보면 「나의 벗」은 제목처럼 자신의 친구인 박윤원의 도학적 지향과 그때까지의 변화된 모습을 사실적으로 묘사한 시라고 할 수 있다. 물론 그 중간에 서정적 자아의 도학 지향이 잠깐 내비치긴 하지만,[43] 유한준의 당시 모습을 전하는 여타의 자료를 종합하면 그러한 지향이 그리 확고했던 것으로 보이지는 않는다. 실제로 유한준은 박윤원과 헤어질 때 성리학 공부를 권하는 박윤원에게 확답을 주지는 않고 오히려 편지로 계속해서 토론할 것을 제안하고 있으며,[44] 또 서울에 돌아와서도 어쩔 수 없이 『한서』의 문장에 이끌리는 자신의 모습을 솔직히 토로하는 다음과 같은 편지를 보내고 있다.

> 보내주신 여여숙의 시는 더욱 암송할 만합니다. 다만 오래된 습관과 예전부터 좋아하던 것들을 다 잘라버릴 수는 없어서 반고의 『한서』를 다시 읽으며 절로 마음이 탁 트이는 것을 어찌할 수는 없더군요. (…) 비유컨대 몽둥이로 맞은 자가 맞을 때는 손바닥을 싹싹 빌고 엉엉 울며 나중에는 절대로 그렇게 하지 않겠다고 하며 용서를 구하지만, 몽둥이가 그치면 또다시 그렇게 해서 결국은 변할 수가 없으니, 족하의 말을 듣는 제가 또한 이와 같다 하겠습니다. 허허.[45]

인용된 편지의 생략된 부분에는 『한서』 문장의 매혹에 이끌리는 유한준의 모습이 생생하게 묘사되어 있거니와,[46] 이 편지에서 유한준은 친구의 진심 어린 충고를 망각하고 어쩔 수 없이 문장의 매력에 빠져드는 자신의 모습을 농담 섞인 비유로 드러냄으로써 친구 박윤원에 대한 미안한 마음을 눙치려 하고 있음을 알 수 있다. 결국 유한준은 충심으로 도학에의 정진을 권하는 벗에게 고마운 마음을 느끼면서도, 다른 한편 정주학의 재도론적 관점에서 문학의 가치를 부정해버리는 박윤원의 논리와 생각에는 끝내 동의하지 못했던 것으로 보인다. 박윤원의 동생 박준원朴準源은 당시 유한준의 상태를 "머리로는 도학으로 회귀했으나 마음으로는 돌아오지 못했다"[47]고 요약하고 있거니와 이는 유한준의 모습을 얼마간 적실하게 표현한 것이라고 하겠다.

도문일치론과 각도기도론

유한준이 자신의 생각을 끝내 받아들이지 않자 박윤원은 문사文辭를 버리고 도학에 전념하라는 자신의 오래된 바람을 저버리고 문학에 빠져 헤어나오지 못하는 유한준에게 극도의 실망감을 표출하며, 유한준의 평소 잘못된 생각을 낱낱이 지적하는 장문의 편지를 보낸다.[48] 이 편지에서, 박윤원은 유한준의 잘못된 논리와 행동을 다음 세 가지로 지적하고 있다.

> 첫째. 성리설은 힘들여 따로 해득하려 할 필요는 없고, 다만 일상생활에서 천리天理와 인욕人欲을 판단하여 행동하면 된다.[49]
>
> 둘째. 삼대 이후에는 도학과 문장이 분리되어서 문학을

따로 전공하지 않을 수 없다.[50]

셋째, "내가 좋아하는 것을 따르겠다"고 하면서 도학은 버려두고 문학에만 열중한다.[51]

박윤원의 편지를 받은 유한준은 두 사람의 차이를 도문 관계에 대한 관점의 차이로 요약할 수 있다고 대답한다. 유한준이 보기에 박윤원과 자신은 도와 문이 일치한다고 보는 관점과 도와 문이 분리되었다고 보는 관점의 차이로 충돌하고 있었다.[52] 따라서 유한준은 박윤원이 편지에서 제기했던 세 가지 문제에 대해 각각 대답하는 것을 피하고, 논점을 '도문 관계'로 집중시키면서 왜 자신이 '도문분리'를 주장하는지에 대한 논리적 근거를 제시하는 데 치중한다.

도문일치론의 오래된 믿음인 '도가 바르면, 문장 또한 좋다'는 생각[53]을 부정하기 위해 유한준은 도는 바르지 않지만 문장은 좋은 여러 반례를 제시함으로써 도문일치론의 허구성을 간단히 보여주었다. 성인의 도와는 거리가 먼 사마천이 문장의 종장임은 어린아이도 다 아는 사실이거니와,[54] 성인을 모독했던 장자, 오륜을 저버린 부처, 정도를 걸었다고 하기에는 적지 않은 흠이 있는 순자, 이사, 양웅, 유종원, 소식, 왕안석 등 허다한 예를 들며 도학과 문장이 서로 일치하지 않음을 입증한다.[55] 상식에 가까운 이러한 사실에 눈감으면 모를까 별다른 학식도 없는 어린아이들도 다 아는 진실을 그대로 인정하기만 한다면, 박윤원의 '도문일치'에 대한 신념은 '당위'나 '이상'으로서만 존재할 뿐 현실에서는 설 자리가 없는 것이다.

유한준은 이처럼 노장과 불도, 순자와 양웅 등을 예시한 끝에 이들이 정도를 벗어나거나 도학을 심각하게 훼손하면서도 문장이 뛰어난 이유에 대해서 가설적 형식으로 자신의 입장을 다음과 같이 밝힌다.

> 만약 저들[56]이 각자 자신의 도를 도로 하여 그 도를 완성했기 때문에 문장이 훌륭해졌다고 한다면, 천하의 소위 도라는 것에는 누구에게나 다 합당한 보편적인 도(항도恒道)는 없는 것입니다. 그렇다면 도가 반드시 정주학이 아니어도 문장은 그 자체로 문장의 가치가 있는 것입니다. 만약 문장이 반드시 정주의 도를 근거로 해야 옳다고 한다면, 이는 '각자 자신의 도를 도로 삼는다'는 각도기도各道其道의 설과는 부합하지 않습니다.[57]

유한준은 이처럼 그 사상이 노장이든 불교든 자신이 믿는 바를 끝까지 추구하면 저마다 최고의 문장에 이를 수 있다는 생각을 표명한다. 시공을 넘어 누구에게나 다 적용될 수 있는 영원불변의 도가 따로 있는 것이 아니라 각자는 저마다 다 자기만의 도가 있고, 그 도를 끝까지 추구하면서 지고의 문장에 도달한다는 것이다. 따라서 도를 추구할 때 반드시 정주학만을 고집할 필요도 없고, 또 정주학에 입각한 글을 써야만 훌륭한 문장이 되는 것도 아니다. 유한준은 도가 지극하면, 문장 또한 훌륭해진다는 도문일치론의 논리를 각자의 도를 긍정하는 각도기도의 설 속에 재배치함으로써 정주학뿐 아니라 각자의 사상에 입각한 모든 글의 가치를 인정하고 정주학에 의해 배제되고 폄하된 이단적 사상과 문장에의 욕구까지를 긍정하는 새로운 도문관을 창출하고 있는 것이다. 각도기도의 논리를 따라가면 최선에 이르는 길은 단지 정주학이라는 하나의 통로만 있는 것이 아니라 각자 자신의 길을 끝까지 추구함을 통해 최상의 경지에 이를 수 있는 것이다. 그런 까닭에 유한준은 자신의 문학 행위를 주색잡기로 폄하했던 박윤원의 비난을 선선히 되받아 '만약 주색에 빠지듯 문학에 빠져 사마천과 반고의 경지에 이를 수 있다면 죽을 때까지 그 일을 사양하지 않겠다'[58]고 말하며 문학에 대한 자신의 열정을 끝까지 포기하지 않겠다고 편지를 끝맺고 있다.

논쟁 그 후

결국 박윤원의 간곡한 설득에도 불구하고 유한준은 자신의 주장을 끝내 포기하지 않았다. 그런데 박윤원과의 논쟁은 유한준이 30대 중반이었을 때 촉발되었던 것이다. 그렇다면 그 후 두 사람의 관계는 어떻게 되었을까? 그리고 유한준은 끝내 자신의 오랜 친구인 박윤원의 생각을 부정하면서 도문분리와 각도기도에 대한 자신의 생각을 버리지 않았던 것일까?

두 사람의 교유가 그 후로도 지속되었다는 것은 문집을 살펴보면 쉽게 확인할 수 있다. 두 사람이 주고받은 시문을 통해 그 후로도 친밀한 교류가 계속되었으며, 서로의 차이를 인정하면서도 상대방을 배려하고 걱정하면서 더 나은 길로 친구를 이끌려는 노력을 게을리하지 않았다. 논쟁이 있은 지 얼마 후 다행히도 유한준은 음직으로 관직에 올랐고, 1777년에는 군위현감이 되어 떠난다. 박윤원은 그를 전송하며 문장으로 뛰어난 유한준이 문치를 이룰 것을 기원하면서, 특히 공자의 제자인 자유子游가 지은 「단궁」을 좋아하니 문장을 좋아하는 것에 그치지 말고 자유와 같은 정치를 펼칠 것을 기원한다.[59] 또한 이보다 2년 앞서 유한준이 단군에서부터 고려 말까지의 역사를 시화한 『광한부』라는 거질의 작품을 짓자 서문을 써서 『광한부』의 간략하면서도 요령을 얻은 역사 기술과 역사에 대한 포폄이 가지는 권계의 의미를 부각시키며 유한준의 문학을 칭송하고 있기도 하다.[60] 1791년 유한준이 환갑을 맞아 편찬한 『자저』의 문집 서문에도 그는 다음과 같은 글을 남겨 불우했지만 문장을 통해 자신을 드러냈던 오랜 벗의 문학을 기리고 있다.

여성은 뛰어난 재주가 있지만 시대를 만나지 못해 문장을 통해 자기의 견해를 드러냈다. 그 말은 넓고 크며 분방함이 넘치면서도 법도가 있었다. 사람들은 문장의 높고 낮음이 그 시대의 풍기에 제한받는다고 말하는데, 여성은 금세에 살면서도 고인의 문장에 능하니, 어찌 또한 위대하지 않겠는가? 여성은 천성이 총명하고 배움이 넓어 육경으로 그 실마리를 찾고, 역사서로 그 치란治亂을 살피며, 백가로 세상의 동이同異를 탐구하면서, 또한 저 사물의 이치와 사태의 진면목을 살펴 자신의 지식과 견해로 삼는다. 근실한 마음으로 온 힘을 다하니 문장은 이로 말미암아 훌륭

해진 것이다.[61]

　앞서 살펴보았듯 박윤원은 30대 중반의 격렬한 논쟁을 통해 친구 유한준의 자유분방한 독서와 노장사상 등으로의 일탈을 염려하며 정주학으로 돌아가라고 충고했다. 하지만 유한준은 도문분리의 관점을 포기하지 않고 자기만의 문학을 성취하기 위해 부단히 노력했고, 그 다름을 인정하면서 박윤원은 친구의 길을 끝까지 응원하고 있다. 박윤원은 유한준의 문학이 자유분방하면서도 법도가 있으며, 육경으로 그 실마리를 찾고, 역사서로 그 치란을 살피며, 백가로 세상의 동이를 탐구한다고 평한다. 유한준의 문학이, 이처럼 폭넓고 자유로우면서도 유가 중심에서 완전히 이탈하지 않았던 데에는 그를 응원하며 평생을 같이했던 박윤원과 같은 오랜 친구의 우정이 큰 도움이 되었다고 할 수 있다.

　앞서 살펴보았듯 죽음을 바라보는 일흔일곱의 나이에 유한준은 자신의 생을 정리하는 자명自銘을 남긴바, 자신이 장자, 굴원, 사마천, 한유 등의 문장에 몰두하다가 50년이 지나서야 비로소 육경과 사서에 온축된 도학의 의미를 깨닫게 되었다고 밝히고 있다.[62] 유한준의 또 다른 글에는 열 살이 넘어 박윤원을 따라 과문을 익히다 스무 살 무렵에 고문을 공부하게 되었다는 언급이 있는데,[63] 두 기록을 종합하면 박윤원은 10대에 과문을 같이 배운 어릴 적 친구이자 20대에 고문을 같이 읽은 문우이며 유한준과 평생을 같이한 문학적 동지였다고 할 수 있다. 죽음이 임박한 70세쯤 되어서 유한준이 비로소 도학의 중요성을 깨닫게 된 데는 앞서 언급한 서학의 충격과 어린 김백순의 죽음이 큰 계기가 되었지만, 오랫동안 그를 지키며 도학으로 친구를 이끌었던 박윤원의 역할도 적지 않았다. 실제로 문집을 살펴보면, 그가 세상을 뜨기 전 10년여의 기간 동안 쓴 글에는 벗 박윤원의 간절한 충고를 듣지 않고 문학에만 몰두했던 자신을 후회하며 늦게나마 전심하여 경서를 읽고 있는 모습이 비교적 눈에 많이 띈다.

물론 그렇다고 해서 유한준이 말년에 문학을 그만두고 도학으로 회귀했다거나 도학적 이념에 문학을 종속시키는 재도론으로 돌아섰다고 해석하는 것은 잘못이다. 말년에 보이는 도학에의 관심은 애초의 자기 주장을 포기하고 박윤원이 주장했던 재도론으로 돌아선 것이 아니라, 자신과 같이 '문장에만 몰두하는 문장가'와 박윤원처럼 '도학에만 전념하는 도학가'라는 양극단의 폐단을 지양하고자 했던 것이다.

> 문장가는 애써 글을 엮느라고 온 신경을 쓰면서 모의하느라 정신이 피폐해져도, 진실로 고문을 지었으니 학문이 무슨 필요가 있냐고 하며 경술에 도움을 받으려 하지 않는다. 반면, 경술가는 쉬지 않고 전주箋註와 훈고訓詁를 익히며 도덕과 성명性命을 힘들여 강론하면서 학문이 진실로 깊어지면 문장은 절로 이루어진다고 생각해서 문장을 달가워하지 않는다. 문장가는 경술을 익히려 하지 않으니 근본에서 멀어져 주객이 전도되고, 경술가는 문장을 달가워하지 않아 학문은 성대해도 그 사채詞采와 풍신風神이 문장가의 종횡무진함을 대적할 수 없으니, 둘은 다 한쪽에 치우친 것이다.[64]

경술의 필요성을 부정했던 자신과 문장의 가치를 폄하했던 박윤원의 결점을 스스로 지적하고 있는 이 글은, 유한준이 말년에 지향했던 것이 문장과 도학의 가치를 모두 긍정하면서 이 둘을 한 몸에 통합시키려고 했던 것임을 알 수 있다. 죽음이 임박한 나이에도 노쇠함을 무릅쓰고 본격적으로 경전을 탐구하려 했던 것도 바로 이 통합에의 의지 때문이고, 박윤원과 박지원의 족친인 박사능朴士能에게 '학문'과 '문장'에 각각 높은 성취를 보였던 두 사람을 계승해서 나라의 동량이 되는 훌륭한 문장을 이룰 것을 희구한 것[65]도 도문을 겸비한 인재를 바라는 마음을 표현한 것일 터이다. 도와 문이 분리된 현실을 인정함을 전제로 서로 다른 두 영역의 전범典範을 따로 설정하고, 두 방면의 지식과 실천을 겸비함을 통해 종국에는 그 둘이 하나된 새로운 통합과 일치를 추구한다는 점에서, 두 영역 간의 '독자적 측면'과 '동등한 가치'를 주장했던 도문분리론의 핵심을 보존하면서 동시에 도문 일치의 궁극적 이상을 받아들인 것이라고 할 수 있다.

이처럼 박윤원과 유한준은 서로의 차이를 인정하면서도 서로를 끝까지 존중하는 우정을 통해 벗이란 뜻을 같이하는 동지가 아니라, 길이 다른 두 사람이 자신과 다른 뜻을 가진 상대방을 존중하면서 끝까지 소통하는 것임을 보여주고 있다. 서로가 동화되지 않으면서 그들은 그렇게 서로 조금씩 비슷해졌고, 차이를 확인하면서도 서로 반목하지 않으며 때로 그 차이로 인해 격렬한 논쟁을 벌이기도 했지만, 끝까지 서로 다른 그 차이를 유지하면서 서로를 가장 아끼는 존재가 되었던 것이다.

유한준과 박지원은 모두 당대 노론 명가의 자제로 일찍부터 문장으로 이름이 높았던 사람들이다. 두 사람은 공히 가문을 통해 훈습되어왔던 존주대의尊周大義에 입각한 북벌의식을 지니고 있었지만, 박지원이 홍대용, 박제가 등 북학파 문인들과의 교유와 스스로의 연행을 통해 적대적인 대청의식을 탈피해갔다면, 그러한 경험이 없었던 유한준은 생애 끝까지 청에 대한 대결 의식을 벗어나지는 못했던 것으로 보인다. 하지만 농암 김창협에서 보듯 청에 대한 대결 의식 속에서도 중국 문화에 대한 개방적 섭취가 불가능한 것은 아니다. 또한 유형원이 『반계수록磻溪隧錄』을 통해 조선의 전방위적인 개혁안을 도출한 것에서 알 수 있듯 청에 대한 대결 의식이 오히려 조선의 개혁안을 구상하는 추동력으로 작용할수도 있는 것이다. 유한준은 송시열의 북벌적 대청의식을 고수하면서도 농암 김창협처럼 명청대의 문예의 변화에 민감하게 반응하고, 당송과 진한 고문 및 명청대 문학의 대가들을 두루 섭취했다. 또한 당파를 넘어 소론인 조귀명의 도문분리론을 계승하며 성리학에 얽매이지 않는 개인의 문학을 펼칠 수 있는 각도기도론을 정립했고, 유형원의 전제 개혁안을 적극적으로 지지하며 지방관으로서 조선의 실천적 개혁에 도움이 되고자 했다.

두 아들이 전하는 말

박지원과 유한준의 관계는 일찍이 연암의 둘째 아들인 박종채朴宗采(1780~1835)가 기록한 『과정록過庭錄』에 근거해 문학적으로 박지원에게 인정받지 못한 유한준이 평소 반감을 갖고 있다가 오랑캐의 연호를 사용한 원고라는 의미의 노호지고虜號之稿라고 『열하일기』를 비난하고, 만년에는 묫자리 분규로 두 집안이 서로 원수지간이 된 것으로 이해되고 있다.[66] 하지만 박지원과 유한준, 그리고 유만주兪晩柱의 『흠영』 및 주변 인물들의 문집과 실록 등의 여타 자료를 『과정록』의 내용과 종합적으로 비교 검토해볼 때, 『과정록』의 내용은 객관적 사실을 그대로 전달한다고 보기 어렵다. 두 사람의 문집을 통해 보건대, 그리고 그들이 맺고 있었던 인간관계를 고려해보면 두 사람이 서로 다른 문학관으로 긴장 관계에 놓여 있었던 것은 분명해 보인다. 그러나 그로 인해 상대방을 해코지할 정도로 저열한 인품을 가졌거나 불구대천의 원수로 여길 만큼 사적인 감정이 깊었다고 보기는 어렵다. 우선 두 사람을 적대적 관계로 인식하게 만들었던 『과정록』의 내용을 차분히 검토하면서 두 사람의 실체적 관계에 접근해보도록 하자.

「박지원 초상」, 20세기 초, 실학박물관.

이때 이웃 고을의 한 수령이 아버지가 백성을 잘 다스린다는 소문이 자자함을 시기하고 미워하여 험을 찾아내어 해코지하고자 했다. 그리하여 마침내 '오랑캐의 옷을 입고 백성을 다스린다'는 말로 사람들을 현혹시켰으며, 그 소문을 서울까지 전파시켰다. 그런데 당시 아버지의 친구 가운데 글을 잘한다는 소문이 있었으나 아버지한테는 인정을 받지 못한 이가 있었다. 그는 이로 인해 늘 아버지에게 유감을 품고 있던 터였다. 그즈음 『열하일기』의 문체에 대해 임금님의 은혜로운 분부가 계셔서 장차 임금님의 은총이 있을 듯하자 그가 시기하고 미워하는 마음은 더욱 커져만 갔다. 그러던 중 그는 '오랑캐의 옷을 입고 백성을 다스린다'는 아버지에 대한 비방을 전해 듣게 되었다. 그는 이때야말로 아버지를 음해할 좋은 기회라고 생각하여 『열하일기』를 노호지고라 비난하며 자신의 무리를 선동했다. 그리하여 무오년(1798)과 기미년(1799) 사이에 두 가지 비방이 함께 일어나 하마터면 큰일날 뻔했다.[67]

『과정록』의 일부인 윗글은 연암 박지원이 1792년 1월, 안의 현감安義縣監에 부임한 이후의 일들을 기록하고 있다. 『과정록』의 역주자들이 밝히고 있듯 첫머리에 언급되고 있는 이웃 고을의 한 수령은 당시 함양군수로 부임해 있던 윤광석尹光碩(1747~1799)[68]이고, 이를 기회로 삼아 『열하일기』를 노호지고라 비난한 인물은 유한준이다. 실제로 『연암집』에는 윤광석과의 갈등이 드러나는 편지들이 보인다. 하나는 함양에 장마가 들어 무니진 둑을 복구하는 과정에서 안의현의 장정들이 부역에 차출되는 것에 박지원이 불만을 표출하고 있는 것이고,[69] 다른 하나는 윤광석이 간행한 선조 윤전尹烇의『후촌집後村集』의 내용 중 연암의 선조 금계군錦溪君 박동량朴東亮을 모욕하는 부분이 있어 박지원이 이를 수정하라고 요구했지만 별다른 반응이 없자 불만을 표출하는 내용이다.[70] 함양군 부역 문제는 연암이 안의현 장정들과 같이 가 복구 공사를 일찍 끝내고 복귀하는 식으로 정리되었지만, 연암이 자기 조상을 모욕한 것에 대해서는 그로 인해 '백세의 원수가 되었다'고 하면서 잘못된 내용을 수정하라고 요구했지만, 윤광석이 자신의 요구에 끝내 응답하지 않자 절교를 선언하고 있다.[71]

물론 윤광석이 박종채의 말처럼 현감직을 잘 수행하는 박지원을 시기하여 '오랑캐의 옷을 입고 백성을 다스린다'는 말을 퍼트렸는지는 확언하기 어렵다. 박지원도 그의 함양에서의 치적을 칭송한 바 있거니와[72] 공식 기록에 보이는 지방관으로서의 윤광석에 대한 평가는 후한 편이기 때문이다.[73]『과정록』외의 여타 문헌을 통해 확인할 수 있는 것은 계축옥사 때 행한 박동량의 행위에 대한 두 사람의 시각과 평가의 차이로 인해, 1796년 이후 박지원이 윤광석에게 절교를 선언할 정도로 반감을 가지게 되었다는 점이다.

한편 윗글에서 '아버지의 친구 가운데 글을 잘한다는 소문이 있었으나 아버지한테는 인정을 받지 못한 이'가 유한준인 이유는 다 알다시피『과정록』권3에서 박종채가 박지원의 척독「답창애答蒼厓」의 일부를 직접 거론하면서, 유한준이 젊은 시절 연암에

저마다의
길

112

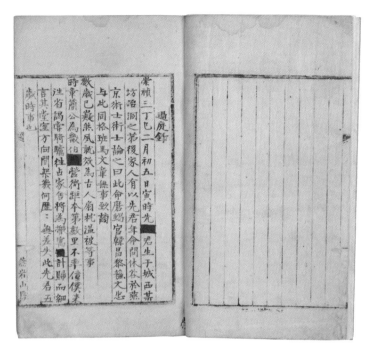

『과정록』 초고본, 실학박물관.

게 문학적으로 인정받지 못해 뒤에서 조종하고 사주하여 박지원이 중년 이래 날마다 비방을 받았다고 기술하고 있기 때문이다.[74] 하지만 『과정록』의 기술과 달리 유한준은 자신의 문집 어디에도 박지원에 대한 반감을 표시하거나 비난을 행한 곳이 없다. 오히려 유한준은 평생지기인 박윤원과 함께 박지원에 대한 무한한 그리움을 담은 글 하나를 그의 문집에 남겨놓았을 뿐이다.

막 문장에의 뜻을 세울 때 외람되게도 근재 박영숙과 연암 박미중朴美仲이 좋은 벗이 되어주었으니 모두가 한창 젊은 때였다. (…) 당唐 두모竇謨가 어떤 사람인지는 모르겠으나, 한유는 스스로를 병아리[雛鷇]로 여기며 두모를 날아가는 기러기로 우러러보았는데, 내가 두 사람을 바라보면 어찌 두 사람의 벌레쯤으로만 여길 뿐이겠는가? 아아! 두 사람은 지금 모두 구천에 가버렸고 나만 홀로 살아남아 여든 살이 다 되어가지만 평범하여 명성을 얻지 못했으니 예전의 노닐 때가 더욱 생각난다. 무릇 그 사람을 사모하면 그 사람 집의 새까지도 사랑스러우니, 하물며 두 사람의 친척으로 문장을 몹시 좋아하는 사능士能과 같은 사람에 있어서랴?[75]

윗글은 유한준이 1810년 79세 때, 박윤원과 박지원의 친족으로 문장에 뜻을 둔 사능 박홍수朴弘壽의 『거거집居居集』에 붙인 서문이다. 이 글에는 자신이 막 문장에 뜻을 두었을 때 젊은 시절 좋은 벗이 되어준 박윤원(박영숙)과 박지원(박미중)에 대한 그리움이 여과 없이 표출되고 있다. 유한준은 먼저 구천으로 가버린 친구들을 그리워하며 자기만 홀로 남아 여든 살이 다 되어가는 시점에서 세 사람이 함께 어울리며 노닐었던 추억에 잠기고 있는 것이다. 그러면서 그는 한유와 두모의 관계에 빗대어 자신과 두 사람의 관계를 표현한다. 한유가 초야의 스승인 두모를 높이며 자신을 한낱 병아리에 불과한 것으로 낮추었듯 유한준은 두 사람에 비하면 자신은 한낱 벌레에 불과한 존재라고 하며 자신을 한없이 낮추고 있다. 문인상경文人相輕이란 말이 있듯, 이른바 문장가들은 시기와 질투심으로 서로를 얕잡아보며 다른 사람을 낮

유만주, 『흠영』, 서울대학교 규장각한국학
연구원.

추어 보는 경향이 있는데, 이 글에 보이는 유한준은 평범하여 명성을 얻지 못했다고 스스로를 낮게 평가하면서 스승처럼 훌륭했던 두 사람과 함께 노닌 때를 그리워하고 있는 것이다. 유한준은 이 못다한 그리움을 '그 사람을 사모하면 그 사람 집의 새까지도 사랑스럽다'는 말로 표현하면서 두 사람의 친족인 박사능에 대한 특별한 애정과 기대를 전하고 있다.

또한 『거거집』 서문이 쓰인 시기로부터 「답창애」가 쓰인 시기, 그 사이의 박지원에 대한 유한준의 태도는 그의 아들 유만주가 쓴 일기 『흠영』의 자료를 통해 간접적으로 확인할 수 있다. 『연암집』에 수록된 『영대정잉묵映帶亭賸墨』의 서문에 따르면, 박지원의 척독이 쓰인 시기는 대략 '1772년 10월 이전'이고,[76] 이는 유한준이 41세, 박지원이 36세 이전의 일이다. 『연암집』에 수록된 「답창애」라는 제목의 또 다른 편지에는 유한준의 아들 유만주와 관련된 내용도 보이는데, 그가 박지원을 찾아 문학과 관련해 조언을 구하러 가니 박지원이 '예가 아니면 보지도 말고, 예가 아니면 듣지도 말고, 예가 아니면 말하지도 말고, 예가 아니면 움직이지도 말게나!非禮勿視, 非禮勿聽, 非禮勿言, 非禮勿動'라는 『논어』「안연」편에 나오는 공자의 말을 전해주어 그가 자못 기쁘지 않은 표정으로 돌아갔다[77]는 내용이 나온다.

박지원의 다소 뜬금없는 말이 열일곱 유만주에게 어떤 불쾌감으로 다가왔는지, 아니면 오히려 더 좋은 자극과 충격으로 작용했는지는 알 수 없다. 어쨌든 그 후 유만주는 세상의 고문가들을 한낱 배우처럼 남을 흉내내어 감쪽같이 사람들을 속이는 사람이라고 평가하면서, 스스로 온 세상의 글을 다 읽은 후에 불후의 저서를 남기겠다는 일념으로[78] 만 스무 살이 되는 1775년 1월부터 자신의 일기 『흠영』을 쓰기 시작한다. 유만주가 생각한 세상의 모든 글 중에는 박지원의 글도 포함되어 있어서 유만주는 『흠영』에 박지원과 관련된 다수의 기록을 남기고 있다. 1777년 5월 22일자 일기에는 박지원의 『겸헌만필謙軒漫筆』 「자소집서自笑集序」 「회우록서會友錄序」 「필세설筆洗說」 「초정집서楚亭集序」 「고금과체인古今科體引」 등의 산문[79]과 「증좌소산인贈左蘇山人」 「만조숙인挽趙淑人」 「수산해도가搜山海圖歌」 등을 초록하고 있다. 그리고 아래에 제시한 것처럼 부친 유한준 및 자신의 친구들과 박지원의 시문과 『열하일기』 등을 읽고 서로 의견을 나누고 있기도 하다.

(가) 아버님을 모시고 연금燕錦의 문장에 대해 논의했다. 문장은 매우 월등하지만 사람됨은 잡스러워 몹시 안타깝고 애석하다. 시본詩本을 꺼내보았는데, 첫 번째 서문과 두 번째 서문, 그리고 평제評題는 순전히 관화당貫華堂의 『서상기西廂記』를 본받았지만, 반벙어리도 되지 못하였다.[80]

(나) 아버님을 모시고 『방경각외전放璚閣外傳』을 보았다. 생각건대 하나의 기이한 문자였다. 중인과 서민층이 사는 여항간閭巷間의 기이한 이야기와 자취를 섞어서 순서대로 논

하고 형용하여 이처럼 핍진하게 스스로 고문을 이루었으니 하늘이 준 특별한 재능이 아니라면 그렇게 할 수 있었겠는가?[81]

(다) 해瑎가 왔는데, 어젯밤에 박지원을 계동에서 만나 중국 이야기를 들었더니 괴이하여 들을 만하였다고 한다. (…) 그가 저술한 『음청陰晴』 권수卷首의 서문을 보여주면서, 『공양전』과 『곡양전』을 본뜬 것이니 이는 고문이라고 했다고 한다. 생각건대 박지원이 『공양전』과 『곡양전』을 본뜬 것은 아름답지 않고 원굉도와 김성탄을 본뜬 것은 아름다우니, 이는 그 재주가 관화貫華의 문장에는 빼어나지만 순고정대純古正大한 문자에는 부족한 것이다.[82]

(라) 박지원은 '연경燕京에서 돌아오니 생각이 갑자기 넘쳐 올라왔다'고 했고, 채蔡는 '연경에서 돌아오니 종로 거리에 들르면 이상하게도 텅 비어 사람이 없는 것 같았다'고 했으니 모두 스스로 큰 바다를 보았음을 말한 것이다.[83]

(가)와 (나)는 부친 유한준과 함께 박지원의 시문집 서문과 연암의 초기 단편 소설이라고 할 수 있는 『방경각외전』을 살피고 있는 1785년 11월 13일자 일기이고, (다)는 박지원을 직접 만나 『열하일기』에 대한 그의 생각을 전해 들은 해의 말을 듣고 유만주가 자기 생각을 적은 1786년 11월 26일자 일기이며, (라)는 연행을 다녀온 박지원의 소감에 대한 유만주의 짤막한 단평을 볼

수 있는 1787년 1월 15일자 일기다. 우선 확인되는 사실은 유한준·유만주 부자가 「답창애」 이후 박지원과 직접 교류하고 있지는 않지만, 박지원의 작품을 친구나 주변인들을 통해 손쉽게 구해서 읽고 있으며, 비판과 칭송이 공존하는 비교적 객관적인 평가를 하고 있다는 점이다.

(가)에서는 박지원의 문장이 매우 월등하지만 사람됨이 잡스러움을 애석해하면서, 그의 서문을 검토한 후 그의 문학관이 명말의 김성탄金聖歎(1610~1661)의 것을 본받았지만 그보다는 못하다는 평가를 내리고 있다. (다)는 『음청』, 곧 『열하일기』의 서문에 대한 박지원의 말을 전해 들은 유만주가 자신이 생각하기에는 『공양전』과 『곡양전』을 본뜬 「열하일기서」보다는 원굉도袁宏道와 김성탄을 본뜬 서문들이 훨씬 빼어나고 아름답다고 평가하는 내용이다. (가)와 (다)는 연암의 문학에 대한 부정적 평가를 내리는 태도에 가깝지만, 유만주나 유한준이 김성탄과 원굉도의 문학에 대해 호의적인 태도를 보이고 있음을 상기한다면 박지원 문학론의 원류가 어디에 있는지, 그리고 그 장점이 무엇인지를 지적한 것이라고 하겠다.

최근 발굴된 『공작관고孔雀館集』에는 연암이 직접 필사한 것으로 보이는 김성탄의 「서상기」 서문과 비평, 그리고 원굉도의 문학관을 알 수 있는 「서소수시敍小修詩」 「서진정보회심집敍陳正甫會心集」 「설도각집서雪濤閣集序」 등이 수록되어 있다.[84] 실상 연암이 유한준에게 보낸 문제의 「답창애」의 내용도 원굉도의 형 원종도에게서 그 생각과 문구를 빌려온 것으로, (다)를 통해 볼 때 박지원과 유한준의 주변인들은 연암의 문학관이 공안파와 김성탄의 문

저마다의 길

학론에 기반하고 있음을 어느 정도 다 알고 있었던 것이다. 이에 대해서는 후술하기로 한다.

또한 (가)와 (다)에서 표면적으로 느껴지는 비판적 태도와 달리 유한준 부자는 『방경각외전』의 소설들이 보여주는 중인과 서민 층에 대한 핍진한 묘사를 '스스로 고문을 이루었다'고 평가하며 박지원이 지닌 하늘이 준 특별한 재능에 경의를 표하고 있기도 하다. 마찬가지로 (라)에서는 연경에서 돌아오니 생각이 갑자기 범람했다는 박지원의 말을 인용하면서, 이를 그가 연경 체험을 통해 큰 바다를 보았음을 말한 것으로 이해하고 있다. 이는 박지원의 연행 체험을 담은 『열하일기』의 세계가 결코 작지 않은 것임을 우회적으로 인정한 것이라고 하겠다.

따라서 유만주의 『흠영』을 통해서 우리가 확인할 수 있는 것은 유한준 부자가 연암 문학의 핵심을 어떻게 파악하고 있는지와 더불어 박지원 문학에 대한 긍정·부정의 태도가 공존하면서도 그들이 연암 문학에 지속적인 관심을 가질 정도로 문장가로서의 연암의 재능을 인정하고 아끼고 있었다는 사실이다. 그러므로 박지원과 유한준이 기질상의 차이와 문학관의 차이로 인해 점차 서로 소원해져서 40대 이후 서로 간의 왕래가 끊겼다고는 말할 수 있겠지만, 「답창애」로 인해 유한준이 어떤 큰 사감을 가졌고 그로 인해 박지원을 음해할 목적으로 『열하일기』를 노호지고라 비난하며 그 무리를 선동했다고 보는 것은 유한준의 문집 『자저』 와 그의 아들이 쓴 『흠영』의 기록을 통해서는 확인할 수 없는 사실이다.

그리고 보면 사실 박지원의 글에도 오랑캐 연호를 썼다고 『열

『연암집』 속 『열하일기』, 실학박물관.

하일기』를 비난하는 무리가 누구인지 구체적으로 특정할 만한
내용은 없으며,[85] 다만 박윤원의 문인門人인 홍직필이 오희상吳熙
常에게 보낸 편지를 통해 『열하일기』를 노호지고라고 비난했을
법한 일군의 무리를 추측할 수는 있다.

> 오랑캐 연호를 쓰지 않는 것은 두 송 선생으로부터 시작
> 되어 운평雲坪과 성담性潭에 이르기까지 한결같이 따라서
> 변하지 않았으며, 호중湖中(호서湖西)의 여러 학자도 모두 이
> 예를 따르고 있다고 합니다.[86]

처남 이재성李在誠에게 보낸 편지에서 박지원은 '청나라의 연호
가 처음 시행되었을 때 우리나라의 선정先正이 고신告身(임명장)에
오랑캐 연호를 쓰지 말아달라 청한 일'[87]을 언급한 바 있는데, 홍
직필은 그 기원을 두 송 선생, 즉 송시열宋時烈과 송준길宋浚吉로

보고 있으며, 그 학맥을 계승한 운평 송능상宋能相(1709~1758)과 성담 송환기宋煥箕(1728~1807)를 중심으로 호서 지방의 여러 학자들이 스승의 예를 따라 '평소 글을 지을 때 오랑캐 연호를 쓰지 않았다尋常文字, 不書虜號'고 말한다. 따라서 『열하일기』가 문인들 사이에 필사되며 문단에 파란을 일으켰을 때도 정통 주자학을 바탕으로 한 호서 지역 기반의 도학자들과 이와 같은 생각을 공유하는 서울에 사는 일군의 문인 학자들이 청나라 연호를 쓴 『열하일기』를 비난했을 것임은 어느 정도 추론 가능하다. 홍직필 역시 오랑캐 연호를 쓰지 않아야 한다는 입장을 견지하고 있었고, 유한준 역시 대청의식에서는 강경한 입장을 취해왔기 때문에 이에 암묵적으로 동조했을 것으로 추측할 수는 있다. 하지만 『흠영』에 나타나는 『열하일기』에 대한 지대한 관심과 『자저』에 보이는 유한준에 대한 박지원의 흠모를 볼 때, 『열하일기』에 대한 비난을 유한준의 선동이나 사주로 보는 것은 아무래도 무리한 해석이다.

묏자리 분쟁의 진실

이제 두 집안 불화의 결정적 원인을 제공했다고 『과정록』에 기술되어 있는 포천 묏자리 분쟁에 대해 검토해볼 때가 된 것 같다.

임술년(1802) 겨울, 장간공章簡公(조부 박필균)의 묘를 포천으로 이장하다가 유씨 측이 일으킨 산변山變을 만났다. 애

초 아버지는 정해년(1767)에 산송山訟을 만나 급하게 임시
로 부친을 장사 지내셨던바, 장차 좋은 땅을 구해 이장할
계획이셨다. 그러던 중 이때에 이르러 포천 기지리에 있는
산을 사서 먼저 장간공을 이장하였다. 그런데 얼마 후 유
한준이 그 사촌 동생 한녕漢寧을 사주하여 몰래 묘를 파내
게 했다.[88]

우리 집안에서는 송사하고자 해 이렇게 따졌다.

"이 산에 유씨의 분묘가 있소이까?"

한준이 대답했다.

"없소이다."

"여기에 유씨 문중의 집이 있소이까?"

"없소이다."

"이곳이 유씨의 땅이오이까?"

"아니외다."

"그렇다면 묘를 파낸 이유가 어디에 있소이까?"

한준은 그의 선조가 여묘살이 하던 초막 옛터가 그 아래
에 있기 때문이라고 했다. 이에 아버지께서 말씀하셨다.

"그렇다고 한다면 시비와 곡직은 재판관이 가려줄 일이
아니오? 선조의 옛터가 증거라면 왜 소송으로 해결하려
하지 않고 갑자기 이처럼 패악한 짓을 저지르셨소?"

한준이 대뜸 대꾸하였다.

"나는 송사나 법 같은 건 모르외다! 파낼 굴[掘] 글자만 알
뿐이오."[89]

유씨 집안의 종손인 구환久煥이 자식도 없이 일찍 죽었다.
한준은 과부로 지내던 구환의 노모를 업신여겨, 몰래 사
람을 보내 구환의 무덤을 파내게 했다. 구환의 노모는 통
곡하며 손가락을 깨물어 혈서를 써서 억울함을 하소연했
으나 한준은 그 일을 중지시키지 않았다. 그리하여 마침
내 구환의 관을 파내어 장간공의 묘 뒤쪽 한 자쯤 되는
곳에다가 옮겨놓았다.[90]

일찍이 유한준은 조선시대 인물전을 구상하며 쓴 서문에서 국
사國史와 가사家史와 야사野史가 모두 병들었음을 지적하며 역사
적 진실 찾기의 어려움을 토로한 바 있다.[91] 필자는 『과정록』의
위 대목을 유한준의 문집 내용과 교차 대조해 읽으면서 왠지 모
를 쓸쓸함과 서글픈 감정이 일었다. 위 대목을 처음 접했을 때는
차마 눈뜨고 볼 수 없는 유한준의 파렴치한 행위 때문에 눈을 감
고 차라리 책을 덮어버리고 싶었다. 아무리 원한이 깊다고 해도
사촌 동생을 사주해서 남의 집 묘를 몰래 파헤치는 행위를 누군
들 용서할 수 있겠으며, 그 이유를 물어보는 박지원 가문의 물음
에 유씨의 분묘도 문중의 집도 없고 유씨의 땅도 아니면서 그야
말로 아무 이유 없이 '패악한 짓'을 저지르는 유한준의 행위에 아
연실색할 수밖에 없었다. 그리고 묫자리를 차지할 다른 방법이
없으니 요절한 종손인 구환의 무덤을 파내어 박지원 집안의 묘
뒤쪽에 옮기는 데 있어서는 죽은 손자를 위해서라도 차마 사람
이 할 짓이 아니라는 생각까지 들었다.
　하지만 유한준의 문집을 직접 읽게 되면서 이런 생각은 오히

려 커다란 의문으로 바뀌었다. 두 사람은 서로 다른 기질을 가지고 있었지만, 유한준 역시 박지원만큼 진지하게 자신의 삶과 세상에 대해 고민하는 사람이었고, 타인의 삶을 배려하며 합리적인 태도로 사태에 접근하는 사람이었다. 따라서 최소한 문집 『자저』를 통해 읽을 수 있는 유한준은 '나는 송사나 법 같은 건 모르외다! 파낼 굴[掘] 글자만 알 뿐이오'라고 말할 정도로 법도 없고 논리도 없이 막무가내로 대응하는 그런 파렴치한일 수는 없었다. 유한준을 평범한 상식을 가진 사람 정도로만 생각하고 두 사람의 대화를 다시 읽어보면, 두 번째 부분은 극적 흥미를 위해 허구가 가미된 야담 속 대화일 수는 있어도, 1802년 일흔하나의 유한준과 예순여섯의 박지원이 어느 추운 겨울날 늙은 몸을 이끌고 산속 묘지 터에서 만나 서로 나눌 법한 실제 대화일 수는 없었다.

이런 의문을 가지고 박종채에 의해 일방적으로 매도되고 있는 유한준[92] 측의 자료를 검토해보면, 적어도 『과정록』의 이 대목은 실록이 아니라 거짓에 가깝다. 일찍이 김명호 교수는 묏자리 분쟁의 대상이 되고 있는 저 포천 땅에 유한준 증조의 선산이 있었다고 지적한 바 있다.[93] 이는 「지동육기智洞六記」의 다음 대목을 염두에 두고 한 말인 듯한데, 우선 이 글을 읽어보자.

돌아가신 아버지께서 세상을 뜨실 때, 병중에 형님을 불러 앞에 오라고 하신 다음 이렇게 말씀하셨다. "나는 병으로 곧 죽을 것 같다. 우리 선조의 무덤은 양주楊州에 있었는데 양주 선산의 묏자리가 다 차서 돌아가신 할아버지

와 감역공監役公의 무덤은 포천에 있고, 포천 땅이 또 협소
해져서 돌아갈 수 없으니 유골을 묻을 땅이 없다. 너는 산
하나를 마련해 나를 장사 지내거라. 그렇지 않으면 반드시
양주와 포천 이 두 선산에 귀의해야 할 것이니, 나의 혼백
이 땅속에서 편안하지 않을 것이다."[94]

「지동육기」는 경기도 광주 개지동 선산에 대한 여섯 가지 기록
으로, 윗글은 경기도 양주와 포천 선산의 못자리가 다 차버리자
유한준의 부친 유언일이 자신을 장사 지낼 새로운 선산을 준비
하라는 유언을 남기고 있는 장면이다. 이 기록에 따르면 유한준
집안은 부친이 임종한 1747년 이전에 이미 경기도 양주 선산에
선대를 모신 첫 번째 가족 묘소를 마련했고, 또한 그곳 묘소가
부족해지자 포천에 두 번째 선산을 마련하여 조부 유광기俞廣基
와 증조부 감역공 유명뢰와 그 가족들의 묘를 마련하고 있었다.
그런데 포천의 가족 묘도 더 이상 들어갈 자리가 없게 되자 부친
유언일의 유언에 따라 임종하신 그해, 새로운 못자리 터를 찾아
경기도 광주 개지동에 세 번째 선산을 마련한 것이다.

또 다른 관련 기록인 「광부이산영조천묘시말기廣富二山營兆遷墓
始末記」(1788)에 따르면, 바로 이 광주 개지동 선영에 1747년 7월
부친을 장사 지냈고, 이듬해 10월 11일 형 유한병을 아버님 묘소
오른편에 모셨으며, 1759년에는 어머니를, 1773년에는 아들 유만
주의 처인 오씨를, 1787년에는 유만주의 아들이자 종손인 구환
을 차례로 장사 지냈다. 그리고 이듬해 1월, 구환이 죽은 지 9개
월 만에 유만주가 세상을 떠나자 개지동 선영에도 이제 돌아가

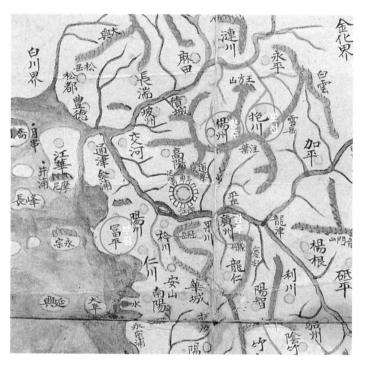

「조선지도」, 채색필사본, 39.3×25.7cm, 19세기 전반, 서울역사박물관. 유한준 가문 선영의 위치. 양주·포천·광주·부평.

문힐 곳이 없어서 유한준은 이를 계기로 형과 자신의 가족이 함께 문힐 새로운 선산을 찾게 된다. 그런데 유만주가 죽기 한 해 전에 유한준은 경기도 부평부사에 임명되었는데, 거기서 마침 먼 친척으로 자신이 소유한 산을 팔고 싶어하는 부평 사람 곽림급郭林伋을 만나게 된다. 1788년 1월, 뜻하지 않게 아들 유만주마저 세상을 뜨자 유한준은 곽림급이 소유한 경기도 부평의 한천寒泉 땅을 오백 냥을 주고 구입해서 그해 4월, 먼저 유만주를 부평에 장사 지낸다. 그리고 그해 10월, 계획대로 광주 선영에 묻혀 있는 형님 내외와 유만주의 부인 오씨와 종손 구환을 부평의 선영으로 이장한다. 이러한 사실은 비단 이 글뿐만 아니라 유한준의 문집 『자저』에 수록된 가족들의 묘지명과 제문들을 통해 교차 확인되는 사항이다.

따라서 이러한 객관적 정보들을 환기하면서 앞서 보았던 박종채가 기록한 포천 묫자리 분쟁을 검토해보면, 유한준이라는 사람을 예의염치도 없는 짐승만도 못한 인간으로 만들어버린 박종채의 『과정록』의 기록들은 매우 신뢰하기 어려운 진술들로 가득 차 있다. 먼저 가장 파렴치한 행동으로 여겨졌던 손자 구환의 무덤을 박지원의 조부 장간공의 묘 뒤쪽에 옮겨놓았다는 진술은 시기상으로나 위치상으로도 성립할 수 없는 엉터리 진술이다. 분쟁이 발생하기 전, 1787년 유한준이 쓴 손자 구환의 묘지명에는 그해 5월 12일, 열다섯의 어린 나이에 손자 구환이 요절했고, 6월에 경기도 광주 지동芝洞 선영에 구환을 장사 지냈으며, 이듬해 10월에 새로 마련한 경기도 부평의 선산에 그 부모의 무덤 아래로 구환을 이장했다[95]고 기록되어 있기 때문이다. 따라서 1788년 봄, 경기도 서남쪽 부평의 양지바른 곳에 자기 가족의 선산을 마련하고, 죽은 아들 유만주와 그의 처 오씨와 손자 구환까지 모두 한곳에 묘소를 만들었던 유한준이 임술년(1802) 겨울을 전후해 박지원의 조부의 이장을 막으려고 손자 구환의 무덤만을 홀로 파서 경기도 동북쪽 포천 땅으로 시신을 옮기는 일은 『과정록』 이외에 다른 관련 기록도 없거니와 상식적으로 일어날 수도 없는 일이다. 이러한 객관적 사실에 비추어보면, 박지원 집안의 묘 뒤쪽에 구환의 시신을 옮겨놓아 노모가 통곡하며 혈서를 썼

다는 『과정록』의 기록은 신빙성이 현저히 떨어지는 꾸며낸 이야
기에 가깝다고 할 수 있다.

　다만 관련된 기록이라고 그나마 말할 수 있는 것은 박종채가
『과정록』에서 지목한 사촌 동생 유한녕兪漢寧의 묘지명에 유한준
이 그 상대방이 누구인지, 그리고 그 선영이 어디인지는 구체적
으로 밝히지 않은 채, 묘지 분쟁에 관한 일을 아주 짧막하게 언
급하고 있는 부분이다.

> 군은 키가 크고 수염이 아름다웠다. 사람됨이 대쪽같이
> 굳세고 정직해서 일을 맡으면 아무리 작은 일이라도 반드
> 시 미세한 곳까지 정밀하게 온몸을 다 바칠 뿐이었다. 성
> 심으로 선조들을 받들었으며 검소와 절약으로 집안을 다
> 스렸다. 일찍이 어떤 사람이 선영 가까이에 장사를 지내니
> 그것을 막으려고 맨발로 눈길을 걸어나와 땅 파는 것을 멈
> 추도록 하였다. 중형仲兄이 장티푸스에 걸려 죽으니 군이
> 시신 곁을 지키며 통곡하며 떠나지 않고 시신을 염하고 장
> 사 지내는 것까지 세심하게 손수 모든 것을 다 했으며 그
> 자녀들에게 옷과 음식, 논밭과 주택, 의약과 시집보내는
> 것까지 자기 자식보다 더욱 열심히 도와주었다.[96]

　유한녕의 부친은 유언상兪彦鏛으로 유한준에게는 막냇삼촌이
된다. 그러니까 포천에 묘소가 있는 유한준의 조부 유광기는 언
탁彦鐸·언일彦鎰·언전彦銓·언상彦鏛 네 명의 아들이 있었는데, 유
한준은 둘째인 유언일의 자제이고, 유한녕은 막내인 언상의 자

제인 것이다. 유한녕은 유한준보다 열한 살이 어리지만, 그의 묘지명에 쓰여 있듯이 당상관인 승지 벼슬만 연이어 50여 번 제수한[97] 왕의 최측근인 권력의 실세였다고 할 수 있다. 실제로『조선왕조실록』등 공식 기록으로 확인되는 그의 관력은 1788년(정조 12) 45세의 나이로 승지가 된 후, 1799년(정조 23) 56세로 사간원 대사간이 될 때까지 거의 매년 승지로 발탁되고 있으니 정조가 가까이 두고 싶은 신하 중 하나였음을 알 수 있다. 유한준이 나이 마흔에 음직으로 관직에 진출하여 46세에 경상도 군위현감이 되어 전국을 돌아다니며 지방관을 전전했던 것에 비하면, 나이와 항렬에 관계없이 그가 유씨 가문 내에서 중요한 위치를 점하고 있었을 것임은 능히 짐작하고도 남는다.

경기도 포천의 묘소에는 증조부와 조부가 모셔져 있었으니 종손가인 유언탁兪彦鐸(1690~1763)과 대사헌을 지낸 그의 장남 유한소兪漢蕭(1718~1769) 집안을 중심으로 그 종친 형제들이 종손가를 도와 분묘를 관리했을 것으로 보인다. 하지만 감역공 유명뢰 이후 유한소까지 4대째 창성했던 종손가는 1793년 유한소의 외동아들 유준주兪駿柱(1746~1793)가 갑자기 병에 걸려 죽고, 그 아들 계환繼煥마저 3년 동안 병을 앓다 죽어 종조宗祧가 단절되는 상황에까지 이른다.[98] 이처럼 종손가 집안 형편이 어려워진 이후에는 경기도 포천의 선산 관리에 유광기의 직계 후손이 되는 종친 형제들의 역할이 더욱 커졌을 것임은 두말할 필요가 없을 것이다. 그리고 이 상황에서 아무래도 외직으로 떠도는 유한준보다 한양 땅에 붙박여 살면서 국왕을 가까이 모시고 있는 유한녕이 직계 후손으로 종손가를 도와 묘소를 책임지고 관리했을 것으로 보인다.

박종채는『과정록』에서 "유한준이 그 사촌 동생 한녕을 사주하여 몰래 묘를 파내게 했다"고 기술하고 있다. 하지만 이를 유한녕 묘지명(「종제대사간군묘갈명從弟大司諫君墓碣銘」)과 여타의 기록에 근거해 재구성해보면, 기계 유씨 가문의 묘소가 있는 포천의 "선영 가까이에" 박지원이 조부인 장간공章簡公 박필균朴弼均(1685~1760)의 묘를 옮겨 장사 지내니, 포천의 선산을 관리하고 있던 유한녕이 "눈 속에 맨발로 뛰쳐나와" 박지원 가문에서 이장을 위해 "땅 파는 것을 보고" 이를 제지했던 것으로도 해석할 수 있다.

『과정록』의 기술대로 박지원의 집안에서는 오랜 숙원 사업이었던 돌아가신 조부와 부친의 묘를 이장할 곳을 찾다가 포천 기지리에 있는 산을 샀고, 다른 가문의 시신이 묻혀 있는 분묘가 없다고 판단하여 먼저 돌아가신 할아버지를 이장하려 했을 수 있다. 하지만 포천의 선영을 관리하는 유한녕의 입장에서는 비록 그 땅에 분묘가 없을지라도, 바짝 죌 정도로[逼] 가족 묘소와 인접한 곳에 다른 문중의 묘지가 들어서는 것을 꺼려했기 때문에 이를 허락하지 않았을 것이다.

이장을 간절히 바라는 박지원 가문의 입장에서는 1802년 당시 사간원 대사간인 유한녕의 강력한 저지로 인해 오랜 염원이 물거품이 되는 것을 권세가의 압박으로 여기면서 억울함을 느꼈을 수 있다. 하지만 "대쪽같이 굳센" 성격에 "성심으로 선조들을 받들"고 있는 유한녕의 입장에서는 가족의 묘지를 정할 때 으레 분묘가 있는 땅뿐만 아니라 좌우 산세에 따른 주변 경관과 전망까지를 고려해야 하는 까닭에, 이미 자기 가문의 묘소가 있는 바로 이웃한 곳에 다른 집안사람의 시신이 이장되어 들어오는 것을 상식 밖의 무례한 침범 행위로 느꼈을 법하다.[99]

두 입장은 자신이 어느 처지에 있느냐에 따라 나름의 합리성과 정서적 공감을 불러일으키는 것이라서 어떤 합의점을 찾기 어렵다. 그렇다면 어쩔 수 없이 소송으로 갈 수밖에 없는데, 『과정록』에는 박지원 가문이 경기도 감영에 송사를 제기하자 유한준이 경기감사에게 편지를 보냈지만 소송 결과를 기다리지 않고 결국 양주 성곡으로 이장한 것으로 되어 있다.[100] 또, 유한준이 무덤 쓰는 일을 빌미로 박지원을 자극해 상소와 신문고를 울려 호소하도록 유인했으나 당시 정권을 잡고 있었던 경주 김씨 집안과 박지원의 사이가 좋지 않은 점을 고려하여 더 이상 일을 확대하지 않은 것으로 되어 있다.[101] 그리고 그 글 끝에 박종채는 유한준의 음흉함을 지적하며 이장에 실패한 모든 책임을 유한준에게 전가시키며 '이자는 우리 집안 백세의 원수다'[102]라는 말로 저주를 퍼부으면서 묘지 분쟁의 전말을 끝맺고 있다.

경기도 감영에 제출한 박지원 측의 소송장과 경기감사에게 보낸 유한준의 편지가 남아 있지 않아, 두 가문의 소송이 실제로 진행되었는지, 『과정록』에서 언급하는 것처럼 경기감사에게 보낸 유한준의 편지가 정말로 독서한 선비답지 않게 모두 사리에 맞지 않은 것인지는[103] 확인할 길이 없다. 그러나 분명 실제로 유한준이 이러한 분쟁을 사주하거나 유한녕을 대신하여 경기감사에게 유씨 가문의 입장을 설명하는 편지를 보냈다면, 『과정록』에서 이렇게까지 중요하게 취급하며 자신을 극악무도한 파렴치한으로 취급히고 있는 사안에 대해 자신과 유씨 가문의 명예회복을 위해서라도 문집에 이와 관련된 글을 하나라도 남겼을 것이다. 하지만 유한준의 문집에는 젊은 시절의 교유를 추억하며 이미 고인이 된 박지원과 그의 문학을 흠모하는 글이 단 한 편 남아 있을 뿐이다. 또, 박지원 역시 『과정록』에 그려진 유한준의 악독한 행위와 그로 인한 자신의 원망과 분노를 『연암집』 그 어디에도 표출한 적이 없다. 박지원의 문집에는 유한준과 관련하여 젊은 시절의 애틋한 그리움과 팽팽한 긴장감이 공존하는 「답창애」라는 척독 아홉 편만이 남아 있을 뿐이다.

안타깝게도 「답창애」라는 척독이 쓰일 수 있는 마지막 시기인 1772년 10월 이후로 그들이 직접 만난 기록은 찾아볼 수 없다. 그런데 만약 『과정록』의 내용처럼 두 사람이 1802년 가문의 묫자리 문제 때문에 직접 만나 크게 다투었다면 스스로의 입장을 해명하기 위해서라도 어떤 형태로든 관련 기록과 작품을 남겨 놓았을 것이다. 하지만, 두 사람은 살아생전 이와 관련된 아무 기록도 남기지 않은 채로 세상을 떠났고, 오직 두 사람 사후 박종채에 의해 쓰인 『과정록』의 기록만이 남아 있을 뿐이다. 그리고 그 기록은 당시 스물두 살이었던 젊은 박종채가 고관대작인 유한녕의 위세와 저지에 부딪쳐 선조의 묫자리 이장에 실패하고, 그때 느꼈을지도 모를 좌절과 증오와 원망을 담아 박지원과 유한준의 일로 각색해 앞서 살펴본 것처럼 객관적 사실과는 다르게 야담의 한 장면처럼 허구적으로 형상화되어 있다.

창애에게 보낸 편지

박종채는 『과정록』에서 유씨 가문 사람에게 들었다고 눙치면서, 두 사람의 갈등 구조의 발단을 박지원이 쓴 「답창애」의 편지 내용에서 비롯된 것으로 이해하고 있다. 박지원이 젊은 시절 유한준의 문장을 인정하지 않아 앙심을 품고, 말년에 저 극악무도한 해코지를 했다고 전언하고 있는 것이다.[104] 하지만 박종채도 시인하고 있듯 유한준은 이미 당시 선배 문인들로부터 인정을 받고 있었으니[105] 박지원에게 군이 문학적으로 인정받기 위해 그의 글을 보냈을 리는 없다. 「답창애」가 쓰인 시기는 1772년 이전인데, 유한준은 1765년 당시 36세에 박윤원과 서신 논쟁을 펼치면서 도문분리에 입각한 자신의 각도기도적 문학론을 정립한 상태였고, 박지원 역시 홍대용·박제가·이덕무 등 북학파 문인들과 어울리며 법고창신의 문학론을 가다듬고 있었다. 따라서 유한준은 자신보다 다섯 살 어리지만 재기발랄한 문장으로 자신과는 또 다른 성취를 보여주고 있는 박지원에게 자신의 글 묶음을 보내어 서로의 생각을 견주어보고 싶었을 것이다.

문장은 참으로 훌륭합니다. 하지만 사물의 명칭이 빌려온 것이 많고 끌어온 근거는 딱 들어맞지 않으니 이것이 옥에 티입니다. (…) 문장을 짓는 데는 방법이 있으니 (…) 마치 장사꾼이 물건을 사라고 외치는 것과 같습니다. (…) 관직명(관호官號)과 지명은 빌려 써서는 안 되니 땔나무를 짊어지고 소금 사라고 외친다면 하루 종일 길을 다녀도 한 뭇

음도 팔지 못할 깃입니나. 황제의 도읍지를 다 '장안'이라 부르고, 모든 시대의 삼공三公을 다 '승상'이라 부른다면 이름과 실상이 뒤죽박죽되어 도리어 속되고 추하게 될 것입니다. 이는 이름이 같은 진공陳公이 좌중을 놀라게 하거나, 추녀가 서시를 흉내내어 얼굴을 찡그리는 일과 같습니다.[106]

위에 인용한 부분은 문제가 되었던 바로 그 「답창애」라는 편지다. 박지원은 이 편지의 서두에서 유한준의 문장이 참으로 훌륭하지만, '사물의 명칭이 빌려온 것이 많고 끌어온 근거들이 딱 들어맞지 않음'이 옥에 티라고 지적한 후 그에 대한 자신의 생각을 부연하고 있다. 사실 「답창애」는 한 편의 편지 속에 이와 같이 두 가지 비판적 논점이 공존하고 있는데, 윗글은 박종채가 『과정록』에서 적절히 추출해내어 제시했듯, 사물의 명칭을 빌려오는 유한준 문학의 '의고적 측면'을 비판한 부분이다.

박지원은 이 부분에서 이른바 문장을 잘 짓기 위해 고문을 열심히 배우는 문장가가 옛글을 쓴 작자의 뜻은 취하지 않고, 다만 고문에 쓰인 자구를 빌려와 씀으로써 표절과 모방을 일삼을 뿐만 아니라 그로 인해 진실에서 멀어지고 있음을 꼬집은 것이다. 진한 고문을 읽고 사마천의 『사기』와 같은 훌륭한 문학을 오늘에 재현하기 위해, 도읍지를 다 한나라 때 수도인 '장안'으로 부르며 쓰고, 재상을 역임한 사람을 지칭할 때 모두 진나라 때의 명칭인 '승상'이라고 부른다면 사실에 부합하지 않을 뿐만 아니라 이름과 실제가 어긋나서 문장이 진실을 담지 못하고 다 뒤죽박죽이 되어버린다는 것이다.

고문에 처음 눈뜨기 시작할 스무 살 무렵, 유한준은 그 스스로 장자·굴원·사마천 등의 진한 고문을 닥치는 대로 읽었다고 말하고 있으니,[107] 젊은 시절 습작 과정에서 의도적으로 진한 고문을 흉내낸 작품이 있을 수도 있고, 또 사마천과 반고를 수없이 반복해서 읽었던 까닭에 때로 그들이 쓴 것과 유사한 자구와 형식을 빌려 자기 마음을 표출하기도 했을 것이다. 그렇게 보면 박지원의 저 지적은 틀린 말이 아니다. 아니, 틀린 말이기는커녕 명대 공안파가 진한 고문을 선호했던 전후칠자前後七子들을 겨냥하며 했던 비판의 레퍼토리 중 하나였기 때문에 명대 문학의 동향에 밝았던 유한준이 사실 충분히 예상할 수 있는 당연하고도 익숙한 비판의 하나였을 것으로 짐작된다. 앞서 유한준·유만주 부자가 박지원의 글을 함께 보며 서로 의견을 교환하는 모습을 『흠영』을 통해 확인한 바 있거니와, 유한준 부자뿐만 아니라 그 주변 사람들 역시 박지원의 문학이 원굉도 등의 공안파와 김성탄 부류의 문학론에 크게 영향받고 있음을 알고 있었다. 사실 관직명과 지명을 예로 들어 유한준 문장의 의고성을 지적하는 저 대목은 공안파의 영수이자 원굉도의 형인 원종도의 말과 생각을 거의 그대로 가져와 자기식의 비유를 덧붙인 것에 불과하다. 이몽양李夢陽의 후학들에 대한 원종도의 비판 대목을 살펴보도록 한다.

공동空同 이몽양의 여러 문장은 오히려 자기 뜻을 숭상하여 사정을 기술하니 가끔 진실에 가깝기도 하다. 더욱 취할 만한 것은 지명과 관직명(관함官銜)에 모두 당시 제도를

사용하는 것인데, 지금 사람늘은 오히려 지금의 제도를 싫
어해 쓰지 않고, 진한시대의 지명과 관직명을 쓰니, 글을
보는 사람들이 『일통지一統志』를 찾아보지 않으면 어느 마
을 출신인지 거의 알지 못한다. 문장의 좋고 나쁨은 지명
과 관직명에 있지 않으니, (…) 이른바 옛것을 배운다는 것
은 그 뜻을 배우는 것이지, 반드시 자구에 얽매일 필요는
없다.[108]

윗글은 원종도가 쓴 「논문論文」의 한 대목으로, 앞서 박종채가
추출한 「답창애」와 이 글을 함께 읽어보면, 박지원의 말이 이미
오래전 원종도가 한 말을 수사적으로 화려하게 꾸민 것이 아닌
가 싶을 정도로 그 내용이 유사하다. 「답창애」에 나오는 장사꾼
비유 및 진공과 서시 고사 부분을 지워버리고 주장의 핵심만을
비교하면, 결국 두 사람 다 글을 지을 때 진한시대의 지명과 관직
명을 쓰지 말고 지금 시대의 명칭을 그대로 사용하라는 것이고,
그럴 때에만 진실에 가까운 글을 쓸 수 있다는 것이다. 원종도가
이몽양과 그 후학들을 비교하면서 결국 지명과 관직명을 모두 당
시 제도를 사용하고 자기 뜻을 숭상하여 사정을 기술해야 진실
한 글을 쓸 수 있다는 취지로 간략히 핵심만을 말하고 있다면,
박지원은 진한시대의 관직명과 지명을 빌려 쓰면, 땔나무를 짊어
지고 소금 사라고 외치는 장사꾼이나 이름이 같아서 좌중을 놀
라게 하는 진공, 그리고 서시를 흉내내는 추녀처럼 본의 아니게
남을 속이거나 모방하는 거짓된 글을 쓰게 된다고 말한 것이니,
원종도의 말을 비유와 전고를 섞어가며 뒤집어 말한 것일 뿐이

다. 따라서 두 사람의 주장은 표현만 다를 뿐, 전달하고자 하는 의미는 같다. 특히 원종도가 문장의 좋고 나쁨은 지명과 관직명에 있지 않다고 하면서 이른바 옛것을 배운다는 것은 그 뜻을 배우는 것이지, 반드시 자구에 얽매일 필요는 없다고 한 말은 이른바 박지원의 '법고창신' 문학론의 가장 중요한 핵심을 말한 것이기도 하다.

한편, 이 당시 유한준은 진한 고문 선호의 태도를 보이면서도 고전의 자구만을 따다 붙이는 표절과 옛 문헌에 대한 총체적인 이해에 기반한 계고지학稽古之學을 구분하고 있었다. 1760년 29세 때 쓴 글인 「서창노옹필총서書倉老翁筆叢序」에서 유한준은 작품의 진짜와 가짜를 정확히 판별하는 높은 식견과 고금을 관통하는 풍부하고도 해박한 견문을 가진 서창 노옹을 칭송하면서, 고전에 대한 표절이 횡행하자 서창 노옹과 같이 옛 문헌을 총체적으로 상고하는 계고지학이 사라져버렸음을 개탄하고 있다.[109] 사실 박지원 이전 김창협金昌協이 이미 그의 『잡지雜識』에서 진한 고문의 자구를 모방하는 중국과 조선의 문인들을 신랄하게 비판하고 있었기에[110] 유한준 역시 자신의 문학이 자구 모방의 표절로 흐르는 것을 끊임없이 경계하고 있었다. 또한 진한 고문을 신호하면서도 그는 일찍부터 『시경』『서경』을 중심으로 하되, 장자·맹자·굴원, 양웅·사마천·반고, 한유·유종원, 구양수까지 진한당송 등 시대를 가리지 말고 널리 익히고 잘 기억해야만[博識強記] 훌륭한 문장을 지을 수 있다[111]는 어렸을 적 동네 선생의 말을 기억하면서 자기 문학의 폭을 계속해서 확장하고 있었다.

따라서 명대 공안파의 의고파 비판 및 선배 문인들의 자구 모의 비판을 일찍이 섭했을 유한준이 박지원의 저 익숙한 비판을 듣고 박종채의 말처럼 어떤 원한을 품거나 큰 충격을 받았을 것 같지는 않다. 이 당시 유한준은 또 다른 친구 박윤원과의 도문분리 논쟁을 통해 자기 길을 끝까지 추구하면 문학도 삶도 훌륭해질 수 있다는 각도기도적 문학관을 정립하고 있었다. 그래서 만약 박지원이 선호하는 문학과 자신이 선호하는 문학이 다르고, 또 서로 다른 문학관과 문학적 취향을 가졌다면, 박지원이나 자신이나 자기가 좋아하는 길을 끝까지 추구하면 된다고 생각했을 것이다.

한편 유한준이 박윤원과의 서신 논쟁에서 주장했던 도문분리론과 각도기도적 문학관은 사람들의 체험과 경험 속에서 확인하고 긍정할 수 있는 사실에 기반한 주장이었을 뿐, 『논어』나 『대학』 같은 경전의 말을 근거로 삼아 주장을 펼친 것이 아니었기에 그 어떤 경전적 근거도 제시할 수 없었다. 앞서 「답창애」라는 편지 속에는 두 가지 비판적 논점이 공존하고 있음을 언급한 바 있거니와, 박지원은 유한준의 글을 보고, '끌어온 근거들이 딱 들어맞지 않음'을 또 다른 옥에 티로 지적한 바 있다. 유한준의 주장이 '경전적 근거'가 없음을 비판하는 박지원의 말을 들어보자.

> 문장을 짓는 데에는 방법이 있으니 이는 마치 소송을 건 자가 증거를 대는 것과 같습니다. (…) 비록 글의 논리(사리辭理)가 분명하고 바르다고 해도 다른 증거가 없다면 어떻게 이길 수 있겠습니까? 그런 까닭에 글을 짓는 사람들은 경전을 여기저기서 인용해 자기의 뜻을 분명하게 하는 것

입니다. 『대학』은 성인이 짓고 현인이 풀어쓴 까닭에 진실로 그보다 더 믿을 만한 것이 없는데도 오히려 『서경』을 인용해, "「강고」에 이르길, '덕을 밝힐 수 있다'"고 했고, 또 "「제전」에 이르길 '큰 덕을 밝힌다'"고 했습니다.[112]

박지원은 윗글에서 자기 주장을 펼 때 비록 사리辭理가 분명하더라도 여타의 증거가 없다면 논쟁에서 이길 수 없다고 하면서, 자신의 뜻을 분명하게 전달하고 사람들에게 신뢰감을 주기 위해서는 그 주장의 경전적 근거를 확보해야 함을 지적하고 있다. 그러면서 박지원은 성인 공자가 경문을 짓고 현인 증자가 그 뜻을 풀이한 『대학』의 경우를 예로 들며, 공자가 말한 명명덕明明德에 관한 자신의 해석을 뒷받침하기 위해 증자도 『서경』의 관련 문구를 인용해 자기 주장의 옳음을 증명하고 있음을 예시하고 있다. 즉, 이 대목에서의 박지원의 충고란, 그 말의 논리가 비록 분명하고 바르다고 해도[辭理明直] 경전에서 근거를 찾을 수 없다면 주장의 신뢰성과 설득력이 약화될 수밖에 없음을 지적한 것이라 하겠다.

유한준이 박지원에게 보낸 글 묶음(문편文編)이 현전하지 않아 이 편지의 내용이 구체적으로 어떤 글을 염두에 두고 하는 말인지는 정확히 알 수 없지만, 소송의 비유를 들어 문장의 법도를 설명하고 있는 문맥상 '어떤 논리에 기반한 논쟁적 글쓰기'에 대해서 논의하고 있는 것만은 분명하다. 그리고 논쟁에서 이기기 위한 최선의 방안으로 박지원이 제시하고 있는 것은 바로 논리의 신뢰성을 높이기 위해 경전에 입각하라는 것이다.

앞서도 짐깐 언급했듯 1765년에 유한준·박윤원 사이에 도문분리에 관한 서신 논쟁이 있었고, 유한준이 그때 쓴 편지 「답박영숙서」를 「자전」에 옮겨 실을 만큼 자신을 대표하는 글로 여기고 있음을 염두에 둔다면, '1772년 10월 이전' 그 스스로 선별해 박지원에게 보낸 글 묶음에 이 글이 들어 있었을 가능성은 대단히 높다. 특히 유한준이 박윤원과의 논쟁 과정에서 주장하고 있는 도문분리론이란 그 발상과 입론 자체가 '경전적 규범'과 '언술'을 이탈한 논의이기에 논쟁 당시부터 박윤원에게도 호된 비판을 받았음은 이미 알려진 사실이다.[113] 옛사람들의 서신 논쟁이란 대체로 일족과 지인들을 통해 인지되고 확산되는 경향이 있었으므로, 박윤원의 친척이자 젊었을 적 유한준의 벗이기도 했던 박지원이 두 사람의 논쟁을 전해 듣기는 쉬웠을 터이다. 이 시기의 박지원은 다른 여러 편의 글에서도 도문일치적 관점에 입각한 태도를 보이고 있는바[114] 이 편지에서는 '경전에 입각하지 않으면 그 주장에 설득력이 없다'는 말로 유한준의 글에 대한 총평을 대신함으로써 아무런 경전적 근거도 없이 '문장'의 가치를 '도'와 분리해서 평가하려는 유한준의 사고방식에 대해 일정한 반대 의사를 표시했던 것으로 보인다.

하지만 박지원의 이러한 비판 역시 이미 박윤원과의 서신 논쟁에서 들었던 익숙한 논점이다. 유한준이 박윤원의 호된 비판에도 유가-성리학의 도뿐만 아니라 노장과 불가의 길도 긍정하는 자신의 각도기도적 문학관을 포기하지 않았듯이, 「답창애」에 쓰인 박지원의 비판을 주의 깊게 경청하면서도 또한 자신의 주장도 완전히 틀렸다고 할 수 없기에 묵묵히 자기 길을 걸어갔을 것이다.

비록 자신의 주장을 뒷받침하는 근거를 사서삼경에서는 찾을 수 없을지라도, 자기 자신을 포함해 이미 고래의 적지 않은 문인들이 정주학의 문장보다는 사마천의 문장이 훌륭하고, 비록 도는 다를지라도 육경의 문장만큼 노장과 불경도 그 나름의 깨달음을 주는 훌륭한 문장이라고 인정한다면 그것 자체가 하나의 객관적 근거가 될 터이므로 반드시 경전의 권위에 기댈 필요는 없을 것이다. 그렇게 유한준은 자신의 가장 친한 벗들과 허심탄회하게 의견을 교환하며 자신이 선택한 길을 걸어갔던 것이다.

그리움의 헌사

박윤원도 박지원도 그를 온전히 설득하지는 못했지만, 그렇다고 해서 그들의 비판이 유한준에게 아무런 작용도 하지 않은 것은 아니다. 앞서 살펴보았듯 박윤원은 도문분리 서신 논쟁 이후에도 유한준의 문학적 재능에 각별한 관심을 가지며 유한준의 작품에 서문을 쓰거나 편지를 통해 때로는 격려하고 때로는 질책하며 그의 곁을 지켜주었고,[115] 박지원 역시 서로 직접 만나지는 못했지만 스스로의 재능을 십분 발휘한 여러 편의 글로 유한준을 끊임없이 자극했다. 그가 죽기 1년 전에 두 사람에게 쓴 헌사를 인용하며 이 장을 끝맺고자 한다. 이 글은 박사능에게 준 서문이지만, 다른 한편 자신의 한평생을 돌아보며 가장 빛나는 순간을 함께했던 두 친구에 대한 그리움의 헌사이기도 하기 때문이다.

내기 어렸을 때 스스로를 헤아리지 못하고, 함부로 문장에 뜻을 두었다. 그 뜻이야 위로는 우뚝이 하늘 끝까지 올라가려고 하지 않은 적이 없었으나 재주와 지혜가 낮아 바야흐로 어언 50년이 흘렀지만 끝내 문장을 성취하지는 못하고, 늙은이가 되어버렸다. 막 그 뜻을 세울 때 외람되게도 근재 박영숙과 연암 박미중이 좋은 벗이 되어주었으니, 모두가 한창 젊은 나이였다. 영숙은 처음에는 고문에 뜻을 두어 문장이 전아하고 법도가 있었는데 중년이 되어 문장을 통해 도에 입문하여 뛰어난 유림의 표준이 되었다. 미중은 재주와 기품이 특히 높아 문장으로 스스로 경지에 올라 규범을 따르는 것을 부끄러워하여 투식에서 벗어나 조소하고 풍자하며 문장을 유희로 삼았다. 대체로 모두 고아하면서도 의기로운 사람들이다.[116]

제
3
장

각자 자신의
길을 가라

천하의 소위 도라는 것에는 누구에게나 다 합당한 보편적인 도[恒道]가 없습니다. 그렇다면 도는 반드시 정주학程朱學이 아니어도 되고, 문장은 그 자체로 문장의 가치가 있는 것입니다. 만약 문장이 반드시 정자와 주자의 도를 근거로 해야 옳다고 한다면, 이는 '각자 자신의 도를 도로 삼는다'는 각도기도의 설과는 부합하지 않습니다.

각 자 스 스 로 의
길 을 찾 아

각도기도. 각자 스스로의 길을 찾아 최선의 성취를 이루는 것. 도와 문이 분리되고 스승이 여럿이 되는 순간, 모두가 함께 갈 수 있는 큰길은 사라졌고, 각자가 따로 또 같이 가야 할 여러 갈래의 길이 생겼다. 각자의 도에 이르는 여러 갈래의 길이 생기는 순간 이제 나는 네가 아니고 우리는 하나가 아니다. 아무도 자신의 길만이 옳다고 할 수 없고, 누구도 타인의 길이 잘못되었다고 말할 수 없다. 이제 개인은 각자가 좋아하는 것을 택하고, 그 자신이 선택한 길에서 최선을 다해 자기만의 아름다운 꽃을 피우면 된다. 각자의 길에서 최선을 다할 때 각자의 삶은 모두 아름답고 아름다워질 수 있다는 것. 누군가 나의 이름을 불러주었을 때 꽃이 되는 것이 아니라 스스로가 자신의 삶을 가꾸어 아름다운 꽃을 피우는 것. 이것이 바로 유한준이 생각한 각도기도의 삶이다.

보편적 도는 없다

열어구列禦寇·노담老聃·장주莊周 등은 인의와 도덕을 쓸데없는 군더더기로 여기고 요순을 거짓되다고 하니 도가 바르지 못함이 지극히 심하지만, 『열자』와 『도덕경』, 『장자』의 「제물」 편과 「추수」 편은 그 글이 육경과 서로 비길 만합니다. 부처의 도는 허무와 적멸을 말하며 군신과 부자 관계도 저버리니 그 도가 바르지 않을 뿐 아니라 도를 어지럽힘이 심합니다. 하지만 『법화경』 『금강경』 『화엄경』 『능엄경』 등 불경의 문장은 필법이 간략하면서도 말뜻이 깊고 심오합니다. (…) 만약 '저들이 각자 자신의 도를 도로 하여 [各道其道] 그 도를 완성했기 때문에 문장이 훌륭해졌다'고 한다면, 이는 천하의 소위 도라는 것에는 누구에게나 다 합당한 보편적인 도[恒道]가 없다는 것이 됩니다. 그렇다면 도는 반드시 정주학이 아니어도 되고, 문장은 그 자체로 문장의 가치가 있는 것입니다. 만약 문장이 반드시 정자와 주자의 도를 근거로 해야 옳다고 한다면, 이는 '각자 자신의 도를 도로 삼는다'는 각도기도의 설과는 부합하지 않습니다.[1]

윗글에서 유한준은 노장과 불가의 문장을 예로 들며 이들의 문장이 훌륭해진 이유를 각자가 자신의 도를 도로 하여 자기만의 도를 완성했기 때문이라고 설명하고 있다. 그런데 원래 각도기도란 용어는 그 연원을 따져가면 한유가 「원도」에서 유가의 도를 천하의 공언으로 높이고, 노자 등의 이단 사상을 한 개인의 '사사로운 말'로 폄하하며 부정하는 맥락에서 사용한 '도기소도道其所道'에서 기원한 것이다.[2] 그런데 여기서 유한준은 한유의 취지와는 정반대로 오히려 노장과 불가 등의 이단 사상과 문학을 긍정하는 논리로 각도기도란 용어를 사용하고 있다.

윗글에서 유한준은 '문장은 반드시 정자와 주자의 도를 근거로 해야 옳다'는 조선의 오래된 정주학적 도문일치론의 관점에 맞서 도가 반드시 정주학이 아니어도 각자 자신의 도를 도로 하여 그 도를 완성하면 문장이 훌륭해진다는 관점을 표명하고 있다. 그리고 그러한 주장을 뒷받침하기 위해 유한준은『열자』『도덕경』『장자』와『법화경』『금강경』『화엄경』『능엄경』은 물론 제자백가 및 허다한 문장가들의 문장을 예로 들며,[3] '정주학'의 관점에서 보면 이들의 문장이 잘못된 것이지만 각자 자신의 도를 추구하고 완성한다는 각도기도의 관점에서 보면 모두 훌륭한 문장일 수 있음을 역설하고 있는 것이다.

그런데 유한준이 주장하고 있는 것처럼 각자 자신의 도를 도로 삼아 자기만의 훌륭한 문장을 완성할 수 있다면 그때 각 개인의 문학적 수련 과정은 어떻게 달라지는 것일까? 인용된 글에서 유한준은 노장과 불도 및 문장가들이 각자 자신의 도를 도로 하여 그 자신의 도를 완성했기 때문에 문장이 훌륭해졌다고 말하고 있거니와 이는 도문일치론이 아닌 각도기도론의 입장에서, 뛰어난 문장에 도달하는 새로운 방법을 제시하고 있는 것이다. 즉, 정주학적 도문일치론자들이 유가-성리학적 수양과 유교 경전에 대한 이해가 심화될수록 훌륭한 문장에 이를 수 있다고 말한다면, 유헌준은 각도기도의 입장에서 유가 이외의 사상을 가진 이들도 누구나 각자의 사상과 삶을 끝까지 추구하면 훌륭한 문장에 이를 수 있다고 말하고 있는 것이다.

자기만의 완성

그런데 '각자 자신의 길을 추구한다'는 이 각도기도론은 비단 문학이나 사상에 국한되지 않고 '모든 개인의 일상적 삶'까지 포괄하는 논의로 확대될 여지가 충분하다. 다음은 각도기도의 관점을 설파하고 있는 유한준의 또 다른 글로 그는 여기서 개개인이 일상에서 습득하는 취미와 기예까지를 긍정하는 논의를 펼침으로써 도문일치의 관점 속에서 완물상지玩物喪志[4]로 폄하되었던 개인의 소소한 일상적 삶의 가치를 회복시키고 있다.

> 그러므로 항상 후세에 이름을 전하고자 하면, 내외와 아속을 구별할 것 없이 다만 하나의 일을 지극히 잘하면 될 것이니 옛사람들이 또한 그러했다. 우리나라의 한호는 명필로 이름을 전했고, 석양정은 그림으로 이름을 전했으며, 덕원령은 바둑으로, 양예수는 의술로, 홍계관은 점술로 그 이름을 전했으니 어찌 반드시 문장으로만 이름을 전하겠는가?[5]

이理는 지극히 묘하고 도道는 지극히 넓으며 사事는 지극

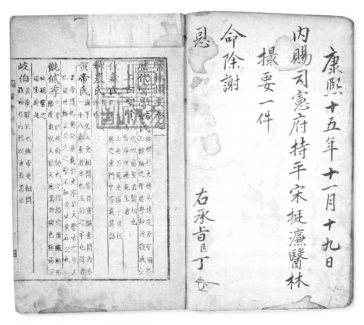

양예수, 『의림촬요』, 국립중앙박물관.

히 번잡하고, 물物은 지극히 많으니, 스스로 깨닫지 않으
면 누구인들 미묘하고 심오한 도리를 명백히 알아 저 무
궁한 사물을 제어할 수 있겠는가? 성인은 지혜로워 모든
기예에 다 능통한 사람이니 그 방법은 모두 자득함에 달
려 있다. 웅의료熊宜僚의 공 던지기와 혁추奕秋의 바둑, 양
유기養由基의 활쏘기와 윤편輪扁의 수레바퀴 제작은 깨달음
으로부러 시작해서 자득에 이른 것이다. 그러므로 마음과
손이 영험해져서 칼로 고기 사이를 날듯이 달리고 빈틈을
휘둘러쳐서, 뼈마디 사이의 공간을 발라내어 소를 잡는
포정庖丁과 같이 오직 마음이 하고 싶은 대로 할 뿐이다.[6]

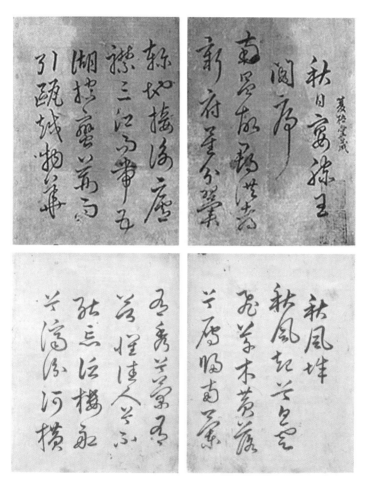

한호, 『한석봉 증류여장서첩韓石峯贈柳汝章書帖』, 24.2×35.5cm, 보물 1078호, 국립중앙박물관. 1596년, 한석봉韓石峯이 친구 유여장柳汝章에게 준 서첩으로 사진은 왕발王勃의 「(추일연)등왕각서(秋日宴)滕王閣序」(위)와 한무제漢武帝의 「추풍사秋風辭」(아래)를 초서로 쓴 것이다.

첫 번째 글에서 유한준은 문학만이 후세에까지 이름을 남길 만한 가치로운 일이라고 생각하지 않는다. 문장 외에도 한호韓濩의 글씨, 석양정 이정李霆의 그림은 물론, 덕원령 이서李曙의 바둑,

양예수의 의술, 홍계관의 점술까지, 모두 각자 자신이 추구하는 한 가지 일에 충실하여 지극한 완성의 경지에 이른 것이기에 유한준은 그들 역시 후대에까지 이름을 남길 만큼 훌륭한 사람들로 간주한다. 정주학적 관점에서 보면 이들이 추구한 것은 모두 완물상지로 경계해야 할 대상이거나 중인中人 이하의 사람들이나 일삼는 격이 떨어지는 기예 혹은 천한 잡기에 불과하다. 하지만 유한준은 '내외와 아속을 구별할 것 없이' 이들 역시 후세에까지 이름을 남길 만한 충분한 자격이 있다고 생각하여 별다른 거리낌 없이 하나의 도를 완성한 인물로 그들의 이름을 호명한다. 그들 역시 한 가지 취미와 기예를 자신의 도道로 삼아 평생토록 종사하여 자기만의 완성의 경지를 보인 사람들이기 때문이다.

두 번째 글의 서두에서 유한준은 도리와 사물에 대해서 말하고 있거니와 유한준이 생각하기에 세상의 이치는 현묘해서 잘 드러나지는 않지만 저 복잡다단한 모든 사물에 널리 퍼져 있는 것이다. 성인이란 무릇 그 모든 사물에 깃들어 있는 미묘하고 심오한 도리를 스스로 깨달아 인간사와 사물을 다루는 모든 기예에 다 능통한 사람이니 그가 그렇게 된 이유는 다 자득함에서 온 것이다. 하지만 유한준이 생각하기에 성인만이 깨닫고 자득한 사람은 아니다. 저글링의 명수 웅의료, 바둑의 고수 혁추, 활쏘기의 일인자 양유기, 수레바퀴 제작의 달인 윤편, 그리고 소를 잡는 백정 포정도 다 깨닫고 자득한 이들이다. 남들이 보면 천하고 하찮은 일에 불과하지만 그 일에 오래도록 종사한 끝에 자기만의 깨달음을 얻었기에 이들은 자신이 다루는 사물의 도리를 환히 알아 사물과 함께 자유로워진 사람들이다. 따라서 이들이 비록 세

이정, 「이정필묵죽도李霆筆墨竹圖」, 224.8×85.9cm, 조선시대, 국립중
앙박물관. "이정은 세종世宗의 현손으로, 석양군石陽君에 봉해졌는데,
특히 묵죽화墨竹畵에 뛰어나 명성을 떨쳤다."

상의 모든 이치를 터득하지는 못했을지라도 각자 자신의 일에 충실하여 사물과 세계를 바라보는 자기 나름의 도를 터득한 이들이기에, 성인의 길을 가는 그 분야의 작은 달인이자 모습을 바꾼 성인인 것이다.

여기까지 보면 애초에 문학적 수련을 위한 방법이자 지향으로 제시되었던 유한준의 각도기도론은 유가-성리학의 틀을 넘는 이단적 개인들의 독자적 사상을 옹호했고, 도문일치론에 의해 완물상지로 폄하되었던 일상의 소소한 취미와 기예들까지도 적극적으로 긍정하면서 그 사람의 생각과 취향을 포함해 각자의 고유한 삶을 옹호하는 논리로 심화, 확대되고 있다고 할 수 있다.

2

유한준의 각도기도론은 성리학적 이념의 틀을 넘어 개인의 각자
적 삶을 긍정하는 새로운 문학을 제창하고 있었다. 그렇다면, '모
든 개인의 독자적 삶'을 긍정한 문학은 성리학적 이념을 구현하
고자 했던 문학과는 어떤 다른 지향과 모습을 보여주는 것일까?
도문일치론이 성리학적 이념을 내면화한 개인의 '심성 수양'과 그
이념에 따라 나라를 잘 다스리기 위한 '교화적 내용'을 묘사하고
서술하는 데 치중한다면, 각자적 삶을 존중하는 유한준의 문학
은 '거대한 이념'보다는 '소박한 개인'을 발견하고, 그것을 솔직하
게 표현하는 것을 지향했다.

자기 서사의 문학

이러한 경향은 우선 매 시기 '자기 자신'을 발견하고 그 자신을

거짓 없이 표현하는 '자기 서사'의 문학으로 외화되었다. 또한 구체적인 문학론에 있어서도 하나의 통일된 이념을 지향하기보다는 각 개인의 천성과 기호대로 자신이 좋아하는 문학을 추구할 것을 주장했다. 사상과 생활에 있어서도 그 자신은 유가 이념에 충실한 삶을 살았으면서도 유학적 가치를 전면적으로 부정하는 노장의 논리에 입각한 타자의 삶과 생각까지도 양립 가능한 것으로 받아들였다.

결국 그는 각자의 삶의 방식을 존중하는 각도기도적 가치관과 태도에 따라 '자기 자신'을 포함한 서로 다른 생각과 취향과 사상을 가진 모든 개인의 문학과 삶을 긍정하고, 그것을 옹호하는 창작 활동을 펼쳐 보였다고 할 수 있다. 이는 유가 등 특정 사상이나 이념을 문학을 통해 외화시키는 '사상 중심'의 도구론적 문학관을 벗어나, 그 어떤 이념보다 우선하는 개인의 다양한 삶 그 자체를 옹호하고, 또한 다양한 가치를 지닌 개인들의 공존을 지향하는 새로운 문학을 제창한 것으로 평가할 수 있겠다.

자기 자신을 문학의 대상으로 삼아 스스로의 삶을 기술하는 '자기 서사'[7]의 전통은 서양의 아우구스티누스의 『고백록』뿐만 아니라, 사마천의 「태사공자서」나 도연명의 「오류선생전五柳先生傳」에서 볼 수 있듯, 그 서술 방법은 서로 다를지라도 동서양을 막론하고 아주 일찍부터 시작되어 면면이 이어져내려온 것이었다. 우리나라에서도 이미 신라 최치원崔致遠의 「계원필경서桂苑筆耕序」부터 고려와 조선시대를 거치며 자서와 자전 및 탁전, 자찬 묘지명 등 서사적 산문과 자술시, 그리고 사부辭賦 및 화상자찬畫像自贊 등 운문형 산문에 이르기까지 다양한 장르에서 자기 서사 작

구분	작품명	장르	창작 연대
20대	「명해名解」	해解	1756년, 25세 전후
30대	「애조시哀鳥詩」	시	1761년, 30세
	「제야술회除夜述懷」	시	1764년, 33세
	「자아自我」	시	1765년, 34세
	「우려문수右閭問數」	문대問對	1765년, 34세
	「창하종국기蒼下種菊記」	기記	1768년, 37세
40대	「초당부草堂賦」	부賦	1774년, 43세
50대	「별호설別號說」	설說	1781년, 50세
	「자전自傳」	전傳	1786년, 55세
60대	「사영자찬寫影自贊」	찬贊	1800년, 69세
70대	「저수자명箸叟自銘」	명銘	1808년, 77세

유한준의 자기 서사 작품

품이 창작되었다.[8] 또한 16세기 중반 이후부터 명나라는 물론 조
선 문인들 사이에도 자서전 등 자기 서사 작품이 눈에 띄게 증가
하므로[9] 유한준 역시 이러한 시대적 분위기 속에서 여러 형식의
자기 서사 작품을 남겨놓은 것으로 보인다. 그가 자신의 생애 동
안 창작했던 자기 서사적 작품들을 시대순으로 목록화하면 위
와 같다.

　이 중 자기 서사의 장르적 전통과 밀접히 연관되어 있는 것은
자술시 계통의 「제야술회」와 「자아」, 물음과 대답으로 구성된 대
화형 자술 산문인 「우려문수」, 자신의 초상화에 부친 「사영자찬」,
그리고 한문학의 대표적 자기 서사 장르인 자전과 자명의 전통

저마다의
길

속에서 창작된 「자전」과 「저수자명」 등이다. 16세기 후반 이후 조선 문인들 사이에서 자전과 자찬 묘지명을 창작하는 사람들이 많아졌다. 그럼에도 여전히 대다수 작가가 자전이나 자명조차 남기지 않거나 혹은 한두 편의 자기 서사 작품을 남기고 있는 것에 비하면 유한준은 수적으로나 다양한 형식의 측면에서나 자기 서사란 주제에 매우 특별한 관심을 보인 경우라 하겠다.

유한준이 자신의 개인적 삶을 하나의 문학적 대상으로 형상화하고 있음은 제1장에서 「저수자명」을 중심으로 이미 비교적 상세히 그 실체적 면모를 살펴본 바 있다. 따라서 여기서는 타자와의 가설적 물음과 대답 속에 자신의 삶을 그려내고 있는 문대체問對體 자기 서사 작품인 「우려문수」와 자신의 삶을 되돌아보며 문장가로서 자신을 규정했던 「자전」을 중심으로, 유한준이 그 자신을 응시하는 다양한 방식 및 자기 자신을 관찰하고 표현하는 특징적 면모들을 점검해보기로 한다.

유한준이 문학 창작 행위를 통해 자신의 불우한 처지를 스스로 위로하고 극복하고 있음은 앞 장의 서술들을 통해 이미 얼마간 밝혀졌거니와 이는 그가 34세에 창작한 「우려문수」를 통해서도 새차 확인된다. 이 작품에서 유한준은 우려공보右閭公父와 동곽고사東郭瞽師라는 가설적 인물을 통해 자신이 현실에서 느끼는 갈등과 원망을 숨김없이 토로하고, 궁극적으로는 문학을 하나의 운명으로 받아들이며 자신의 불우한 삶 자체를 긍정하고 있기도 하다.

동아시아 한문학의 전통에서 가공적 인물을 통해 자기 삶을 드러내는 방식은 「오류선생전」과 같은 자전이 대표적인데, 이는 작기가 바라는 이상적인 삶을 자가의 분신격인 작품 속 화자의 진술을 통해 드러내는 것이다.[10] 이때 작품 속 화자는 그 자신의 현실적 삶을 담담하게 소개하는 방식을 취하고 있는데, 대개는 빈곤 속에서도 평온한 마음을 유지하고 자기 삶에 만족하는 태도를 보인다. 그래서 작품 속 화자는 비록 현실적으로는 극심한 가난에 처해 있을지라도 고통과 갈등을 표출하기보다는 초연한 모습의 지극히 이상적인 모습으로 그려진다. 이처럼 독백체의 자기 고백적 기술에서는 불우한 삶 속에서 작자 자신이 실제로 느낄 법한 심리적 고통과 현실적 불만 등이 좀처럼 드러나지 않는 것이 특징이다.

또한 한문학의 자술의 전통에는 두 사람의 가설적 인물을 내세워 작자 자신이 느끼는 현실적 갈등과 자기 삶에 대한 변호를 두 사람의 문답 속에서 자연스럽게 풀어내는 '설론設論' 혹은 '문대問對'의 형식도 있다.[11] 이에 속하는 작품들은 모두 작가의 불우한 처지를 힐난하는 한 인물과 작가를 대신하는 화자의 대화로 진행되는바, 작품 속 화자는 자신을 변론하는 가운데 자연스럽게 현실에서 느끼는 갈등과 불만 등을 표출하게 된다.[12] 유한준은 이러한 문답식 자술 문학의 전통과 『열자』에 나오는 '운명'과 '재능'의 불일치라는 모티브를 적절히 혼합 배치하여 「우려문수」라는 대화체 자기 서사 문장을 창작했던 것이다.[13]

우려공보의 운명

「우려문수」의 도입부는 대화의 두 주체인 우려공보와 동곽고사인 전선생田先生을 소개하는 것으로부터 시작한다. 우려공보는 3년에 한 번 옷을 해 입고, 삼 일에 한 번 끼니를 때울 정도로 가난하여 그 처자들이 굶거나 동상에 걸릴 정도이니, 매일 스스로를 한탄하며 자신의 고달픈 삶에 한숨짓는 사람이다.[14] 한편 눈먼 점쟁이 도사인 동곽고사는 천지자연과 음양의 이치는 물론 인간의 운명을 모두 꿰뚫고 있어 생년월일만 알면 그 사람의 빈부귀천과 길흉화복을 백발백중으로 맞히는 신통력을 가진 사람이다.[15] 날씨도 화창한 9월 어느 날, 우려공보는 삼 일 동안 목욕재계를 한 후 동곽고사를 찾아가 자신의 운수를 물어보는데, 이때 동곽고사 전선생의 물음에 우려공보가 자신의 원대한 포부와 현실에서 느끼는 갈등을 토로함으로써 이야기는 전개된다.[16]

우려공보는 먼저 자신이 생각하는 군자의 이상적인 모습을 제시하며 문장가로서의 자신의 포부를 밝힌다. 그는 군자라면 마땅히 온화한 성품과 맑은 기운으로 견식을 넓히고 법도를 준수하는 마음을 가져야 하며,[17] 신뢰와 인의를 바탕으로 충효와 예법을 실천하는 생활 태도를 견지해야 한다[18]고 강조한다. 또한 학문을 할 때는 『시경』과 『서경』 등 시와 경전과 역사서에 침잠하여 고금의 치란을 남김없이 섭렵해야 하는데 마땅히 그 얽히고 막히고 숨어 있는 깊은 뜻까지 다 이해해야 하며,[19] 아주 작은 것부터 가장 넓고 큰 데까지 다 미쳐서 천지 음양의 이치까지 모두 다 포괄할 정도로 알아야 한다[20]고 말한다. 이는 군자로서 선비들이 마땅히 깊추고 있어야 할 올바른 마음가짐과 생활 태도, 그리고 넓고 깊은 학문에 대한 스스로의 엄격한 요구와 이상적인 기준을 제시한 것이다.

한편 우려공보의 말 중에서 특히 이채를 띠는 부분은 문학에 대한 자신의 포부를 밝히는 대목이다. 유한준은 우려공보의 말을 통해 시와 문장을 지을 때는 모름지기 오랜 시간에 걸쳐 잘 익은 술처럼 깊고 순수한 생각을 내어놓아야 하며, 말만 예쁘게 꾸미려 해서는 안 되고 한 글자 한 구절을 갈고 다듬어 말은 간략해도 뜻은 깊고도 넓은 글을 지어야 한다고 강조하고 있다.[21] 그러면서 그는 초사의 대표격인 굴원과 송옥, 한대 사부의 대명사인 양웅·사마상여·가의賈誼·유향劉向과 진한 고문의 전범인 사마천·반고는 물론 한유·유종원·증공·왕안석·구양수·소식 등의 당송 고문가와 명대 문학의 대가인 엄주弇州 왕세정王世貞과 창명滄溟 이반룡李攀龍 등을 모두 거론하며, 이들의 문장을 섭렵하여 대등함을 넘어 능가하겠다고 스스로 다짐한다.[22] 또한 시에서도 그는 한위 고시의 상품인 소무蘇武·이릉李陵과 조식曹植·유정劉楨, 성당盛唐과 중당中唐을 대표하는 이백·두보와 맹교·가도賈島, 산수전원시의 종주인 도연명과 사영운, 소식 이후 송대 시사에서 각기 성취를 보인 황정견黃庭堅·진관秦觀 등의 풍격을 자유자재로 운용하며 이들을 압도하는 시를 창작할 것을 다짐하고 있기도 하다.[23] 요약하면 그는 이 글을 통해 역대 모든 시문에 능통한 최상의 작가로서의 원대한 포부를 밝히고 있는 셈이다.

배우지 않을 수도 있지만 배운다면 가장 큰 성취를 이루어야 하고, 할 수 없는 경우도 있지만 할 수 있다면 반드시 높은 경지까지 올라가야 하고, 하지 않을 수도 있지만 한다면 귀신이 놀라고 감동할 정도까지 해야 하고, 모를 수도 있지만 알려면 천지사방天地四方의 아득하고 깊은 곳까지 꿰뚫고 있어야 할 것입니다.[24]

이처럼 유한준은 무언가를 배우려고 할 때 마땅히 가장 높은 이상과 목표를 가지고 그에 정진할 것을 스스로 다짐했다. 하지만 자신과 타인에 대한 이러한 엄격하고도 높은 기준은 오히려 세속적 현실을 살아가는 데 모순과 갈등, 비난과 좌절만을 가져다주었을 뿐 실제 생활에는 도움이 되지 못했다.[25] 이후 작자의 작품 속 분신인 우려공보는 세상의 사대부들에 대한 냉소적인 비판을 거침없이 쏟아내는바, 그가 생각하기에 세속의 사대부들은 온갖 아첨과 음모를 일삼으며 권세와 이익을 얻는 데 몰두하거나,[26] 겉으로만 예절을 지켜 칭송과 명예를 도둑질하는 사람들이다. 또한 겉보기에는 원대하고 높은 뜻을 가진 것처럼 처신하지만 실제로는 현실에 부합하지도 마땅하지도 않는 크고 허황된 말만 늘어놓는 사람들이다.[27] 이들 모두는 문무의 능력이 보잘것없고 재주와 은택이 나라를 구할 만하지 못한데도 높은 자리에 올라 봉록과 명예를 노략질하고 있으며 또한 권세와 이익에 따라 마음과 행동이 수시로 뒤바뀌기까지 하는, 말하자면 일신의 이익을 위해 관직을 갉아먹는 좀벌레[冠裳之蠹] 같은 존재들이다.[28] 여기까지만 해도 사대부로서 참으로 부끄럽고 누추한 일일 텐데, 더 나아가 묘당에 드나드는 고위 관리로 종신토록 부귀영화를 누리면서 밤낮으로 향락에 빠져 헤어나오질 못하는 사람도 있었으니[29] 이를 보며 유한준은 세상을 개탄하지 않을 수 없었던 것이다.

우려공보는 마지막으로 재주와 덕이 없으면서도 부귀영화를 누리고 있는 사람들과 높은 이상을 가지고 끝없이 정진하지만 여전히 궁핍함에 시달리는 자신의 삶을 대조적으로 기술한 후, 이처럼 부조리한 현실의 원인이 무엇인가를 질문하면서[30] 동곽고사에게 나중에라도 세상에 이름을 드러낼 수 있는 방도를 가르쳐 달라고 애원하며 자신의 긴 하소연을 마무리 짓는다.[31]

하지만 동곽고사가 주문을 외며 점괘를 뽑은 후 우려공보에게 해주는 말은 안타깝게도 '가난한 운명을 타고났으니 그것을 벗어날 수 없다'는 것이었다.[32] 이에 우려공보는 실망하기보다는 이를 담담히 받아들이며 동곽고사에게 운명이 그렇다면 자신이 도대체 어떻게 살아야 하는지, 무엇을 중시하고 누구를 본받으며 살아야 하는지를 묻는다.[33] 동곽고사는 우려공보의 불우한 운명을 위로하기 위해 효성과 충성을 다했지만 버림받거나, 신의를 지키다 외려 죽음에 처해지고, 착한 사람이 오히려 일찍 죽으며, 성현군자들이 제위帝位에 오르기는커녕 곤경에 빠지는 등 현실의 너무나도 많은 부조리함을 일일이 거론한다.[34] 이는 결국 한 사람의 명운과 재덕이 딱히 같이 가는 것이 아니라는 사실을 깨우치고자 한 것이다. 다만 동곽고사도 이러한 현실이 씁쓸했던지 우려공보를 위로하기 위해 『장자』에 나오는 '산속에 버려진 소나무'와 '희생으로 선택된 소'를 비교하면서 현실에서는 불우하게 보이는 삶이 오히려 더 행복할 수 있다는 이야기를 그에게 전해준다. 그런데 이는 세속적 가치 평가의 기준을 뒤집어버림으로써 불우한 삶에 대한 위안을 넘어 불우한 삶 그 자체를 아예 긍정해버리는 것이라 주목을 요한다.

> 지금 저 산중에 있는 소나무는 풍상에 몸이 시달리고 도끼로 껍질이 패여 줄기와 가지가 꺾이고 잎들이 떨어지기도 하지만, 만고의 세월이 흐르도록 사시사철 변함이 없는 것은 하늘이 그렇게 정해주었기 때문이네. 지금 저 우리에 갇혀 제물로 바쳐질 소는 수놓은 비단을 입고 말린 대추를 먹지만 '음매' 하고 울면서 도살하는 칼 아래로 굴러 넘어지게 될 테니 이는 화려하게 꾸밈이 그를 재앙에 빠뜨린 것이지. 이 둘은 서로 거리가 먼 일이니 함께 논할 수 있는 것이 아니네.[35]

윗글에서 동곽고사는 아무런 관심도 받지 못하고 '산중에 버려진 소나무'와 제물로 선택되어 '우리에 갇혀 호의호식하는 소'의 운명을 대비적으로 제시한다. 소나무의 장생長生과 도살되는 소의 죽음을 묘사함으로써, 설령 풍상에 시달리고 도끼로 껍질이 파이는 현실적인 고난을 겪고 있을지라도 소나무의 삶이 더 행복할 수 있음을 넌지시 말하고 있다. 동곽고사는 이 두 가지 예를 제시하기 전에 세상 사람들이 그토록 바라는 권세와 이익과 지위와 명예가 오히려 일신을 해칠 수 있음을 경고하고 있는바,[36] 수놓은 비단을 입고 당시에 사람들도 먹기 어려운 말린 대추를 사료로 먹다가 도살당하는 소의 비유를 통해 분수에 맞지 않는 과

도한 영예로움이 오히려 재앙으로 가는 지름길임을 일깨워주고 있는 것이다.

유한준은 이후 사언체의 경쾌한 어조로 주문인 듯 시인 듯한 동곽고사의 전언을 마지막에 배치하여 대화체로 진행되었던 이 역동적인 자기 서사의 대미를 장식한다. 동곽고사의 주문은 요약하면 '바깥에 존재하는 세속적 가치에 주눅들지 말고, 자기 안의 보물을 사랑하라'는 것이다. 동곽고사의 금언을 듣고 우려공보는 머리를 끄덕이며 세 번 절하여 감사의 예를 표한 후 다시는 운수를 묻지 않았다[37]고 하는바, '현실적으로 소외받고 가난할지라도 자기 본성과 소질대로 살아가는 이가 오히려 더 풍요롭고 여유 있다'는 세속적 가치에 대한 동곽고사의 전복적 사고에 수긍하며 온전히 자기 자신을 긍정하게 된 것으로 보인다. 아래는 우려공보가 감사의 예를 표하고 집으로 돌아오는 길에 마음속으로 천백 번을 되뇌었던[38] 동곽고사가 들려준 말이다.

안으로 충실할수록 더욱 번영하고
밖으로 번창할수록 더욱 초췌해지니
그대는 궁핍함을 슬퍼하지도 말고
그대의 가난에 한숨 쉬지도 말게나.
누가 그대의 보물을 바꿀 것이며
누가 그대가 좋아하는 것과 다투겠는가?
누가 한때의 영예로
천고에 이름을 널리 알리겠는가?
가난이 그대의 배를 굶주리게 해도

그대의 보석을 주리게 할 수 없고

가난이 그대의 몸을 추위에 떨게 할지라도

그대의 진주를 차갑게 할 수는 없다네.

사람들이 모두 근심할 때

그대 홀로 마음 넉넉하고

사람들이 모두 황망할 때

그대 홀로 마음 여유롭네.

가난이 그대에게

넉넉히 줌이 이미 도타우니

그대 어찌 다시 원망하리?

가난과 함께 휴식할지어다.[39]

    동곽고사가 우려공보에게 전한 이 마지막 말은 이제까지 두 사람의 대화를 경청해온 사람이라면 별다른 설명이 필요 없을 정도로 간단명료하다. 안과 밖의 대비 속에 서술되고 있는 동곽고사의 말은 바깥에 존재하는 부귀 권력과 명예를 좇다가는 내 안의 소질을 온전히 다 발휘하지 못하니, 가난에 한숨 쉬거나 그것을 슬퍼하지도 말고 오히려 자기 안의 영롱한 보석인 문학적 재능을 계발하는 데 온 힘을 기울이라는 것이다. 그것은 누구도 바꿀 수 없고, 아무도 빼앗아갈 수 없는 우려공보만의 소질이고, 또한 한순간 허망하게 사라지는 부귀와 명예, 권력과는 달리, 영원히 세상에 이름을 남길 수 있는 가장 빛나는 능력이기 때문이다. 혹독한 굶주림과 추위에 몸을 떠는 가난이 찾아와도 그 빛나는 보물인 그의 문학적 재능까지 앗아갈 수는 없으니 고사가 생각하기에 유한준은 어떤 시련이 닥쳐와도 '마음 넉넉하고 여유로울 수 있지만' 자기 안의 자질과 재능이 없는 사람들은 다만 바깥의 헛된 부귀 권력을 좇느라 항상 근심에 시달리고 마음만 다급할 뿐이다. 유한준의 외적 빈곤이란 이렇듯 허망한 외물에 마음 쓰지 않고 오히려 한가로운 마음으로 내 안의 소질에 집중하도록 하는 휴식 같은 존재다. 그래서 동곽고사는 우려공보에게 가난과 함께 휴식하라는 역설적인 말로 문학적 자질을 계발하는 데 더욱 전념할 것을 요청하면서 말을 끝맺고 있는 것이다.

지금까지 「우려문수」를 통해 표출된 유한준의 내면을 살펴보았던바, 그가 현실의 갈등을 감추고 화자의 삶을 이상화하는 자기 서사의 규범화된 문법을 따르기보다 오히려 우려공보와 동곽고사의 대화 속에 자신의 불만과 갈등을 거침없이 표출하고 있음을 확인할 수 있었다. 또한 동곽고사의 말을 통해 부귀공명의 세속적 가치를 좇는 삶을 부정하고 가난 속에서도 자신의 소질을 보존하고 계발하는 삶을 긍정함으로써 궁극적으로 자기 위안과 자기 긍정을 이루어내고 있음을 알 수 있었다. 문학은 그렇게 자칫 절망 속에 갇힐 수도 있는 유한준의 고단한 삶을 위로하고 극복하는 자기 긍정의 힘을 제공했던 것이다.

한편, 30대 중반에 창작된 「우려문수」가 가설적인 대화 속에 자신의 불우한 처지와 현실에 대한 비판을 격정적으로 토로하면서 결국 문장가로서의 운명을 받아들이고 있다면, 유한준이 50대 중반에 쓴 「자전」은 문학과 관련해 주고받은 실제적 대화와 편지들을 중심으로 마치 몇 장면의 삽화를 떠올리듯 자신의 삶을 되돌아보면서 결국 한 사람의 작가이자 문장가로서 자신을 규정하고 있다.

내 삶의 화두는 문학

유한준의 「자전」은 원래 독립되어 창작된 것이 아니다. 그것은 기계 유씨의 족보를 중간할 때 직계 선조들부터 그 자신까지의 가전家傳을 창작하는 과정에서 제작된 것이었다.[40] 일찍이 장유張維는 이러한 가전 찬술 전통이 『사기』 「태사공자서」에서 비롯되었음을 밝히고 있는데,[41] 최근 연구는 가전뿐 아니라 자전 역시 사마천 등이 자신이 찬술한 역사서인 『사기』의 말미에 자기 가계와 자신에 대해 기록한 자서自敍를 남긴 데서 비롯되었음을 지적하고 있다.[42] 『사기』 『한서』 등의 역사서를 문장의 전범으로 여기며 애독했던 유한준은 사마천 등 역사가의 자술의 전통과 16세기 중반 이후 갈수록 활발하게 창작되었던 자전 창작의 경향 속에서 그 자신 『가전』의 말미에 「자전」을 첨부했던 것으로 보인다.

유한준은 조상의 역사를 정리하는 가운데 자기 자신의 역사를 재구성했던바, 그가 택한 방법은 하나의 일관된 주제 속에 그 주제와 관련된 자기 삶의 인상적인 장면들을 삽화식으로 배열하는 것이었다. 그런데 그 삽화들은 하나같이 문학을 주제로 한 다른 이들과의 대화로 구성되어 있어서 이 다섯 개의 대화들을 순서대로 읽다 보면 그가 한평생을 통해 고민했던 문제가 바로 문학이었음이 자연스럽게 환기된다. 그래서 얼핏 보기에 아무 관련 없이 배치된 것 같은 삽화들은 실은 유한준 자신이 생각하는 문

구성	단락별 주제		단락별 내용
서사 序辭	기본 인적 사항		자신의 자와 이름, 가족 사항 및 문학적 사승 관계
본사 本辭	문학을 주제로 한 대화	도문분리의 관점과 논리	박윤원과의 서신 논쟁과 자신의 도문분리관
		문장가로서의 운명과 저서위업의 꿈	동곽고사에게 자신의 운명을 듣고 문장으로 성취할 것을 다짐
		역사 인물전 저술의 어려움	태학사 남유용이 우리나라 인물전 저술을 권하자 역사 서술의 어려움을 토로
		자기 문학의 창작 풍격	기력을 숭상하는 거침없는 문체로 인해 혹자에게 격렬한 곡조를 늦추어 고아한 노래(아가)에 나아가라는 충고를 받음
		자기 문학의 장처長處	아들 만주와 대화하며 문장의 기세는 자신이 낫고, 박학의 측면에서는 아들이 자기보다 낫다고 함
결사 結辭	문장가로서의 자기규정		음직으로 벼슬길에 올라 지방 관청을 돌아다녔으나 그것은 자신의 뜻이 아니었음을 밝힘

「자전」의 전체 구성 및 단락별 주제와 내용

학에 대한 기본 관점, 자기 문학의 의의와 목표, 자신의 창작 경향 등 모두 문학이라는 일관된 주제하에 질서 있게 배치된 것임을 알 수 있다. 따라서 「자전」을 읽는 독자들은 그의 문학의 이모저모를 세부적으로 파악할 수 있음은 물론 타인들과의 대화와 토론 속에서 자신의 문학적 관점을 다듬어갔던 '문장가' 유한준의 전체 상과 만나볼 수 있게 된다. 이제부터 「자전」에 대한 구체적 분석을 수행함으로써 문학을 화두로 살아갔던 유한준의 삶과 문학의 여러 측면을 입체적으로 조망해보기로 한다.

표에 간략히 제시해 보였듯 「자전」은 크게 서사·본사·결사의 삼단 구성을 취하고 있다. 서사에서는 전傳의 기본 형식을 따라 그 이름과 자, 가족 사항, 성품과 사승師承 관계 등 입전 대상인 자신의 기본적 인적 사항을 간략히 적고 있다.[43] 형식상 일반적인 전의 도입부와 별다른 차이를 보이고 있지 않지만 문학 창작의 심리적 동인이 되었던 고아로서의 삶을 가족 관계에서 특별히 언급한다거나 사승 관계를 밝힐 때 학문이 아닌 시와 문장의 스승인 김후재와 남유용을 거론하는 것 등이 조금 특별한 점이라 하겠다. 비록 작은 차이이긴 하지만 이는 「자전」을 통해 '문학'이라는 주제와 '문장가'로서의 자신의 삶을 기술하는 데 사전 포석이 되는 중요한 역할을 하는 것으로 보인다.

본사는 문학을 주제로 한 다섯 사람과의 대화로 구성되어 있는데, 대화의 주제를 정리해보면, '도문분리의 관점과 논리' '문장가로서의 운명과 저서위업의 꿈' '역사 인물전 저술의 어려움' '자기 문학의 창작 풍격' '자기 문학의 장처' 등으로 요약할 수 있다. 각 대화들은 모두 '문학'이라는 일관된 주제하에 묶인 독립된 에피소드의 형식을 취하고 있다는 점에서 이 글 전체는 옴니버스식 구성과 유사하다고 하겠다.

첫 번째 대화는 '박윤원과의 도문분리 논쟁'을 축약해놓은 것이다. 유한준은 먼저 논쟁을 촉발시킨 자신의 도문분리적 문학관과 논쟁의 상대방인 박윤원의 도문일치의 관점을 간략히 요약하고[44] 논쟁 당시에 썼던 편지 내용을 발췌 요약하고 있다.[45] 요약 과정에서 당시의 역동적이고 풍부한 사고의 전개를 보여주는 표현들이 사라지고 있음은 아쉬운 점이긴 하지만, 도문분리론에 관한 자기 주장의 큰 틀을 제시하는 방향으로 편지를 요약하는 데서 오는 불가피한 선택이라고 하겠다.[46] 요약 발췌된 내용을 간추리면, 도학과 동등한 문학의 가치를 주장하면서 삼대 이후 도와 문이 분리된 시대에는 유가-성리학적 도의 성취와 무관하게 여타의 사상 속에서도 훌륭한 문학적 성취를 이룰 수 있다[47]는 도문 관계에 대한 자신의 기본 관점을 제시한 것이다. 유한준은 자신의 벗이자 당대의 명망 있는 도학가인 박윤원과의 문학적 토론을 통해 도문일치론의 허구성을 논파하고 각자의 도에 입각한 문학의 완성을 추구할 수 있다는 자기 관점을 더욱 가다듬을 수 있었다. 이 점에서 도문분리 논쟁은 유한준 문학관의 기반을 탄탄히 다지는 역할을 했다고 평가할 수 있다. 박윤원과의 서신 논쟁이 「자전」 본사의 첫머리에 놓여 있고 전체 분량의 반 이상을 차지하는 것은 이 논쟁을 거치며 확고하게 정립된 도문분리적 문학관이 유한준 문학의 초석이자 토대가 되는 것에 상응하는 배치이자 구조라 하겠다.

두 번째 삽화는 앞 절에서 자세히 살펴본 문장가로서의 자기 운명에 관한 동곽고사와의 대화로서 이 역시 중요한 부분만을 발췌 요약하고 있다.[48] 우선 눈에 띄는 것은 원작에서 자신을 대신하여 내세웠던 우려공보를 '한준'이라는 실명으로 모두 바꾸고 있어서 「우려문수」가 30대 중반의 유한준 자신을 소재로 한 자술적 내용이었음을 다시 한번 확인시켜주고 있다. 당시의 유한준은 불우한 삶 속에서도 문학을 통해 스스로를 위안하며 즐거움을 찾고 있었지만, 자신의 문학이 공명을 이루고 세상에 쓰임을 받는 데는 별다른 작용을 하지 못해 적잖은 갈등과 고민에 휩싸여 있었다.[49] 앞서 살펴보았듯 동곽고사와의 대화는 이러한 번민과 갈등을 솔직하게 토로한 후 고사에게 자문을 구한 내용으로, 현세에서의 출세와 영달榮達이 자기 운명이 아님을 전해 듣고 다만 저서로서 업을 삼아 문학에 더욱 매진한다는 내용이다.[50] 삼불후三不朽의 하나로서 소싯적부터 문학의 가치를 높이 평가하고 있었던 유한준은 동곽고사를 만난 이후 현세적 공명에의 욕망을 접고 더욱 문학에 몰두하면서 저서로서 후세에 업적을 전하는 것을 자기 삶의 목표로 했던 것으로 보인다. 그러나 저서로 성취를 이루고자 하는 꿈은 자신의 능력과 현실적인 제약상 간단히 실현될 문제는 아니었다.

세 번째 삽화는 태학사 남유용과의 대화로서, 현실에서 뜻을 이루지 못한 선비는 마땅히 저서로써 후세에 자신의 이름을 남겨야 한다는 남유용의 권유[51]에 대해 저술의 조심스러움과 현실상의 제약에 대해 토로하는 내용이다. 남유용은 고금의 자료를 두루 수집해 우리나라의 인물을 입전한 동전東傳을 제작하라고 권유하는바, 유한준은 이에 대해 견문과 식견이 부족한 자신이 역사적 인물의 선악과 시비를 논한다면 큰 화를 당할 거라는 말로 남유용의 권유를 우회적으로 거절하고 있다.[52] 유한준은 거절의 말에서 좌구명·사마천 등을 거론하며 그들이 뛰어난 자질과 훌륭한 문장력을 가졌음에도 그 시대의 주류적 가치에 저촉되어 모두 큰 화를 당했음을 지적함으로써, 지배 계층의 가치관이나 그들에 의해 만들어진 금기가 때로는 저술가의 목숨을 앗아갈 정도로 글쓰기에 큰 제약이 될 수도 있음을 지적하고 있다.

그는 이러한 사실을 환기하며 자신의 저술 행위가 가져올 결과를 가늠해보지 않을 수 없었던 것이다.

유한준의 글 중에는 「하아재기何我齋記」와 같이 유학의 성인으로 추앙받는 요순과 탕무의 행위를 야유하는 노장적 사고를 긍정하는 내용도 있고, 당대의 지배계층인 경화사족들의 타락을 신랄히 비판하는 내용도 있다.[53] 만약 이런 사회비판적 시각과 이단 사상으로의 이탈적 경향이 그가 창작한 열전에 그대로 반영된다면 적지 않은 문제를 일으킬 수도 있었다. 그가 남유용의 권유를 거절했던 이유도, 또 견문과 식견의 부족함을 들어 『동전』의 저술 시기를 스스로 늦춘 이유도 모두 시대와 불화하지 않으면서 자기 뜻을 관철시킬 묘안과 능력을 갖추지 못했다고 스스로 판단했기 때문이다. 따라서 그는 설익은 역사 인물에 대한 비평이 자칫 뜻하지 않은 화를 불러올 수도 있다는 생각에 더욱 조심스러운 태도를 취할 수밖에 없었고, 결국 남유용이 바랐던 혹은 스스로도 열망했던 우리나라 역사 인물전을 완성하지 못했다. 유한준 스스로는 그렇게 역사적 포폄에 더욱 신중하려 했지만, 그의 글을 읽은 주변 사람들은 어떤 두려움도 거리낌도 없이 자기 생각을 마음대로 펼치는 유한준의 글을 의혹의 눈초리로 바라보았다.

아래에 제시한 본사의 네 번째 삽화는 당대 문장가들의 규범적인 풍격과 대비하여 기세등등하고 거침없이 자기 생각을 자유롭게 써내려가는 자기 문장의 풍격을 혹자와의 대화를 통해 자연스럽게 드러내고 있다.

당시에 문장을 하는 선비가 매우 많았는데 대개가 다 그 바탕이 유아儒雅하고 체재가 깔끔해서 온화한 대아군자大 雅君子의 기풍이 있었다. 오직 나만 기력을 숭상해서 말을 몰듯 거침없이 글을 쓰니 어떤 사람이 내게 말하길, "자네 는 문장을 지을 때 꺼리는 바가 없구만. 어찌 그 격렬한 곡 조를 늦추어 고아한 노래[雅歌]에 나아가려 하지 않는가?" 라고 했다.[54]

유한준은 당대 문장가들의 문풍을 바탕이 유아하고 체재가 깔끔한 대아군자의 기풍으로 설명하고 있는 반면, 자신에 대해서 는 기력을 숭상해서 말을 몰듯 거침없이 글을 쓴다고 자평한다. '기력을 숭상한다'는 말은 물론 법도에 얽매이지 않고 기세 좋게 글을 쓰는 문체상의 거침없음을 표현하는 말로도 해석될 수 있 겠지만, 적어도 이 단락의 문맥에서는 그것이 '유아'와 '대아' 등의 유학적 기풍을 이루는 말과 대비적으로 사용되고 있다는 점에서 유교 이념과 그 미학적 감수성의 테두리를 넘어 거침없이 자기 생각을 표출하는 문학적 기풍을 가리킨다고 하겠다.

그런 까닭에 그를 아는 어떤 사람은 어떤 두려움도 거리낌도 없이 자기 생각을 펼치는 유한준을 염려하며 표현에 있어서나 사상에 있어서 문장을 좀 더 순화시킬 것을 권유하고 있는 것이 다.[55] 이로 보면 이념의 금기와 정치적 금기를 두려워하지 않고 할 말은 하는 유한준의 기세등등한 글쓰기는 주변인들 사이에서 도 이미 얼마간 논란을 일으켰던 것으로 보인다. 이에 유한준은 순화된 글쓰기를 요구하는 혹자에게 "어찌 항상 하고 싶을 뿐이겠습니까?何常惟所欲耳"⁵⁶라는 말로 표면적으로는 그 사람의 염려에 동조하는 태도를 보인다. 하지만 외견상 공감을 표하는 듯한 이 말은 달리 보면, 실은 '자신도 그러고 싶지만 그럴 수 없다'는 의사 표시로, 유약하거나 강단 없는 글을 쓰기보다는 차라리 세속의 비난과 염려를 한 몸에 받을지라도 주저 없이 할 말을 다하는 기세 넘치는 글을 쓰고 싶다는 스스로의 생각을 그 안에 감추고 있는 것이라 하겠다.⁵⁷

다섯 번째 삽화는 아들 유만주와의 대화로, 유한준은 여기서도 자기 문학의 장처를 '기를 위주로 하는' 것에서 찾고 있다.⁵⁸ 이는 법식에 얽매이기보다 마음대로 기세 좋게 글을 쓰며 자신의 의사를 거리낌 없이 표출하면서도 그것이 자연스레 또 하나의 법을 이루는 자유로운 문학⁵⁹이 자기 문학의 목표이자 결과임을 아들에게 넌지시 말한 것일 터이다. 이 대화를 끝으로 그는 불우한 시절, 문학의 동반자이자 지기로서 즐거움을 함께 나누었던 아들의 죽음을 짤막하게 기술한 후, 자신이 그 슬픔으로 인해 '더 이상 문장을 짓지 않았다'는 말로 문학을 주제로 한 본사의 모든 대화를 마무리하고 있다.⁶⁰

마지막으로 그는 문학을 둘러싼 전 생애를 요약하는 결사에서 자신이 비록 생계를 위해 중앙 관아와 지방 관직을 전전했지만, 그것이 본래 자신의 뜻이 아니었음을 밝히고 있다.⁶¹ 생활을 위해 어쩔 수 없이 관직을 포기할 수는 없었지만 자신이 추구했던 것은 현세적 출세와 부귀공명이 아니었음을 분명히 드러냄으로써 저서와 문장으로 불후를 추구했던 문장가로서 자기를 규정하며 「자전」을 마무리하고 있는 것이라 하겠다. 결국 「자전」에서 유한준 스스로가 요약한 자신의 전체 상은 '문장가' 바로 그 자체였고, 전 생애를 관통하는 그의 화두는 '문학'이었음을 알 수 있다.

3

유한준에 대한 오래된 편견 중 하나는 그가 진한 고문을 전범으로 여기며 모방을 일삼았던 의고주의적인 작가라는 것이다.[62] 물론 이러한 시각 역시 유한준의 어떤 한 측면을 반영하고 있는 것이긴 하지만, 전체가 아닌 부분을 본의 아니게 과장한 측면이 없지 않다. 잘 알려져 있다시피 유한준은 노론 명가의 자제로서 대청관對淸觀에 있어서는 송시열 등 노론 주류의 정치적 입장을 견지하고 있었지만, 다른 한편 북인계 남인인 유형원의 『반계수록』에 공감하며 당파적 편견을 떠나 그 훌륭한 업적을 선양하기 위해 「유형원전」을 직접 창작하기도 했다. 그러면서 유형원을 선생으로 존경하며 오히려 당파적 편견에 사로잡힌 세태를 신랄하게 비판하기도 했다. 마찬가지로 유한준은 그의 문학 수련의 초기에는 진한 고문을 선호하는 측면이 없지 않았지만, 역대의 문학적 관점들을 비판적으로 수용하고 흡수하는 과정에서 각자의 문학적 기호를 긍정하는 지극히 포용적인 문학관을 정립할 수 있었다.

저마다의
길

우선 그가 진한 고문을 선호했다는 것이 확인되는 몇몇 진술을 살펴보자.

처음 문장을 배울 때에는 진한의 글을 닥치는 대로 읽었고, 장자의 해학과 굴원의 원망, 사마천의 거침없음과 한유의 기이함을 탐욕스레 뼈까지 발라먹다가 50년이 지나버렸다.[63]

사마천과 반고는 문장에 대해 잘 알고 능통하니, 그 문장이 천지를 놀라게 하고 귀신을 감동시킬 수 있다고 할 것입니다.[64]

반고의 『한서』를 다시 읽으며 절로 마음이 탁 트이는 것을 어찌할 수는 없더군요. (…) 매일 새벽에 일어나 『한서』의 「이릉전李陵傳」을 읽으면 의기가 북받치고 「동방삭전東方朔傳」을 읽을 때는 박장대소하고, 대장군 「곽광전霍光傳」을 읽고서는 마음이 숙연해지며, 「진탕전陳湯傳」을 읽으면 공업을 이루고자 하는 뜻이 생기니, 스스로 흔쾌히 그 인물의 뜻을 따르게 됩니다.[65]

세 글에서는 모두 유한준이 진한 고문을 선호하고 있음이 분명하게 확인된다. 첫 번째 글은 그가 77세에 쓴 「자명」에서 진술하고 있는 내용으로, 자신이 고문을 처음 배울 스무 살 즈음에[66] 진한의 글을 닥치는 대로 읽었고 그중 특히 장자·굴원·사마천·한유에 심취했다고 밝히고 있다. 이 중 한유는 이단을 배척하고 유가 이념을 고취했던 당송 고문가로 알려진 인물이지만, 여기서는 문맥상 장자·굴원·사마천 등과 함께 거론되며 진한 이전 고문의 훌륭한 점을 남김없이 배워 예스럽고 기이한 문장을 창작할 수 있었던 한유의 진한 고문 계승의 측면[67]이 부각되고 있다고 하겠다. 따라서 이들에 대한 선호는 유교적 이념에 기반한 쉽고도 평탄한 문장을 추구하는 당송 고문보다 이념의 스펙트럼이 넓고 문장의 기세가 넘치고 문체가 기이하고도 예스러운 진한 고문을 애호하는 유한준의 모습을 보여주는 것이라 하겠다.

두 번째와 세 번째 글은 유한준이 30대 중반에 박윤원에게 쓴 편지글로, 그가 역대 문장가 중 특히 사마천과 반고를 높이 평가했다는 것이 잘 나타난다. 두 번째 글에서 유한준은 사마천과 반고의 문장이 천지를 놀라게 하고 귀신을 감동시킬 수 있다고 단언하고 있으니, 이는 진한 고문의 대표격인 두 사람에 대한 더할 바 없는 존경과 찬사의 마음을 표한 것이라 하겠다. 세 번째 글은 유한준이 새벽녘에 일어나 반고의 『한서』를 탐독하는 모습으로, 여러 열전을 읽으면서 각 편의 인물들이 처한 상황에 따라 자신의 기분도 함께 달라지는 모습을 생생하게 보여주고 있다. 결국 윗글에 보이는 유한준의 모습은 그가 사마천·반고 등의 진한 고문을 선호하고 그것을 문장의 모범으로 생각하고 있다는 증거다.

그런데 유한준의 진한 고문 선호와 관련해 한 가지 되짚어볼 사항이 있다. 주지하다시피 진한 고문을 문장의 전범으로 삼아 그것의 자구나 문체 형식 등을 본받으려는 행위를 모방이나 베끼기라고 비난하면서 부정적으로 보는 시각이 이미 유한준 이전 시기부터 있었다. 유한준이 동시대의 대가로 존경하며 시선집을 엮기도 했던 김창협[68]은 잘 알려져 있다시피 그의 『잡지』에서 진한 고문의 자구를 모방하는 중국과 조선의 문인들을 신랄하게 비판한다.[69] 유한준의 도문분리적 문학관 형성에 가장 큰 영향을 주었다고 판단되는 조귀명 역시 여러 편의 글에서 진한 고문을 문장의 전범으로 삼았던 명나라의 문장 대가 왕세정·이반룡 등을 비판하기도 한다.[70] 또한 유한준과 같은 시기의 문인인 박지원도 진한 고문을 전범으로 여기고 그것을 본뜨는 것을 고문 창작의 주요한 방법으로 생각하는 일군의 문인들에 대해서 지극히 비판적인 견해를 지니고 있었다.[71] 특히 박지원은 유한준의 글 묶음을 보고 고문의 자구를 모방하는 그의 의고적 측면을 편지로 직접 지적하기도 했다.[72] 따라서 이 같은 정황을 고려하면, 진한 고문을 선호하거나 그것을 전범으로 여기며 그 문장의 훌륭한 측면을 낱낱이 배우고자 하는 자신의 노력이 당대의 문장가들에게는 혹 모의와 의고에 빠진 것으로 비칠 수도 있다는 사실을 유한준이 몰랐을 리는 없다. 그러므로 이러한 비판적 시선에도 불구하고 유한준이 진한 고문을 선호하는 자신의 취향을 버릴 수 없었다면, 그는 어떤 식으로든 자신과 다른 의견을 가지고 있는 상대방을 설득할 만한 또 다른 논리를 개발해야 했을 것이고, 나아가 자신의 문학 창작을 통해 상대방의 비판들을 실천적으로 극복하는 면모를 보여주어야 했을 것이다.

문학과 관련된 그의 진술과 창작 실천을 되돌아보건대, 유한준이 진한 고문에 대한 자신의 선호를 간직하면서도, 반대자의 비판적 시선을 포용하는 방법은 대략 두 가지 방향이 있었다. 하나는 진한 고문뿐 아니라 당송 고문과 명대 문장은 물론 당대 조선의 현실까지를 모두 수용하고 자유롭게 표현할 수 있는 문학적 능력을 기르는 것이었고, 다른 하나는 자신과 타자의 서로 다른 문학적 취향을 모두 긍정할 수 있는 새로운 문학관을 정초하는 것이었다. 두 방향은 공히 자기 자신의 진한 고문 선호의 경향을 포기하지 않으면서도, 그와 동시에 다종다양한 타자의 문학적 경향과 취향들을 포용하거나 긍정할 수 있다는 점에서 이전의 자기 관점과 취향을 보존하면서도 동시에 그것을 극복하는 이중적 측면이 있었다.

　유한준 문학의 두 지향 중 먼저 시대와 인물을 가리지 않고 전범이 될 만한 모든 문장의 장점을 고루 흡수하고자 했던 포용적 경향에 대해 살펴보면, 실상 그러한 경향은 진한 고문을 특별히 선호하고 장자·사마천·반고 등을 자기 문학의 전범으로 삼고자 했던 그의 또 다른 경향과 일찍부터 공존해온 것이기도 했다.

　　예전에 마을의 한 선생께서 나를 불러 다음과 같이 말씀해주셨다. "그대는 문장을 하고 싶은가? 그렇다면 반드시 『시경』과 『서경』을 근본으로 하고, 『장자』와 『맹자』의 웅대함과 굴원 「이소」의 원망과 양웅 「태현경太玄經」의 기이함,

사마천과 반고의 박학함, 한유, 유종원, 구양수 문장의 울창함을 배워야 한다네. 이것을 버리고 문장은 이루어질 수 없는 법이니, 널리 익히고 열심히 기억하지 않고서 문장을 짓는다면 뛰어난 문장이 될 수 없다네."[73]

천하의 일은 모두 하나의 이치이니, 서로 들어갈 수 없으면 그 뜻이 통할 수 없고 그 뜻이 통하면 들어가지 못할 바가 없다. 그러므로 그림을 그리면서 기색을 살피고 의술을 펴며 과를 나누는 것은 그 기예가 낮은 것이다. 조중달曹仲達과 오도자吳道子가 어찌 인물을 가리며, 화和와 완緩[74]이 어찌 노소를 구별하리오? 문장은 안과 밖, 고아함과 속됨을 구별하지 않고 오직 그 접촉하는 대상에 따라 뜻을 통할 수 있으면 그뿐이다.[75]

위 두 글은 유한준이 29세 즈음에 쓴 것으로, 첫 번째 글은 고금의 명필을 모은 서창 노옹의 『필총筆叢』에 대한 서문이다. 유한준은 서창 노옹의 글씨에 대한 관심을 문학과 관련지어 해석하며 어렸을 적 동네 선생이 자신에게 들려주었던 말을 전하고 있다. 선생은 글을 배울 때 『시경』『서경』을 중심으로 하되 장자·맹자·굴원, 양웅·사마천·반고, 한유·유종원과 구양수까지 진한 이전과 당송시대의 글을 가림 없이 '널리 익히고 잘 기억해야만' 훌륭한 문장을 지을 수 있다고 가르쳐주었던 것이다. 이 글을 통해 그가 어렸을 적부터 진한과 당송 고문을 가리지 않고 널리 취해야 한다고 배운 것을 잊지 않고 있음을 쉽게 확인할 수 있다.

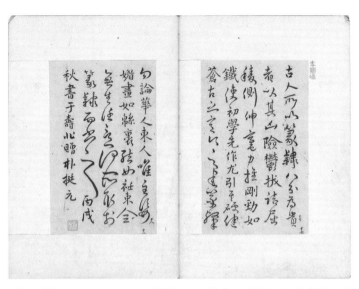

『해동명필첩海東名筆帖』(33.3×21.8cm) 중 원교圓嶠 이광사李匡師 부분. 고금의 명필을 모은 서창書倉 노인의 『필총筆叢』은 현전하지 않지만, 신라의 김생金生부터 우리나라 명필 14인의 글씨를 수록한 서첩인 「해동명필첩」을 증보한 모습이지 않았을까 싶다.

그런데 또한 첫 번째 글과 관련하여 눈에 띄는 사항은 유한준이 옛 문헌을 널리 볼 것을 강조하기 전에, 고전의 자구만을 훔쳐와 가져다 쓰는 '표절'과 옛 문헌에 대한 총체적인 이해에 기반한 계고지학을 구별하고 있다는 것이다. 유한준은 인용된 대목의 바로 앞에서 진품과 모조품을 정확히 판별하는 높은 식견과 고금을 관통하는 풍부하고도 해박한 견문을 가진 서창 노옹을 칭송하면서, 그 연장선상에서 고전에 대한 표절이 횡행하자 서창 노옹과 같이 옛 문헌을 총체적으로 고찰하는 계고지학이 사라져버렸음을 개탄하고 있다.[76] 복희와 황제 시대의 저용沮涌·창힐蒼頡에서부터 진당대의 명필인 왕희지·우세남虞世南·안진경顔真卿·유공권

柳公权을 거쳐 근세 송원대까지 서예의 역사를 눈에 잡힐 듯 명료하게 정리하고 있는 서창 노옹의 『필총』을 보면서, 유한준이 이를 '문학상의 표절'과 '계고의 학문'과 연결시키는 것은 표절과 관련된 당대인들의 두 가지 편향에 대한 비판으로 여겨진다. 한편으로는 고전에 대한 총체적인 이해를 결여한 채, 고전의 자구만을 부분적으로 절취해서 문체상의 고아함을 추구하는 일부 문인들의 세태를 비판한 것이고, 또한 그러한 세태가 유행하자 옛 문헌을 폭넓게 상고하여 문장에 활용하는 것 자체를 표절로 간주하며 폄하하거나 격하하는 또 다른 편향을 경계한 것일 터이다.

고문헌을 널리 보며 견문을 넓히는 계고지학은 유한준이 생각하기에 책의 의미와 내용을 통달하는 데 필수불가결한 사항이다.[77] 따라서 혹 누군가 표절을 일삼는다거나, 많이 보기는 하는데 자기가 보는 대상의 기원과 맥락을 일목요연하게 정리하지 못한다면, 이는 바로 그러한 능력과 식견이 부족한 혹자들의 문제인 것이다.[78] 만약 서창 노옹처럼 옛 문헌의 높고 낮은 가치와 참과 거짓을 판별하는 밝은 눈을 가지고, 어떤 대상의 원류까지 조감하는 바탕 위에서 착종된 사실들에 질서를 부여하고 그 내밀한 의미까지를 깊이 있게 찾아내 보여줄 수 있다면, 그것이야말로 진정한 계고稽古의 학문이라는 게 바로 유한준의 생각이다. 그리고 물론 이러한 작업은 아무나 할 수 있는 것이 아니라 서창 노옹과 같이 근면 성실하면서도 견문이 넓고 깊은 사람만이 해낼 수 있다는 게 유한준의 결론인 것이다.[79]

두 번째 글에서 유한준은 무릇 훌륭한 작가란 어떠해야 하는가에 대해서 말하고 있다. 그는 우선 천하의 모든 일은 다 하나의 이치로 통하기 때문에 마음만 먹으면 모든 대상과 통할 수 있다고 전제한 뒤, 따라서 뛰어난 작가란 모름지기 모든 방법에 달통하여 그 어떤 대상과도 소통할 수 있어야 한다고 역설한다. 대개 기예가 낮은 화가나 의사들이 한 가지 방법만을 고집하지 무릇 훌륭한 화가는 인물화를 그리면서 그 사람의 기색의 좋고 나쁨에 상관없이 그의 진면목을 그리고, 뛰어난 의사는 내과와 외과를 가리지 않고 환자를 치료할 수 있는 법이다. 가령 조중달과 오도자 같은 화가들은 어떤 인물이 아름다운지 추한지 상관없이 그 인물의 특징을 생동감 있게 그려내고, 춘추시대 진나라의 화와 완 같은 명의는 남녀노소를 불문하고 그저 고통받는 환자의 몸을 치료할 뿐이다. 마찬가지로 훌륭한 문장가 역시 '안과 밖, 고아함과 속됨을 구분하지 않고 오직 접촉하는 대상에 따라' 그 뜻이 통하는 글을 쓰고자 할 뿐이다.

실제로 유한준은 글감을 택함에 있어서 안과 밖, 아와 속을 구별하지 않았다. 그는 유자로서의 삶을 살면서도 유가 윤리의 바깥에 존재하는 노장의 사고방식을 긍정하는 글을 쓰기도 했고, 노론이면서도 노론과 정치적 입장이 다른 외부의 대립자로 존재하는 남인 학자의 업적을 기리는 「유형원전」을 창작하기도 했다. 또한 그는 신분적으로도 별다른 편견을 두지 않아 농암農巖·삼연三淵 등 저명한 사대부 문인들의 시선집을 엮는 한편,[80] 중인·서얼층의 문예 활동과 그 인품을 기리는 글을 쓰기도 했고,[81] 민중들의 지혜가 담긴 속담을 채록하기도 했다.[82] 그는 중국 고대사 및 고문헌에서 단지 제목만 전하는 고가요古歌謠들을 자신이 직접 창작해 보충하는가 하면,[83] 우리나라 고대사부터 고려 말까지의 역사를 일목요연하게 형상화한 「광한부」를 남기기도 했다.[84] 문학 창작 의식과 그 실천에 있어서 유한준은 자신이 견지하고 있는 사상과 정치적 입장, 자신이 속해 있는 신분과 국가에 얽매이지 않고, 오히려 안과 밖, 고아함과 속됨의 구분과 경계를 초월해 가능한 한 자신을 둘러싼 모든 세계를 편견 없이 포괄하고자 했던 것이다.

또한 두 번째 글은 원래 문예문과 과거 시험용 글인 공령문功令文을 엄격히 구분하는 세태를 비판하고 그 모두를 겸해야 한다는 생각을 피력하는 과정에서 나왔던 발언인데,[85] 유한준은 그 대상과 용도에 맞는 글쓰기를 위해서 다양한 문체에 공히 능통해야 함을 강조하고 있다. 그는 궁극적으로 모든 시대와 사물에 널리 통하고 모든 문체에 능통해서 자기 안팎의 세계를 자유롭게 표현하는 것을 자기 글의 목표로 삼았고, 또 그렇게 되기 위한 지속적인 노력을 통해 자기 문학의 폭을 점차 넓혀가기도 했다. 위에 열거한 그의 다채로운 창작 실천과 각체各體를 구비했다는 당대인들의 평가[86]를 고려하면, 자유자재한 글쓰기를 위해 문장과 관계된 모든 능력을 구비하고자 했던 그의 노력은 그 나름의 높은 성취를 이루었다고 평가할 수 있을 것이다.

문장은 음식과 같다

지금까지 진한 고문을 선호했던 유한준이 타인들의 조언과 비판을 수용하면서 어느 한 시대의 문학만을 옹호하는 것이 아니라,

모든 시대의 문학을 긍정하고 그 각각의 장점을 배워 대상과 문체를 구별하지 않는 자유자재한 글쓰기에 도달하고자 했음을 살펴보았다. 그런데 각 시대의 문장과 서로 다른 대상 및 문체의 특성들을 빠짐없이 배우고 익숙하게 다룰 정도로 숙련될 것을 요구하는 이 방법은 훌륭한 문장가가 되기 위한 마땅하고도 이상적인 해법이긴 하지만, 그리 실제적인 지침은 되지 못할 수도 있다. 개개인의 능력에 한계가 있는 한, 모든 방향으로 고르게 힘을 쏟다가는 자칫 아무것도 확실하게 얻지 못할 수도 있고, 또한 각 개인의 특성상 저마다 좋아하는 것이 다를 수 있다면, 그러한 현실적 기호와 특성들을 고려하지 않은 채 모든 시대와 문체의 문장을 다 배우라는 주장은 실상 막연하고도 추상적인 해법이 될 수밖에 없기 때문이다.

이러한 추상성을 극복하기 위한 고민이었는지는 몰라도 유한준은 60세가 되는 만년의 나이에 '모든 것을 섭취하고 모든 능력을 구비하라'는 앞의 방법과 구별되는 문학적 성취를 위한 새로운 접근 방법과 관점을 제시하고 있다. 그 방법은 훌륭한 글을 짓고 싶다면 자기가 가장 좋아하는 문장에 몰두하라는 것이다.

문장은 음식과 같다. 입에 맞으면 어느 것인들 음식이 아닐까마는 각자 특별히 좋아하는 것이 있고, 마음으로 숭상하는 것이라면 어느 것인들 문장이 아닐까마는 사람마다 특히 좋아하는 것이 있다. 가령 어떤 사람은 좌구명을 좋아하고, 어떤 이는 사마천이나 반고를 좋아하며, 어떤 이는 한유를, 어떤 사람은 구양수를, 어떤 이는 소식을 좋아한다. 어찌 일정한 기준이 있겠는가? 오직 숭상하는 이를 따를 뿐이다. 문왕文王은 창포 김치를 좋아했고 증석曾晳은 고욤을 좋아했으며, 굴도屈到는 마름 열매를 좋아했는데, 심하면 유옹劉邕[87]처럼 부스럼 딱지를 좋아하기도 한다. 기호란 각자가 편애하는 것이니, 문장가들의 기호 또한 마찬가지다. 좋아하면 배우게 되고 배우면 비슷해지고 고인의 문학과 비슷해지면 이것이 바로 고문이다.[88]

이 글은 한평생 문장가로서 살아온 유한준 자신의 깨우침을 전하듯 그 말이 사뭇 단도직입적이다. 유한준은 별다른 설명도 주저함도 없이 문장은 음식과 같다고 말을 건넨다. 그리고 '입에 맞는 음식'과 '마음으로 숭상하는 문장'을 연관시키면서 누구나 특별히 좋아하는 음식이 있듯이 문장도 특히 좋아하는 누구의 문장이 있다고 말한다. 어떤 사람은 좌구명을 좋아하고, 어떤 이는 사마천이나 반고를 좋아하며 또 어떤 이는 한유를, 어떤 사람은 구양수를, 어떤 이는 소식을 좋아한다고 말한다. 그러곤 아무런 설명이 없다. 아마 이 대목은 누구나 다 알고, 누구나 다 인정할 만한 사실들이기에 설명 자체가 불필요할 터이다.

그래서인지 유한준은 별다른 상황 설명 없이 화제를 다시 먹는 얘기로 전환한다. 그리고 이번엔 비슷하긴 하지만 좀 더 특별한 취향을 가진 예시를 거론한다. 사실 앞서 말한 좌구명·사마천·반고·한유·구양수·소식 같은 이들의 문장이야 워낙 많은 사람이 추앙하는 것이라 어떤 이가 그중 누구를 좋아한다고 해도 별로 이상할 것은 없다. 하지만 문왕·증석·굴도가 좋아했던 창포 김치·고욤·마름 열매는 보통 사람들이 즐겨 먹는 것이 아닐뿐더러, 유용처럼 부스럼 딱지를 좋아해 즐겨 먹는 경우는 듣기만 해도 조금 기괴한 느낌이 드는 게 사실이다. 그런데 유한준은 그것마저 아무렇지 않다는 듯이 곧바로 기호란 각자가 편애하는 것[嗜各有偏]일 뿐이라고 단정적으로 말한다. 유한준이 생각하기에 '무엇을 좋아한다는 것[嗜]' 자체가 이미 '한쪽으로 쏠린 것[偏]'이니 거기에는 어떤 일정한 잣대나 보편적인 기준을 들이댈 수 없는 것이다.

사실 이들의 특별한 음식 취향을 거론하기 직전에 유한준은 이미 각자가 선호하는 문장이 다름을 말하면서 '어찌 일정한 기준이 있겠는가?'라고 반문하고 있는바, 문장이든 음식이든 각자의 취향과 기호에는 보편적인 기준이 있을 수 없다는 게 유한준의 기본적인 생각임을 알 수 있다. 따라서 이제 문장에서 고문에 버금가는 높은 성취를 이루고자 하는 사람은 자기 입에 맞는 음식을 찾아 먹듯 자신이 숭상하는 옛사람의 문장을 찾아 그 문장을 열심히 맛보고 섭취하면 될 뿐이다. 불후의 시간을 견디며 시대와 역사를 건너 그 가치를 인정받는 고문은 어떻게 이루어지는가? 유한준은 너무나도 간단하고 소박한 진리를 다음과 같이 말한다. "좋아하면 배우게 되고 배우면 비슷해지고 고인의 문학과 비슷해지면 이것이 바로 고문이다."

좋아하는 음식은 자꾸 먹어도 또 먹고 싶은 것처럼, 좋아하는 문장은 읽고 나서도 또 읽고 싶은 법이다. 그리고 그렇게 음식을 맛보는 즐거움으로 문장을 향유하는 즐거움이 반복되면, 그는 어느새 자신이 탐독했던 독특한 맛과 멋을 풍기고 있는 고문의 세계를 저절로 이해하고 터득하게 되는 법이다. 그렇게 좋아하는 문장가들의 문장에 몰두하거나 탐닉하다보면, 그 자신도 어느새 독특한 자기 세계를 가진 문장을 지을 수 있게 되는 것이다. 그리고 그렇게 되면 이제 그 사람의 문장 역시 다른 사람의 문장과 구별되는 그만의 맛으로 인해 지속적으로 사람들에게 환기되며 시간 속에 사라지지 않는 고문이 될 수 있는 것이다.

각자의 입맛과 취향에 따라 자기가 좋아하는 문장에 심취하는 것이 고문에 이르는 길이라면, 이제 모든 사람이 공유할 만한 전범이 되는 고문은 있을 수 없다. 유한준처럼 '문장은 음식과 같다'고 생각하게 되는 순간, 자신의 문학적 기호에 불과한 것을 마치 보편적 기준인 양 들이대며, 진한 고문이 낫다느니 당송 고문이 훌륭하다느니를 따지는 것 자체가 불필요하고도 무용한 일이 되어버린다. 이 글의 대상인 태호太湖 홍원섭洪元燮처럼 자기만의 독특한 취향에 따라 산문은 유종원을 좋아하고, 시는 또 다른 입맛에 따라 한유와 두보를 좋아할 수도 있다.[89] 또, 유한준처럼 처음에는 진한 고문을 좋아했지만 오랜 시간에 걸쳐 여러 종류의 문장을 고루 섭취하다보니, 어느새 각 시대의 문장과 각체의 시와 문장을 모두 다 좋아하게 될 수도 있는 법이다.

각자가 좋아하는 대로 자기 문장의 맛이 결정되고, 그가 섭취한 문장의 종류만큼, 그리고 그가 소화한 방식대로 그 사람의 문장에서 우러나오는 맛의 조화가 달라지는 법이다. 여기까지 오면 이제 유한준은 자신의 문학적 취향은 물론 타인들의 문학적 기호까지 모두 긍정하는 논리를 마련한 셈이다. 오랜 문학적 사유와 문장 수련 과정을 거쳐 진한·당송 고문의 우열을 가리려 하거나 그중 어느 하나만을 전범화하면서 다른 경향을 배척하는 문학상의 불필요한 대립을 해소시킬 자기만의 해법을 도출해낸 것이다.

고문에 처음 눈뜬 스무 살 무렵, 유한준은 그 스스로 장자·굴원·사마천 등의 진한 고문을 닥치는 대로 읽었다고 말하고 있거니와, 아마도 그 자신의 불우한 처지와 거침없는 기질이 그들의 문장과 통하는 점이 있었기 때문일 것이다. 그렇게 마음이 통하는 바가 있었기에 그는 진한의 고문을 수없이 반복해서 읽었던 것이고, 그런 가운데 때로 그들이 쓴 것과 유사한 자구와 형식을 빌려 자기 마음을 표출하기도 했을 것이다. 동시대를 살았던 박지원은 명대 의고파를 부정했던 공안파의 논점을 빌려 이를 비판하기도 했지만,[90] 유한준은 오히려 그러한 비판들을 경청하며 자신의 문학적 관점을 더욱 가다듬을 수 있었다.

유한준은 자신을 바라보는 타자의 비판적 시선을 민감하게 느끼고 있었기에 한편으로는 '모의'와 '계고지학'을 구분하지 못하는 세태를 비판하면서, 고전의 세계를 총체적으로 이해하려는 자신의 노력이 혹 모의나 의고로 빠지지 않을까 끊임없이 경계했다. 또한 진한 고문에 국한되었던 자신의 문학적 소양을 어릴 적부터 부단히 넓혀갔기에 진한·당송 고문과 명대 소설 및 총서 잡기류의 글들을 자유자재로 운용할 수 있었고, 바로 그러한 모습으로 '고금에 통달하고 각체에 능한 문장가'라는 당대인들의 찬사를 받을 수 있었다. 또한 진한 고문을 선호하는 자신과 문학적 기호를 달리하며 대립했던 타자들과의 갈등과 긴장을 반성적으로 사유한 끝에, 만년에는 문학을 음식에 비유하며 각자 입맛과 취향에 따라 자기가 좋아하는 문장에 심취하는 것이 시대를 넘어 명문장으로 인정받는 '고문'에 이르는 길임을 깨달을 수 있었다.

유한준은 일찍이 30대 중반, 벗과의 격렬한 서신 논쟁 과정에서 '각도기도론'을 제시하며 '각기 그 자신의 길을 끝까지 추구함으로써 각자 자신의 문학과 삶을 완성'하는 길을 제시했다. 이처럼 그는 오래된 문학적 실천과 사유를 바탕으로, 이순의 나이에 진한·당송 고문에 대한 대립적 사고와 갈등을 넘어 서로의 취향을 긍정하며 각자가 좋아하는 문학에 몰두함으로써 불후의 문장에 이르는 새로운 문학 창작의 길을 제시할 수 있었던 것이다.

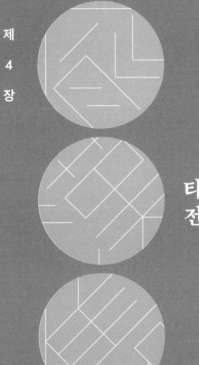

**타자와의
전면적 소통**

경계도 없고 한계도 없어진 이후에야
비로소 내 한 몸 살아가는 데 누가 되지 않고
마음도 외물外物에 부림을 받지 않아 초연해질지니
천하가 또한 내게 무슨 소용이 있겠는가?

1

개인의 삶을 긍정하는 유한준의 문학은 다른 무엇보다 '자기 자신'을 중요한 문학의 주제로 삼았다. 또한 각도기도를 지향했던 그의 삶과 문학의 태도는 진한·당송 고문의 대립과 갈등을 넘어 그 모두를 긍정하거나 혹은 각자의 취향을 긍정하며 서로의 공존을 추구하는 새로운 문학관으로 구체화되었으며, 그러한 문학적 실천을 감행하는 추동력으로 작용했던 것으로 보인다.

이 장에서는 각자의 삶을 인정하며 다른 이들과의 진정한 공존을 바란 그가 문학을 통해 타자를 형상화했던 독특한 관점과 태도에 대해서 살펴보고자 한다. 유가-성리학이라는 이념의 잣대 아래 여타의 사상을 이단으로 재단해버리거나 유가적 윤리 안에서 체제 내적으로 다른 사상을 흡수 통합하려는 일반적인 유학자들과 달리, 유한준은 서로 다른 개인의 독립된 삶을 긍정했다. 그 위에서 '타자와의 진정한 소통'을 지향하고 있었다. 그는 특히 노장적 가치와 그것에 입각한 삶을 사는 인물들에 대해 깊

은 관심을 갖고 유가적 인의 질서와 차별적 명분론名分論 자체를
부정하는 노장적 사고까지도 양립 가능한 것으로 인정함으로써,
어찌 보면 유가-성리학의 근본 질서를 뒤흔드는 적대적인 타자와
도 공존하려는 새로운 사고의 지평을 열어 보였다.

유학자들의 노자 이해

유한준의 노장사상 수용의 이런 독특한 측면을 객관적으로 이해
하기 위해서는 먼저 조선시대 노장 수용의 역사를 간략하게나마
조감할 필요가 있다. 고려의 국가 이념이었던 불교를 부정하며
수립됐던 조선이 건국 초부터 불교에 대한 전면적인 이념 비판과
사상 탄압을 감행하며 정주학을 새로운 국가 이념으로 확립해나
갔음은 주지의 사실이다. 그렇다면 동아시아에서 불교보다 더욱
오랜 역사적 연원을 가지며 처음부터 유교 이념이 지향하는 인의
의 윤리관을 비판했던 노장사상에 대해서 조선 전기의 문인 학
자들은 어떤 태도를 취했을까?

조선 전기 지식인들 사이에서 도가는 하나의 사상으로 논의되
기보다는 '신선'의 이미지와 '양생술'과 관련되어 받아들여졌던 것
으로 보인다. 도가의 종주인 노자와 장자는 원래 절대적이고 보
편적인 가치의 존재를 부정하며 유가 윤리 최상의 가치인 인의
도덕까지도 통렬히 비판하고 조롱했다. 하지만 조선에서의 도가
는 오랫동안 노장의 유가 이념 비판의 측면이 제거된 채 '현실 초
월적인 신선체험'과 '불로장생을 위한 심신 수련법'으로 수용되어

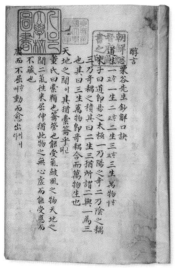

이이, 『순언』, 서울대학교 규장각한국학연구원.

그 명맥을 유지해오고 있었다.[1]

16세기 이후에 들어와서야 도가 사상을 사상으로서 진지하게 검토하는 경향이 점차 확산되었는데, 흥미롭게도 이는 조선의 대표적 성리학자인 이이李珥의 『순언醇言』에서 비롯되었다.[2] 당시까지 대부분의 지식인들이 노가 사상을 이단으로 배척하거나 '신선술'과 '양생술' 정도로 받아들였던 것에 비하면 『순언』을 통한 이이의 노자 이해는 분명 포용적이고 합리적인 측면이 적지 않았다. 하지만 『순언』에 대해서도 '노자의 본지를 잃고 억지로 노자를 유가의 도에 맞추려 한다'는 동시대 송익필宋翼弼의 비판이 있었던 것처럼,[3] 이이의 노자 수용 역시 '노자'를 '노자로서' 이해하기보다는 조선의 통치 철학인 '유가-성리학'의 관점에서 노자를 성리학적으로 재구성한 것이었다.『순언』이 『도덕경』 81장을 성리학적 사유 체계에 따라 40장으로 재편하고 있다는 사실은 이미 여러 연구자에 의해 밝혀졌다.[4] 이이는 『순언』을 편찬하면서 노자를 『대학』의 '수기·치인' 구조로 재편했고, 이때 유가 중심의 체제와 질서에 해가 될 만한 노자의 인의에 대한 비판과 노자 고유의 상대주의적인 사고가 드러난 부분 등을 편집에서 제외하고 있다.[5] 그런데 이는 유가와 구별되는 도가 사상만의 독자적 사유방식과 명분 및 예교를 중시하는 유가 사상에 대한 노자의 비판을 거세하고 있다는 점에서 유가적 합리성 내에서 도가를 체제 내적으로 수용한 것이라 하겠다. 요컨대 선조대의 대표적 학자인 이이는 학자로서의 합리성과 포용성을 발휘하여 '신선술'과 '양생술'로 대표되는 이전 시대의 비합리적인 도가 이해를 극복하고 이를 학술적으로 수용하려는 면모를 보이고는 있지만, 그 역시 한 명의 성리학자로서 유가 사상의 범위 안에서 포섭할 수 없는 노자의 진정한 '타자성'을 그 자체로 수용할 수는 없었다.

이이의 『순언』 이후, 노자의 『도덕경』 전체를 주해한 박세당朴世堂의 『신주도덕경新注道德經』, 서명응徐命膺의 『도덕지귀道德指歸』, 홍석주洪奭周(1774~1842)의 『정로訂老』 등의 저술이 계속해서 나오면서 노자를 바라보는 조선 유학자들의 관점은 더욱 긍정적이며 성숙된 시각을 확보한 것으로 보인다.[6] 이 책들을 통독해보면, 이이의 『순언』이 자신의 성리학적 사유 체계에 따라 『도덕경』의 체제와 순서를 마음대로 바꾼 것은 물론 유가적 관점에서 어긋나는 구절들을 아예 삭제해버리고 있는 반면, 박세당·서명응·홍석주의 노자 주석은 『도덕경』의 체제를 존중하고 전체 내용을 보

유숙, 「고사인물도」중 2폭 노자출관도, 종이에 엷은색, 114.5×47.3cm, 조선시대, 국립중앙박물관.

손한 상태에서 주석을 붙이고 있음을 확인할 수 있다. 또한 구체적인 분석을 통해 이후 밝혀지겠지만, 세 사람은 성리학적 관점에서 이이가 아예 배제해버렸던 구절과 장에 대해서도, 포괄적 의미의 유가적 관점에서 되도록이면 수용하려는 자세를 취하고, 그러한 해석조차 불가능할 때는 노자의 잘못된 관점을 지적하는 선에서 자신의 의견을 피력하고 있다. 따라서 이들은 노자를 유가−성리학의 관점에서 해석하고 수용하려는 점에서는 이이를 계승하고 있지만, 노자라는 타자를 자기 맘대로 훼손하고 자기 뜻에 맞는 것만을 골라 취하지는 않았다는 점에서 보다 성숙하고 유연한 타자 이해의 면모를 보이고 있다.

하지만 그렇다고 해도 전체적인 노자 이해와 노자를 바라보는 태도와 관점에 있어서는 그들 역시 이이의 방식대로 유자儒者로서 '타자를 자기화'해서 이해하는 '이유석노以儒釋老'의 큰 틀을 벗어난 것은 아니었다. 박세당의 『신주도덕경』은 주자의 체용론적 구조를 차용해서 『도덕경』을 주해하고 있고, 서명응의 『도덕지귀』는 상수학象數學과 내단적內丹的 양생養生의 측면에서 노자에 접근하고 있으며, 홍석주의 『정로』는 『도덕경』의 내용 대부분을 유가적 사유방식과 같은 것으로 이해하면서 무위로서 다스리는 도와 검약·겸손 등 유가적 통치에 도움이 될 수 있는 도가의 실천윤리적 측면에 주목하고 있다.[7] 세 사람의 주석은 각자의 현실적·학문적 관심에 따라 『도덕경』에서 강조하는 측면이 조금씩 다르고 노자 해석의 개성적 면모가 보이기도 한다. 하지만 유가적 수기치인修己治人의 관점에서 노자를 해석하면서[8] 노자의 인의 비판과 상대주의적인 사고방식을 제거하는 가운데 노자를 수용하고 있다[9]는 점에서 이이와 마찬가지로 유가-성리학적 관점으로 노자를 이해하고 해석하는 틀에서 크게 벗어나지는 못했다고 하겠다.

실제로 이이 이후 유학자들이 주석한 『도덕경』 주석서의 공통된 특징은 노자적 윤리 덕목의 하나이면서 또한 유가적 '수기修己'와 '치세治世'에도 도움이 되는 무위·무욕·충허·청정·지족·자수·불시·불벌·불감선·자·손·색·검·박·유약·부쟁 등의 덕목을 『도덕경』에서 발견하여 추출하거나 강조하여 돋보이게 하는 것이었다. 이런 덕목의 발견이야말로 이이 등의 유학자들이 이단임에도 불구하고 노자를 긍정적으로 바라보며 심혈을 기울여 『도덕경』을 주석한 가장 큰 이유이기도 하다.[10] 결국 이들은 노자의 덕목 중 유가적 자기 수양과 통치 질서 유지에 부합할 만한 노자의 윤리 덕목들을 '유가와 다를 바 없다'는 판단하에 대폭 수용함으로써 노자라는 타자를 자기와 동일시하거나 혹은 동일화시키면서 유가의 자기 확장을 이루어냈던 것이다.

인의의 절대적 가치 부정

유학자들까지 노자의 책을 탐독하는 이러한 시대적 분위기 속에서 유한준도 노장사상을 별다른 거리낌 없이 받아들이고 있었던 것으로 보인다. 문집에 수록된 노장 관련 작품[11]을 통독해볼 때, 유한준은 21세를 전후하여 노장사상에 입문해 30대에 노장 관련 작품을 다수 창작한 것으로 보아 젊은 시절 노장사상에 깊이 빠져들었던 듯하다. 반면, 40대에서 60대까지는 노장 관련 작품을 한두 편씩만 남기고 있어 노장사상에 대한 그의 관심이 점차 줄어들었거나, 60세에 지은 「족부지헌상공역도서族父止軒相公易圖序」의 사례에서 확인되듯 노년기에 가까워질수록 『주역』과 노자 사상을 통합적으로 사고하면서 유가적 사고와 노장적 사고를 조화시키려고 했던 것으로 보인다.[12]

사실 유한준이 창작한 노장 관련 작품의 대체적인 추이나 그 내용들을 살펴보면, 노장에 대한 그의 관심 역시 노자를 주석했던 앞서의 유학자들처럼 유가적 테두리 내에서 수용하려는 범위를 크게 벗어나지 않는다. 그 역시 노장의 말을 인용하면서 대체로 부귀와 명예, 이익에 얽매이지 않고 소박하고 검소한 삶을 살며, 자족적이고 자애로운 마음으로 매사에 겸허한 태도를 유지하는 삶을 긍정하는 정도에 그치고 있기 때문이다.[13] 그런데 이러한 생활 태도와 사고방식은 유가적 자기 수양 속에서도 권장되고 찬양되고 있는 것이었다. 그가 자신의 글 속에서 도가적 인물들을 표본으로 내세우고 노장의 말을 인용하고 있다고 해도, 그것은 결코 유가 이념의 보편적 진리성과 그것이 지향하는 인의 도덕과 같은 절대적 가치를 훼손하는 것이 아니었다. 따라서 이런 측면만을 놓고 보면 유한준의 도가 사상 수용 역시 노자의 비판성을 거세한 후 단지 노자의 자기 수양적 덕목만을 유가적 관점에서 섭취하고 있는 여타 유학자들과 별다를 바 없어 보인다.

문제가 되는 것은 그가 체제 내적으로 소화할 수 있는 이러한 발언 외에도, 앞서 노자의 주석가들이 회피하거나 거세하려 했던 노장의 유가 이념에 대한 비판 및 상대주의적 사고를 받아들

유한준, 「하아재기」, 한국문집총간본.

임으로써 유가적 가치의 보편성과 절대성을 훼손하는 발언들을
곳곳에 남기고 있다는 점이다.

> 노자는 "큰 근심이 몸에 있음을 소중하게 여기라貴大患有
> 身"고 했다. 몸이란 '내 몸'이다. 세상에서 어느 것이 나보다
> 귀하며, 어느 것이 나보다 아까운 것이겠는가? 지인至人도
> 오히려 어쩔 때는 인의를 군더더기[贅疣·駢拇]로 생각하고,
> 천하를 다스리는 것을 도의 찌꺼기[土苴] 정도로 여겼으니
> 하물며 그 밖의 것들에 있어서랴?[14]

윗글은 지인인 황백원黃百源에게 써준 「하아재기」의 서두로, 모

두 노자와 장자의 글에서 그 발상을 가져오고 있다. 원문을 노출시킨 '귀대환유신貴大患有身'은 노자의 『도덕경』 13장에서 가져온 것이고,[15] '췌우贅疣' '변무駢拇'는 『장자』의 「변무」에서,[16] '토저土苴'는 「양왕讓王」에서 나온 말이다.[17] 『도덕경』 13장은 전통적으로 다양한 해석이 있어왔는데, 특히 유한준이 인용하고 있는 부분은 해석에 따라 세상 어느 것보다 '자기 자신을 소중히 여기라[貴身]'는 뜻으로 이해되기도 하고, 모든 근심의 근원인 '자기 자신을 잊으라[忘身·棄身]'는 뜻으로 해석되기도 한다.[18] 유한준은 노자의 말을 '자기 자신이야말로 세상 어느 것보다 소중하고 아까운 존재'라는 의미로 풀어내고 있으니 전자의 해석적 계열을 따르고 있다고 하겠다.

이어 그는 『장자』에 나오는 지인至人의 경우를 예로 들며 지인은 세상의 소소한 일들뿐만 아니라 어쩔 때는 온 천하를 인의로 이끄는 막중한 일까지도 자신이 살아가는 데 아무짝에 쓸모없는 군더더기나 찌꺼기 같은 것으로 여긴다고 말한다. 유한준이 언급하고 있는 췌우·변무·토저라는 용어는 『장자』의 문맥을 보면 금방 확인할 수 있듯, 유가의 최고 가치인 인의를 천성과는 무관하게 생긴 부자연스러운 사마귀[贅疣]나 이미 생명력을 상실한 찌꺼기 같은 존재로 취급하며 조롱하기 위해 쓰인 말이다. 그리고 또한 이는 인의로 천하를 다스린다고 하면서 오히려 그러한 독단적인 이념을 위해 애꿎은 생명을 해치고 있는 세상 유자들의 행위를 강력하게 비판하는 대목에서 사용되고 있는 것이기도 하다.[19]

유한준의 거침없는 발언이 유가 이념의 최상 가치인 인의마저 부정적으로 평가하는 노장적 사고에까지 미치고 있다고 하겠는데, 유한준은 또한 이 연장선상에서 아래와 같이 유가-성리학에서 성인군자로 추앙받고 있는 요순 등의 행위에 대한 장자의 비판적 관점을 소개하고 있다. 유도만을 독실하게 믿고 요순을 성인으로 추앙하며 숭배하는 유학자들이라면 불경스러워 입에 담기도 싫어했을 노장의 극단적 유가 비판을 그는 하나의 가능한 입론으로 받아들이고 있다.

> 요와 순이 황제의 자리를 물려준 것과 탕湯과 무武가 전쟁으로 왕이 된 것, 백이伯夷와 숙제叔齊가 수양산에서 굶주려 죽은 것, 관용방關龍逄과 비간比干의 죽음 등은 세상의 표준이 되는 일이다. (…) 하지만 오히려 어떤 이들은 사람의 본성을 해쳤다고 여기면서 '이런 것들이 나에게 무슨 소용이 있는가?'라고 말한다.[20]

윗글에서 유한준은 유가 윤리의 성스러운 전범이자 표본인 요순과 탕무, 백이와 숙제 등의 행위를 직접적으로 거론한다. 유한준의 말인즉슨 그들이 설령 국가나 천하를 위한다는 명분으로 한 행동이라고 해도, 그 과정에서 자신을 해치거나 타인들의 목숨을 빼앗았다면, 그들과 생각이 다른 혹자로부터 '나'라는 개인에게는 아무 소용도 없는 일을 위해 '살고자 하는' 가장 기본적인 인간의 본성을 해쳤다는 비판을 받을 수도 있다는 것이다. 윗글에서는 그러한 비판을 행하는 이들을 단지 어떤 사람으로 표현하고 있지만, 실상 위 대목은 생명 존중과 관점주의적 사고[21] 속에서 유가의 성인군자들을 비판한 『장자』의 「변무」와 「추수」 편의 내용을 조합한 것이다. 장자는 「추수」에서 관점과 시점에 따라 똑같은 행위라도 다른 결과와 평가를 낳을 수 있다는 점에서 요순의 양위讓位와 탕무의 전쟁도 항상 올바른 표준이 될 수는 없음을 지적하고 있다.[22] 또한 인의를 표방한 순임금의 정치와 백이의 명예로운 죽음도 그것이 아무리 거룩한 것이라고 해도 어떤 다른 목적을 위해 그들 자신과 세상 사람들의 생명을 손상시켰다는 점에서 본성을 해친 것이라 비판하고 있다.[23] 인의라는 숭고한 이념과 천하를 구한다는 대의명분을 위해서라면 목숨을 기꺼이 포기할 수도 있는 유자들의 태도[24]와는 달리, 바로 그러한 유가의 반생명적인 이념 지향을 '사람의 생명을 위협하고 본성을 해친다'는 점에서 도척盜跖의 행위와 다를 바 없다[25]고 통렬히 비판한 것이 바로 장자다.

결국 유한준은 위 대목에서 어떤 사람이 처한 시점과 관점에 따라 모든 평가는 달라질 수 있고, 따라서 아무리 숭고해 보이는 이념이라도 '자신'과 '타인'의 생명과 본성을 해친다면 자신에게는 아무런 소용이 없다는 장자적 사고에 공감하며 그러한 생각 역시 세상을 바라보는 또 하나의 견해일 수 있음을 인정하고 있는 것이다. 노장사상을 대하는 유한준의 이러한 개방적 면모가 돋보이는 이유는 그가 결코 유자적 삶의 태도와 윤리를 포기하지 않으면서도 유학적 가치를 전면적으로 부정하고 있는 노장의 논리까지도 유가와 양립할 수 있는 하나의 관점으로 받아들인다는 점이다. 그리고 바로 이런 점이 앞서 노자라는 타자를 자기화해서 수용하는 여타의 유학자들과 그를 구별케 하는 점이다.

이이는 『순언』을 편집하면서 유한준이 윗글에서 인용하고 있

박세당, 『신주도덕경』, 국립중앙도서관.

는 노자 13장 부분을 아예 제외시키고 있는데, 이는 유가 윤리를 해치는 부분을 과감하게 덜어내는 『순언』의 편집 태도를 보면 당연한 일일 수 있다. 세상 어느 것보다 '자기 자신을 귀중하게 여기라'는 노자의 발언은, 앞서 살펴보았듯 천하를 다스리거나 인의를 실현하는 것보다 자신의 온전한 삶을 지키는 것이 더욱 소중하다는 장자의 해석과 만나는바, 천하와 인의보다 개인의 생명을 더욱 소중히 여기는 이 노장적 '자기애'와 '자기 보신'의 '개인주의적 관점'을 이이가 선뜻 받아들이기는 어려웠을 것이다.

한편 박세당은 이 구절에 대한 주석을 회피하지 않는 대신, 유가적 자기 수양과 통치 질서에 조화를 이루는 방향으로 노자의 '귀대환약신貴大患若身'의 의미를 풀어내고 있다. 우선 그는 이 구

서명응, 『도덕지귀』, 서울대학교 규장각한국학연구원.

절의 축자적 의미를 '큰 근심을 내 몸과 같이 귀중하게 여기라'와
같이 풀고 있기는 하다. 하지만 그는 이 구절의 해석을 자기 몸만
귀중하게 여길 줄 알고 천하를 생각하는 큰 근심을 귀히 여길 줄
모르는 세태 비판의 맥락에서 해석한다.[26] 그런데 이러한 해석을
통해 천하보다 개인의 생명을 중시하는 노장적 자기애의 관점은
천하 중시의 유가적 관점으로 뒤바뀐다. 이어 박세당은 사람의
근심이란 모두 자기 몸을 사사롭게 하는 데서 오는 것임을 전제
한 뒤,[27] 따라서 사사로움을 버리고 내 몸을 사랑하는 마음으로
천하 사람을 사랑한다면 자기 자신의 근심에서도 벗어날 수 있다
고 역설한다.[28] 곧 자기 몸을 공적인 천하를 위해 사용하면 개인
적인 근심이 없을 뿐 아니라 천하를 경영할 수도 있다는 해석이

홍석주, 『정로』, 일본 오사카부립나카노시마도서관.

다.[29] 그런데 이는 앞서 살펴보았던 것처럼, 천하를 위해 사사로운 자기 몸을 희생할 수도 있다는 유가적 사고방식을 통렬히 비판했던 노장의 진술들을 애써 무시하고, 천하를 근심하고 대의를 중시하는 유가식의 해석을 덧씌운 것이라 하겠다.

서명응은 또한 '귀해지는 가운데 반드시 큰 근심이 있다'는 인식하에 귀함을 얻는 것이 곧 큰 근심을 얻는 것이라고 말하면서 몸가짐을 조심하는 처세적 태도를 강조하는 입장에서 이 구절을 해석하고 있다.[30] 그는 사람들이 고귀함을 아끼고 사랑하는 이유가 신분이 높아지고 귀해질수록 큰 근심이 생긴다는 것은 알지 못하고, 다만 다른 사람들에게 자신이 떠받들어짐을 즐거워하기 때문이라고 하면서, 높은 지위에 올라 자신에게 귀함이 있다고 해도 없는 것처럼 해야만 큰 우환을 피할 수 있다는 취지의 말을 남기고 있다.[31] 『도덕지귀』의 후서에서 그는 노자를 통해 겸양과 낮춤의 도를 배우고자 했음을 밝히고 있는바, 이 장에 대한 해석 역시 그와 같은 취지에서 풀이한 것으로 보인다.[32]

또한 홍석주는 '큰 근심을 제 몸처럼 귀하게 여긴다貴大患若身' 는 말이 세속적인 사람들에게 해당되는 말[33]이라고 하면서 오징 吳澄(1249~1333)의 『도덕진경주道德眞經註』의 말을 받아들여, 큰 재난을 가져올 재물을 제 몸처럼 아끼다가 오히려 큰 해를 입는 세태를 비판하고 있다.[34] 홍석주의 주석은 '재물과 같은 외물에 마음을 뺏기지 말고 자기 몸을 아끼라'는 의미로 해석될 수 있어 노장적 자기 보신의 관점과 통하기는 한다. 하지만 외물의 범위를 장자처럼 '천하'와 '인의'에까지 확장하지 않고 '재물'에만 국한시키고 있어 유가적 이념 안에서 충분히 소화할 수 있는 자기 절제의 수양 윤리로 노자의 이 구절을 해석하고 있다.

이처럼 노자를 주석한 유학자들은 그 구체적인 해석은 조금씩 다를지라도 모두 유가에 대한 노장의 근본적 비판을 무화시키면서 단지 자기 수양의 윤리적 차원에서만 노자를 받아들이고 있다. 그들의 노자 수용은 실상 그들 자신이 말하고 있는 것처럼 이미 유가 이념에서도 찾아볼 수 있는 윤리 덕목들을 단지 대상을 확대해서 '노자'라는 인물에게서 추출해낸 것일 뿐이다.[35] 따라서 다른 사상과의 회통을 통해 그들이 분명 유가 이념의 외연을 확장시키고 있긴 하지만, 그들은 '노자'라는 타자를 만나서도 오직 자기 자신만을 재확인하고자 했기에 타자의 이질성을 보존하거나 이질적 타자와 함께 존립하며 그 자신이 더욱 깊고 풍부해지는 법을 터득할 수는 없었다. 유한준과 달리 그들은 타자의 생각을 그대로 받아들이기보다는 자기가 보고 싶은 것만을 보고 자기가 듣고 싶은 대로 들었기에 노자를 또 하나의 유자로 복제해낼 수는 있었지만, 타자와의 진정한 대화와 소통을 통해 스스로의 사고를 확장시키고 혁신하는 데까지는 이르지 못했던 것이다.

노장적 자아로의 변신

그렇다면 어떻게 해야 타자와 진정으로 소통하고 대화할 수 있는 것일까? 진정한 타자와의 소통을 위해 어떤 것이 전제되어야 하는 것일까? 유자로서의 삶의 행로를 이탈하지 않으면서도 노장사상의 전면적이고도 근본적인 유자 비판의 소리까지도 선선히 받아들일 수 있었던 유한준에게는 어떤 비결이 있었던 것일까?

> 명예도 나를 유익하게 할 수 없고, 권세도 나를 부유하게 할 수 없고 음양의 이치도 나를 옭아맬 수 없고, 인도 또한 나를 간섭할 수 없다. 나는 매인 데 없이 떠다니며 대도에 섞이니 막연하여 미리 정해놓음이 없고, 텅 비우고 잊어버리니 옳은 것도 없고 옳지 않은 것도 없다. 이처럼 경계도 없고 한계도 없어진 이후에야 비로소 내 한 몸 살아가는 데 누가 되지 않고 마음도 외물에 부림을 받지 않아 초연해질지니, 천하가 또한 내게 무슨 소용이 있겠는가?[36]

윗글에서 유한준은 명예도 권세도 삶과 죽음의 음양의 이치도 사람이면 마땅히 지켜야 하는 인도도 자기 삶을 얽어매거나 간섭할 수 없다고 단정적 어조로 말하고 있다. 하지만 유한준 스스로가 이 글에서 말하고 있는 것처럼 명예와 권력에 초연하고 삶과 죽음을 하나로 보며 자신을 남겨두고 떠난 많은 죽음에 대해 태연할 수 있었던 사람은 아니다. 「우려문수」에서 살펴보았듯 유한준은 자신의 가난과 불우를 한탄하면서 현실에서 출세한 이들을 신랄하게 비판했으니 그가 명예나 권력 등의 세속적 가치에 완전히 초연했다고 보기는 어렵다. 또 아버지와 형의 죽음으로 깊은 실의에 빠지기도 했으니 죽음을 달관했던 이도 아니다. 게다가 말단 관직부터 지방관을 전전하며 그 봉록으로 가족들의 생계를 꾸리면서 가족과 벗들 간의 우애와 효도를 중요시했으니 인도를 부정하기는커녕 오히려 그에 충실한 삶을 살았던 평범한 한 사람의 유자일 뿐이었다. 따라서 윗글에서 반복해서 나오고 있는 '나'는 유한준 자신을 가리킨다기보다는 명예와 권력은 물론 사람의 도리까지도 자신에게는 별로 소용이 없는 외물로 여기며 초연하게 살 수 있는 노장적 은일의 삶을 대변하는 '불특정 자아'를 표현한 말로 생각하는 것이 더욱 타당할 것이다.[37] 하지만 그렇다고 해도 이 글 속에 등장하는 '나'는 일인칭 화자의 특성상 서술자 유한준과 높은 일치감을 보이고 있는 까닭에 실제로는 유한준과 분리해서 생각할 수도 없다. 따라서 유한준은 그 현실의 삶은 온전히 그러하지 못했을지라도 최소한 이 글 속에서는 인도를 포함한 모든 외물에 초연한 화자가 되어 노장적 삶을 대변하는 타자와 일치에 가까운 전면적인 소통을 이루고 있다고 하겠다.

그렇다면 그는 어떻게 유자로서의 자신의 삶과 입장을 포기하지 않으면서, 또한 여타의 유학자들처럼 노자라는 타자를 유자화하지도 않으면서 '타자'를 '나'라는 주체로 호명할 수 있을 만큼 글 속의 대상과 전면적인 일치와 소통에 이를 수 있었던 것일까? 이에 대해서는 이미 유한준 스스로가 그 해답을 얼마간 제시하고 있다. 인용된 글에서 그는 어떤 상황에 처해서도 예단하여 미리 정해놓음이 없고, 항상 마음을 텅 비우고 잊어버리니 옳은 것도 없고 옳지 않은 것도 없으며, 경계도 없고 한계도 없어진 이후에야 비로소 모든 상황에 초연할 수 있다고 말하고 있다. 바로 이러한 무의도와 무분별의 마음이야말로 별다른 심리적 거부감 없이 타자의 삶을 있는 그대로 수용하게 하는 가장 중요한 배경적 역할을 하고 있었던 것이다.

또한 여기에 그 특유의 각도기도적 사고방식이 타자의 삶을 왜곡 없이 받아들이도록 인도하는 하나의 지침서 역할을 했으리라 생각된다. 각자에게는 각자 삶의 방식이 있다는 이 생각이야말로 자신의 의도를 앞세워 타자의 삶을 재단하지 못하게 하고, 이질적인 타자의 삶을 그 자체로 존중하고 인정하게 하는 강력한 심리적 기제로 작용했을 것이기 때문이다.

이 밖에 한 명의 저자이자 문장가로서 글을 대하는 그의 남다른 태도 역시 타자와의 전면적 소통에 기여한 바가 적지 않았을 것으로 판단된다. 글을 통해 어떤 대상의 기상과 음성과 웃음까지 떠올리려고 했던 유한준의 몰입의 태도[38]와 시 창작 과정에서 대상과의 온전한 조화를 이루기 위해서는 비유를 매개로 한 주체의 자유자재한 변화가 필요하다[39]는 그의 생각은, 글 속에서나마 자신을 그 글쓰기의 대상이 된 타자의 삶으로 전환시켜 타자와 온전한 소통을 이루게 하는 데 적지 않은 역할을 했을 것이기 때문이다. 유자로서의 삶의 궤적을 벗어나지 못하는 현실적 자아와는 달리, 위에 인용된 글에서도 유한준은 음양의 이치와 사람의 도리까지도 초연할 수 있는 삶을 마치 '나'의 삶인 양 기술하는 몰입의 경지를 보여준다. 그는 바로 그렇게 자신의 글 속에서나마 현실적 제약에서 벗어나 완연한 '노장적 자아'로 자신을 변신시킴으로써 자신과 다른 타자와 하나가 되는 전면적 이해와 소통에 이를 수 있었던 것이다.

그리고 물론 글쓰기를 통한 이러한 전면적 이해와 소통은 단지 글 속의 '나'만을 변모시키는 것이 아니라 현실의 유한준 자신에게도 일정한 영향을 끼치고 있었다. 그는 아버지와 형이 돌아가신 후 줄곧 집안의 생계를 책임져야 했던 가장이었고, 또 제가齊家와 치국治國의 관념을 완전히 놓아버릴 수 없었던 한 사람의 유자였던 까닭에 관직을 아예 던져버리고 속세를 떠난 은자의 삶을 살 수는 없었다. 따라서 그는 자신의 현실적 삶의 궤도를 이탈하지 않으면서 다만 자신의 일상 속에서 노장의 관점주의적 사고[40]와 만물을 평등하게 보는 제물적 시각[41]을 바탕으로, 유가적 명분 질서와 사고방식에 기반한 현실의 부당한 차별에 대한 근본적 반성을 촉구했던 것으로 보인다.

차별은 권세가의 일일 뿐

그대는 국화의 지위에도 높고 낮음이 있고 품종이 좋고 나쁨이 있다고 하는데 무엇을 근거로 하는 것인지요? 그 기준은 저들에게 있는 겁니까? 나에게 있는 것입니까? 봉황과 뭇 새, 기린과 뭇 짐승은 그 지위의 높고 낮음이 참으로 같지 않지만, 그대가 생각하기에 두 날개를 가진 새이며 네발 달린 짐승이라는 점에서는 같은 것입니까? 다른 것입니까? 만약 같다고 한다면 국화는 뿌리에서 줄기가 나오고, 줄기에서 잎이 되며, 잎이 지면 꽃이 피어서 그 빛깔을 감상하고 향기를 맡는 것이니 그대가 생각하기에 유명한 국화와 이름 없는 국화는 다른 것입니까? 같은 것입니까? 그대가 말한 것처럼 반드시 국화를 구분해야 옳다면, 이는 권세 있고 힘 있는 자들의 일일 것입니다. 권세가 없는 내가 권세도 없으면서 권세 있는 자들처럼 행동한다면 이는 분수에 넘치는 일이지요. 힘없는 내가 힘이 없는데도 힘 있는 자들의 행위를 배운다면 이는 자기 마음만 괴롭게 할 뿐입니다.[42]

윗글은 「창하종국기」의 일절로 국화를 대하는 유한준의 태도와 어떤 이의 태도가 극명하게 대비되면서 노장적 사고가 유한준의 삶에 어떻게 흡수되고 있는지 잘 드러난다. 인용된 글 앞에는 누군가가 준 국화를 심고 그저 무심하게 내버려두었는데도 국화가 저절로 잘 자라서 온 집 안에 만발하게 되었다는 내용[43]과 지

정선, 「동리채국東籬採菊」, 종이, 59.7×22.7cm, 조선시대, 국립중앙박물관.

나가던 한 손님이 그것을 보고 국화가 많긴 많은데 다 이름도 없
는 것들이라서 쓸모가 없다고 유한준을 핀잔하는 내용[44]이 나온
다. 국화를 심고도 그저 무심하게 내버려두는 '나'의 행위나, 사람
의 보살핌 없이도 잘 자란, 아니 어쩌면 인위적인 조작이 없었기
에 더욱 잘 자라 온 집 안에 만발한 저 국화의 번성함은 굳이 노
장의 어떤 구절을 인용하지 않더라도 이 글 속의 '나'가 노장적
'무위'의 삶을 대변하는 인물임을 쉽게 짐작할 수 있게 한다. 반면,
유명한 국화와 이름 없는 국화를 차별하고, 다시 세세한 품종의
고하를 따지면서 경대부卿大夫나 공자公子·왕손王孫들의 사치스러

운 장식과 경관으로 국화가 이용되는 것을 너무나도 당연하게 받아들이는[45] 어떤 이는, 명분과 품계를 엄격히 따지는 인위적인 예법 질서 속에 모든 인간과 사물을 등급화하고 그에 걸맞은 대우를 차별화하는 유가적 삶의 방식을 대변하는 인물이라 하겠다.

인용된 대목은 바로 그런 유가의 차별적 세계관에 대한 유한준의 답변으로, 유한준은 장자의 만물제동萬物齊同의 세계관과 관점주의적 사고방식에 입각해서 무명의 국화의 존재 가치를 옹호하고, 나아가 모든 존재에 대한 부당한 차별을 거부하는 자신의 입장을 분명히 전하고 있다. 국화의 품종과 품계를 따지는 이에게 유한준은 먼저 도대체 그 가치의 높고 낮음을 매기는 근거가 어디에 있느냐고 따져 묻는다. 유한준이 생각하기에 봉황과 뭇 새, 기린과 뭇 짐승은 인간이 만들어놓은 관념 속에서는 그 지위 고하가 참으로 같을 수가 없지만, 실상 그들이 날개 달린 새이고 네발 달린 짐승이라는 점에서는 '본질적으로 하등 다를 바가 없는 존재들'이다. 마찬가지로 인간이 제 맘대로 국화의 품종을 나누어서 그 가치 고하를 세세히 따지고 있지만, 어떤 품종의 국화든 다 자라서 꽃을 피우고 향기를 낸다는 점에서는 다를 바가 없으니 이들 역시 부당하게 차별받을 이유가 없다는 것이다. 유한준의 이러한 생각은 인간의 관점이 아니라 자연적 '도의 관점에서 보면 사물에는 귀천이 없다'[46]는 장자의 만물 평등사상을 일상에서 만난 문제에 구체적으로 적용한 것이라 하겠다.

또한 유한준은 품종을 통한 국화의 구분과 차별이야말로 국화의 자연적 본성에 반하는 인위적 조작이라는 노장적 사고에서 더 나아가, 그러한 차별이 인간 사회 내부에 존재하는 차이와 차

별에서 비롯됐음을 밝히고 있어 더
예각화된 시각을 드러내고 있다. 앞
서 잠깐 언급했듯 인용된 부분의
첫 대목에서 그는 국화에 대한 차
별적 관념이 도대체 무엇을 근거로
한 것인가를 물으며 그러한 관점이
저들의 삶에 기반한 것인지 나의
삶에 기반한 것인지를 따져 묻고
있다. 글의 후반부에서 그는 또한
자신의 물음에 스스로 대답하면서,
국화를 차별하는 관념이 자신과 같
은 힘없는 자들의 삶에 기반한 것
이 아니라 경대부나 공자, 왕손과
같은 권세 있고 힘 있는 자들의 삶

강세황, 「국화」, 비단에 옅은색, 23.9×15.7cm, 조선
시대, 국립중앙박물관.

에 근거한 것임을 지적한다. 그는 이 대목에서 '권세 있고 힘 있는
자들'과 '권세도 없고 힘도 없는 자신'을 대비시키면서 국화의 품
계를 나누어 차별하는 문화가 권력과 힘을 가진 자들의 생활과
취향을 기준으로 형성된 것임을 날카롭게 지적하고 있는 것이다.
유한준의 이러한 생각은 그 사람이 처한 위치와 사물을 보는 다
양한 관점에 따라 사물에 대한 평가가 달라질 수 있다는 장자의
관점주의적 사고에 입각해 왕손 등의 세력가와 재력도 권력도 없
는 무력자들이 '국화'를 대하는 태도와 평가가 다름을 구체적으
로 보여준 예라 하겠다.

그런데 장자의 '만물제동의 세계관'과 '관점주의적 사고'를 일상

김희겸, 「국화」, 종이에 엷은색, 25.1×18.8cm, 조선시대, 국립중앙박물관.

적 현실에 적용하면서 보다 구체화되고 있는 유한준의 이러한 생각은, '국화'에 제한되어 논의되고 있긴 하지만, 세상에 존재하는 '차별'을 바라보는 새로운 시각을 제공하고 있어 주목할 필요가 있다. 그것은 현실의 차별과 그 차별을 유발하고 있는 세상의 기준들이 결코 사물의 자연적 본성이나 어떤 보편적인 인간의 조건 속에서 제정된 것이 아니라 특정한 사람들의 삶의 방식과 취향을 대변하고 있다는 관념을 불러일으키고 있기 때문이다. 또한 만약 이러한 시각이 '국화'나 '새'와 '짐승'들의 예를 넘어 인간 사회의 신분적 지위와 그에 따른 차별의 보편적 타당성을 회의하는 것으로 전환·발전된다면, '중세적 신분질서' 전체를 근본부터 뒤흔드는 거대한 인식의 힘으로 작용할 수도 있기 때문이다.

그러나 물론 유한준은 거기까지 나아가지 않는다. 그는 장자의 관점주의적인 사고를 통해 차별의 원인을 더 구체화시켰지만, 차별에 대처하는 방법으로 전통적인 수분지족守分知足의 삶을 제시함으로써[47] 국화의 차별에 반대하는 자신의 생각을 더 이상 심화시키지는 않는다. 수분지족의 삶이란 알다시피 명분으로 대표되는 차별적 질서를 그대로 둔 채 '분수에 만족하는 삶'을 살도록 자기 마음을 수양하는 것이다. 수양의 결과 개인적으로는 마음의 평화를 얻을 수도 있겠지만 객관적으로 존재하는 차별의 원인과 차별적 세계상을 털끝만치도 건드리지 않은 채 문제를 해결한다는 점에서 그 방법은 차별의 원인이 권력과 재력을 가진 '힘 있는 자들'에게 있다는 유한준 자신의 발견을 무색케 한다. 유한준이 장자의 관점주의를 일상적 문제에 적용함으로써 차별의 구체적 원인을 밝히는 사고의 진전을 이룬 것은 분명하다. 하지만 현실 세계의 차별을 해소할 방법을 강구해야 하는 시점에서 오히려 그가 살고 있는 현실 세계의 명분에 입각한 강고한 차별적 질서를 당연한 것으로 받아들임으로써 더 이상 사유의 진전을 이루지는 못하고 있다. 바로 그런 점에서 그는 여전히 신분적 차별을 거부할 수 없는 자연적 질서로 받아들이는 중세적 지식인의 한 사람이었지만, 그가 열어 보인 사고의 지평은 이제까지 살펴보았듯 한순간 중세의 경계선 밖으로 넘어가버릴 수도 있을 만큼 드넓은 것이기도 했다.

지금까지 평범한 유가적 사대부로서의 삶을 벗어나지 않으면서도 유한준이 그 자신의 글을 통해 노장적 타자와 자신을 일치시킴으로써 세상을 바라보는 더 넓고도 깊은 인식에 도달하고 있음을 살펴볼 수 있었다. 유한준은 한계를 정하지 않는 무분별의 마음으로 타자를 대함으로써 유가 사상의 테두리 내에서 노자를 체제 내적으로만 수용하려 했던 여타의 유학자와는 달리, 유가적 인의와 인륜 질서의 절대성과 보편성을 근본적으로 회의하는 노장의 관점주의적 사고까지도 그대로 받아들였다. 또한 일상의 문제를 노장적 관점으로 풀어가는 과정에서 유가적 명분 질서에 입각한 차별적 문화의 부당함을 지적함은 물론, 그 원인을 인간 사회의 정치·경제적 불평등과 연관시키는 진전된 시각을 확보하기도 했다. 이처럼 그는 타자의 삶을 자신의 독단적 이념으로 평가하고 재단하기보다는, 그 어떤 분별도 한계도 없이 타자를 있는 그대로 긍정함으로써 세계를 바라보는 더 넓고도 깊은 시각을 획득할 수 있게 되었던 것이다.

당파적 인물, 유한준?

유한준은 '노론 명문가 출신의 당파적 입장에 투철한 인물'로 처음 소개된 이후[48] 오랫동안 별다른 문제 제기 없이 그렇게 오해되어왔다. 실제로 유한준 직계 선조들의 정치적 면모와 유한준 자신의 언술을 살펴보면, 유한준을 당파적 인물로 파악한 기존 연구의 입장이 어느 정도 수긍이 가는 게 사실이다. 유한준의 고조인 유황은 병자호란 때 척화를 주장했고, 증조 유명뢰는 기사환국 때 송시열과 정치적 운명을 같이했으며, 조부 유광기는 신임옥사로 노론사대신老論四大臣이 죽임을 당할 때 조정에서 함께 쫓겨나는 등[49] 실제로 그의 선조들은 정치적 격동의 시기마다 시종일관 노론의 입장을 고수하며 노론 영수들과 같은 길을 걸었다. 또한 유한준도 그러한 가계적 배경하에 청에 대한 반감과 경계의 감정을 숨김없이 드러내고 있거니와,[50] 기사환국이나 신임옥사

등 남인·소론과 정치적 갈등을 빚었던 사건에 대해서는 예외 없이 노론의 입장을 견지하고 있다.[51]

한 개인의 사상이나 정치적 입장이 그가 자라온 환경에 적지 않게 영향받을 수밖에 없음을 감안하면, 극렬한 정쟁의 시기에 절개와 지조를 지킨 인물로 칭송되며 가문의 미담으로 전해 내려왔을 조상들의 정치적 행위에 대해 유한준에게 그와 반대되는 입장을 기대하는 것 자체가 어쩌면 무리일 수도 있겠다. 유한준 역시 보통의 경우처럼 혈연·가계의 전통과 학연과 당파라는 환경적 요인의 지대한 영향 속에서 자기 삶을 형성해왔다고 할 수 있다. 하지만 유한준의 삶에서 보다 주목해야 할 정채로운 부분은 타자의 삶을 긍정하고 이해하는 글쓰기를 통해 자신을 규정짓고 있는 혈연과 당파의 구속을 벗어나는 이탈의 면모를 보여주는 점이다. 유한준이 자신의 도문분리적 문학관을 정립하는 과정에서 당파적 구속을 벗어나 소론인 조귀명의 입장을 적극적으로 수용하고 있음은 이미 보고된 바 있거니와[52] 여기서는 남인의 재야학자 유형원의 입전立傳과 관련된 자료들을 검토함으로써 혈연적·당파적 한계를 뛰어넘어 타자의 진실에 다가가는 유한준의 또 다른 면모를 드러내고자 한다.

『반계수록』의 국가적 선양

유한준의 「유형원전」 창작에 대해서는 그것이 박윤원의 권고로부터 시작되었다는 지적이 이미 있었지만,[53] 이에 대해서는 좀 더

유형원, 『반계수록』, 33.0×21.5cm, 국립중앙박물관.

구체적인 상황 설명이 필요하다. 숙종대 환국 정치를 겪으면서 노론과 남인의 정치적 대립은 타 정파의 인물을 죽음에 이르게 할 만큼 격화되었는데, 이를 고려하면 노론 명가의 자제들인 박윤원과 유한준이 공히 남인 학자인 유형원을 입전하는 데 적극적이었다는 사실 자체가 실은 하나의 문젯거리일 수 있기 때문이다.

유형원의 『반계수록』은 그 사후에 사돈이자 벗이기도 한 배상유裵尙瑜(1610~1686), 정동직鄭東稷(1623~1658)을 통해 허목, 이현일李玄逸(1627~1704) 등 명망 있는 재야 남인 학자들에게 전파되었고, 육촌 동생이자 제자이기도 한 유재원柳載源(1652~1713)을 통해 윤증尹拯(1629~1714) 등 소론 학자들에게 전파된다.[54] 이 중 배상유는 재야의 학자들뿐 아니라 『반계수록』의 개혁안을 조정에 알리기 위해서도 노력했다. 그는 유형원 사후 5년이 지난 시점

『반계수록』 내부. 서울대학교 규장각한국
학연구원.

인 1678년(숙종 4) 6월 20일, 『반계수록』의 개혁
안을 차례대로 실행하자고 국왕께 건의했는데
이 당시만 해도 조정에서는 유형원의 생각과 말
을 현실과 동떨어진 우활한 것으로 치부했다.[55]
또한, 1694년(숙종 20) 3월 9일, 『반계수록』 1부
를 올리며 그 개혁안을 실행할 것을 재차 건의
한 유생 노사효盧思孝의 상소 역시 별다른 조치
없이 끝난 것을 보면, 숙종대까지 유형원의 『반
계수록』은 국왕과 조정관료 사이에서는 그 가
치를 인정받지 못했던 것으로 보인다.

그 후 영조대 탕평 정치에 적극 호응하며 관
료로 진출했던 오광운吳光運(1689~1745), 양득
중梁得中(1665~1742), 홍계희洪啓禧(1703~1771) 등
남인·소론·노론의 탕평파 관료 및 산림 학자들이 전제田制 등 제
도 개선을 모색하는 과정에서 『반계수록』의 개혁안들을 높이 평
가하게 되었고, 그들의 평가가 국왕 영조의 승인을 받으면서 『반
계수록』은 국가 제도를 근본적으로 개혁하기 위한 하나의 지침
서로서 공인받게 된다. 1737년(영조 13) 오광운은 『반계수록』의
서문을 쓰고, 그 전후로 유형원의 행장을 작성하며 허목의 말을
빌려 '왕을 보좌할 만한 인재[王佐才]'로 유형원을 높이 평가했고,
스승 윤증의 집에서 처음 『반계수록』을 접한 양득중은 1741년(영
조 17) 영조에게 홍문관의 경연관들과 함께 『반계수록』을 강론할
것을 제안하기도 했다. 또한, 1746년(영조 22) 당시 성균관 대사성
이었던 홍계희는 왕명을 받들어 「유형원전」을 지으면서 세상을

구제하기 위한 진실한 뜻이 담겨 있는 책으로 『반계수록』을 소개하며 '우리 동방에 이제까지 없었던 저술'이라고 극찬했다. 영조를 도왔던 조정 관료들의 가치 제고와 영조의 승인에 힘입어 1770년(영조 46) 『반계수록』은 영남 감영에서 발간되어 실록 등 국가의 주요 서적을 보관하는 사고史庫 및 홍문관에 나누어 보관되는 영예를 누리게 된다.[56]

개혁안에 대한 찬반론

이처럼 18세기 영조대 후반에 이르면 유형원의 『반계수록』은 그가 속했던 가족과 친지, 당파를 넘어 홍계희 등 탕평에 참여했던 노론계 인물들에게까지도 그 가치를 인정받으며 광범위하게 수용되었고, 국왕 영조의 명령하에 제도 개혁의 지침서로서 출간되어 그 지위가 격상되었다. 『반계수록』이 반포된 지 10년이 된 1780년, 유한준이 「유형원전」을 입전하여 『반계수록』의 핵심 내용을 전파하고자 했던 것도 『반계수록』에 대한 이러한 국가적 선양의 배경하에 개인적 독서를 통한 공감이 있었기에 가능했던 것으로 여겨진다. 하지만 『반계수록』의 지위가 국가적으로 격상되었다고 해서 대다수의 사람이 유형원의 개혁안에 동의했던 것은 아니다. 남인 내에서도 성호 이익李瀷(1681~1763)과 그의 친족 동생인 이복휴李福休는 『반계수록』의 개혁안에 대해 서로 다른 입장을 취하고 있었다. 이익이 『반계수록』의 서문뿐 아니라 유형원의 전기 및 문집 서문을 작성하며 『반계수록』의 개혁안을 계승하고자 했던 반면, 이복휴는 오히려 선세船稅·염분鹽盆·은결隱結·해연海堧 등 대동법·균역법과 관련된 『반계수록』의 개혁안을 지적하며 그 해악을 말하고 있다.[57]

　근래에 홍계희를 중심으로 노론 낙론계 학자들의 『반계수록』 수용 과정을 살핀 한 논문[58]에서는 마치 노론 대다수가 유형원의 『반계수록』을 수용한 것처럼 서술하고 있지만, 이에 대해서는 좀 더 세심한 관찰이 필요하다. 우선 이 논문에서는 박윤원이 『반계수록』을 읽는 것을 김용겸金用謙(1702~1789)의 영향 때문인 것으로 파악하고 있는데,[59] 여타의 기록을 확인해보면 박윤원에게 『반계수록』을 처음 권한 것은 임성주의 동생 임정주任靖周였다. 유형원의 전제 개혁을 현실성이 없는 것으로 평가한 형 임성주[60]와 달리, 임정주는 체용體用을 겸비한 삼대 이후 최고의 경세서經世書로 『반계수록』을 평가하고 있다.[61] 그런 까닭에 임정주는 박윤원에게도 비슷한 취지의 편지를 보내 『반계수록』의 일독을 권한 것으로 보인다. 편지를 받은 박윤원이 임정주의 평가를 과장된 것으로 여기며 상중喪中임을 들어 『반계수록』의 독서를 다음 기회로 미루고 있는 것으로 보아,[62] 임정주와 편지를 주고받을 1776년 당시[63]만 해도 그는 『반계수록』의 훌륭한 점을 주변 사람들을 통해 듣고는 있었지만, 그 의의를 십분 긍정하지는 못했던 것으로 보인다.

『반계수록』 독서와 공감

그런데 같은 해 유한준의 아들 유만주가 근 일주일 동안 유형원의 『반계수록』을 숙독하면서 자신이 중요하다고 생각하는 부분을 발췌하고 그 말미에 대체로 긍정적인 짧은 평가를 남겼다.[64] 박윤원이 『반계수록』을 접하기 이전에 유한준 집안에서는 이미 독자적 경로를 통해 『반계수록』을 입수하고 그것을 탐독하고 있었음을 알 수 있다. 유만주의 『흠영』에는 그 입수 경로가 밝혀져 있지 않고, 또 『반계수록』에 관한 부자간의 토론 등도 적혀 있지 않아 유한준이 구체적으로 언제 『반계수록』을 접했는지는 확실치 않다. 하지만 유만주가 자신의 일기에 『반계수록』을 발췌하며 기록한 시점이 1776년 12월 23일부터 29일이고, 유한준이 「유형원전」을 창작한 시점이 1780년인 것을 감안하면 유한준이 아들 유만주의 독서 시점을 전후하여 『반계수록』을 읽었음은 분명해 보인다. 또한 『반계수록』의 독서 후에 그 개혁의 취지에 깊이 공감해서 유형원의 인물됨과 그의 개혁안을 널리 알리기 위해 「유형원전」을 창작했을 것이라는 추론 역시 별 무리 없이 성립된다. 따라서 '박윤원이 유한준에게 유형원을 입전할 것을 권고했다'는 박윤원 행장 속의 말은,[65] 행장의 장르적 속성상 박윤원이 모든 기사의 주체로 서술되는 까닭에 유한준의 행위가 수동적으로 묘사되고 있는 것이라 하겠다. 그러므로 실제로는 유한준이 「유형원전」을 입전하는 과정에서 그의 절친한 벗이었던 박윤원과의 교감이 있었음을 알려주는 정도로 행장의 내용을 이해하는 것이 무난할 듯싶다.

「유형원전」을 창작하다

문집을 통해 확인하건대, 유한준은 「유형원전」을 창작하기 위해 매우 적극적으로 자료를 수집하고 또 신중하게 그 자료들을 취사선택하고 있었다. 유한준이 이미 출간된 『반계수록』을 세심히 읽었음은 개혁안의 핵심을 요약하고 있는 「유형원전」의 내용이 증명하고 있다. 또한 그때까지 나온 전기적 자료와 「유형원전」을 비교하면 그가 공간公刊되거나 가장家藏된 유형원의 행장 및 연보, 다른 사람들이 작성했던 묘비문이나 전까지 일일이 챙겨보았음을 알 수 있다.[66] 이 밖에도 유한준은 유형원의 현손玄孫인 유명위柳明渭에게 직접 편지를 보내 오래전부터 자주 들어왔던 병자호란 당시 유형원에 관한 일화의 진위를 묻고 있는바,[67] 유형원의 진실에 접근하기 위해 기록된 자료는 물론 구비 자료들까지 광범위하게 수집, 검토하고 있었다. 그런데 또한 이 대목에서 더욱 주목할 것은 신빙성을 확인받기 위해 유명위에게 보낸 편지에 상세히 기술되었던 병자호란 당시의 고사故事가 정작 「유형원전」에는 하나도 채택되고 있지 않다는 점이다. 유명위의 답장이 현존하지 않아 그 이유를 구체적으로 확인할 수는 없지만, 고사의 진실성에 대한 부정적인 회답이 오지 않았을까 싶은데, 이로 보면 유한준은 세간에 회자될 정도로 널리 전하는 내용일지라도 그 근거가 확실치 않으면 채택하지 않았을 정도로 사실과 진실에 근거해 「유형원전」을 창작하려 했음을 알 수 있다.

위에서 살펴보았듯 유한준은 가능한 한 유형원의 생애와 관련된 많은 자료를 수집하고 확인한 후 「유형원전」을 창작했다. 그런데 흥미로운 것은 유한준이 창작한 「유형원전」의 가장 두드러진 특징이 그 이전까지 창작되었던 「유형원전」[68]과 비교했을 때 생애와 관련된 일화 부분을 대폭 축소하고 전체 분량의 거의 대부분을 『반계수록』의 내용을 요약하는 데 할애하고 있다는 점이다. 이는 이전까지 창작된 전(傳)과 내용이 중복됨을 피하기 위해서이기도 했겠지만, 유한준이 『반계수록』의 개혁안을 하·은·주 삼대의 기상을 회복할 방안으로 극찬하고 있는 점에 비추어볼 때,[69] 다른 무엇보다 유형원의 개혁안에 크게 공감하여 전의 형식을 빌려 『반계수록』의 내용을 더 많은 사람들과 공유하고자 했던 데서 기인한 것으로 보인다. 이런 까닭에 유한준은 20여 만 자에 달하는 『반계수록』의 내용을 그 편제에 따라 전제, 교선(敎選), 임관(任官), 직관(職官), 녹제(祿制), 병제(兵制) 순으로 핵심을 간추려 요약한 후,[70] 『반계수록』의 속편에 있는 다양한 개혁안에 대해서도 그 항목들을 빠짐없이 열거함으로써 『반계수록』을 접하지 못한 이들에게 유형원 개혁안의 전모를 개괄할 수 있도록 했다.[71] 또한 말미에는 '이들 법안들이 모두 평이하고 간략해서 현실에서 반드시 실행할 수 있는 것인데도 세상에 실현되지 못하고 있다'고 지적함으로써[72] 개혁안이 하루속히 실행되길 바라는 마음을 드러내고 있다.

당파적 편견에서 벗어나

유한준은 「유형원전」을 창작하는 과정에서 그의 행적과 인품, 학식과 제도개혁에 대한 구체적 방안들을 확인하게 되면서 당파를 초월해서 유형원의 개혁안을 적극적으로 지지하게 되었고, 그의 인품과 학식을 흠모하여 유형원을 선생으로 부르며 존경의 마음을 표하기도 했다. 그런데 타 당파의 인물을 스스럼없이 선생으로 높이며 존경하는 유한준의 태도가 노론 내의 어떤 사람에게는 불만과 비판의 대상이 되었던 듯하다.[73] 「유형원전」을 쓴 그 이듬해 유한준은 수신인을 구체적으로 밝히지 않은 한 편지에서, 당파적 편견에 사로잡혀 진실을 바로 보지 못하는 상대방과 당대 사람들의 붕당적 편파성이 가져온 폐해에 대해 따끔한 일침을 가하고 있다.

> 족하께서 유 선생을 선생으로 부르고 싶지 않은 것은 다른 이유가 없고 선생을 동인으로 생각하는 편견을 가지고 있기 때문입니다. 당파에 치우친 견해(편론偏論)로는 사람을 제대로 알아볼 수 없으니 편견을 가지게 되면 사람으로서 올바른 견해를 가질 수 없고 선비로서 바른 인품을 가질 수 없는 법입니다. 자기와 뜻이 맞으면 포악한 도척盜跖과 장교莊蹻도 모두 안회顔回와 자사子思로 여기고, 취향이 다르면 현명한 백이와 유하혜柳下惠도 모두 공공共工과 환두驩兜로 여기니 편론의 폐해가 어디인들 이르지 못하겠습니까? 그러한즉 사람을 관찰함에 가장 꺼려야 하고 사람을 논하는 데 더욱 방해가 되는 것이 무엇이겠습니까? 바로 당파적 편견에 따르는 것입니다. (…) 바라건대 족하께서는 인물을 논하실 때 편견을 따르지 말고 그 마음을 지극히 공정하게 해서 오직 그 사람의 어짊과 못남을 살

펴 그것으로 궁리해보고 그깃으로 표준을 삼기 바랍니다.
동인에 대해서도 그러할 뿐만 아니라 북인에 대해서도 그
렇고, 소론에 대해서도 또한 그러하시고, 선배들뿐만 아니
라 후배들과 동년배 그리고 나이 어린 소년들에게까지도
그렇게 하신다면, 그제서야 진정으로 미워해야 할 것들이
낱낱이 드러나 자기 눈을 피할 수 없을 것입니다.[74]

윗글에서 유한준이 반대하는 것은 분명하다. 정작 바라보아야
할 구체적인 실상과 진실은 접어둔 채, 동인이니 북인이니 소론이
니 하며 당파를 나누는 행위, 그리고 선후배나 나이를 따지며 사
람을 공정하게 평가하지 않는 세태에 대해서 유한준은 직설적인
비판을 서슴지 않는다. 사람을 보고 평가하는 데 이런 편견들을
버려야 하는 이유는 그것이 도척이나 장교 같은 포악한 도적들마
저 안회와 자사 같은 성인군자에 버금가는 인물로 판단하는 황
당한 사고의 전도를 낳기 때문이다. 유한준이 생각하기에 재야의
학자로서 현실의 문제를 깊이 고민한 끝에 그 구체적 해결 방안
을 제시한 유형원을 '선생'으로 높이지 못하는 이유는 단 한 가지
다. 그가 서인과 다른 동인이자 노론과 당파가 다른 남인이기 때
문이다. 당파가 다르다는 이 간단한 이유가 사람들, 특히 학식을
갖춘 지식인으로서 가장 공정해야 할 선비들의 올바른 판단을
흐리게 하고 있는 것이다. 위 편지글의 마지막 부분에서 유한준
은 이러한 붕당적 편견을 버리면 그제서야 진정으로 미워해야 할
것들이 낱낱이 드러나 숨김없이 자기 눈앞에 드러날 것이라고 말
하고 있다. 따라서 정작 미워해야 할 것은 훌륭한 이를 훌륭하다

고 생각해서 '선생'으로 높이는 자신이 아니라, 당파적 편견에 사로잡혀 타인의 뛰어난 점을 보려고 하지 않는 당신의 '치우친 견해'임을 에둘러 꼬집고 있는 것이다.

이 편지의 분명한 논조와 내용을 통해 보건대 유한준은 당파적 견해에 갇힌 인물이 아님을 알 수 있다. 오히려 그는 당파적 편견이 외면하는 진실에 누구보다 더 가까이 다가가려 했다. 그렇다면 노론 명가의 자제로서 노론의 정치적 입장에 투철했던 그가 존재의 구속을 벗어나 정치적으로 실세失勢한 남인 재야학자의 업적을 편견 없이 긍정할 수 있었던 동력은 무엇이었을까? 앞서 3장에서 유한준이 각자의 삶에서 진정한 성취를 보인 모든 이의 삶을 긍정하는 문학을 제창하고 있음을 확인했다. 또한 그는 신분적 귀천을 떠나 점쟁이나 바둑 고수, 소 잡는 백정의 삶까지도 가치 있는 것으로 긍정했다. 또한 바로 앞 절에서 확인되었듯 유한준은 사상적 금기를 넘어 유가적 성인과 인의를 비판하는 노장적 사고를 하나의 가능한 입론으로 받아들이고 있었다. 이런 점을 상기하면 '유가적 세계관'의 테두리 내에 있는 '사대부들' 간의 '정파적 견해 차이'에 불과한 붕당적 편견을 극복하는 것이 유한준에게 그리 어려운 일은 아니었으리라 짐작된다.

그러고 보면, 그가 당대의 지배적 가치에 구속받지 않고 사상적·정치적 소외자의 삶까지도 편견 없이 바라볼 수 있게 되었던 데는, 각자의 삶을 긍정하는 그의 글쓰기가 하나의 원동력으로 작용했다고 볼 수 있다. 또한 창작의 전 과정에서 대상에 몰입하는 창작 실천을 통해, 그 대상과 일치에 가까운 완전한 소통에 이르는 것 역시 유한준 자신의 변화를 이끌어내는 또 하나의 원천이 되었음을 알 수 있다. 그렇게 모든 타자를 편견 없이 대하고, 문학을 통해 타자와 소통하면서 그는 자신의 출발점이자 입지점이었던 유자적 삶과 노론적 당파라는 존재의 구속에서 벗어나 더 넓고 깊은 삶과 인식의 지평을 열어나갔던 것이다.

신 사
분 람
을
넘
어

귀
감
이

된

3

지금까지 문학과 사상, 정치 등 다양한 방면에서 자신과 다른 타자의 삶과 생각을 긍정함으로써 세상과 문학을 바라보는 더 넓은 시야를 확보해갔던 유한준의 모습을 살펴보았다. 유한준은 유자적 삶의 궤적을 벗어나지 않으면서도 유가적 인의와 명분 질서를 비판하는 노장적 사고를 받아들이고 있었고, 노론적 정치의 관점을 견지하면서도 그 선대에 서인-노론과 적대적으로 대립했던 동인-남인의 후손인 유형원의 업적을 높이 평가했다. 또한 문학을 하나의 취향과 기호로 보는 자신의 새로운 문학관을 정립함으로써 기존에는 대립적으로만 생각했던 다양한 문학적 취향과 기호들을 긍정할 수 있는 논리를 마련하기도 했다.

그런데 이처럼 한없이 포용적일 것만 같은 그가 가장 용납할 수 없는 대상이 있었으니 그것은 바로 그 자신이 속한 사대부 계층의 타락한 삶이었다. 한 국가의 사회 지도층으로서 마땅히 타계층의 귀감이 되어야 할 지식인이자 관료인 당대의 사대부들은 그가 보기에 가장 무능하고 부패한 존재들이었고, 따라서 그는 거침없는 직설로 그들의 삶을 준열하게 비판했다. 반면 신분적 소외에도 불구하고 예술에 대한 열정을 평생토록 가지고, 고통받는 이들과 함께 자신의 능력을 나누려 했던 중서층을 보면서 그는 또 다른 희망을 발견할 수 있었다. 여기서는 향락적 삶에 빠져들어 사회 지도층으로서의 역할을 상실해갔던 사대부 계층이 몰락해가는 모습과 함께, 능력과 덕성을 갖춤으로써 신분적 제약을 뚫고 사회의 새로운 주도층으로 성장해갔던 중인 및 서얼 계층의 멈추지 않는 예술혼과 자신을 돌보지 않는 나눔의 실천을 확인하고자 한다.

본분을 망각한 사대부

우리는 이미 박지원의 「양반전」 「호질」 등을 통해 사대부들의 무능과 위선에 대해서 전해들은 바 있다. 유한준 역시 그의 글에서 조선 후기 당대 사대부들에 대한 적지 않은 비판을 남기고 있다. 박지원이 전과 소설이라는 형식을 통해 현실에 기반한 허구적 인물과 상황을 창조하여 우의적인 비판을 가하고 있다면, 유한준은 별다른 문학적 장치 없이 비탄과 분노의 감정을 숨기지 않는 거침없는 직설로 사대부 계층의 잘못을 낱낱이 지적하고 있다. 그들 자신이 사士 계급의 일원이면서도 사대부 계층에 대한 혹독한 비판의 목소리를 낼 수밖에 없을 정도로 지식인 사회에 큰 위기가 닥쳐왔다고 할 수 있겠다. 먼저 유한준이 생각하는 사대부의 역할과 사대부를 향한 그의 비판의 목소리를 들어보자.

옛 선왕께서 사·농·공·상이라는 네 부류의 백성을 만들었
을 때 선비는 효도와 공경으로 자신을 수양하고, 농부는
농사일에 힘쓰며, 공인은 도구를 만들고, 상인은 재화를
유통시키도록 하여 각각 귀속되는 바가 있었다. 그런 까닭
에 지금 비록 세상의 교화가 희미해져가도 농부들은 오히
려 힘써 농사를 짓고, 공인들은 솜씨를 다해 도구를 만들
고 상인들은 재화를 유통시켜 서로에게 이익을 주어 모두
들 본연의 역할로 돌아가지 않음이 없다. 그렇다면 저 선
비된 자들은 장차 어디로 돌아갈 것인가? 선비의 도는 벼
슬길에 나아가거나 집에서 거처하는 일일 뿐이다. 집에 있
을 때는 부모님께 효도하고 어른들을 공경하며, 벼슬길에
나아가서는 효도하고 공경하는 도리를 미루어 임금을 섬
기고 기강을 세우며 풍속을 바로잡아야 한다. 그렇게 할
수 없다면 집에 돌아와 그 자신만이라도 착하게 살아야
한다. 요즘 사대부들은 집에 있을 때는 법도가 없고 벼슬
길에 나아가서는 공을 이룸이 없다. 세상을 떠돌아다니며
도리에 어긋난 짓을 하고, 하릴없이 시간을 때우거나 어수
선하게 일을 벌이면서 평생토록 자기 몸을 힘들고 피곤하
게 하면서도 본분으로 돌아갈 줄 모르니 나는 이를 몹시
슬퍼한다.[75]

윗글에서 유한준은 사회를 구성하는 선비와 농부, 공인과 상

인 등 사민四民의 역할에 대해서 간명하게 밝히고 있다. 자신이 처한 위치에서 그들이 맡고 있는 본연의 역할이란 유한준이 생각하기에 별로 특별한 게 아니다. 농부는 농사일에 힘쓰고, 공인은 물건을 잘 만들며, 상인은 서로가 필요한 재화들을 잘 유통시키면 되는 것이니 농·공·상인의 이러한 역할은 예나 지금이나 변한 게 없고 또 그 역할을 맡고 있는 일반 백성도 자신의 본분을 충실히 이행하고 있다. 문제는 가족과 사회를 지탱하는 기본적인 윤리들을 솔선수범해서 실천하고 그 바탕 위에 나라의 기강을 세우며 세상의 풍속을 바로잡아야 할 선비들이 제구실을 못하고 있다는 점이다. 그가 생각하기에 요즘 사대부들은 관직이 없는 처사로 있을 때는 부모에게 효도하고 어른을 공경하는 가장 기본적인 법도도 지키지 못하며, 관직에 나아가서도 나라의 사표師表가 되어 백성을 계도하지 못하니 딱히 공을 이루는 게 없다. 그들은 백성의 모범이 되기는커녕 세상을 떠돌아다니며 도리에 어긋나는 짓을 하고 하릴없이 시간을 때우거나 어수선하게 일을 벌이면서 평생토록 자기 몸을 힘들고 피곤하게 하지만 정작 자신들의 본분을 망각하고 자기가 가야 할 길로 돌아갈 줄 모르니 심히 개탄하지 않을 수 없다.

윗글을 통해서 물론 우리는 사대부들에 대한 유한준의 비판적 태도를 읽을 수 있다. 하지만 이 글은 원래 선비들의 세속적 행태에 회의감을 느끼고 귀농을 결심한 한 사람을 격려하기 위해 쓴 글[76]이라서, 사대부의 본분이 무엇인지 환기하는 가운데 현실 사대부들의 일반적인 문제점들을 다소 막연한 말로 지적하고 있을 뿐이다. 아랫글에서 유한준은 사대부들의 총체적인 위기 상황을 구체적으로 진단하고 있다. 그는 당대 사대부들이 이미 사회 지도층으로서의 본분을 망각하고, 오직 일신의 권세와 명예와 이익을 위해 온갖 아첨과 거짓을 일삼는 파렴치하고도 무능한 집단으로 전락해버렸음을 폭로하고 있다. '요즘 사대부들의 세상 사는 방법'에 대한 유한준의 말을 들어보자.

> 제가 세상의 사대부들을 보니 요즘 사람들이 살아가는 방법을 알 만합니다.
> 어떤 이들은 아녀자의 사랑과 어린애 같은 지식을 가지고, 용모를 부드럽게 말씨를 어여쁘게 사뿐한 걸음으로 눈썹을 살랑거리며 어깨를 다소곳이 귓속말로 속을 다 꺼내 보여줄 듯 말하지요. 귀신처럼 왔다가 쥐새끼처럼 물러나며, 권세에 이가 끓듯 이익에 파리 끓듯 약삭빠른 원숭이처럼 순식간에 나왔다가 여우와 토끼처럼 재빨리 숨습니다. 작은 재주를 팔려고 춤을 추며 한껏 교태를 부리지요.
> 또 어떤 사람들은 요임금과 주공의 옷을 입어 큰 도포에 허리띠를 느슨하게 차고 넉넉한 몸으로 발꿈치를 끌며 걷고, 시선을 위로하며 큰 소리로 기침을 하지요. 칭송과 명예를 탐하고 도둑질하여 겉은 번지르르하나 속은 텅 비었지요. 늘어놓은 말을 돌아볼 줄 모르니 큰 얘기를 하지만 마땅히 쓸모가 없고 뜻은 높지만 귀착할 곳이 없습니다.[77]

윗글은 당대 사대부들의 행태를 두 부류로 나누어 구체적으로 묘사하고 있는바, 그 첫 번째 부류를 유한준은 '아녀자의 사랑[婦人之仁]'과 '어린애 같은 지식[豎子之知]'을 가진 이로 간단히 요약한다. '부인婦人'이나 '수자豎子'는 문맥상 모두 폄하의 의미로 쓰인 것으로, 철없는 애송이[豎子]처럼 아무 식견도 없는 사대부들이 오직 권력자의 눈에 들어 출세하기 위해 환심을 사려는 아녀자들처럼 온갖 교태를 다 부리고 있음을 꼬집기 위해 사용한 말이다. 아첨과 교태로 일신상의 안락을 구하는 이들의 관심이란 오직 권세와 이익일 뿐이니 이들에게 세상을 경영할 대인의 풍모와 식견을 기대하기란 애당초 글렀다. 그들은 권세와 이익이 있는 곳이면 귀신처럼 나아가 파리처럼 들끓다가 자신이 구할 것을 재빨리 챙기고는 위험이 닥치기 전에 쥐새끼나 여우처럼 쏜살같이 도망가 모습을 감춘다. 이들은 온갖 권모술수와 임기응변으로 목적한 대로 권세와 이익을 얻지만, 결국 의로움을 잃고 그 이름을 더럽힐 터이니 또한 슬픈 일이 아닐 수 없다.[78]

유한준이 지적하는 또 한 부류의 사대부들은 고례古禮와 고법古法을 회복한답시고 요순과 주나라 때의 옷을 차려입고, 수레에 올라 호령하며 위엄을 뽐내고 있는 자들이다. 유한준의 생각에 이들이야말로 겉은 번지르르하나 속은 텅 빈 사람들로, 명예와 칭송을 도둑질하고 있는 자들이다. 유한준은 그들의 말이 원대하고 뜻은 높지만 실상은 다 현실에 맞지 않는 것들이라고 말하며 그들 언행의 비현실성과 허위성을 꼬집고 있다. 앞서 말한 부류가 출세를 위해 아첨을 일삼는 관료 계층을 지적한 것이라면, 여기서 말한 이들은 학문이 깊지 않고 시무에 어두우면서도 학연을 바탕으로 세력을 행사하고 있는 산림의 일부를 지칭하고 있는 듯하다.

17세기 효종·현종대에 학덕을 겸비한 학자로 존경받았던 산림
은 유한준이 살고 있는 18세기 영·정조대에 이르면 당파를 일으
키는 원흉으로 지목되거나 공허한 이기심성론理氣心性論과 쓸데없
이 옛 복제服制를 고집하는 현실의 무능력자로 비판받는가 하면,
세도가에 빌붙어 관직과 명예를 구걸하는 인물로 폄하되고 있었
다.[79] 윗글에서 묘사되고 있는 사대부들이 '요임금과 주공의 옷을
입고[堯服周裳]' '현실에 적합하지 않는 크고 높은[大而無當, 高而無
着]' 말과 행동을 일삼는 이들인 것을 보면 산림에 대한 당대의
비판적 시선과 통하는 바가 없지 않다. 또한, 유한준이 평소 성리
학 공부에 큰 의의를 부여하지 않았고[80] 추상적인 논리보다는 유
형원의 실제적 개혁안 등에 적극적인 지지와 공감을 표시한 인물
임을 상기한다면 현실에 부적합한 공허한 담론을 고집하는 산림
들을 마뜩잖게 여기는 태도가 그리 낯설어 보이지 않는다.

　　이처럼 유한준이 생각하는 당대의 문제는 능력과 재주와 덕성
이 나라와 백성을 구제할 만하지 못한데도, 온갖 아첨과 위선으
로 관직과 명망을 훔쳐 사회 지도층으로 행세하는 이들이 하는
일도 없이 두둑한 녹봉이나 가로채며 명예와 권세를 누리고 있
다는 사실이었다.[81]

　　게다가 유한준이 더욱 눈뜨고 볼 수 없었던 것은 능력과 재덕
없이 아첨과 위선으로 높은 관직에 오른 자들이 자신들의 부와
권력을 여색을 탐하는 데 쓰면서 기생집에서 질펀한 놀음에 빠
져 인생을 흥청망청 탕진하는 저 한심한 작태였다.

임금을 모시는 고관들이

조정에서 논의를 한 후

말 타고 시종들 거느리고

길거리를 호령하며 가네.

천하의 미녀들을

좌우에 벌려놓고

음탕한 노래로

밤낮을 지새우며

향락에 빠져 부귀 속에 평생을 사는구나.

垂紳搢笏, 論議廟堂

乘馬從徒, 道衢呼唱

燕姬趙女, 左右羅前

鄭音楚聲, 夜晝相連

逸樂富厚而終身

　윗글은 원래 산문의 일부임에도 마치 시의 한 대목처럼 다소
격앙된 어조의 운율을 띠고 있다. 앞서 사대부들의 처세를 묘
사하고 있는 대목에서부터 유한준의 목소리는 이미 결기를 품
은 채 운율을 띠고 있었지만, 국가 대신들이 금빛 요대[紳]를 차
고 홀笏을 꽂고 조정에서 국사를 논한 후에 그 무리와 함께 술과
여자가 있는 색주가로 향하는 대목에서는 그도 숨이 턱 막힐 듯
4·4조로 격해지지 않을 수 없었던 듯하다. 17세기 중엽 이후부
터 종실과 관료들의 색주가 출입에 관한 기록이 눈에 띄게 잡히
거니와 당시 광화문 육조 거리에 색주가가 형성되어 기방이 성업
을 이루었다는 보고[82]가 있는 것을 보면, 유한준이 묘사하고 있

신윤복, 「상춘야흥」, 종이에 채색, 28.2×35.6cm, 국보 135호, 18세기 후반, 간송미술관. 진달래꽃이 핀 봄날, 도포에 자주색과 붉은색 띠를 묶은 것으로 보아 당상관堂上官 이상의 고관대작으로 보이는 두 양반이 기생 한 명씩을 옆에 끼고 악공들을 불러 한바탕 풍류를 즐기고 있다. 『혜원전신첩惠園傳神帖』에는 이밖에도 「청금상련廳琴賞蓮」「주유청강舟遊淸江」「연소답청年少踏靑」 등 기생들과 어울리는 양반 계층의 모습이 다수 그려져 있어, 노소고하老小高下를 막론하고 사대부들이 향락에 빠져들고 있음을 개탄하는 유한준의 말을 풍속화로 확인할 수 있다.

는 광경들은 어쩌면 자신의 본분을 방각한 관료들의 심상한 일상이었는지도 모르겠다. 그들에겐 너무나 빈번한 일상이었던 까닭에 색주가로 향하는 관료들의 발걸음이 저렇게 당당할 수 있고, 권세 높은 그들을 아무도 비판할 수 없기에 천하의 미색[燕姬趙女]을 옆에 끼고 밤새도록 음탕한 노래[鄭音楚聲]를 부르는 저들의 행태가 평생토록 지속될 수 있었던 것일 터이다. 이 대목에서 타락한 저들의 일상을 묘사하는 유한준의 목소리는 분노와 관망의 어조가 묘하게 섞여 있는 듯하다. 아마도 유한준은 본분을 잊은 관료들의 타락에 깊은 분노와 울분을 느끼면서도 매일같이 반복되는 관료들의 타락을 어찌할 수도 없는 처지이기에 일말의 허탈감과 무력감을 느끼고 있었을 것이다. 분노 섞인 관망의 어조는 이러한 심정이 자연스레 시적인 어조로 표출된 것이 아닐까 싶다.

지금까지 슬픔과 분노를 넘어 차라리 기대를 접고 포기하고 싶어지는 사대부들의 타락상에 대한 유한준의 직설적인 묘사를 살펴보았다. 만약 이처럼 한 국가를 책임지고 계도해야 할 고위 관료층이 술과 여자에 빠져 헤어나오지 못할 정도라면 그 영향이 자연스럽게 아래로 파급될 것은 불 보듯 뻔한 일이다. 유한준이 사대부 계층의 향락적 타락을 누구보다 심각하게 걱정했던 이유는 바로 그러한 현상이 일부 관료들에게 그치는 것이 아니라 나라의 미래를 짊어질 젊은 사대부 자제들에게까지 영향을 미치고 있음을 목도하고 있었기 때문이다.

아랫글은 유한준이 주색잡기에 빠진 한 친구를 권계하기 위해 보낸 편지의 일부로,[83] 권문세족 사대부 자제들부터 여항閭巷의 시정市井 소년들까지 전 사회에 퍼져 있는 당대 조선의 타락상을 잘 보여주고 있다.

> 세상의 소위 사대부가에 주색잡기에 빠진 이들이 많습니다. (…) 그들은 부모형제들이 출세해서 신분이 높은 친족들이 많고 집은 부유해서 돈을 산처럼 쌓아놓고 호의호식하며 그 속에서 자라났지만 배우지 못해 무식하기까지 하

니 괴상하고 망측함이 이와 같이 심합니다.[84]

사족 중에 아무개는 처음부터 품행이 바르지 못한 사람
은 아니었습니다. 스무 살 즈음에 술과 여색을 조금 일삼
긴 했지만 그렇게 심하지는 않았는데 그 길에 익숙해지자
부모형제도 막을 수가 없게 되었습니다. 주색잡기에 미쳐
서 제멋대로 살다보니 술값으로 재산을 탕진하고 다른 사
람의 첩을 몰래 데려와 자기 것으로 삼아 밤낮이 다하도
록 그칠 줄을 몰랐습니다.[85]

여항과 시정의 불량소년들과 난잡하고 음란한 무뢰배들
이 날마다 서로 불러 모아 몰려다니면서, 노盧야 효梟야를
외치고 저포를 던지면서 노름을 즐깁니다. 은밀하고 구석
진 곳으로 쥐새끼처럼 드나들며 순식간에 밤을 새우니,
미치광이가 사지로 달려가는 것과 같습니다. 크게는 집안
이 망하고 작게는 자기 몸을 해치니 비록 그 일삼는 바는
달라도 그 끝은 주색과 같습니다.[86]

윗글에는 신분이 높고 집이 부유하여 호의호식하는 소위 부와
권력을 함께 쥔 권문세족의 자제들과 사족 중에 아무개 정도로
지칭되는 평범한 사대부가의 선비 및 마을 네 거리와 시장과 우
물가를 떠도는 불량 소년들의 모습이 빠짐없이 제시되어 있는바,
이들은 모두 주색잡기에 열을 올리고 있는 중이다. 유한준은 윗
글에서 짧은 몇 마디 말로 그들의 실태를 전하고 있지만 그 간략

한 말만 들어도 당대의 심각한 타락상이 몇 컷의 사진처럼 떠오른다.

대대로 벼슬을 한 명문가의 일원으로 기본적인 교양은 저절로 갖추었을 법한 권문세족의 자제들을 유한준은 '배우지 못해 무식하다[不學無識]'고 말하고 있거니와, 이는 물론 기대를 저버린 사회 지도층 자제들에 대한 더 큰 실망감과 분노를 표출한 것이라 하겠다. 하지만 유한준보다 조금 후대인 정약용도 「하일대주夏日對酒」란 시에서 글공부는 전혀 안 하고 노름에만 열중하고 있는 권력층 자제들의 행태를 개탄하고 있으니[87] '불학무식不學無識'이란 표현을 글자 그대로 받아들여도 크게 문제될 것은 없다.

윗글 두 번째 부분에서 거론되고 있는 평범한 사대부가의 자제 아무개씨는 유한준이 직접 본 경우[88]라서 그런지 몰라도 그 타락상이 보다 적나라하게 그려져 있다. 아무개씨는 처음에는 그래도 품행이 괜찮은 편이었는데 한번 주색에 빠져들기 시작하자 걷잡을 수 없게 되어 술값으로 재산을 탕진하고 다른 사람의 첩을 몰래 데려와 밤낮으로 정을 통하고 있으니, 그 무도함이 심각한 지경에 이른 경우라 하겠다. 세 번째 사례는 여항과 시정을 떠도는 불량소년들이 남몰래 몰려다니면서 은밀하고 구석진 방에 모여 밤새도록 도박판을 벌이고 있는 광경으로, 유한준은 세상에 백해무익한 것이 잡기를 일삼는 것이라고 하면서,[89] 도박에 빠져 작게는 자기 몸을 해치고 크게는 온 집안을 말아먹는 이들을 죽음의 문턱으로 달려가는 미치광이로 표현하고 있다.

이를 보면 고관대작이나 사대부 계층, 그리고 여항의 백성 할 것 없이 실로 나라 전체가 주색잡기에 빠져들어 타락과 향락의

「투전도」, 종이에 소묘, 22.5×38.8cm, 국립민속박물관.

길을 걷고 있다고 할 것이니, 개인과 가정은 물론 실로 국가의 미래가 심각한 위기 상황에 빠져 있다고 하겠다. 동시대의 윤기尹愭 (1741~1826)도 '위로는 부귀한 집안에서부터 아래로는 가마 메는 하인까지' 온 나라가 투전에 빠져 있어 '투전을 하지 않으면 행세할 수 없다'는 말까지 나도는 사회 분위기를 전하고 있고,[90] 정조 15년에는 계층을 가릴 것 없이 온 사회에 만연한 타락상이 임금에게까지 상소될 정도였으니[91] 유한준의 말은 과장이 아니라 진실에 가까운 것이었음을 재차 확인할 수 있다.

스스로 모범이 되어야 할 사회 지도층과 그 자제들이 스스럼 없이 주색잡기에 탐닉하고, 그것이 또한 커다란 파급력을 일으켜 전 사회의 기강과 풍속을 어지럽히고 있었으니, 그들을 향해 유한준이 '불학무식'하다고 욕설 아닌 욕설을 내뱉는 것도 이해되는 바가 없지 않다. 자신과 가까운 친구에게까지 급속히 번지고 있는 전 사회의 유희 향락적 분위기에 대해 그는 개탄의 마음을 금할 수 없었다. 하지만 사회 기강을 바로잡을 실제적인 힘도 권력도 없는 그로서는, 다만 자신의 글을 통해 자기 계급의 정신적 타락과 몰락을 돌아보고, 타락과 부패의 만연 속에 서서히 무너져가는 조선 후기 사회의 문란한 기강을 감춤 없이 드러냄으로써 지식인으로서의 자기 역할을 수행하고자 했을 터이다.

신분은 낮지만 기억되어야 할

지금까지 지배층의 부패와 타락이 가져온 조선 사회의 기강 문란을 염려하는 유한준의 비판적 시선을 살펴보았거니와 그는 또한 이러한 사회적 분위기에 아랑곳하지 않고 자신의 학예적 열정을 성실히 가꾸어나가는 중서층 여항인들의 삶에 우호적인 관심을 보이고 있었다. 특히 그는 신분제 사회에서 자신의 재능과 관계없이 사회적으로 소외될 수밖에 없었던 서얼과 중인 계급의 삶에 더욱 각별한 애정을 느끼고 있었고, 그로 인해 자신과 교분이 있었던 중서층 지식인들의 진지하고도 열정적인 삶을 소개하는 다수의 기록을 남기고 있다. 다음 글은 유한준이 여항인들의 삶에 관심을 갖게 된 이유를 짤막하게 밝히고 있는데, 그가 만난 중서층 인물들의 구체적 면모를 확인하기 전에 먼저 소외된 여항인들의 삶을 적극적으로 발굴하고 소개하고자 했던 그의 심리적 동기에 대해서 간략히 살펴보고자 한다.

나는 『사기』를 보다가 자신의 의견을 굽히고 세속과 어울려 사는 사람들은 세태를 좇아가며 명예를 얻지만, 여항의 의협지사들은 세상에 알려지지 못함을 슬퍼하는 대목에 이르러 크게 탄식하지 않은 적이 없었다. (…) 신씨 노인은 여항인이다. 내가 처음 아재공雅齋公의 집에서 그를 보았는데 아재공께서 그를 몹시도 칭찬해서 함께 말을 나누어보니 평범한 사람이 아님을 알았다. 또 사람됨이 고요하고 깊어서 나이가 들수록 문예와 서화를 좋아했다. (…) 하지만 세상 사람들은 그를 알지 못하니 어찌 여항인이기 때문이 아니겠는가?[92]

윗글은 고금 명인의 서화첩을 만든 여항인 신옹申翁을 격려한[93] 「태사공지의증신옹太史公之意贈申翁」이라는 글의 일절이다. 유한준은 이 글에서 인품이 훌륭하고 문예와 서화에도 조예가 깊은 신 노인이 여항인이라는 신분적 제약 때문에 세상에 알려지지 못함을 몹시 애석해하고 있다. 제목에서 알 수 있듯, 유한준은 자신의 애석한 마음을 사마천의 뜻을 담아 신노인에게 전하고 있는데, 유한준이 말하고 있는 사마천의 마음이란 바로 여항인들이 그 행실의 측면에서 취할 만한 것이 있음에도 미천한 신분이라 알려지지 못하는 것에 대한 안타까움을 가리킨다. 사마천은 안타까운 마음을 담아 여항인들의 의협적인 활동을 그린 「유협열전游俠列傳」을 창작했는데, 유한준이 윗글에서 거론하고 있는 대목이 바로『사기』「유협열전」의 도입부에 나오는 말이다. 인용된 글에서 유한준은 '여항의 의협지사들이 세상에 알려지지 못함'을 슬퍼하는 대목에 공감을 표하고 있거니와『사기』의 해당 부분을 옮기면 다음과 같다.

> 오늘날 배운 것에 얽매이거나 혹은 사소한 의리를 끌어안고 오래도록 세상과 고립되어 살아가는 것이, 어찌 자신의 의견을 굽혀 세속과 어울려 살며 세태에 따라 부침하며 명예를 얻는 것보다 낫겠는가? 하지만 벼슬하지 못한 포의지사 중에는 서로 승낙한 일은 반드시 이행하려고 천리 먼 곳까지 신의를 되뇌며 지키려다 설령 죽게 되더라도 세상의 평판을 돌아보지 않는 이가 있다. 이 또한 훌륭한 점이 있으니 구차한 삶은 아닐 터이다. (…) 옛날 포의로 산 의협지사들에 대해서는 들은 적이 없다. 근세의 연릉군延陵君, 맹상군孟嘗君, 춘신군春申君, 평원군平原君, 신릉군信陵君 등은 모두가 왕의 친족들로 봉토封土가 있는 부유하고 지위가 높은 사람들이다. 천하의 현자들을 불러 모아 제후들에게 명성을 떨쳤으니 그들이 현명하지 않다고 말할 수는 없다. 비유하자면 이는 바람을 따라 소리를 지르면 격한 바람에 소리가 실려 그 소리가 더욱 빨리 전해지는 것과 같다. 반면 여항의 의협지사로 자기의 행실과 이름을 갈고닦아 천하에 그 명성이 알려진 경우라면 현명하다고 하지 않을 수 없다. 하지만 이는 참으로 어려운 일이다. 그럼에도 유가, 묵가에서는 모두 이들을 배척하여 문헌에 실

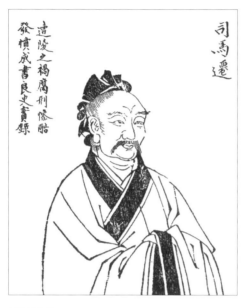

司馬遷

遠陵之禍腐刑慘酷
發憤成書良史責錄

사마천 초상.

지 않아 진나라 이전부
터 지금까지 민간 의협
지사들의 기록이 매몰되
어 볼 수 없으니 나는 이
것이 몹시도 안타까웠
다.[94]

　윗글에는 앞서 유한준의
글에 인용되었던 '자기 의견
을 굽혀 세속과 어울리고 세
태를 좇아가며 명예를 얻는
사람'과 비록 개인 간의 사
소한 의리일지라도 자신이

승낙한 일은 반드시 이행하기 위해 천 리 먼 곳까지 달려가 세상
의 평판과 죽을 고비도 마다하지 않고 끝까지 신의를 되뇌며 지
키려는 포의지사들이 대조적으로 서술되고 있다. 이 글에서 벼슬
하지 않는 포의지사란 '포의로 산 의협지사[布衣之俠]' 혹은 '여항
의 의협지사[閭巷之俠]'로 변주되어 나타나고 있으니 곧 유한준이
앞서 말한 소외된 여항인들을 가리킨다. 요컨대 사마천의 이 글
은 여항인들 중에 자신이 옳다고 믿는 것을 끝까지 지켜 세상 사
람들의 칭송을 받거나 혹은 귀감이 될 만한 일을 했음에도 불구
하고, 그 신분이 낮아 역사에 기록되지 못하고 사라져버리는 사
람들이 있음을 애석해하면서, 그들 중 대표적인 몇 사람의 전기
를 써서 세상에 널리 알리려고 한다는 집필 동기를 밝히고 있는

대목이다.

윗글의 중략된 부분 이하에서 사마천은 왕족의 일원인 맹상군孟嘗君 등과 여항의 협객들을 대비적으로 기술하면서 그들의 명성이 세상에 알려지고 알려지지 못함이 그들의 능력과 덕행의 차이에서 비롯되기보다는 그 사이에 존재하는 신분적 지위의 차이에서 비롯된 것임을 분명히 밝히고 있다. 사마천은 맹상군 등이 쉽게 명성을 쌓는 것을 '바람에 실린 함성 소리'에 비유하거니와, 이는 이들 왕족들이 높은 지위와 풍부하고도 막강한 재력과 권력을 가지고 있기에 어떤 일을 이루기도 쉽고, 또 그 업적이 더 빨리 세상에 퍼져나감을 지적한 말일 터이다. 반면 아무런 특권적 지위도 없고 별다른 신분적 배경도 가지고 있지 않은 포의의 여항지사들은 그들보다 훨씬 더 어려운 조건에서 지조 있게 의리를 지키고 선행을 베푸는 훌륭한 일을 해도 그 일이 문헌에 실리지 않으니 사마천이 이를 안타까워한 것이다. 유한준 역시 사마천의 이 심정에 적극 공감했던바, 사마천이 그 안타까운 마음을 담아 자기 시대의 협객들인 주가朱家와 곽해郭解 등의 전기를 썼듯이[95] 동시대의 신씨 노인 등 세속의 평가와 상관없이 묵묵히 자기 길을 가는 여항 문예지사들의 문예 활동에 적극적인 공감과 지지를 표하며 이들의 비범한 열정을 격려하고자 했던 것이다.

유한준이 만난 중인과 서얼들

유한준이 보기에 당대의 양반 관료 계층은 사회 지도층으로서의 임무를 망각하고 밤을 지새우는 향락적 타락에 빠져들고 있었던 반면, 그가 만난 중서인들은 어렵고 힘겨운 처지에도 불구하고 학문과 예술에 대한 열정을 불사르거나 고난에 처한 민중들을 구원하고 있었다. 위에서 그 신분적 지위로 인해 중서층 여항인들의 학예와 덕행이 드러나지 않음을 애석해하는 유한준의 마음을 간략히 살펴보았거니와 이제 유한준이 만난 여항인들의 구체적 면모에 대해 상세히 소개하기로 한다.

유한준이 자신의 글에서 언급하고 있는 중서층 인물들은 홍세태洪世泰(1653~1725), 남유형南有衡(1715~1778), 남유두南有斗(1725~1798), 신사보申思輔(1713~?), 이인상李麟祥, 김처안金處安, 김광국金光國, 홍익만洪翼曼, 성대중成大中 등이다. 이 중 홍세태는 숙종대 이후의 시사詩史를 조망하며 북촌 시인의 계보를 소개하는 과정에서 잠깐 거론되고,[96] 남유두는 남유형의 동생으로,[97] 이인상과 김처안은 신사보와 교유한 인물로 언급되고 있을 뿐[98] 그리 비중 있게 다루어지고 있지 않다. 유한준이 직접적으로 교유한 인물들은 남유형·신사보·김광국·성대중 등으로 보이는데, 성대중에 대해서는 이미 적지 않은 연구가 있으므로[99] 여기서는 나머지 세 사람과 역병을 고치는 의사로 소개되고 있는 홍익만을 중심으로 살펴본다.

재능은 뛰어났으나 불우한

남유형은 자가 군산君山이고 본관은 의령宜寧으로, 그는 숙종대

문형을 지낸 남용익南龍翼(1628~1692)의 증손이며, 영조대 문형을 지낸 남유용南有容(1698~1773)의 서얼 육촌 아우다. 그는 문장으로 이름난 고귀한 가문에서 태어났지만 조부 남성중南聖重이 남용익의 측실에게서 태어난 서자였던 까닭에 불행히도 그 역시 서얼 신분이 될 수밖에 없었다.[100] 어려서부터 책 읽는 소리가 끊이지 않을 정도로 그는 독서를 좋아했고 효성이 깊으며 남과 사귐에도 항상 성실했던 학행이 뛰어난 청년이었지만,[101] 신분적 제약 때문에 일찍부터 세속적 출세를 포기하고 다만 기행紀行과 시작詩作으로 답답한 마음을 달랬기에, 먹고 입고 사는 것을 걱정할 정도로 가난했다.[102]

남유형의 재종숙이었던 남유용은 그런 그를 불쌍히 여겨 잠시나마 문필에 관한 일을 돕게 하면서 자신의 집에 거처하게 했다. 그러다 보니 남유형은 자연스럽게 남유용의 집을 드나드는 문인들과 교유하게 되었는데, 유한준과도 젊은 시절 문장을 배우러 남유용의 집에 출입하다가 서로 알게 된 것이다.[103] 두 사람은 남유용을 중심으로 한 시회詩會에서 자주 만나게 되면서 어느새 한 집안사람처럼 가까워졌다.[104] 하지만 남유용이 세상을 뜨자 시회의 흥취도 잦아들고 함께하는 모임도 뜸해져서 두 사람도 예전처럼 자주 만나지는 못하게 되었고 어쩌다 만나도 그저 서로를 바라보며 비감悲感에 젖어 옛 추억을 회고하는 정도였다.[105]

남유형은 남유용이 세상을 떠난 후 경기도 과천에 내려가 생활했는데 그 지방의 관곡官穀을 빌려 생계를 연명할 정도로 극도의 가난에 시달렸다. 한번은 빌린 곡식을 제때 갚지 못해 관가의 독촉을 받을 만큼 곤란한 지경에 빠져 유한준이 과천 현감에게 편지를 보내 반납 기일을 늦추어달라고 호소해서 그 위기를 모면할 수 있었다.[106] 이처럼 남유형은 서얼이라는 신분적 제약으로 출셋길이 막혀 평생을 가난에 시달리며 살아야 했지만 자신의 근심을 수천 마디의 시로 달래고[107] 두보를 본받아 포의로서 세상을 걱정하는 많은 시를 남겨[108] 520수에 달하는 시가 생전에 『포감집匏柑集』으로 엮이기도 했다.[109] 유한준과 남공철은 그 시집에 각각 서문을 남겨 시인으로서 불우했던 그의 삶을 위로하는 한편 극심한 가난에도 생애 끝까지 멈추지 않았던 시에 대한 그의 열정을 찬양했다. 또한 학행과 문예가 뛰어남에도 남유형 같은 이들이 서얼이라는 신분 때문에 나라에 제대로 쓰이지 못하는 현실을 슬퍼했다.[110] 남유형은 결국 그 열정을 세상에 변변히 펴지도 못하고 별다른 주목을 받지 못한 채 시집을 엮은 이듬해 64세의 나이로 불우하고 가난했던 서얼 시인으로서의 삶을 마감한다.[111]

한편 신사보는 자가 자익子翊이고 호는 유란자幽蘭子이며, 본관은 평산平山으로 그 부친은 신건申鍵이다.[112] 『사마방목』에는 그가 1744년(영조 20)에 32세의 나이로 생원시에 급제한 것으로 되어 있다. 하지만 그 뒤에 별다른 관직을 지낸 바 없고 유한준이 그를 서얼 출신의 화가인 이인상과 교유가 깊은 여항인閭巷人으로 거론하고 있으니[113] 그가 중서층의 인물임을 알 수 있다. 신사보와 관련된 기록은 유한준의 문집에 비교적 많이 보이는데, 그 기록을 종합해서 두 사람의 관계와 만남을 재구성하면 다음과 같다.

신사보는 유한준과 성이 다른 오촌 친척으로 두 사람이 처음 만난 것은 서울 북촌의 옥류동玉流洞(현 종로구 옥인동)에 있는 유한준의 큰 사촌형인 아재공雅齋公 유한소兪漢蕭(1718~1769)의 집에서였다.[114] 북촌의 옥류동은 유한준 집안이 대대로 살았던 곳[115]으로 어릴 적 유한준은 집안 어른들과 친척 형제들 간의 시회에 동자童子로서 자주 따라가 참석하곤 했으니[116] 신사보를 처음 만난 것도 아재공 댁에서 열린 시회를 통해서가 아닐까 싶다. 당시 아재공은 신사보를 자주 칭찬하곤 했는데, 유한준도 신사보와 말을 나누게 되면서 그의 고요하고도 깊은 성품에 얼마간 감화되었던 것으로 보인다.[117]

그 후 시회도 사라지고 세월이 지나면서 유한준은 신사보를 오랫동안 만날 수 없었는데, 어느 날 신사보가 30년 만에 유한준의 집에 찾아와 비로소 두 사람은 오랜만에 술을 같이 마시며 그간의 회포를 풀 수 있었다.[118] 신사보의 방문을 계기로 두 사람은 그들이 종유했던 뇌연 남유용과 가난하지만 정겨웠던 옛 친구들과 다시 함께 모여 배를 띄우고 강가에서 시와 술을 주고받으며 옛 추억을 되새겼다. 그리고 신사보는 자신의 거처인 충북 청풍淸風으로 돌아갔지만,[119] 그 후로도 두 사람은 기회가 닿는 대로 지속적인 만남을 가졌다. 때로는 시에 재능을 보였던 신사보의 아들 신섬申暹이 자신의 시를 들고 남산에 있는 유한준 집에 찾아오기도 했고,[120] 신섬이 약관의 나이에 자신의 시재詩才를 펼쳐보지도 못하고 아깝게 요절하자 신사보의 요청으로 유한준이 애사를 써 그 죽음을 위로하기도 했다.[121] 그 이후에도 71세의 신사보가 자신의 시를 보여주어 유한준이 이에 화답한 시가 문집에 있으니[122] 두 사람의 친교는 신사보의 생애 말년까지 지속되었음을 알 수 있다.

이인상, 「관폭도」, 종이에 수묵, 30.0×63.3cm, 국립중앙박물관. 신사보와 절친했던 이인 상 역시 서얼문인으로, 시서화詩書畵에 모두 뛰어나 당대에 이름이 높았다.

신사보는 시를 잘 짓고 문장을 좋아하여 한때 남유용을 종유 하기도 했지만,[123] 그와 가장 절친했던 사람은 당대 서화가로 이 름이 높았던 이인상李麟祥(1710~1760)이었다. 신사보 역시 나이가 들수록 서화에 대한 관심이 더욱 높아져 고금 명가들의 그림을 모은 화첩을 만들 만큼 열정과 식견을 지니고 있었다.[124] 유한준 은 신사보가 같은 여항인으로서 예술적 재능이 뛰어났던 이인상 의 절친한 벗임을 여러 번 언급하고 있는데,[125] 실제로 이인상의 문집을 보면 신사보와 함께 그림을 감상하거나 신사보가 살고 있 던 청풍 주변의 단양 등지를 함께 여행한 사실들이 적지 않게 확 인된다.[126] 여기서는 서화 감상과 관련된 이인상의 시를 통해 신 사보가 소장했던 그림들의 면모를 간단히 확인해보기로 한다.

문밖엔 강물 넘실거리는데

구름이 첩첩이라 소리만 들리네.

동쪽 성곽길로 그대를 보내니

나무들 사이로 다리가 놓여 있네.

湛湛門外水, 雲重只聞聲.

送君東郭路, 樹際有橋橫.

_하문황의 소경 산수何文煌小景雲水

이 시는 원래 「자익이 화첩을 얻었는데 그 낙관을 살펴보니 모
두 중국인이었다. 나는 옛 예서체로 담지산백唊脂山栢[127]이라고 표
제를 쓰고, 그림마다 짤막한 시를 적어 뜻을 부쳤다. 그 다섯 수
를 기록한다子翊得畫帖, 考其印識, 皆中州人. 余用古隷, 題褙曰唊脂山栢, 逐幅
寫小詩, 以寓意. 錄五首」라는 긴 제목을 가진 시 중 한 편이다. 제목에
따르면, 이 시는 중국 화가들의 그림을 모은 화첩을 신사보가 구
해와서 이인상이 그 그림을 함께 본 후, 그림마다 풍경에 맞게 제
화시題畫詩를 쓴 것이다. 번거로움을 피해 총 다섯 편 중 하문황
의 그림에 부친 시 한 편을 인용했지만, 하문황 외에도 각각의 소
제목에 밝혀져 있는 사채謝採·반간潘澗·사여謝璵 등의 작자는 모
두 중국인으로 정확한 생몰 연대는 알 수 없지만 대개 명말 청초
의 화가들로 파악된다.[128]

하문황은 특별히 두 폭의 그림이 소개되고 있는데, 인용된 시
를 통해 보건대 인적이 드문 한가하고 고적한 산수 중에 살고 있
는 고아한 선비나 은자들의 모습을 그린 것임을 알 수 있다. 실제
로 하문황은 원말의 예찬倪瓚(1301~1374)과 명대의 동기창董其昌
(1555~1636) 등이 그린 아취로운 문인 산수화를 계승하고 있는

사사표査士標, 「예찬을 본받아 그린 산수仿倪法山水圖」, 219.4×60.9cm, 국립중앙박물관. 신사보申思輔가 소장하고 있는 고금 명인들의 서화첩에는 중국 원대元代 문인화가인 예찬倪瓚을 계승한 사사표와 하문황 같은 청대 화가들의 그림이 포함되어 있다.

청대의 문인화가 사사표査士標(1615~1698)의 제자로 그 역시 스승을 본받아 한적하고 고아한 문인풍의 산수 인물화를 즐겨 그렸던 것으로 알려져 있다.[129] 또한 이인상의 시를 통해 보건대 하문황뿐만 아니라 다른 세 사람의 그림도 모두 문인 산수화 계열의 작품임을 어렵지 않게 확인할 수 있다.[130]

두 사람이 그림을 보고 있는 시점은 1739년(기미) 즈음으로 추정되는데,[131] 그렇다면 유한준의 글에 보이는 노옹 신사보가 소장하고 있는 고금 명인들의 서화첩은 신사보가 이미 20대 중반이었을 당시부터 꾸준히 모은 것이고 또 그 범위도 중국 명청대의 화가들을 포함하고 있을 만큼 폭넓은 것이었음을 알 수 있다. 어린 유한준이 신사보를 만난 시점도 대략 이때쯤이니,[132] 신사보의 그림 애호를 그 역시 일찍부터 알았을 터이고, 그런 까닭에 유한준은 신사보의 오래된 화첩을 보면서 '노인이 그림을 구하는데 근면 성실했으니 독실하게 좋아하지 않았다면 이와 같이 할 수 있었겠는가?'[133]라고 찬탄하며 깊은 공감을 표시했던 것이다. 하지만 그 공감이 크면 클수록 유한준은 신사보가 단지 여항인이라는 이유로 예술에 대한 열정과 식견이 남다름에도 끝내 제대로 평가받지 못하는 것에 대해 더욱 마음이 아플 수밖에 없었다. 바로 그런 안타까운 마음으로 유한준은 소외된 여항인들에 일찍이 주목했던 태사공 사마천의 뜻을 본받아 신사보의 예술적 열정과 고아한 인품을 세상에 알리고자 그에 관한 글을 쓴 것이다.[134]

이처럼 유한준은 출셋길이 막힌 여항인의 어려운 삶과 우울한 심사를 십분 이해하고, 신분적 차별 등 많은 현실적 제약에도 불구하고 자신들의 고결한 인품과 예술에 대한 열정을 끝까지 지켜나갔던 남유형·신사보의 삶을 증언함으로써 그들을 격려하고자 했다. 그리고 또한 이어 소개하는 홍익만洪翼曼·김광국金光國과 관련된 글을 통해서는 당대의 지배계급인 사대부들의 행태와 그 두 사람의 행위를 대비시킴으로써 비판받아야 할 대상과 추구해야 할 지향점을 더욱 선명하게 드러내고자 했다. 먼저 홍익만과 관계된 글을 살펴보자.

역병을 고친 민중의, 홍익만

옛날에는 그 사람의 행실과 능력을 보고 사람을 취했는데, 세상의 가르침이 희미해지자 인물의 가치를 판단함이 행실과 능력에 달려 있지 않고 가문의 지위에 달려 있다. 가문의 지위가 높으면 그 사람이 비록 천하고 졸렬하며[鬪茸], 자질구레하고 보잘것없고[鬼瑣], 어리석고 무식하다[愚無識]고 해도 과장된 칭찬이 하늘을 찌르고, 가문의 지위가 낮으면 비록 의기롭고 위대하며 강개한 사람이라도 내치고 매몰시켜 드러나지 않으니 어찌 한쪽으로 치우친 도가 아니겠는가?

홍익만은 역병疫病을 고치는 의사다. 그는 역병을 치료할 때 보통의 약을 즐겨 쓰는데도 교묘하고 신기하게 잘 들어맞았다. 익만은 성격이 탁 트여[性坦豁] 사람을 구분하지 않고[無畛域], 위급한 사람을 보면 평소에 모르는 사이였어도 가능한 한 자기 능력을 최대한 발휘하여 위급한 사람을 구했다. (…) 그가 언젠가 '무릇 사람이 다른 사람에게 덕을 베풀고 스스로 공을 내세우는 기색이 있으면 이는 천한 사내이니 나는 이런 것을 부끄러워한다'고 말한 적이 있다. 그래서인지 임술년과 계해년에 전염병이 돌았을 때 홍익만은 많은 사람을 살리고서 떠나가버리고는 다시 돌아보지 않았다.[135]

이 글의 주인공인 홍익만은 전염병을 잘 고치는 의사로서 유한준의 말에 따르면 숙종 때 비변사 서리를 지낸 홍국신洪國藎의 아들이다.[136] 하지만 유한준의 이 자료를 제외하고『조선왕조실록』이나『의과방목醫科榜目』및 여타의 문집·야담 자료에서 그에 대한 인적 사항을 발견할 수 없는 것을 보면, 그는 다만 백성 사이에서 소문으로 전해지는 민중의民衆醫의 한 사람이었을 것이다.[137] 유한준이 아니었다면 두 해에 걸친 혹심한 전염병으로 대책 없이 죽어가는 수많은 백성을 구한 이 의기롭고 위대한 의원의 이름조차 하마터면 알지 못할 뻔했다.

그렇다면 유한준을 제외하고 왜 당대의 사대부들은 홍익만 같은 이의 선행에 대해서 이리도 소홀하게 취급했던 것일까? 윗글의 첫머리에서 유한준은 그 이유를 분명하게 밝히고 있다. 옛날에는 행실과 능력으로 사람을 평가했지만 유한준 당대의 지배계층은 오직 가문의 지위로 평가하기 때문이다. 사대부 계층 안에서도 혈연과 혼맥, 지연과 학연이라는 삼중 사중의 고리로 얽혀 벌열을 형성하고 있는 가문의 구성원들이 과장된 칭찬으로 서로를 끌어주며 나라의 온갖 요직과 과거와 관직을 독점하는 상황에서[138] 한갓 서리의 자식인 홍익만의 선행이 눈에 들어올 리 없었다.

유한준이 이 지위 높은 가문의 고귀한 인물들을 '천하고 졸렬하며 자질구레하고 보잘것없고 어리석고 무식하다'고 표현하면서 거의 독설에 가까운 비판을 퍼붓고 있는 것을 보면, 그가 고위층의 무분별한 탐욕에 얼마나 절망하고 있었는지 가히 짐작할 수 있다. 행실과 능력은 아예 보려고도 하지 않고 그저 가문과 혈통만으로 사람을 평가하는 이들 천박한 영혼의 사대부 계층과는 달리, 홍익만은 원래 신분이 낮은 데다 타고난 성품이 편견에 얽매이지 않고 탁 트인 사람이었던 까닭에, 그 마음속에 애시당초 문벌이니 가문이니 혈연이니 학연이니 하는 구분이 없었다. 그는 다만 병을 치료하는 의사로서 그 사람이 누구인지 전혀 알지 못해도 그가 위급한 상황이라면 자신이 할 수 있는 최선을 다해 그를 도왔을 뿐이다. 다른 이유는 없다. 단지 그게 의사로서 해야 하는 자신의 본분이라고 생각했기 때문이다. 그러니 임술년(1742)과 계해년(1743) 조선 전역에 전염병이 나도는 흉흉한 상황에서도[139] 그는 몸을 아끼지 않고 이름도 얼굴도 모르는 수많은 백성의 목숨을 구했고, 그럼에도 소임을 다한 후 자신의 평소 생각대로 공을 내세우지 않고 아무 말도 없이 훌훌히 그 자리를 떠났다.

그러고 보면 세상에서 그의 이름을 좀처럼 발견하기 어려운 이유가 기득권을 지키기 위해 문벌과 학연의 카르텔을 형성하며 자기보다 훌륭한 이들을 내치고 매몰시켜버리는 부패한 지배계층 탓이기도 하지만, 다른 한편으로는 공을 이루고도 스스로 그것을 감추려고 했던 홍익만의 삶의 방식 때문이기도 하다. 사실이 그렇다면 홍익만 같은 이들은 그저 권력으로부터 소외된 사람이 아니라 오히려 보이지 않는 곳에서 말 없는 실천으로 한 사회의 건강함을 유지시켜주고 그 사회를 궁극적으로 지탱하게 해주는 진정한 지도자로서의 덕목과 능력을 갖춘 사람이라 할 것이다.

그림을 사랑한 사람, 김광국

한편, 김광국의 경우는 앞서의 여항인들과는 사정이 조금 다르다. 그 역시 의원이라는 기술직 중인의 신분으로 관직에 오르는 데 일정한 제약이 없지는 않았을 것이다. 하지만 그의 집안은 17세기 이후 대대로 내의內醫를 배출하며 고조부 김경화金慶華(1628~1708) 이래로 계속해서 당상관급의 품계를 받은 중인의 명문가였고,[140] 그 역시 의과를 거쳐 내의원 수의首醫까지 지낸[141] 사회적 지위와 경제적 기반을 갖춘 사람이었다. 그리고 바로 이러한 사회적·경제적 기반이 그를 당대 서화계의 명류들인 김광수金光遂(1699~1770), 이광사李匡師(1705~1777), 심사정沈師正(1707~1769), 김홍도金弘道(1745~1806?), 이인상 등과 폭넓게 교유하며 『석농화원石農畫苑』이라는 자기만의 방대한 서화 컬렉션을 만들 수 있게 했다.[142]

유한준은 김광국이 백발의 노인이 된 후에야 비로소 교유하게 되었는데,[143] 김광국이 어느 날 자신이 평생에 걸쳐 모은 그림들을 장정한 화첩을 가져와 유한준에게 보여주며 발문을 요구했다.[144] 그림을 한 폭 한 폭 넘기며 거기에 쓰인 글과 그의 평들을 하나하나 살펴보니 유한준이 보기에 그는 '그림을 다만 소장하는 사람이 아니라' 진정 '그림을 깊이 아는 사람'이었다.[145]

그림을 깊이 안다는 것은 무엇인가? 유한준에 따르면 그것은 그림의 깊은 이치에 다가가 그림을 그린 사람과 정신적 교감을 이루는 것이다.[146] 그리고 그러한 교감은 그림에 대한 무한한 사랑이 뒷받침되지 않고서는 또한 불가능한 일이다. 스무 살이 채 안 된 어린 나이에 당대의 소장가인 상고당尙古堂 김광수를 만나 서화에 눈을 뜬 후, 백발이 다 된 노인이 되어서까지 그림에 대한 외길 사랑을 지켜왔던 김광국의 열정 앞에[147] 유한준은 다음과 같은 글을 남기고 있다.

> 그림을 아는 사람이 있고, 그림을 사랑하는 사람이 있고, 그림을 보는 사람이 있고, 그림을 모으는 사람이 있다. (⋯) 그림을 알면 진정 사랑하게 되고 사랑하면 진정 보고 싶고, 보면 그것을 모으게 되니 이는 모으기만 하는 것이 아니다. 석농 김광국은 그림을 알아봄이 오묘하니 정신으로 그림을 보지 형태로 그림을 보지 않는다. 세상 사람들이 좋아할 만한 어떤 물건을 내밀어도 사랑하지 않지만 그림은 볼수록 더욱 애착이 심해지니 모은 것이 이와 같이 풍성하다.[148]

유한준은 그림을 대하는 태도에 따라, 그림을 아는 사람·사랑하는 사람·보는 사람·모으는 사람 네 부류로 나눈다. 그런데 김광국은 자신이 만난 여러 사람에게서 그림을 선물로 받거나 사들여서 『석농화원』을 만들었으니 얼핏 보면 그저 그림을 '모으는 사람'에 지나지 않는다. 하지만 유한준은 그림을 통해 사람을 만나고 또 그 정신과 대화하는 김광국의 서화 수집을 허영과 탐욕으로 얼룩진 권세가나 지식인들의 무분별한 그림 수장과 구별함으로써 그림에 대한 진정한 향유와 소장의 의미를 새삼 깨닫게 해준다.

윗글의 생략된 곳에서 유한준은 '고개지顧愷之의 상자 그림'에 대한 고사와 '왕애王涯가 벽을 호화롭게 꾸민 일' 등을 거론함으로써 그림은 볼 줄도 모르면서 그저 소장하기에만 바쁜[149] 환현桓玄과 왕애의 예를 들어 그림에 대한 고위층의 무분별한 애착을 은근히 비판하고 있다. '고개지의 상자 그림'과 관계된 고사는 『진서晉書』 「고개지전顧愷之傳」에 나오는데, 언젠가 고개지가 자신이 평소 아끼는 그림들을 상자에 넣어 당대의 권력자인 환현에게 맡겼다고 한다. 그런데 환현이 고개지의 그림이 탐이 나 상자의 뒤를 열어 그림을 몰래 훔친 후 보지 않은 척 다시 봉합하여 돌려보냈다는 이야기다.[150] 환현이 동진 말에 왕위를 찬탈했다가 스스로의 탐욕 때문에 1년도 되지 못해 물러나게 된 인물임을 상기하면, 유한준이 이 고사의 한 대목을 인용해 정작 그림에 대해서는 알지도 못하면서 인간으로서의 기본적인 예의와 품위는 아랑곳하지 않고 그저 탐욕스레 그림을 수장하려고만 하는 권력층의 잘못된 서화 애착을 은근히 꼬집고 있는 것임을 알 수 있다.

또한 '왕애가 벽을 호화롭게 꾸민 일' 역시 비슷한 맥락에서 가

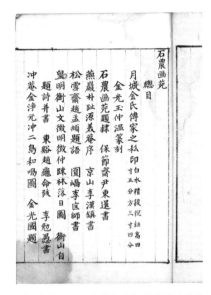

『석농화원石農畫苑』 육필본. 『석농화원』에 수록된 그림의 작가 및 제목, 제발문 등을 기록한 원고. 현재 『석농화원』은 모두 낙질되어 원형을 알 수 없지만 최근 이 육필본이 발견되어 본래 약 9권(원첩 4권, 기타 5권)에 해당하는 방대한 첩으로 만들어졌음을 알 수 있게 되었다.

저마다의
길

져온 고사인데, 이는 『구당서舊唐書』 「왕애전王涯傳」에 보인다. 왕애는 나름 박학한 지식을 가진 고아한 옛것을 좋아하는 문인 관료인데 서화 수집에 눈이 멀어 막대한 돈으로 서화를 사들였다. 그런데 만약 돈으로 살 수 없으면 자신의 관직과 지위를 이용해서라도 마음에 둔 그림을 끝내 구했으니, 그렇게 모은 서화들이 너무 많아 벽 중간에 공간이 있는 이중벽을 만들어 수장품을 보관했다.[151] 주인 덕분에 왕애의 복벽複壁이야 온갖 명품으로 호사를 누렸을 테지만 억울하게 그림을 빼앗긴 사람들과 사사로운 취미를 위해 권력과 금력을 멋대로 쓰는 왕애의 행위를 못마땅하게 여겼을 사람 또한 적지 않았을 것이다. 사람들이 그의 벽을 부수어 그림을 가져가거나 또 어떤 사람은 금은보화 장식의 상자와 호화로운 옥축玉軸 장식의 서화들을 그 벽에서 꺼내어 훔쳐가지는 않고 아예 길거리에 내다버렸다[152]고 하니, 왕애라는 이 교양 있는 지식인에 대한 보통 사람들의 분노가 극에 달했음을 능히 짐작할 수 있다.

　인간으로서의 최소한의 예의도 없고 타인을 배려하는 마음도 없는 이들 권력자와 지식인의 그림에 대한 눈먼 애착에 비해 자신이 소장한 그림 하나하나에 정성스레 제발題跋을 쓰며 그 그림의 내력이나 그림을 그린 사람과의 추억을 떠올리는 김광국의 그림에 대한 애틋한 사랑[153]에는 분명 커다란 차이가 있다. 『석농화원』에 있는 그림과 그 그림에 적혀 있는 김광국의 글을 보며 그림을 안다는 것이 곧 그 그림 안팎의 사람들과 정신적으로 교감하는 것[154]임을 깨달은 유한준은 자신의 생각을 다음과 같은 말로 요약하고 있다. "그림을 알면 진정 사랑하게 되고, 사랑하면 진정

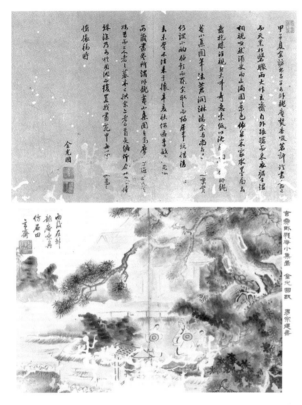

심사정沈師正, 「와룡암소집도臥龍庵小集圖」, 종이에 담채, 28.7×42.0cm, 간송미술관. 그림 오른편에 '玄齋臥龍庵小集圖 金光國跋 男宗建書'라고 그림의 작자와 제목 및 김광국 자신이 발문을 쓰고 아들 종건이 글씨를 썼음이 밝혀져 있다. 두 시동 사이에 탕건에 심의를 입고 공수한 채 안쪽에 앉아 있는 사람과 그 맞은편에 갓을 쓰고 도포를 입은 두 사람의 뒷모습이 그려져 있는데, 상고당 김광수, 현재 심사정, 석농 김광국으로 추정된다. 그림 상단 김광국의 발문에는 1744년(갑자) 여름, 열여덟 살의 청년 김광국이 와룡암에 계신 김광수를 방문해 서화에 대해 논하고 있는데, 심사정이 찾아와 같이 담소를 나누다가 이 풍경을 아름답게 여겨 그림으로 그렸다는 내용이 적혀 있다.

보고 싶고, 보면 그것을 모으게 되니, 이는 모으기만 하는 것이 아니다." 김광국의 그림 소장을 이처럼 정확하게 표현한 말은 없을 듯하다. 또 세상 어떤 좋은 것을 내밀어도 시큰둥했던 그가 그림에 대한 애착만은 왜 그렇게 날로 깊어갔던지를 이 말을 통해 조금은 알 것 같기도 하다.

김광국처럼 그림에 대한 앎과 사랑이 곧 사람에 대한 깊은 이해와 공감으로 승화될 수 있다면, 정말 그러한 애착만큼 스스로 행복한 것도 없고 또 사람 간의 관계를 그윽하고 깊이 있게 만드는 것도 없을 것이다. 아울러 이러한 수준 높은 예술 감상이 서화 등 예술을 향유하는 모든 사람에게 정녕 가능하다면 그것은 단순한 서화 유통과 수집을 넘어 시공을 초월한 사람 간의 예술을 매개로 한 마음의 대화를 가능하게 하는 것이니 한 사회를 정신적으로 성숙하게 할 것이다. 김광국과 다른 두 권력자의 서화 감상 태도를 대비해 보여줌으로써 유한준은 서화 취미와 수장이 결코 개인의 사사로운 취미로만 끝나는 것이 아니라 한 개인의 인격적 성숙과 한 사회의 정신적 깊이와도 관계된 것임을 우리에게 넌지시 말하고 있다.

지금까지 유한준이 만나고 본 중서층 여항인들의 삶을 유한준의 목소리를 통해 전해 들었던바, 그들은 신분적 제약에 따른 불우한 처지로 인해 대체로 생활상의 어려움을 겪고 있었고, 또한 그러면서도 시와 서화라는 예술을 통해 자신들의 삶을 더욱 정련하고 고양시키려는 노력을 보이고 있었다. 특히 홍익만과 김광국은 신분적 소외로 인해 어떤 연민의 감정을 느끼게 하기보다는, 인간과 예술을 대하는 그들만의 성숙하고 깊이 있는 태도와 그 근실한 실천으로 인해 무능하고 부패한 지배계층을 대신할 새로운 사회 주도층으로서의 덕목을 갖추고 있기도 했다. 개개인의 진실된 삶을 정직하게 드러내고자 했던 유한준의 문학 속에는, 이처럼 향락적 탐욕에 빠져 몰락해가는 사대부 계층의 모습과 윤리적·정신적·예술적 측면에서 새로운 사회 지도층으로서의 능력과 덕성을 갖추어나가고 있는 중서층 여항인의 모습이 대비를 이루며 포착되어 있다.

제
5
장

나만의 문학,
개인의 발견

유한준 공은 우리 시대의 거장이다.
문장을 스스로의 운명으로 여겨 오묘한 경지에 이르러야 스스로 만족했다.

分방한 사유가 담긴
자기만의 문장

1

지금까지 유한준의 생애와 교유, 그가 주창한 각도기도적 삶과 문학, 경계와 구분을 짓지 않는 타자 이해 등에 대해 살펴보았다. 자기 자신의 삶을 응시하는 것으로부터 출발해 정주학적 이념과 당파적 편견, 그리고 신분적 차이를 넘어 각자의 길을 걸으며 자기 삶을 완성해간 모든 사람을 아속雅俗의 구분 없이 자신의 글 속에 담으려 했던 그의 진지한 열정과 부단한 노력을 확인할 수 있었다. 이제 그 자신의 글이 아니라 동시대인이 전하는 유한준에 대한 평가를 중심으로 유한준 문학의 성취에 대한 더 객관적인 시선을 확보하고자 한다. 또한 유한준과 같이 개인에 주목한 동시대인의 발언을 간략히 개괄함으로써 '개인과 개체의 발견'이 18세기 문학의 주요한 화두이자 흐름으로 존재했다는 것을 확인하고자 한다.

동시대인들의 증언

유한준은 「자전」에서 스스로 문장가임을 자처했던바, 그는 한 사람의 작가이자 비평가의 안목으로 증보와 첨삭을 거듭하며 그 생애 동안 자신의 문집을 다섯 번이나 묶어내고 있다. 지금까지 확인된 것만 해도 1778년(무술, 47세) 9책의 『자저自著』를 등사하여 유만주에게 교정을 맡기고 있으며, 1787년(정미, 56세)에는 그동안의 시문을 다시 29권 15책으로 정리하고 있다. 또한 1791년 겨울, 자신의 작품을 다시 선별·산정하여 연도별로 정리한 후, 이민보·유언호·박윤원·오재순·성대중 등에게 서문을 받아 이듬해인 1792년(임자, 61세) 10책의 『자저』를 펴내고 있다. 1802년(임술, 71세)에는 스스로 편찬했던 원고(임자본)가 마음에 들지 않았는지 수록된 작품 다수를 다시 산삭한 후, 총 20권 10책으로 편차하여 선혜청 아전 직리直吏 지경철池景喆에게 필사를 맡기고 있다. 또한 마지막으로 그는 1810년(경오, 79세)에 다시 이전의 자편 원고(1802, 임술본)에서 누락된 것과 그 이후에 저작된 글을 모아 『속자저』 4책을 편차하고 있다.[1]

　이처럼 그 생애 동안 증보와 산삭을 거듭하며 여러 형태로 남은 유한준의 문집은 모두 가장家藏된 채로 남겨져 있다가 그의 사후 1년 뒤인 1812년(임신)에 사자嗣子 유회주兪晦柱에 의해 총괄된 후, 문집 간행에 즈음하여 마지막으로 남공철의 서문을 받아 간행하고자 했던 것으로 보인다.[2] 따라서 현재 전해오는 필사본 유한준 문집에는 그가 61세 때 자신의 문집 『자저』를 편찬하며 당대의 명가들인 이민보·유언호·박윤원·오재순·성대중에게 받았던 서문과 유한준이 서거한 후 계자繼子 유회주가 구한 남공철의 서문이 차례대로 수록되어 있다.

> 사법師法은 대개 제자諸子를 벗어나지 않은 것 같다. 하지만 본래 총명하고 박식하며, 또한 옛사람의 장점을 모아 힘써 자신의 뜻(기의己意)으로 묘사하여 변화를 이끌어내었다. 고로 종횡무진 내달려 편폭은 막히는 바가 없고, 우러러 생각함은 초탈하여 구속되는 바가 없으며 그 정신과 기풍은 굳세고 힘이 있다. 사부·가시·서기·지뢰·장독·단발에서부터 각종 공문서에 이르기까지 작품마다 각기 그 능력을 발휘하니 통유通儒가 진기한 재능을 품고 있는 것과 같다.[3]

> 여성汝成은 천성이 총명하고 배움이 넓어 육경으로 그 실마리를 찾고, 역사서로 그 치란治亂을 살피며, 백가百家로 세상의 동이同異를 탐구하면서 또한 사물의 이치와 일의 진면목을 살펴 자신의 지식과 견해로 삼았다. (…) 옛날 한유는 팔대의 쇠미한 끝을 이어 우뚝히 고문으로 자립하여 세상과 더불어 부침浮沈하려 하지 않았다. (…) 수백여 년이 지난 후 구양자歐陽子를 얻어 마침내 그 문장이 크게 드러났다. 지금 여성의 문장을 세상 사람들은 진실로 알지 못하지만, 후세에 구양자 같은 이가 취하여 크게 세상에 행해지지 않을 줄 또한 어찌 알겠는가?[4]

두 글은 같은 시기에 지어진 이민보와 박윤원의 『자저』 서문이다. 유한준은 예순이 된 그해 겨울, 자신의 원고를 다시 정리한 후 당대에 문장과 학식으로 이름이 높았던 지인들에게 문집 서문을 구했던바,[5] 이때 쓰인 서문은 모두 60세까지의 유한준 글에 대한 동시대인들의 평가라고 하겠다. 그런데 위 두 글은 얼핏 보아도 유한준의 문장을 평가하는 시각이 사뭇 다름을 알 수 있다. 첫 번째 글에서 이민보가 '사법은 대개 제자를 벗어나지 않은 것 같다'고 하면서 유한준 문장의 연원을 노장 등의 제자백가에서 찾고 있다면, 두 번째 글에서 박윤원은 고문의 회복을 통해 '팔대의 쇠미함'을 극복한 한유와 같은 인물로 유한준을 평가하고 있기 때문이다. 이때 박윤원이 언급하고 있는 한유의 고문이 유가적 도리에 입각한 것임을 강조하는 맥락에서 제기되고 있음을 환기한다면,[6] 유한준 문장에 대한 두 사람의 진단은 노장老莊 등의 제자와 그것을 비판한 한유의 거리만큼 적지 않은 차이를 보이고 있는 것이다.

물론 이러한 판단의 차이를 두고, 두 사람의 평가 중에 어떤 것이 유한준 문학의 진실에 가까울 것인가를 그의 작품적 실제에 비추어 판단해보는 것이 중요하겠지만, 유한준과 같이 다층적인 면모를 보이고 있는 작가에 대해서는 그러한 평가가 그리 간단한 것만은 아니다. 유한준의 문학적 지향에는 노장 등의 제자백가에 대한 선호와 한유·구양수 등의 문장에 대한 긍정이 공히 존재하고 있기 때문이다.[7] 따라서 회갑의 나이에 수습된 유한준의 문집 『자저』를 본 이민보가 자신의 관심인 통유의 관점에서[8] 유한준의 문학을 바라보면서[8] 제자백가에 경사된 유한준 문장의 연원을 사실대로 지적할 수 있었다면, 박윤원은 자신의 도학적 관점에서 보아도 그 문장의 의의를 수긍할 수 있는 한유 등 고문 가의 범주 내에서 유한준 문학을 감싸 안고자 했던 것일 터이다.

그리고 이처럼 자신의 문학적 관심과 관점 속에서 유한준 문학을 평가하려는 경향은 비단 이 두 사람에게만 국한된 문제는 아니다. 같은 시기에 서문을 썼던 유언호는 그 자신이 문학 창작에서 가장 중요하다고 생각하는 의와 법의 관점에서 유한준의 문장을 평가하고 있고,[9] 오재순은 박윤원처럼 유한준을 한유에 빗대면서도 도리가 아닌 기세가 성盛하다는 측면에서 유한준의 문장을 높이 평가하고 있다.[10] 또한 성대중은 혜오慧悟·기격氣格·형범鋼範의 다각적 측면에서 유한준 문장을 평가하면서 그를 '우리시대의 거장'으로 높이 평가하고 있기도 하다.[11] 요컨대 서문을 쓴 각각의 인물들은 유한준의 문장이 뛰어나다는 것을 공히 인정하면서도 서로 다른 관점과 시선 속에서 유한준 문학의 훌륭함을 지적하고 있는 것이다.

따라서 유한준 문학의 실체를 파악하기 위해서는 먼저 이들의 다양한 시선과 시각 속에서도 공통적으로 인정되는 유한준 문학만의 특질을 추출해낼 필요가 있다. 위의 두 글에서도 유한준의 박식함과 고전에 대한 폭넓은 섭취 등이 인정되고 있는바, 최소 두 사람 이상이 공통적으로 지적하고 있는 유한준 문학의 특징과 의의를 간추리면 다음 세 가지로 압축된다.

첫째. 널리 읽고 뭇 장점을 취해 자기만의 변화를 이루었다.[12]

둘째. 시문의 여러 문체에 고루 능숙하다.[13]

셋째. 기세가 넘치고 다채로우며 자유분방함과 일탈의 측면이 있다.[14]

첫째는 고금을 넘나드는 유한준의 박식함과 다양하고 폭넓은 지식을 자기식대로 소화해 새로운 변화를 이끌어내는 유한준만의 독창성을 지적하고 있다. 아들 유만주의 『흠영』을 통해 이 집안의 서재에 있거나 이들이 탐독했던 방대한 양의 도서목록을 간단히 확인할 수 있거니와[15] 문집에 있는 유한준의 작품 몇 가지만 훑어보아도 유한준의 독서 범위가 고금내외古今內外의 문학과 역사를 총괄한 것임을 쉽게 확인할 수 있다.[16] 그는 또한 방대한 독서를 바탕으로 자기만의 독자적인 견해를 제출했는데, 앞서 살펴보았듯 당시로서는 파격적인 도문분리론과 각도기도설을 주장하며 문학의 독자적 가치는 물론 서로 다른 각자의 삶과 사상을 긍정하는 새로운 문학을 모색했던 것이다. 또한 서문을 쓴 이들이 자구 차원의 모의나 자기 생각 없이 진부한 의견만을 반복하는 문장가들과의 대비 속에서 유한준 문장의 박학에 기초한 독창적 변화의 측면을 지적하고 있는 것을 보면,[17] 그의 문장을 고전의 자구를 모의한 것으로 폄하했던 박지원의 견해[18]가 유한준에 대한 당대인들의 일반적 평가가 아니었음도 간단히 확인된다.

둘째로 유한준 문장의 특징은 시와 문장의 여러 문체를 고루다 잘 쓴다는 것이다. 30대에 쓴 자전적 대화체 산문인 「우려문수」에서 그 스스로도 진한·당송 고문, 초사·사부, 한위고시·성당·중당시·송시 등의 대가들을 모두 거론하며 이들의 시풍과 문장을 남김없이 다 배워 자유자재의 경지에 이를 것을 다짐하고 있기도 하고,[19] 「사장공령집서」에서는 무릇 훌륭한 작가란 문예문과 과거시험에 쓰는 문장에 모두 능통해야 한다고 역설하고 있는 것을 보면,[20] 유한준 문학에 대한 두 사람의 평가는 곧 유한준 자신이 젊었을 적부터 이루고자 했던 문학적 이상이자 목표였음을 알 수 있다.

도문분리론을 처음 제기했던 조귀명이 자신을 산문가로 규정하며 산문 창작에만 주력한 반면,[21] 유한준은 당대에 문장가로서 명망을 얻기도 했지만 고시와 악부시 창작에도 심혈을 기울였고[22] 이론적으로도 『시경』의 여러 주석본과 시체의 연원에 밝았으며,[23] 당대 조선의 북촌 시사의 계보를 조망하고 있을 만큼 시 방면에도 상당한 관심과 조예가 있었다.[24] 『자저』 편제의 절반가량이 부賦·가요歌謠·고시古詩·율시律詩로 채워져 있음을 감안하면,[25] 18세기 개인의 발견이라는 평전 기획의 취지상 이 부분에 대한 본격적 탐구를 뒤로 미룰 수밖에 없었지만, 유한준 문학의 전모를 파악하기 위해서는 시를 포함한 각 문체별 연구 역시 중요한 탐구 영역 중 하나라고 하겠다.

세 번째 특징은 유한준의 문장이 기세가 넘치고 다채롭고 분방하며 일탈의 기운이 있다는 것이다. 이는 일차적으로 활달하고 거침없는 그의 문체상의 특징을 지적한 것이긴 하지만, 그것은 또한 분방한 문체 속에 담긴 그의 경계도 제한도 없는 거칠 것 없는 사유방식을 지적한 것이라 하겠다. 유한준은 그 스스로 어떤 경계도 한계도 없이 자유롭고 초연한 존재이기를 희망했던바,[26] 그는 유자의 삶을 살면서도 노장과 불교 등 여타 사상에 대해서도 그 가치를 동등하게 인정하고 있었고, 또한 유가적 인의仁義와 명분名分 질서를 비판하는 노장의 사고까지도 하나의 가능한 입론으로 받아들이고 있었다.[27] 이처럼 아무런 두려움도 거리낌도 없이 분방하게 자기 생각을 쏟아내는 유한준에게 일찍이 그를 아는 어떤 이는 '번잡한 곡조를 버리고 유가적 미적 이상인 아가雅歌에 나아가라'고 충고한 바 있거니와,[28] 회갑에 이른 유한준에게 서문을 쓰고 있는 이민보와 오재순 역시 문집에 담긴 분방함과 일탈의 측면을 환기하면서, 유가적 도의에 입각한 문학을 넌지시 권유하고 있기도 하다.[29]

말년의 충격과 침잠

제1장에서 유한준이 스스로 지은 묘지명의 기록을 따라 그의 생애를 소개하는 과정에서 그의 사유와 그의 문학이 말년에 이르러 일정한 변화를 겪고 있다고 말한 바 있다. 유한준 사후에 쓰인 남공철의 서문 역시 이와 관련하여 주의 깊은 독서를 요한다. 남공철은 그 서문에서 유한준의 사상 일탈적 경향을 직접적으로 거론하면서 유한준이 젊어서 제자백가를 좋아하다가 말년에는 성리학에 전심했다고 증언하고 있기 때문이다.

> 공은 젊어서 제자백가를 좋아했다. 옥계공玉溪公 김순택金純澤이 일찍이 내게 이렇게 말했다. "저암著庵은 제자백가를 좋아하니, 문장이 좋긴 한데 순정醇正하지는 못하네." 그후 내가 옥계공의 말로 순암공 오재순에게 여쭤보며 "그

런데 저암공이 요즘에는 성리학 서적에 전심한다고 합니다"라고 말씀드렸다. 순암공이 듣고서 기뻐하시며 "화미華美함을 거두고 실질에 나아가면 문장이 더욱 좋아질 것이라고 나 역시 권면한 바 있다네"라고 말씀하셨다. 옥계와 순암은 모두 공이 종유했던 분이다. 그때에 옥계공은 이미 돌아가셔서 공의 만년 저작을 미처 보지 못했으니 안타까운 일이다. (…) 저암공의 문집을 보는 자가 초년과 만년의 구별이 있음을 모른다면, 공을 아는 것이 아니다.[30]

윗글에서 남공철은 유한준이 젊어서 제자백가를 좋아했다고 말하면서 바로 그 점이 선배 문인인 김순택과 오재순에게 하나의 걱정이었음을 지적하고 있다. 김순택은 유한준의 제자백가 선호를 거론하며 문장에 내포된 사고가 순정하지 못함을 지적하고 있거니와 오재순 역시 남공철이 전하는 김순택의 말에 동의하면서 자기 역시 그러한 측면을 염두에 두며 화미함을 거두고 실질에 나아가라고 유한준에게 우회적으로 충고했음을 밝히고 있다. 이상의 말들을 종합하면, 당대 문인들 사이에서 유한준 문장의 활달한 기상과 거침없는 기세가 긍정되었으면서도, 그러한 문체 속에 담긴 사상적 경계와 금기를 넘나드는 그의 제자백가적 일탈의 경향이 또한 하나의 우려였음을 얼마간 짐작할 수 있다.

한편, 남공철의 글에서 하나 더 숙고해봐야 할 사항은 사상적 측면에서 유한준의 문학이 만년에 변화를 보이고 있다는 점이다. 남공철은 유한준이 젊어서 제자백가를 좋아했다가 만년에 이르러 성리서에 전심했다고 전하는바, 이는 유한준 스스로 젊어서는 문장에만 몰두하다가 만년에 와서 육경과 사서의 중요성을 깨닫게 되었다고 회고하는 것[31]과 일치하는 내용이다. 필자가 파악하기에도 유한준은 회갑이 지난 시점 이후, 문학에만 몰두했던 자기 자신을 반성하고 도학 공부의 중요성을 깨닫기 시작한 것으로 보인다. 61세에 쓴 「석당집서石堂集序」[32]에서 그는 경술·문장·정사 중 어느 한쪽에만 치우친 유자를 비판하고, 선비라면 마땅히 그 셋에 모두 능통해야 함을 역설하고 있기 때문이다.[33]

하지만 문집을 통해 보건대 그의 변화가 더욱 뚜렷이 감지되는 시기는 유한준의 최만년인 70세 이후다. 「자전」을 쓴 55세까지도 그는 각자의 다양한 삶과 사상과 문학을 긍정하는 도문분리론을 자기 문학의 가장 중요한 부분으로 생각하고 있었고[34] 회갑 즈음에 펴낸 그의 문집을 본 지인들은 여전히 그의 사상적 일탈을 우려하고 있었다. 그랬던 그가 칠순을 넘긴 바로 그 시점부터 문학에만 빠져들었던 지난날을 진심으로 후회하고 도학 공부의 중요성을 재삼 강조하면서 실제로 육경·사서 등의 유교 경전에 몰입하게 된다. 이 시기 그는 유가 경전 공부와 유교적 강상綱常 윤리의 회복을 강조하는 다수의 글을 집중적으로 남기는데,[35] 다음은 그 변화의 요인[36]을 추론하는 데 하나의 단서가 될 만한 글의 일부다.

> 오랑캐 청이 천하를 소유한 지 160여 년이니 조선 사람이 청나라가 있음을 알지만 명明의 천자가 있음을 알지 못한다. 성인은 주나라를 높이고 오랑캐를 물리쳐야 함[尊周攘夷]을 밝혔고, 주자는 "원망을 머금고 슬픔을 참는다[含冤

忍痛]"고 했지만, 지금은 그 뜻과 그 말이 끊어진 지 오래되었다. 근래 또 불행히도 예수교가 조선에 출현하니 (…) 그 재앙은 양주楊朱·묵적墨翟과 노자·부처보다 더욱 극렬했다. 오호라! 나라의 기강과 법을 무너뜨려 사람들을 몰아 다 금수로 만든다면 이 나라가 망하지 않을 수 있겠는가? 춘추대의春秋大義가 어두워지자 이단이 일어난 것이다.[37]

대개 하늘의 이치와 사람의 도리와 사물의 법칙이 실마리가 되어 삼강오륜이 되었다. 사람은 이로 인해 사람이 되고 국가는 이 때문에 국가가 되니 삼강오륜이 끊어지면 인류는 멸망하고 나라도 따라 망하게 된다. 우리 조선이 어찌 예로부터 칭해지는 예의의 나라·소중화小中華의 나라가 아닐까마는 어찌하여 갑자기 예수의 술법이란 것이 조선에서 나오게 되었단 말인가? 그 술법은 혼미하여 부모를 버리고 봉양도 제사도 하지 않고, 위로는 군부君父도 없고 아래로는 부부夫婦도 없다. (…) 사람들이 크게 미혹되어 암암리에 퍼뜨려져 하루가 다르게 번성하니 그 기세가 인류를 다 몰아가 금수로 만들어 나라를 위태롭게 할 지경이 되었다.[38]

위 두 글은 모두 유한준이 71세인 1802년에 쓴 글로, 그의 문집에서 이전까지 한 번도 언급되지 않았던 '예수교(천주교)'에 대한 발언이 나오는 대목이다. 유한준은 첫 번째 글에서 평생에 걸쳐 유지되었던 청나라에 대한 자신의 반감을 숨김없이 드러내며 춘추대의의 정신을 다시 한번 환기시키는 가운데, 양주·묵적·노자·부처라는 기성의 이단보다 더 큰 재앙을 가져온 '예수교'라는 새로운 이단이 조선에 출현했음을 위기감과 경계심이 섞인 목소리로 전하고 있다. 또한 두 번째 글에서는 유교 윤리의 근간인 삼강오륜의 보편성과 절대성을 강조하면서 충효를 근간으로 한 오륜적 질서가 무너지면, '인류는 멸망하고 나라도 따라 망하게 된다'고 단언하고 있다. 그러면서 그는 예의의 나라인 조선에 갑자기 예수의 술법이 출현해 부모에게 제사도 지내지 않고, 위로는 임금을 섬기지 않으며, 아래로는 부부의 연을 맺지 않는 패륜적인 천주교의 삶의 방식이 사람들 사이에 암암리에 퍼지고 있는 상황을 국가를 위태롭게 할 심각한 사태로 규정하고 있다.

유한준이 윗글에서 천주교의 출현을 청나라가 천하를 지배하게 된 상황과 연결시키고, 삼강오륜의 강상 윤리가 무너진 것과 관련시키는 것은 언뜻 보면 납득이 가지 않는 부분도 있다. 하지만 한낱 짐승 같은 야만족으로 취급되던 만주족 청이 무력으로 조선의 국왕을 무릎 꿇리고, 천자의 나라인 명나라를 멸망시킨 후 중원의 패자로 군림한 사건에 대해 당대 조선의 대다수 지식인을 중화질서와 강상 윤리를 어지럽힌 것으로 생각했다. 이런 전반적인 상황을 감안하면, 천주교의 출현을 청의 중원 지배와 강상 윤리의 파괴와 연관시키는 유한준의 사고방식이 그리 낯선 것만도 아니다. 게다가 두 번째 글에서 말하고 있듯 천주교는 신앙을 위해 부모의 제사도 마다하고, 임금의 명령이 아닌 천주의 말을 따르며, 천주를 따르는 신부들은 혼인도 하지 않으니, 그야말로 유교 윤리의 근간이 되는 삼강을 위태롭게 하는 것이 분명하다.

물론 윗글에 보이는 존주대의에 입각한 유한준의 반청反淸 의식과 천주교에 대한 무조건적인 반감은 유한준과 동시대를 살았던 노론 내의 북학파 지식인과 남인 내부에 존재했던 천주교 신자들을 염두에 두면, 시대에 뒤떨어지거나 시대를 앞서가지 못한 보수적 입장을 견지한 것일 수 있다. 그리고 실제로 청과 천주교에 대한 즉각적이고도 원초적인 배타적 감정이야말로, '가피한 것도 불가不可한 것도 없고 경계도 한계도 없는' 초연한 삶을 살고자 했던[39] 유한준이 끝내 극복하지 못한, 아니 극복할 생각조차 하지 못했던 원천적인 한계점이기도 했다.

그럼에도 불구하고 이 글이 쓰인 1802년이라는 역사적 시점과 유한준만의 특수한 개인사를 되돌아보면, 아무런 반성적 사고도 없이 즉각적으로 천주교의 윤리를 금수에 가까운 것으로 취급해버리는 유한준의 비이성적인 태도가 이해되지 않는 것도 아니다.

1765년과 1780년, 홍대용과 박지원이 각각 연행에서 천주당을 방문할 때까지만 해도[40] 조선인들에게 서양은 청나라와 같은 금수만도 못한 오랑캐이기보다는 일종의 호기심의 대상 혹은 천문·지리·역법에 관한 발전된 과학 지식을 가지고 있는 문명국으로 인식되기도 했다. 하지만 유한준이 60세가 되는 시점인 1791년에 발생한 진산사건珍山事件은 조선 지식인들이 천주교를 이단시하는 데 결정적인 계기가 되었고, 이후 일부 남인계 신서파信西派 지식인들을 제외한 대다수의 조선인으로 하여금 천주교로 상징되는 서양 문명의 확산에 일종의 위기감을 느끼지 않을 수 없게 했다.

진산사건이란 전라도 진산군의 남인계 선비 윤지충尹持忠 (1759~1791)과 권상연權尙然(1750~1791)이 천주교 교리와 맞지 않는다는 이유로 제사를 올리지 않고 신주神主를 불태운 사건을 가리키는데, 두 번째 인용문에서 유한준이 '예수의 술법이 혼미하여 부모를 버리고 봉양도 제사도 하지 않는다'고 말하고 있는 것으로 보아 그 역시 이 사건을 인지하고 있었음을 알 수 있다. 조선에서의 천주교 유입과 관련된 연구[41]에 따르면, 진산사건은 서학 및 천주교에 빠져 있는 남인 시파의 행동에 반감을 가지고 있었던 홍낙안洪樂安(1752~?) 등 남인 벽파에 의해 처음으로 여론화되긴 했지만, 사건이 확산되면서 당파를 넘어 당대 지식인들에게 큰 반향을 일으켜 천주교를 애비도 임금도 모르는 무부무군無父無君의 패륜적인 사학邪學으로 인식하게 하는 결정적인 계기가 되었다. 이 사건 이후 천주교는 국법으로 금지되었고, 나라 안의 모든 서학서西學書를 불태우라는 조치가 있었으며, 천주교를 믿거나 서학을 옹호했던 대다수 지식인이 자기 생각을 바꾸는 등 사회 전체적으로 서양에 대한 개방적인 분위기가 위축되고 배타적인 경향이 고조되었다. 또한 이로 인해 유교적 강상 윤리가 새삼스레 강조되고 사학에 대한 경각심이 더욱 고취되는 분위기가 형성되어갔던 것이다.

평생토록 문학에 심취하고 노장과 불교 등 이단 사상에 대해 지극히 개방적이었던 유한준이 만년에 이르러 천주교뿐 아니라 양주·묵적과 노자·부처까지도 이단시하며 육경과 사서를 탐독하면서 유가-성리학 공부에 집중하게 된 것은 이러한 사회적 보수화의 분위기와 무관하지 않았으리라 생각된다.

다만, 인용된 글로 보아 유한준은 분명 제사를 거부했던 천주교도들의 행위를 진산사건이 발생했던 1791년 당시에도 알았을 것으로 추측되는데, 그 당시 글을 보면 이에 대한 언급이 전혀 없다. 그 후에 쓰인 「석당집서」(1792년, 61세)나 「윤지당고서允摯堂稿序」(1795년, 64세) 등에서 도학에 대한 그의 관심이 높아졌음을 간접적으로 확인할 수 있을 뿐이다. 앞에서 잠깐 언급했듯 유교적 강상 윤리의 고취와 도학 공부를 강조하는 유한준의 변화된 모습이 뚜렷하게 감지되는 때는 70세 이후이고, 그 현저한 변화를 처음 느끼게 하는 글이 바로 앞서 인용한 두 글이다.

진산사건이 일어난 1791년 문집에는 아무런 언급이 없는 것으로 보아 유한준은 당시에는 천주교에 대해 큰 관심을 두지 않았던 것 같은데, 그렇다면 왜 1802년에 이르러서야 이처럼 심각하게 천주교의 확산을 우려하게 되었던 것일까? 자료를 통해 보건대, 여기에는 그만한 이유가 있다. 1791년 진산사건이 일어났을 때 그에게는 아무 일도 일어나지 않았지만, 윗글을 쓰기 바로 전해인 1801년 신유박해 때 그가 사랑하는 친지 한 사람이 천주교를 신봉한 죄로 목숨을 잃게 되었기 때문이다.

30대 중반 각도기도설을 주장하며 노장과 불교 등의 이단적 사상과 문장의 가치를 스스럼없이 인정했던 유한준이 거칠 것 없던 자신의 사상·문예적 모색과 실천을 반성하고 칠순이 넘은 나이에 얼마 남지 않은 여생을 유교적 강상 윤리로 마음을 다잡고 성리학 공부에 전념했던 이유는 바로 자신이 사랑했던 친누이의 손자, 김백순이 신유박해에 연루되어 안타깝게 목숨을 잃었기 때문이었다. 김백순의 죽음이 가져온 충격과 유한준의 깊은 회한 및 철저한 자기부정에 대해서는 그의 생애를 개괄한 부분에서 상세히 언급한 바 있으므로 참고하기 바란다.[42]

「이채초상李采肖像」, 비단, 99.6×58.0cm, 국립중앙박물관. 이채의 얼굴 왼편에 72세의 저암著菴(유한준)이 찬讚을 짓고, 기원綺園(유한지俞漢芝)이 글씨를 썼음이 밝혀져 있다. 같은 해(1803), 유한준은 청풍계淸楓溪에서 김재순金在淳·조중첨趙重瞻·이낙배李樂培·서간수徐簡修와 함께 오로회五老會를 결성했는데, 유한준 자신이 『오로회첩』의 서문을 쓰고, 이채가 발문을 썼다. 이채는 이재李縡의 손자로, 유한준의 묘표墓表를 쓰기도 했다.

각자의 길을 가고, 각자의 삶을 완성하는 유한준의 문학은 어떤 특정한 이념에 얽매이기보다는 각자의 삶의 원칙과 방법을 하나의 도로 삼아 자신의 길을 가고 있는 모든 개인의 모습을 이념적·당파적·신분적 편견 없이 오직 실제적 사실에 입각해 드러내고자 하는 경향을 보인다. 추상적 이념이 아니라 살아 있는 개인에 주목한 유한준의 문학은 우선 자기 삶을 이상적으로 윤색하기보다는 자기 안의 내면적 갈등을 솔직하게 토로하는 자기 서사의 경향을 띠고 있었고, 노론의 당파적 입장을 견지한 유자로서의 삶을 살면서도 그에 포섭되지 않는 노장이라는 타자와 유형원이라는 남인 학자의 삶과 사상을 전면적으로 긍정하는 모습을 띠기도 했다. 또한 그 자신 명망 있는 사대부가의 자손이면서도 무능과 부패와 타락의 길을 걷고 있는 사대부 계층의 몰락을 직설적인 목소리로 비판했으며, 신분적 소외에도 불구하고 새로운 사회 주도층으로서의 덕목과 능력을 갖추어나가고 있는 중서층 여항인의 삶을 적극적으로 지지하고 있었다. 이를 보면, 유한준의 문학은 자기 삶의 출발점이자 입지이기도 한 '유가적' '노론' '사대부'로서의 삶의 궤적을 벗어나지 않으면서도 때로 적대적이기까지 한 이질적 타자의 삶을 자기식의 왜곡 없이 타자의 모습 그대로 긍정하는 모습을 보여주고 있었던 것이다.

그런데 비록 유한준처럼 '도문분리'라는 이름으로 '정주학'이라는 사상·문학의 통일 원리를 전면적으로 부정하고, '개인'을 근간으로 한 '각도기도'의 문학을 선명하게 주장하고 있지는 않다 해도, 18세기 당대의 많은 문인 역시 그들 나름의 방법으로 독립적 '개인'의 자유로운 의식과 '개체'들의 다양한 삶을 그 자체로 긍정하는 새로운 문학적 관점을 제시하고 있었다. 이 장에서는 이와 같은 논의들을 종합함으로써 **정주학적 이념으로 포섭할 수 없는 독자적 '개인'들의 의식과 정서에 기반한 문학**이 새롭게 정립되고 있었음을 확인하고, 그런 가운데 유한준 문학의 문학사적 위치를 가늠해보고자 한다.

실상 시문을 포함한 모든 인간의 글쓰기가 각 개인의 감정과 그 자신의 생각을 드러낸 것이라면, 글쓰기의 일종인 '문학'이 개인의 의식과 정서에 기반한 것이라는 언술은 새롭기보다는 오히려 동어반복에 가까운 구태의연한 대답일 수 있다. 하지만 조선시대의 문학 관련 논의를 일별해보면 시와 문장을 거론하면서 '개체'나 '개인'을 강조하고, 개인의 독자적 의식을 전면에 내세우고 있는 언술은 18세기에 와서야 비로소 비교적 활발하게 등장하게 된다. 그 이전까지 문학 창작 행위를 계도啓導하는 기준은 '유가-성리학'이라는 이념이었고, 개인은 비록 자신의 목소리로

저마다의
길

290

자신의 생활과 정서를 시문을 통해 토로한다고 해도 그것은 유가적 치세 이념과 성리학적 심성 수양이라는 목표에 부응할 때만 정당한 것으로 인정되었다.

물론 문학을 통한 성리학적 치세 이념의 구현이라는 동일한 목표를 가진 조선의 문인학자들을 각자가 처한 사회적 위치나 문학을 바라보는 관점과 태도에 따라 관학파官學派·사림파士林派·방외인方外人 등으로 나눌 수 있고, 혹은 경세가經世家·도학가道學家·고문가古文家로 분류할 수도 있다.[43] 그리고 이렇게 분류된 이들이 유가-성리학적 이념의 체현 정도나 그 구체적인 문학적 실천 양상에 따라 다소간의 사상적 편차와 문학적 질감의 차이를 보이고 있는 것도 사실이다. 하지만 선행 연구에서도 이미 말하고 있듯 이들은 모두 도를 근본적인 것으로, 문을 말단적인 것으로 여기는 도본문말론道本文末論의 태도를 견지[44]하고 있는 '정주학적 도문일치론'이라는 동일한 기반 위에 서 있는 사람들이다. 따라서 대체로 16세기 중반까지의 학자들을 대상으로 한 이러한 분류 틀로는 자신의 문학적 이념과 실천을 통해 의식적 혹은 무의식적으로 정주학적 도문일치론의 자장을 벗어나 정주학이라는 조선 사회의 통일 원리마저 부정해버리고 있는 새로운 의식 지향을 제대로 포착하기 어렵다.

나만의 문학: 조귀명·이용휴·이언진

18세기 초입에 도문분리론을 처음으로 제기했던 소론의 문인 조

조귀명, 「건천고乾川藁」, 서울대학교 규장각한국학연구원.

귀명은 '사람은 태어나면서부터 각자의 눈과 귀를 가지고 태어나, 모든 사람의 감각과 의지가 동일하지 않다'[45]는 것을 전제로, 어떤 이념과 학문 및 특정한 문학적 경향에도 구속받지 않는 독립된 '개인'으로서의 자기를 선언하고 있다.[46] 또한 그는 같은 전제하에 어떤 대상을 표현하는 모든 개인의 문학이 모두 다를 수밖에 없다고 말하고 있기도 하다. 그가 생각하기에 모든 사람은 오직 자신의 몸으로 체험하고 자신의 뜻으로 판단하기에 원초적으로 서로 모방하거나 간섭하는 것이 불가능하고, 그런 까닭에 설령 동일한 사물을 보더라도 다른 사람의 시각을 빌려올 수가 없다. 따라서 선천적인 사상의 독립자인 개인들의 문학은 다른 누구도 아닌 자기만의 시각과 관점으로 세상을 경험하고 해석한 자기만의 문학적 세계를 그려내 보일 수밖에 없고, 그런 까닭에 자신의 문학 역시 세계 앞에 홀로 우뚝이 선 개인인 건천자乾川子 자신의 문학일 수밖에 없다는 것이다.[47] 결국 조귀명은 서로 다른 감각과 의지를 가진 독자적 개인을 그 전면에 내세움으로써, 정주학 등 어떤 이념에도 구속받지 않는 각 '개인'의 저마다의 '인식'과 '체험'에 근거한 새로운 문학의 기치를 높이 세웠다고 할 수 있다.[48]

한편, 이 시기 남인의 대표적 문인으로 당대에 재야문형在野文衡으로서의 권위를 인정받았던 이용휴[49]는 자신의 주체적 자각 없이 '타자'와 '외물外物'에 휘둘리는 세태를 비판하고, 오직 자기 자신의 마음을 기준으로 행동할 것을 주장하는 강렬한 '자아自我' 의식을 보여주고 있다.

> 나[我]와 다른 사람[人]을 마주 놓고 보면 나는 친하고 남은 소원하다. 나와 사물[物]을 마주 놓고 보면 나는 귀하고 사물은 천하다. 그런데도 세상 사람들은 친한 것으로 소원한 것의 말을 듣게 하고 귀한 것이 천한 것에게 부림을 받도록 한다. (…) 이렇다 보니 좋아하고 미워하고 기뻐하고 성내고[好惡喜怒], 행하고 멈추며 굽어보고 우러러봄[行止俯仰]이 모두 남을 따르는 바는 있어도 스스로 주인이 될 수는 없다.[50]

이치는 어디에 있는가? 마음에 있다. 모든 일을 반드시 마

음에 물어보고 마음이 편안하면 이치가 허락한 바이니 그
것을 하고, 편안하지 않으면 허락하지 않는 것이니 그만둘
지어다. 이와 같다면 따르는 것이 바르게 되어 저절로 하
늘의 법칙에 합치될 것이다.[51]

　첫 번째 글에서 이용휴는 '나'라는 주체와 '타자' '사물'이라는
자기 밖의 외부세계를 대비시키면서 세상 사람들이 자기 자신보
다 귀중할 수도 가까울 수도 없는 타인의 말과 부귀공명 등의 외
물을 좇으면서[52] 정작 자신 내면의 목소리를 듣지 못함을 안타까
워하고 있다. 그가 보기에 이러한 세태는 아주 심각한 지경에 이
르러서, 세상 사람들이 호오와 희노의 감정은 물론 자신의 모든
행동거지까지 다 남을 따르고 세상의 기준에 맞추려고만 한다는
것이다. 그런데 이렇게 해서는 사람들이 모두 남과 구별되는 자기
만의 몸과 마음을 가지고 있을지라도 자기 자신의 주인은 될 수
없다는 것이 이용휴의 생각이다.
　그렇다면 진정 자기 자신의 주인이 될 수 있는 방법은 무엇일
까? 두 번째 글에서 이용휴는 외물과 타자에 흔들리지 않고 자
기 자신이 이 세계의 주인이 될 수 있는 방법을 간명하게 가르쳐
준다. 간단히 말해 그것은 모든 사태에 대해서 자기 마음을 기준
으로 판단하고 행동하라는 것이다. 그가 생각하기에 세상의 의
견과 자신의 견해가 부딪쳐 어떻게 행동하는 것이 옳은지 의문
이 들 때[53] 그 의문과 갈등을 해소하는 모든 이치는 바로 자기 자
신의 마음에 있다. 세상 사람들과 어긋나는 어떤 일을 하려고 할
때 자신의 마음이 편안하면 그것을 하고 편안하지 않으면 그만

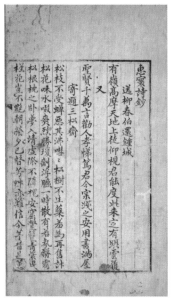

이용휴, 「혜환시초惠寰詩抄」, 미국 버클리대학교동아시아도서관.

둘 뿐이다. 하나의 주체로서의 개인이 '타자'와 '외물'에 둘러싸인 세계를 살아가면서 먼 곳의 다른 어떤 것이 아닌 바로 자기 자신의 마음에 따라 행동하는 것이 곧 이치가 허락하는 바른길이고, 하늘의 법칙에 부합하는 길임을 이용휴는 역설하고 있는 것이다.

'이치가 마음속에 있다理在心'는 이용휴의 생각은 마음이 곧 이치(심즉리心卽理)라는 양명학의 핵심 테제를 문맥에 맞게 달리 표현한 것이고, '자기 마음의 편안함을 따라 행동하면 저절로 하늘의 법칙에 합치된다'는 생각 역시 '내 마음이 곧 천리吾心則天理'라는 왕양명의 생각과 일맥상통하는 것이다.[54] 이로 보면 이용휴는 이미 많은 선행 연구에서 지적한 것처럼 양명학을 흡수하며 세상의 상식과 일반적 견해에 주눅들지 않는 강렬하고도 주체적인 '개인적 자아'를 확립하고, 바로 그 바탕 위에 자신의 개성적인 문학 세계를 구축했던 인물임을 알 수 있다.[55]

한편 스승 이용휴로부터 다른 사람을 모방하지 않고 자기 견해를 따라 시문을 짓는 이로 공인받았던 이언진李彦瑱(1740~1766)[56]은 아예 '성인'이나 '고인古人'을 직접적으로 거론하며 이들을 부정한 위에 자기 문학을 세우겠다는, 그야말로 파천황破天荒의 '주체' 의식을 드러내고 있다. 그는 중국어인 백화를 과감하게 구사하는 육언시六言詩 속에 유·불·도의 사상과 진·한·당·송·명의 문장을 마음대로 횡단하며 그 형식과 내용에 있어서 자기만의 독자적인 경지를 보여주었다고 평가되는바,[57] 적어도 그가 구사하는 언어와 그의 시 속에 흐르는 파토스는 중세적 질서 전체를 전복시키고도 남을 만하다.

불현듯 이런 생각 떠올랐지.
내 눈을 남에게 맡겼다는.
눈에도 정신이 있다면 필시 원망하리니
내 눈 찾아 내 몸에 돌려줘야지.
猛可裡想起來, 我有眼寄在人
眼有神必叫冤, 尋我眼還我身
_「호동거실衚衕居室」 제66수[58]

내 스스로 부처가 될 수 있으니
마음으로 깨닫고 애초에 스승 삼지 않으리.

押物判事前
漢墨主簿從
六品李彥瑱
宇虞裳體墨
夏或雲我或
誕登子雜林
人庚申生二
十五

미야세 류몬宮瀨龍門, 「이언진 초상」, 『동사여담東槎餘談』, 필담창화집 수록본.

임모臨摹했던 서첩 먹으로 뭉개고
표절했던 글들 화로에 불사르네.

自吾能作佛, 心悟不師初
墨抹臨摹帖, 爐燔剽竊書

「갑신유월이십팔일, 닭털 붓으로 창원
객사에 적다. 햇살은 밝은 창에 비껴들
고, 매미 소리 나무에 가득하다甲申六月
二十八日, 試鷄毛筆, 書于昌原客舍. 斜陽明窓, 蟬
聲滿樹」[59]

위에 제시한 두 시는 앞서 살펴
보았던 스승 이용휴의 생각과 상당
히 흡사한 사고방식을 보여준다. 이
용휴가 타인들에게 주는 기문記文을
통해 자기 생각을 드러내고 있어 보
다 객관적인 어조를 띠고 있었다면, 이언진의 위 글은 자기 고백
적인 시체詩體로 인해 보다 직접적이고 자각적으로 다가온다. 그
는 인용된 첫 번째 시의 제1·2구에서 '자기 눈이 있으되, 그 눈
을 다른 사람에게 맡겼다我有眼寄在人'는 생각이 갑자기 들었다고
말하고 있는바, 이는 바로 내 몸에 내 눈이 있긴 하지만 자기 눈
으로 세상을 바라보지 못하고 다른 사람의 시각에 의해서만 세
상을 바라보고 있다는 자각이다. 이언진이 자각한 이 상태는 이
용휴가 비판했던 '내 삶의 주인이 되지 못하고, 모든 행동을 다른
사람을 따라하는'[60] 비주체적인 삶의 방식이니, 이러한 생각이 드

는 순간 이언진은 제3·4구에서 볼 수 있듯 내 눈을 찾아 자기 시각으로 세상을 보아야겠다는 결심을 하고 있는 것이다.

또한 두 번째 시를 통해 보건대 내가 내 삶의 주인이 되는 방식도 앞서 이용휴의 생각과 크게 다르지 않다. 이용휴가 '자기 마음'이 모든 결정의 준거점이 됨을 역설했듯이,[61] 이언진 역시 두 번째 시의 제1·2구에서 스승을 섬기기보다는 자기 마음으로 깨달아 스스로 부처가 될 수 있다고 말하고 있기 때문이다. 하지만 두 편의 시를 통해 엿볼 수 있는 이언진의 생각이 설령 이용휴의 사고방식과 흡사하다고 해서, 또 이 시에 등장하는 시적 화자인 내가 부처가 되기를 소망한다고 해서 섣불리 그의 문학 전체를 이용휴나 불가의 영향에서 비롯된 것으로만 위치 짓는 것은 잘못이다. 그는 다른 시에서 '가可한 것도 없고, 불가不可한 것도 없는 중니仲尼를 배우길 원한다'[62]고 말하고 있거니와 그의 생각은 공자에게서 온 것도 있으며, 반면 또 어느 때는 공자가 엮은 『시경』을 낮추고 노자의 『도덕경』을 높이는 등[63] 도가지향적이기도 하기 때문이다. 요컨대 이언진은 스스로 말하듯 '스님의 얼굴에, 유복儒服을 입은, 성性이 노자老子와 같은 이씨李氏'인, 그야말로 어느 하나로 이름할 수 없는 유·불·도 삼교의 대제자[64]임을 자처하고 있는 것이다.

하지만 또 그렇다고 해서 그를 단지 '삼교의 제자'로만 파악한다면 이 역시 이언진을 잘못 본 것이다. 그는 다른 곳에서는 자신을 이백·왕유王維 등의 시인이자 화가,[65] 이필李泌·이철괴李鐵拐 등의 산인山人, 선인仙人과 동일시하기도 하며,[66] 만권서萬卷書를 읽은 도홍경陶弘景, 환약丸藥을 제조하는 등 의학에 밝았던 손사막孫思

邈, 세속의 명예와 이익을 잊고 깊은 잠에 빠질 수 있었던 진단陳搏이 되길 바라기도 한다.[67] 또한 양지양능良知良能을 말한 맹자에 동감을 표하는가 하면,[68] 노장을 배웠지만 노자도 장자도 아닌 자기만의 세계를 열었던 이탁오李卓吾를 지금 세상의 유일한 사람으로 높이기도 한다.[69] 그의 생각이 이용휴와 부분적으로 비슷하다고 해서 그가 성취한 독창적인 면을 무시한 채 그가 이용휴에게서 배웠다고만 하거나, 그가 구사하는 용어 중 많은 것이 왕세정과 원굉도의 글에서 발견된다[70]고 해서 또한 이언진을 그들의 영향 속에 가둔다면, 이는 이언진을 그 실상대로 파악하는 것이 아니다. 18세기의 여느 작가들처럼 이언진도 조선과 중국의 전범이 될 만한 모든 작가를 읽었고 그들 모두에게서 배웠지만, 그는 이전 사람들이 걸었던 길을 뒤쫓아가려고 하지 않았다. 그는 오히려 앞사람이 가지 않았던 길을 가고, 생각하지 못했던 것을 생각해서 자기만의 시세계를 열어 보이려 한 인물이었다. 따라서 그의 시세계는 궁극적으로 '이언진'이라는 독창적인 '개인'에게 귀결될 것이지, 그가 읽은 어느 특정한 전범典範으로 환원될 수 있는 것이 아니다.

시와 그림은 상투적이면 안 되니
기존의 틀을 깨고 벗어나야지
앞 성인이 갔던 길 가지 않아야
후대의 진정한 성인이 되리.

詩不套畫不格, 翻窠臼脫蹊徑
不行前聖行處, 方做後來眞聖

「호동거실」 제54수

현명한 이들 모두 한집에 모이니

진실로 문장이 성대하도다.

고인이 공평하게 못한 것 바로잡고

고인이 이미 내린 판결 뒤집는구나.

百賢同聚一堂, 洵是文章盛觀

正古人未平衡, 翻古人已斷案

「호동거실」 제156수

   위 두 편의 시가 보여주는 '성인'과 '고인'에 대한 전면적인 부정의 정신은 18세기 이전 조선의 시인, 문인학자들에게서는 거의 발견할 수 없는 것이다. 조선인들에게 성인은 추앙하며 따라가야 할 존재였지, 부정하며 이탈할 대상이 아니었다. 설령 한 사람의 문인학자가 이전에 없던 것을 자신이 새로 발명했을 때조차 전통시대의 사람들은 성인의 뜻을 조술祖述하거나 보충했다고 말하지, 위 첫 번째 시의 제3·4구처럼 감히 앞 성인의 길을 벗어나 자신이 '후대의 진정한 성인'이 될 것을 꿈꾸지는 못했다. 두 번째 시의 고인 역시 마찬가지다. 시 자체가 가지는 함축적 언어 구사로 인해 고인이 지칭하는 대상은 문학·학문·정치의 여러 방면의 전범이 되는 옛사람으로 해석될 수 있겠는데, 문제는 그것이 어떤 분야를 지칭하든 이 시의 화자는 전통시대 사람들의 사고 속에 언제나 '기준'이자 '표준'의 의미로 사용되는 고인의 공평하지 못한 부분을 바로잡고, 고인이 내린 결정까지도 뒤집어버린다.

물론 이미 수많은 세월을 거쳐 역사적 전범이자 표준으로 자리 잡은 고인이나 성인이 위 시처럼 간단히 부정될 수는 없다. 그럼에도 이들의 문학적 언술이 한 시대를 지탱해왔던 신념 체계를 벗어난 어떤 새로운 사고의 도래를 예감케 하는 이유는, 이언진이든 이용휴든 조귀명이든 이전에 없었던 전면 부정의 발상을 스스럼없이 발설하고, 당대의 지배적 가치에 반하여 '성인'과 '고인'의 영향권 바깥에 자기를 위치시킨 후, 그곳에 '홀로 서서' 자기 문학의 기치를 높이 세우려 한다는 점 때문이다.

개인과 개체에 대한 자각: 유만주·이옥

유한준의 아들로, 백과전서에 버금가는 방대한 일기 『흠영』을 남긴 유만주 역시 독자적 개인들의 사상·문학·기예를 긍정하는 언술을 남기고 있다. 그의 아버지 유한준이 각도기도론을 통해 모든 개인의 사상과 문학은 물론 기예와 취미까지를 긍정했음은 이 책의 제3장에서 언급했거니와 유만주의 생각 역시 이와 다르지 않았다.

무릇 도는 고하와 선악을 막론하고 하나를 얻어 그 미묘한 곳까지 나아가면 문장이 됨을 구하지 않아도 문장이 되니 또한 자연스럽게 지극한 곳에 이르게 된다. 이는 비단 유·불·도 삼교만 그런 것이 아니라 병사와 농부, 의원과 점쟁이, 어부, 나뭇꾼, 도공과 대장장이 등이 다 그러하지

않은 것이 없다.[71]

윗글은 지위 고하와 옳고 그름을 막론하고 어느 한 가지에 능해 그 깊고 미묘한 곳까지 나아가면 그것이 어떤 도라도 성취를 이루어 문장, 곧 아름다운 문채를 발하는 성대한 업적이 된다[72]고 말하고 있다. 이와 같은 생각은 '내외와 아속을 구분할 것 없이 어느 하나의 일을 지극히 잘하면' 불후의 이름을 남길 수 있다는 아버지 유한준의 생각과 서로 통하는 것이다. 또한 유·불·도 삼교와 농부·어부·도공·대장장이 등 서로 다른 사상과 일상의 모든 직업과 기예들을 긍정하고 있는 유만주의 사고방식 역시 사상과 문학은 물론 서화·바둑·의술·점술 등의 기예와 수레바퀴 제작 및 소를 잡는 일상의 노동에까지 각도기도론을 적용하여, 그것이 최고 경지에 이르는 한 성인의 도에 버금가는 것으로 인정했던 유한준의 생각을 계승한 것으로 볼 수 있다.

또한, 개인들의 일상적 노동과 삶까지도 하나의 의미 있고 가치 있는 도를 실현하는 것이라는 생각은 개인들의 세세한 일상을 기록하는 것 역시 대단히 중요하고 가치 있는 일이라는 또 다른 사고로 발전되어 유만주가 방대한 양의 개인 역사 기록인 『흠영』이라는 일기를 작성하게 하는 추동력이 되었던 것으로 보인다.

일기는 자신의 역사이니 어찌 소홀히 할 수 있겠는가? (…) 무릇 아득하고 오랜 옛날로서 지금과 멀리 떨어진 시대로는 삼황오제 때보다 위에 있는 것은 없다. 그런데도 사람들은 억지로라도 끌어 모으거나 힘겹게 파고들어가 그때

의 사적事蹟을 구비해놓은 것이 많다. 하지만 나 자신은 가
장 가깝고 절실한 것인데도 어쩔 때는 돌아보기를 소홀히
해서 일어난 일과 날짜를 기록해두지 않는 경우도 있으니
참으로 의아하다.[73]

가묘家廟에 무슨 고기와 과일을 올렸는지, 병을 고치는 데
무슨 약을 썼는지, 무슨 책을 편찬하려고 구상했는지는
물론, 심지어 옷을 얼마 만에 갈아입었는지, 곡가穀價의 오
르내림까지도 다 적었다. (…) 역사를 논하다가 이어서 경
전을 논의하기도 하고, (…) 정주政注와 저보邸報를 옮겨 적
는 사이에 고문이 끼어 있기도 하며, 고문 아래에다 어쩔
때는 전기·소설·예술·명물을 적기도 했다. 또, 이기理氣와
자운字韻, 혹은 비판碑版·전기·시사·이단異端을 기록하기도
했다.[74]

첫 번째 글은 유만주가 『흠영』이라는 일기를 처음 쓰기 시작
하면서 1775년(을미)에 쓴 서문이고, 두 번째 글은 1780년(경자)
까지의 일기를 마치고 이듬해 정월 초하루에 쓴 서문이다. 유만
주가 말하는 대로 일기는 곧 자신의 역사다. 그런데 사람들은 오
래된 옛날, 문헌 기록조차 남아 있지 않은 삼황오제 때의 일들은
어떻게든 알고 싶어 구전되어오는 이야기까지 자료를 억지로라도
끌어모아 견강부회하거나 뭐 하나라도 캐내려고 천착해서 그때
일어났던 사적을 구비해놓은 것이 많다. 그런데 사실 어찌 보면
가장 중요한 자기 자신, 가장 가깝기도 하고 가장 절실한 나 자신

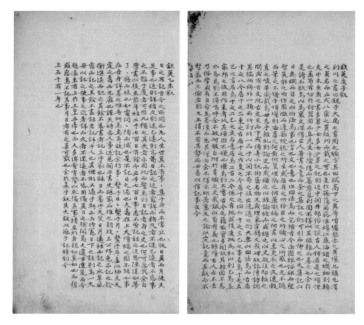

유만주, 『흠영』, 을미서(좌), 경자서(우), 서울대학교 규장각한국학연구원.

에게 일어났던 일에 대해서는 별로 관심이 없다.

유만주가 가졌던 의문은 바로 그것이고, 이러한 의문은 사실 '나' 스스로를 가치 있는 존재로 여기는 '자기 의식'의 발로라고 할 수 있다. 현대 사회에서는 평범한 개인이 일기를 쓴다는 것이 그리 특별할 것도 없지만, 전통 사회에서 중요하게 취급되는 일기란 곧 왕의 일기, 조선시대로 따지면 『조선왕조실록』이나 국왕 곁의 비서진들이 기록하는 『승정원일기』, 혹은 경연 등에 참여한 문인 학자들의 경연 일기 같은 것으로 매일매일 기록될 가치가 있는 것이다. 그리고 그것이 모여 왕의 역사가 되고 한 나라의 역사가 되는 것이 하나의 상식인 시대에 과거 급제도 못한 스물한 살의 서생 유만주는 자기 자신의 역사를 소홀히 하는 것에 의문을 품고 나 자신의 역사야말로 가장 절실한 것이라는 신념으로 한 개인의 역사인 일기를 써내려갔던 것이다.

그렇다면 그 일기에 유만주는 어떤 것들을 기록했을까? 가정에서 날마다 일어난 일들과 경전과 역사서, 제자백가와 문집 등 경사자집經史子集 사부四部에서 읽은 독서 기록과 조정에서 당시 일어난 일들이 날마다 기록되어 있다.[75] 좀 더 구체적으로는 두 번째 글에 보이듯 가묘의 제사상에 올린 고기와 과일, 병을 고치는 데 썼던 약, 자기가 구상하고 있는 책들, 심지어는 언제 옷을 갈아입었고, 쌀값이 얼마였는지까지 그야말로 자신과 가정에서 일어나는 일상다반사를 번거로움을 마다하지 않고 적은 것이다. 물론 시간날 때마다 그가 읽은 역사책이나 경전의 내용을 써가며 역사와 경전에 대해 두서없이 논의하기도 하고, 국가에서 매일매일 발행하는 조보朝報를 토대로 조정의 인사이동 소식을 담은 정보와 국가 중대사나 과거 소식 등을 옮겨 적기도 한다. 사이사이 고문을 적고, 그 아래에 전기·소설·예술·명물, 이기와 자운, 비판·전기·시사·이단을 적어놓기도 한다. 그야말로 매일매일 적는다는 것 외에는 특별한 형식이나 세약이 없다.

따라서 이 일기는 유만주 스스로가 밝히고 있듯 잡다하고 자질구레하며 번잡하고 난삽하다.[76] 하지만 그렇게 됨을 무릅쓰고 유만주는 옛날과 지금을 포괄하고 고아한 상층의 세계와 세속적인 보통 사람들의 일상을 그가 듣고 보고 마음에 느낀 대로 적어서[77] 왕조실록과는 다른, 혹은 왕과 조정의 역사로는 포괄할 수 없는 평범한 한 개인의 내면과 서생의 눈으로 본 당대의 정치와 백성의 일상, 그리고 한 사대부 집안의 가정사와 그가 읽은 책들의 목록과 내용, 쌀값 등의 물가동향까지 상세히 적힌 개인의 역사이자 한 시대의 기록을 남긴 셈이다.

한편 소북계小北系의 서얼인 이옥李鈺 역시 이 시기 지식인들의 새로운 감성과 인식을 대변하는 주목할 만한 인물로, 주지하다시피 그는 정조의 문체반정文體反正으로 인해 충군充軍의 고초를 겪으면서도 개별자의 다양성을 긍정하는 자신의 문학관을 끝까지 포기하지 않았다. 그의 대표작 중 하나로 일찍부터 주목받았던 『이언俚諺』은 1970~1980년대의 민족주의적 분위기와 맞물려 중국과 다른 조선시朝鮮詩의 제창과 민요풍民謠風의 한시를 구현한 것으로 그 가치를 인정받았지만,[78] 정작 이옥의 논리에서 자신이 조선시를 쓸 수밖에 없는 보편적 전제가 되었던 것은 바로 모든 만물의 개별성 혹은 개체성에 대한 자각과 인식이었다.

> 천지만물에는 천지만물의 본성이 있고 천지만물의 모양이 있으며 천지만물의 빛깔이 있고 천지만물의 소리가 있습니다. 총괄해보면 천지만물은 하나의 천지만물이지만 나누어 말하면 천지만물은 각각의 천지만물입니다. 바람 부는 숲에 꽃잎이 비처럼 우수수 떨어져 어지러이 쌓여 있어도 분별하여 살펴보면 붉은 꽃은 붉고 흰 꽃은 하얗습니다. 천상의 음악소리가 우레처럼 웅장하게 울려도 자세히 들어보면 현악은 현악이고 관악은 관악이니 각자 자기 색을 띠고 각자 자기 음을 냅니다. (…) 만물은 만 가지 물건이니 진실로 하나로 할 수 없습니다. 하나의 하늘이라고

해도 또한 하루도 서로 같은 하늘이 없고 하나의 땅이라고 해도 또한 한 곳도 서로 같은 땅이 없습니다. 마치 천만 인이 각자 천만 가지의 성명을 지녔고, 일 년 삼백 일이 절로 삼백 가지의 일 됨이 있으니 오직 이와 같은 것입니다.[79]

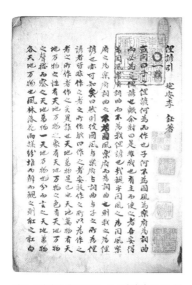

이옥, 『예림잡패藝林雜佩』 중 「이언인俚諺引」 부분, 서울대학교 규장각한국학연구원.

『이언』첫 번째 서문의 대목인 윗글의 서두에서 이옥은 천지만물에는 다 저마다의 본성과 모양과 빛깔과 소리가 있다고 하면서, 총괄하면 그것은 하나의 천지만물이지만 나누어 말하면 다 각각의 천지만물임을 천명하고 있다. 그런데 그 말에 뒤이은 내용이 한결같이 통합적 명칭 속에 가려진 개별적 존재의 서로 다른 차이에 대한 확인인 것을 보면, 『이언』의 서문에서 이옥이 강조하고 싶은 것이 관념 속에 존재하는 사물의 총체성이나 세계의 통일성이 아니라 이 세상에 실제로 존재하는 각 개체의 서로 다른 개별적 면모임을 알 수 있다.

총괄해보면 꽃은 다 꽃일 뿐이지만, 저 바람 부는 숲 속에 꽃들이 아무렇게나 떨어져 뒤섞여 뒹굴고 있다고 해도 그 하나하나에 눈길을 주어 자세히 살펴보면, 뒤섞임 속에서도 붉은 꽃은 붉은 빛으로 흰 꽃은 하얀 빛으로 자신의 빛깔을 발산하고 있는 모습을 발견할 수 있다. 또한 저 천상에 흐르는 음악 소리도 그저 무심결에 들으면 하나의 웅장한 음악이겠지만, 세심히 듣고 있으면 그 속에 가늘게 흐르고 있는 현악기 소리와 맑고 투명하게 하늘을 가르는 관악기 소리를 구별하여 들을 수도 있는 것이다. 요컨대 개체들의 차이를 인정하지 않으려 하거나 그 차이에 둔감한 이들이라면 모를까, 세상에 존재하는 갖가지 사물에 진정으로 관심을 가진다면 그들이 '각자 자기 색을 띠고[各色其色] 각자 자기 음을 내고 있다[各音其音]'는 사실을 발견할 수 있다는 게 이옥의 생각이다. 그런 까닭에 이옥은 최종적으로 '만물은 만 가지 물건이니 진실로 하나로 할 수 없다'고 단언하고 있는 것이다.

또한 이처럼 서로 다른 개체·개인들은 설령 같은 하늘을 지고 같은 땅 위에 살고 있다고 해도 그 시간과 공간의 차이를 염두에 두면 실상은 동일한 하늘과 땅 사이에 살고 있다고 말할 수 없다. 따라서 이옥은 총괄적으로 추상화하면 그저 하나의 하늘이고, 하나의 땅이며, 하나의 인간이겠지만, 실제로 우리가 살고 있는 이 세상은 천만 가지의 서로 다른 각자의 성명을 가지고 있는 수천만의 개인들이 1년 365일 서로 다른 날에 서로 다른 일상을 경험하며 살고 있다고 나직한 목소리로 힘주어 말하고 있는 것이다.

인용된 대목에 바로 뒤이어 이전 연구자들이 주목했던 조선시에 대한 긍정이 나오는바, 이옥은 '조선의 한양 땅에 태어난' 자신이 중국 고대의 국풍이나 악부樂府를 짓지 않고 다만 이언俚諺을 짓는 이유에 대해 스스로 묻고 대답한다.[80] 이미 앞에 포석해놓은 탄탄한 전제가 있기에 그의 대답은 간단명료할 수밖에 없다. 시대와 공간에 따라 모든 사물이 달라지는 것처럼 개인들이 창작하는 시 역시 시대와 나라마다 다를 수밖에 없고,[81] 따라서 건

륭 연간에 조선의 한양성 아래에서 경험한 일들을 기록한 자신의 시가 그 '옛날 중국'의 국풍이 아닌 '지금 조선'의 이언이 될 수밖에 없음은 불가피하고도 자연스러운 일이라는 것이다.[82]

결국 이옥의 조선시 선언이란 그 자신이 설파하고 있는 보다 보편적인 관점에서 보면, 특정한 시공간을 살고 있는 실존적 개인이 동시대를 살고 있는 저 다양한 개체와 개인들의 모습을 자신의 언어로, 그리고 자신이 보고 느낀 대로 표현할 수밖에 없다는 자기 고백이자 논쟁적인 의사표시였던 셈이다.

지금까지 살펴본 것처럼 18세기 조선의 문인들은 비록 그 논리적 기반은 조금씩 다를지라도 노·소·남·북의 당파적 입지와는 상관없이 모두 '개인'들의 독자적인 의식의 차이와 '개체'들의 다양한 면모를 중시하는 새로운 문학관을 제시하고 있었다. 문학이란 본래 한 개인이 직간접적으로 경험한 다양한 사실을 자기만의 독자적인 시각을 담아 표현하는 것임에도, 개인과 개체들의 차이를 강조하는 이들의 문학관이 새로운 이유는 그것이 공히 정주학이라는 지배 이념에 속박되었던 개인들의 사상과 감정과 의식을 해방하고 있는 측면이 있기 때문이다.

물론 정주학이라는 지배적 가치와 중심 이념으로부터의 이탈은 16세기 말 일부 선진적 지식인들에서부터 이미 시작되어 17세기를 거쳐 점차 확산되고 있었다.[83] 하지만 18세기의 상황이 전에 없이 심각한 의미를 띨 수밖에 없는 이유는 유한준 및 그 선배 세대인 조귀명과 이용휴는 물론 후속 세대인 유만주와 이옥 등에게서 확인되는 것처럼, 정주학으로의 사상·문학적 통일을 거부하고 '개인'들의 다양한 사상과 문학을 인정하라는 이들의 논리가 반박하기 어려울 정도로 치밀해지고 정주학적 테두리 내에서 수용할 수 없을 만큼 전면화되고 있기 때문이다. 또한 정조의 문체반정 과정[84]이나 이 장에서 확인한 내용을 통해 보건대, 18세기에 이르면 이러한 현상은 일부 예외적인 개인들에 국한된 문제가 아니라 당파와 세대와 신분을 초월한 전 지식인에게로 확산되고 있었다.[85] 이 시기 거의 모든 지식인이 열독했던 명청대 문인들의 광범위한 저작과 총서 속에는 정주학을 부정하는 다양한 사상·문학적 조류들이 포함되어 있었고,[86] 당대의 지식인들은 이러한 서적들을 비판적으로 검토하며 오랜 시간의 반성적 사고를 거쳐 자신의 독자적인 사상·문학적 입론을 정립해나가고 있었다.[87]

유한준 역시 지식문화계의 이러한 흐름 속에서 국내외 고금의 서적들과 선배들의 독창적 사고들을 정력적으로 흡수하고 주체적으로 소화한 후 자신의 각도기도적 문학관을 정립했음은 물론이다. 또한 그는 각자의 영역에서 최선을 다하는 독자적 개인들을 긍정하는 자신의 문학론을 창작 실천에도 일관되게 적용하여 이념적·당파적·신분적 편견에서 벗어나 자신과 타자의 삶을 정직하게 그려내는 여러 산문 작품을 창작하기도 했다. 유한준의 문학을 통해 우리는 유가적·노론·사대부라는 자신의 입지를 벗어나지 않으면서도, 그러한 자신의 존재 근거와 때로 충돌하고 모순을 일으킬 수도 있는 이질적 타자의 모습을 있는 그대로 수용하려는 주체적이면서도 개방적인 한 작가의 모습을 확인할 수 있었다.

이 책에서 확인한 것처럼 유한준은 유가적 충효의 가치를 보존하면서도, 다른 한편으로 유가의 차별적인 명분적 가치 질서를 비판함은 물론 유가적 성군의 치세적 이상까지도 조롱하는 노장적 사고를 가능한 입론으로 받아들이고 있을 뿐 아니라, 장자의 관점주의적 사고 속에서 정주학으로의 이념 통일을 회의하고 있기도 했다. 또한 정파를 초월해서 재야의 남인학자 유형원을 선생으로 존경하며 그를 입전立傳하는 가운데 그 속에 『반계수록』의 제반 개혁안을 요약해놓음으로써 개혁안의 전파와 그 조속한 실천을 희구하기도 했다. 그는 또한 자신이 사대부 신분임에도 무능과 부패와 향락으로 얼룩진 사대부 계급을 혹독히 비판했다. 반면에 경제적인 소외와 신분적 제약을 이겨내며 자신들의 삶과 예술을 평생토록 고양하고, 의술 등의 능력으로 고난에 처한 민중들을 도왔던 중서층 여항인들의 삶에 공감을 표하고 있었다.

물론 근대 이전 지식인의 한 사람으로 유한준은 신분질서 그 자체를 문제 삼으며 그것을 정면으로 부정하는 의식에는 도달하지 못했다. 하지만 각자의 영역에서 최선을 다하는 각계각층 사람들의 삶을 차등 없이 긍정하고자 했던 그의 각도기도론이나, 개체들의 실존적 가치를 동등한 것으로 인식하고 폐쇄적 신분질서가 아닌 각자의 재주와 덕행과 능력에 따라 존중받는 평등의 질서를 표상하거나 염원했던 그의 작품들은 의식적 측면에서 그리고 예술적 공간에서나마 이미 얼마간 근대적인 평등의 사회를 실현하며 앞당기고 있었다.

그것은 정주학적 이념과 중세적 신분질서에 균열을 낸 그 틈 사이로, 서로 다른 모든 개인들이 자신의 처지와 취향에 따라 각자의 소질을 계발하고, 그에 따라 사회적 혹은 역사적으로 그 가치를 인정받을 수 있다는 소망의 빛을 강렬하게 비추고 있었다.

1장

1 俞漢雋,『自著』續集 책3,「著叟自銘」. "余觀世之人, 其父母卒, 具所謂行狀者, 凡其日事时行, 饮食興居, 毫毛塵芥, 靡不畢書. 持而出, 流目縉紳中, 揀官高有力勢者, 謁銘焉, 銘之者, 又惡能通銘法? 懼失子第意, 悉書所欲書, 無一觖落, 是以其辭不可信."

2 같은 글. "余謂與其以靡不書之狀, 借不可信之辭, 以圖其無窮, 無寧吾書吾事, 吾銘吾行, 眞而確, 簡而不溢, 爲猶可信, 乃作自銘."

3 같은 글. "銘之年, 年七十七岁之戊辰也."

4 같은 글. "其卒年葬地, 後當追附."

5 『自著』권14,「自傳」. "漢雋字曼倩, 一字汝成. 初名漢炅, 後改今名."; 李采,『華泉集』권13,「參議著菴俞公墓表」. "曼倩, 公字也. 諱漢雋, 初諱與字曰漢炅, 汝成."

6 『自著』권26,「名解」. "上爲日, 下爲火, 離之象也.『易』象曰: '離, 麗也.' 其傳曰: '離爲日, 虛明之象也. 又爲火, 火體虛, 麗於物而明者也.' 人之心如谷, 谷者虛也. 虛則靜也, 靜則一也. 一而神, 其德也; 人之心如鏡, 鏡者明也, 明則公也, 公則通也. 通而化, 其德也. (…) 吾名不離也, 吾心常持也. 吾心常恪也, 吾名不怍也. 作名解."

7 유한준의 문집『自著』에는 개명의 이유와 시기가 밝혀져 있지 않다. 다만『司馬榜目』과『승정원일기』등에 1785년(정조 9) 이전에는 '俞漢炅'이란 이름으로 기록되어 있는 반면, 1787년(정조 11) 이후에는 '俞漢雋'으로 기록되고 있어 이 사이에 개명되었음을 추측할 수 있다. 또한『自著』에는 그가 55세인 1786년(정조 10)에 家傳을 작성하면서 말미에 부친「自傳」에 자신을 '유한준'으로 호명한 경우가 처음으로 보인다. 따라서 개명 시기를 1786년(55세)으로 확정할

수 있다. 다만 '경뭇'을 '준뭇'으로 바꾼 이유를 밝힌 글은 발견하지 못했다.

8 『自著』권27, 「別號說」. "一日訪豊墅李公于荷池之上, (…) 公曰: '子固矣, 子而不號, 誰當號? 子居蒼山之下. 請爲子號曰蒼厓, 子受之矣.' 余顧讓不敢居. 居數日. 公移書曰: '蒼厓, 子之氣像也. 文章亦如之. 非過實之稱也. (…) 子毋苦辭.'"

9 같은 글. "自夫世敝於彌文而別號起, (…) 人人皆有別號, 士大夫恥不以別號行. 雖然其爲號, 猶有所託, 託於道學, 託於文章, 託於功業, 託於一節, 託於技藝之末, 而號以立, 自稱而不嫌, 人加而不僭. 而世之擁虛美文質無當者, 乃棄其所託, 爭相立號, 妄謂某軒某菴以自高, 而殊不知託絶則侮至, 侮至而號賤恥也, 余蓋甚惡之."

10 같은 글. "夫棄所託, 爭立別號, 余所惡也. 而今乃居此號, 何異同浴而譏裸裎? 雖然, 使余因此號益勉焉, 以成其業, 卒不爲亡所託, 則號之於余也, 它山之石也. 異日者, 度所立所以免於前所云之恥者, 然後再拜而受, 非晩也. 姑書此以俟."

11 같은 글. "余蓋甚惡之, 故平生未嘗自爲別號. 人或有勸者, 亦不聽. (…) 余對曰: '安用號. 名曰某也. 字曰某也而已足矣. 且公特昌歊之嗜耳. 余何有焉而敢號乎?'"

12 잘 알려져 있듯 『燕巖集』권5의 『映帶亭賸墨』은 1772년 이전의 척독을 모은 것인데, 유한준에게 보낸 척독의 제목에 모두 '蒼崖'라는 호를 사용하고 있다. 또한 유한준의 평생 지기인 朴胤源은 유한준이 1775년에 지은 「廣韓賦」에 서문을 쓰면서 그를 "蒼崖兪子汝成"으로 지칭하고 있고(『近齋集』권21, 「廣韓賦序」), 1765년경의 한 편지에서는 '蒼麓'이라 칭하고 있다.(『近齋集』권10, 「答兪汝成」. "久不見蒼麓書, 自我作書屬耳.") 따라서 남산 아래로 거처를 옮긴 1765년(34세) 겨울(1월경) 이후 얼마 지나지 않은 시기부터 '창애'라는 호는 유한준이 자칭하거나 자서自書하지는 않았다고 해도, 친구들과 지인들 사이에서 자연스럽게 불리다가 문장가로서 그의 명망이 높아짐에 따라 일반적으로 통용된 것으로 보인다.

13 李采, 『華泉集』권13, 「參議著菴兪公墓表」. "其文曰『自著』, 佚宕遒勁, 馳騁恣睢, 棣棣乎不可選. 而公五十年肝血在此, 可傳於後, 無疑也. 人爲有『自著』, 遂名其菴而號之. 公則謙不自有也."

14 원문은 曾으로 되어 있으나 아래 구절 '地皆貳公'에 비추어, '이공'을 지낸 고조부 兪榠을 가리키므로, 원문을 高로 고침.

15 『自著』準本, 「重刊族譜跋-代族父作○丙午」 참조. 1986년 발행된 『富雲報』 제4호에 실린 兪致雄의 「杞溪兪氏族譜의 沿革」에 따르면, 기계 유씨의 족보 중 甲申譜(1704년, 숙종 30)의 서문은 유한준의 증조인 유명뢰가 썼고, 戊午譜(1738년, 영조 14)는 조부인 유광기가 썼다. 丙午譜(1786년, 정조 10)의 서문은 유언호가 쓴 것으로 되어 있지만, 族父를 대신해 지은 「重刊族譜跋」이 그 서문의 초고인 것으로 보아 실제로는 유한준이 지은 것임을 알 수 있다. 『富雲報』는 기계 유씨 대종회 홈페이지에서 열람할 수 있다.

16 『自著』권14, 「家傳-丙午」. "兪氏自有譜, 今只叙本派二十一世爲家傳."

17 같은 글. "昔在新羅, 兪三宰爲阿飱, (…) 其後有曰義臣. 新羅亡, 自以前朝臣義

不屈, 麗祖惡之, 眨屬杞溪縣戶長, 子孫遂爲杞溪人.”

18 　같은 글.“進士贈吏曹參判解, 僉知中樞府事贈判書起昌, 禮曹判書景安公汝霖, 戶曹判書肅敏公絳, 慈山郡守贈左承旨泳, 宣務郎贈吏曹參判大儀, 江原監司贈議政府左贊成省會, 全羅監司贈議政府左贊成忠簡公槐, 四山監役贈吏曹判書命賚, 知中樞府事廣基, 宣陵直長彦鎰, 至漢雋爲二十二世, 而文獻之可徵, 自進士公始.”

19 　경안공 유여림에 대해서는 『自著』 권14, 「家傳-丙午」, ‘判書公-俞汝霖-傳’, 숙민공 유강에 대해서는 『自著』 권14, 「家傳-丙午」, ‘判書公-俞絳’ 참조.

20 　같은 글, ‘監司公-俞省-傳’ 참조.

21 　같은 글, ‘監司公-俞槐-傳’ 참조.

22 　같은 글, ‘監役公-俞命賚-傳’. “肅宗初, 尹鑴, 許穆, 募嶺人都愼徵, 以禮事陷文正公, 文正公流于長鬐, (…) 公於是悲小人猖狂, 惑亂朝廷, (…) 意邑邑不樂, 廢擧不赴, 盡室入丹陽山谷中七年. (…) 卒與鑴黨合勢, 殺文正公, 公日夜悲憤, 斷絶世事, 終身杜門以自靖.”

23 　같은 글 ‘知樞公-俞廣基-傳’ 말미에 쓰인 세주에 따르면, 그는 僉知中樞府事, 敦寧都正, 同知中樞府事, 敦寧府事, 知中樞府事를 지냈다.

24 　같은 글. “景宗二年, 士禍起, 將相大臣公卿至儒士, 誅殺竄逐殆盡, 公亦在逐中. 於是, 士類爲之一空.” 유한준은 이 대목에 다음과 같은 세주를 남기고 있다. “景宗有疾無嗣, 大臣金昌集, 李頤命, 李健命, 趙泰采等, 請冊英宗爲世弟, 代聽國政, 逆賊李光佐, 趙泰億, (泰億, 泰采從弟也.) 崔錫恒, 謂上疾起大獄, 殺四大臣及將帥儒士, 餘皆竄逐, 無得免者矣.”

25 　같은 글. “公少喪耦不復娶, 獨處五十年, 傍無娛侍.”

26 　같은 글, ‘直長公-俞彦鎰-傳’. “公獨不遇時, 爲宦不遂, 以終於窮.”

27 　『自著』 續集 책3, 「著叟自銘」. “累世以來, 系派字諱, 官歷行治, 其詳碑載.”

28 　『自著』 續集 책3, 「著叟自銘」. “叟以英宗壬子四月七日生, 杜甫壬子生, 釋迦俗佛在四月八日.”

29 　『自著』 권25, 「屯庵金公墓誌銘」. “漢雋先君子宣陵直長諱彦鎰, 丁卯卒, 明年, 先兄繼卒, 人或以瘵疾危漢雋. 漢雋時年十六, 獨身孤童, 有偏母, 母懼其或死, 泣囑公曰: ‘子能爲我保此兒乎?’ 公許諾. 或言: ‘瘵家兒, 死生不可知, 君何許之易乎?’ 公曰: ‘人有急, 不受其托, 非義也.’ 乃携往湖中, 舘于其家, 呴濡庇覆, 甚至也. 居數月, 漢雋得不死, 禍中於公.” 둔암 김공은 유한준의 자형인 김려행(1717~1748)이다.

30 　유한준의 장인 안취범은 1756년, 53세의 나이로 衿川縣監으로 있다가 그 任所에서 하직하고, 김려행에게 시집갔던 그의 누이는 1757년에 세상을 하직한다. 이에 대해서는 『自著』 準本, 「縣監安公墓誌銘」과 『自著』 권22, 「祭亡姉文」 참조.

31 　유한준의 모친인 창녕 성씨는 1758년 2월에 세상을 하직한다. 『自著』 권24, 「先妣行狀」 참조.

32 　유한준은 1764년(33세) 제야의 밤에 쓴 한 시에서 한 해를 마무리하고 새해를 맞이하여 밤새도록 거리에 폭죽이 터지는 떠들썩한 날에 부모 형제도 없이 연약한 아내와 병든 형수님, 아들 하나와 두 조카와 함께 살면서 하루하루

의 끼니를 걱정해야 하는 자신의 처지를 생각하며 슬픔과 두려움에 빠진 자신의 감정을 여과 없이 드러내고 있다. 『自著』권4, 「除夜述懷」. "甲申十二月, 月終三十日, 箭漏陌上遞, 爆竹街頭發. 弱妻與病嫂, 一子兼二侄, 夜闌方秉燭, 慇懃舊歲別. 舊歲劇怊悵, 新歲增愓忧. 豈無盤中蒸, 豈無俎上割. (…) 上無父母樂, 下無兄弟悅. 外歎動業晩, 內愁衣食絶." 이후 유한준은 1768년(37세)에 비로소 진사시에 급제한 후 음직蔭職으로 최말단 관직인 종9품의 참봉參奉 벼슬을 얻게 된다. 부친과 형을 잃은 10대 중반부터 생계를 도모할 말단 관직을 얻은 30대 후반까지 그는 극심한 가난에 시달리고 있었던 것이다.

33 유한준은 다른 글에서 십여 세의 나이에 박윤원을 따라 科文을 익히다 스무살 무렵에 古文을 공부하게 되었다고 자술하고 있다. "方余與永叔年十四五時, 已上下文事, 然猶功令間也. 後五六年, 永叔駸駸爲古文辭, 奇偉雅健, 而余亦時復爲之也."(『自著』권16, 「朴永叔鶴山詩錄序-丙戌」) 또, 50세에 쓴 『自著』권20, 「答豐墅李公書-辛丑」에도 "三十年敝, 此形神所獲, 不能遷, 固之眉髮"이라고 말하는 것으로 보아 유한준이 20세를 고문 입문의 시점으로 생각하고 있음을 알 수 있다.

34 유한준은 1780년(정조 4) 49세 때 「유형원전」을 지어 남인의 재야학자 유형원의 인품을 기리고 『반계수록』에 수록된 제도 개혁의 핵심 내용을 요약 제시함으로써, 개혁안을 널리 알리고 또한 지방관으로서 그러한 개혁안을 실천하고자 했다. 이에 대한 자세한 사항은 이 책 4.2. '당파적 편견을 벗어나' 참조.

35 『自著』권27, 「羅山策」은 그 제목뿐만 아니라 첫 도입부가 "問: 羅山爲邑, 著自古昔, 山川風土, 謠俗沿革, 可得詳紬而細繹歟?"라는 물음으로 시작되고, 마지막 부분은 "諸生生於羅山, 長於羅山, 窮經博古, 識務懷奇, 念諗之勤, 聲辭之切, 以備羅山, 故事之一"라고 끝난다. 여러 유생에게 '나산'이라는 책제策題에 대한 답을 요구하는 책문의 형식을 빌려 현실 비판의 내용을 담고 있는 것이다.

36 같은 글. "黃茅白葦, 血其闒邃, 頑沙醜礫, 剗其族類, 窮不知變, 是謂田瘁."

37 같은 글. "黃口尙可, 白骨相望, 一室十徵, 一身五當, 往不知返, 是謂軍創."

38 같은 글. "戶以歲縮, 穀以歲溢, 縮者益縮, 溢者愈溢, 因不知革, 是謂糴疾."

39 같은 글. "惟玆三弊, 如目覩日, 守令不察, 監司不恤, 廊廟不議, 紕繆不徹."

40 『自著』권28, 「報巡察使邑弊三條-丁酉」. "還穀之弊, 本縣邑纔如斗, 民皆懸罄, 戶不過二千八百, 穀則爲三萬七千, 以此多穀, 分彼些戶, 此何異儵僥之扛鼎, 蚊蝱之負山? 故四野旣秋, 官責難支, 支不得則逃, 逃且盡則族, 年年徵族, 歲歲侵隣, 哀我民生, 有死而已."

41 같은 글. "縣監伏思之, 戶已絶矣, 歲又凶矣. 而酒欲徵此穀, 則有隣族者, 尙責隣族, 無隣族者, 鞭撻非隣之隣, 枷鎖不族之族, 疾痛怨讟, 固可從他. 餘存殘戶, 幾何散盡, 此其不忍者, 一也."

42 『自著』권28, 「赤羅縣八面催糴榜-丁酉」. "夫下賤之民, 難責以耻, 可責以耻者, 在乎士夫. 士夫者, 豈徒以廣衣大冠, 上視濶步而云哉? 將識道理遵法令, 自爲不非, 以耻下賤者也. 不如是, 亦與下賤何異? 故誠願自今以後, 班戶倡之, 平民隨之, 以納爲主, 以多爲限, 以速爲務, 以畢爲度, 民有耻格之譽, 官有道齊之效, 則豈不上下俱福, 民國俱利哉?"

43 『自著』 권29, 「海州牧併雜頉通同分糴狀-甲辰」. "本州百弊, 糴糶爲首, 無依者閉. (…) 白日行賄賂, 暗地文書, 面任飽妻子, 吏胥飫酒肉, 而實有依者不食, 眞無依者反食. 故土豪里富, 或終歲不知官門, 索不及其家, 侵不到其身. 而鶉衣鵠形之夫, 蓬首垢面之女, 多則十石, 少或五六石, 四時長立, 十指俱血, 猶不足以償其所食, 則於是乎, 吏持牌而撤其破鼎, 官設枷而漉其胥膏."

44 『自著』 권29, 「海州牧兩書院戒分黨帖-癸卯」. "本州老少論分黨之習, 其弊已痼, 莫可救藥, 弊無所不生, 害無所不及. 官嘗竊觀之, 州有紹賢, 文憲兩書院, 遊於紹賢者爲老論, 遊於文憲者爲少論. 夫紹賢祀栗谷先生, 文憲祀麗朝海東夫子. 老先生, 東西時人是時, 何嘗有老少論? 而海東夫子者, 又東西未判前人也, 尤何與於今之所謂老少論哉? (…) 願老少論諸君, 自今以後棄老少, 杜門飭躬, 耕漁以養親, 詩書以教子, 立忠信以交鄕黨, 出粟米以供賦稅."

45 『승정원일기』 1779년(정조 3) 6월 14일. "上曰: (…) '今此嶺南御史, 又不善奉使, 此後則不可以復遣繡衣矣. 昨歲凶歉, 朝廷之特遣御史者, 蓋欲詳聞弊瘼, 期圖矯救, 而今此書啓中, (…) 一無蘇革之正策, 此豈特遣之本意乎? 其中論勘者, 有不捉踏印文書, 徑先封庫, 而守令之同時下去者, 或有論斷者, 或有稱之以赴任屬耳者, 此亦不愼者也. (…) 慶尙道暗行御史黃昇源, 姑先罷職.'"

46 『승정원일기』에는 유한준이 칠순 이후에도 관직에 임명된 기록은 있지만, 관직 활동에 관한 별다른 기록 없이 다른 관직에 제수되고 있다. 또한, 1807년 11월 21일, 군자감 정으로 임명되었으나 1808년 2월 9일 기사에는 유한준이 천거에 응하지 않아 경책할지를 논의하는 내용("軍資監正兪漢雋, 俱爲應薦而不薦, 竝依定式, 推考警責, 何如? 傳曰, 允")이 있는 것으로 보아 관직에 임명되었으나 실제로는 부임하지 않았음을 알 수 있다.

47 『自著』 책1, 「寫影自贊-庚申」. "略似乎處靜之氣像, 而性則汎, 隱若有望遠之思慮, 而心也踈. 斯其所以平生之攸廬, 非古非今, 非實非虛. 非道非禪, 非隱非放也."

48 이에 대해서는 이 책 4.1. '노장의 유가적 수용을 넘어' 참조.

49 『自著』 권14, 「自傳」. "或曰: '子於文章, 無所畏忌. 何不殺繁絃而雅歌是就乎?'"

50 『自著』, 「自著序」. "嗚呼! 文所以載道也, 豈亶使然哉? 杞溪兪汝成, 自少治文業既成, 取其稿十卷讀之. 師法盖若不出於諸子者, (…) 使早從事於大人之學, 則心力材具之所發施, 奚特文章一名而已哉?" "然凡物之氣, 不宰以理, 其將汗漫而不收, 無以佐天地之元氣, 而況文也乎? 傳曰: '其爲氣也, 配義與道, 無是則餒.' 夫人之與文, 其贏乏未始不相通, 文也者氣也, 道義者理也. 汝成果能斂英就實, 深究聖人之書, 求所謂道與義者以配之, 然後始可謂盡善盡美!"

51 洪直弼, 『梅山集』 권51, 「著菴兪公-漢雋-遺事」. "金伯淳, 即公伯姊之孫也. 公聞伯淳染西洋邪術, 招致誨責, 至于再三. 終不悛, 則杖而絶之. 及其伏法也, 助給其收屍之資."

52 같은 글. "公每言伯淳事曰: '(…) 兄弟之孫猶孫也, 而伯淳甘心陷邪而不知悔, 此吾所以益深惡痛絶者也.'"

53 김려행·김이중 부자와 유한준과의 친밀한 관계는 『自著』 권25, 「屯庵金公墓誌銘」; 권5, 「示元執」; 권8, 「暮春之巳, 元執兄弟乘舟爲上游之行」; 권10, 「元執至」; 「夜與元執共賦」; 「和文丈巵字」; 권12, 「元執自京至」; 권16 「沈士行詩稿

序」; 권20 「與沈士常書」; 권22 『祭元執文」; 권25 「元執墓誌銘」; 著草, 「金毅仲
墓誌銘」 등 참조.

54 「黃嗣永帛書」. "初年隨人毁謗聖教, 力爲擧子業. 見世途危險, 無心進取, 讀宋
儒書, 窮究性理, 又見道理疑晦, 不可全信. 遂讀老莊之書, 因而悟人死有不滅
者存, 刱爲新論, 講說於朋儕之間. 友等詰之曰: '此人議論新奇, 必從西教矣.'
伯淳聞而疑之曰: '我得超人之見, 而人以爲西教, 則西教必有妙理.' 遂與教友
相從." 원문은 여진천, 『황사영 백서와 이본』, 국학자료원, 2004의 「帛書 원
문」 및 첨부된 원본 복사본 참조.

55 「黃嗣永帛書」. "遂與教友相從, 數年辨論, 確然信服, 嚴守規誡."

56 「黃嗣永帛書」. "罪人金伯淳供以爲: '自少讀朱書, 怳然有得, 自信其不爲異端所
惑. 故意欲一見西洋書而痛斥之, 始爲披覽, 則不但與前所聞, 逈然不同, 實爲
大正至公之道, 遂爲從事, 小無所悔. 而耶蘇降生之後廢祭, 自有意義.'"

57 『自著』續集, 「答洪伯應書」. "僕於學下愚也. 下愚自暴而自棄, 拒之而不信, 絶
之而不爲, 聖人所謂不移也. 以故僕少時中年, 爲僕而惜之者, 憂僕而提之者,
左有密翁, 右有近老而皆不聽. 眞原, 伯魯之爲人也, 盖暴棄者凡五十餘年,
五十年光陰, 非不富矣, 而擲之於方洋浮淫, 無形影沒把捉, 半上落下, 七顚八
倒之中, 而兩鬢遂雪霜矣. 直到如今, 不成爲人, 四十而無聞, 聖人難之, 僕且將
兩四十而無聞焉, 僕將何以夕死哉."

58 洪直弼, 『梅山集』 권51, 「著菴兪公-漢雋-遺事」. "公老而好讀『庸』, 『學』數千
遍, 並章句如誦己言. 七句後沈疾患阽危, 閱數月而蘇, 口念兩部書, 亦不錯一
字. 嘗自謂: '曾, 思兩聖人, 不我遺棄.'云."; 李度中, 『新齋集』 권10, 규장각본,
「刑曹參議著菴兪公-漢雋-墓誌銘」. "與度中論學曰: '爲人急務, 專在『大學』第
六章, 每讀此, 未嘗不竦然兢惕.' 其實用力於愼獨, 可知也."

59 당대의 문인학자로 명망이 높았던 李敏輔, 吳載純, 兪彦鎬, 朴胤源, 成大中,
南公轍 등이 유한준의 문집인 『自著』에 서문을 남기고 있으며, 그들은 공히
各體에 능한 문장의 대가로 유한준을 인정하고 있다. 특히 성대중은 유한준
을 '우리시대의 거장[今世之鉅匠]'으로 지칭하고 있기도 하다.

60 홍직필의 증언에 따르면, 유한준 문학에 대한 당대인들의 평가는 지극히 높
은 것이었지만, 유한준 스스로는 자신의 글을 훌륭하다고 여기지 않는 겸허
한 마음을 가지고 있었다. "公文章夙就, 未弱冠, 已有盛名, 中歲而益成. 穎西
任公魯嘗爲余言: '著翁之文, 向後百年無此作'云. 一世推重, 爲詞苑鉅匠, 而公
未嘗自多, 欿然如無有. 每對直弼言: '吾之文名浮實, 此其所以挺灾也.'"(『梅山
集』 권51, 「著菴兪公-漢雋-遺事」)

61 『自著』, 「通園遺橋序」. "君子雖懷握瑾瑜, 苟無勢, 文采不顯, 自古已如此, 況後
世乎, 其湮沒何可勝道也? (…) 雖然吾嘗聞自躍之金, 出於百鍊, 鍊則精氣結,
精氣結而光芒乃見, 物不能揜也. (…) 文章亦結爲精氣, 發爲光芒. 雖蔽于暫而
終耀於無窮." 이는 일찍이 著書爲業의 꿈을 이루지 못하고 요절한 아들 유만
주를 위로하기 위해 유한준이 한 말이지만, 자신을 기려줄 자손도 없고 현세
적 지위와 권세도 없이 생을 마쳐야 할 「자명」의 서정적 자아인 유한준 자신
에게도 희망과 위로가 될 말이기도 할 것이다.

1　『自著』권21,「答或人書-辛丑」.“先生之稱, 不專以道德學問之全體, 苟有一善, 苟有一藝, 古人或從而先生之. 是以退之之於溫, 石處士, 孟貞曜, 歐陽永叔之 於孫泰山, 石祖徠, 子瞻之於王定國, 張安道, 公子令畤, 皆同輩也, 而或稱以 先生. 彼數君子者, 豈皆道德如顏, 曾, 學問如程, 朱哉? 特以其一善一藝之所 在耳.”

2　『自著』권20,「答朴永叔書-乙酉」.“僕少失父兄, 長無師友, 所習秖功令家言耳. 自事事來, 聞有所謂文章者, 在劉向, 揚雄, 司馬遷, 班固之家, 遂羸粮往而從 之, 遊戱於其中, 十餘年, 雖老不遇, 窮不自存, 其自喜爲文益甚, 浮濫方洋, 遊 戱馳逐.”

3　『自著』권14,「自傳」.“漢雋字曼倩, 一字汝成. 初名漢昃, 後改今名. 年十六父卒, 有兄曰漢郡, 明年亦卒. 以孤童避地, 湖中尋還. 漢雋爲人, 夷蕩不深, 中迢遠而 闊於事情, 亡所短長之能. 治功令之文, 不成名, 學爲詩於安東金厚哉先生, 學 爲文之术於太學士南公有容, 又不成.”

4　李德懋,『靑莊館全書』권34,「淸脾錄」.“金鳳麓履坤, (…) 詩爲近世之名家, (…) 有三淵, 槎川之流風餘韻.”

5　『自著』권22,「祭鳳麓金公-履坤-文-乙未」.“以茅洲爲祖, 以百淵爲師, 豈無所 自? 公昌厥詩.”

6　『自著』著草,「金正甫哀辭-幷序」.“鳳麓先生詩名伏一世.”

7　『自著』準本,「摯菴三世稿序-甲子」.“文忠公仙源先生, 丙子之難, 立懂江都, 爲 一時死義之首, 進士公於孝有絶行, 而茅洲公承先煮後, 詩禮徙身, 靑楓溪金氏 緣是用名家聞, 而公以爲世文章道學夐韻鬼標, 如三淵先生, 其言行文學之可 則, (…) 仲子鳳公以詩得大名.”

8　『自著』續集 책2,「金仲寬詩稿序」.“余與仲寬及近齋朴永叔同遊學, 方其自吹蔥 騎竹而相長也, 已皆以詩詞相鼓噓.” 중관은 김재순의 자이고 영숙은 박윤원 의 자다.

9　『自著』續集 책2,「金仲寬詩稿序」.“余少時, 從鳳麓金公學爲詩, 公敎之曰: ‘女 求爲詩與? 孔子所删三百篇, 其宗祖也. 其後漢, 魏, 漢, 魏去古近, 猶有風雅意. 其後唐, 唐有盛中晚, 中晚已靡矣, 惟盛爲正始. 詩不失風雅正始之音, 乃詩也.’ 余駑下, 縱末能如公言, 亦知詩有是道, 舍是道, 無以爲詩也.”

10　『自著』권8,「呈鳳麓丈人-丙子」참조.

11　『自著』권16,「送族兄觀甫氏歸鄕序-丙戌」.“計北里時去今幾三十年矣. 當是 時, 余方年八九歲, 尙記其歌唫大呼, 上下角逐, 輝映炳, 氣無前敵, 何其盛也? (…) 朝夕杖屨還往, 以復修玉洞故事樂也.”; 박윤원,『近齋集』권31,「家錄」. “知敦寧兪公, 於祖考爲外兄, 居玉流洞, 洞去洗心臺, 只隔一小岡, 祖考與兪公 杖屨, 數相往來, 時有杯盤, 兩家子孫亦從而陪焉, 方春花發, 會于心臺, 余與兪 公之孫漢蔣, 漢雋, 漢嚴, 皆兒童年.”

12　『自著』권19,「潾東詩草跋-庚辰」.“厚哉骯髒, 無醞齪鬼瑣氣, 嗜詠諧, 不拘小 節.” 厚哉는 김이곤의 자.

13　『自著』권4,「放詩」. 이 시의 제목 아래에 다음과 같은 세주가 달려 있다. “聞

柑製有命, 赴闕下不及門, 外無一仗, 忽有一人亦不及門, 嘆息徘徊者, 卽鳳麓也, 相與大笑, 因共上雲培觀雪."

14 같은 글. "我輩同是不遇者, 松下放歌凌青冥. 一城炊烟滿空起, 長安大雪映青明."

15 『自著』권16, 「送金公厚哉宰新溪序-甲午」. "永嘉金公以該司郞, 出爲其令, 吾以喜公之適願, 而又以悲公之不遇也. 公少氣高滑稽, 不拘小節, 文章伏一世, 交游滿國, 意功名可朝夕立致, 顧阨於命, 所與游諸公, 皆相繼取卿相, 從政委蛇, 而獨公巀巀不得意. 晚而從蔭道進, 浮沉六七品院署之間, 及爲是邑, 而公之年且六十有三歲矣, 意氣衰落, 兩髥若雪霜, 豈不悲哉?"

16 『自著』권11, 「聞鳳麓是日入地-乙未」. "日暖東原草, 高人葬在斯. 古來惟有土, 君去遂無詩."

17 『自著』, 「自著序」. "公輙先君子, 旣致政家居, 故參議著菴兪公, 時以進士, 抱刺立門外請謁曰:'某於先生, 有山斗之仰, 久矣. 顧布衣不敢跡宰相之庭, 今先生懸車退朝, 某見之無嫌.' 先君子亟迎見之. 公狀貌魁梧, 眞博茂君子也. 數語後命酒飮至醉, 罄其全書使讀之. 公起而曰:'盛矣富哉, 百官倉廩, 不肥不寒, 會其有醇道在斯矣.' 始公爲文患塞澁, 先君子勸讀『戰國策』, 公讀『戰國策』旣熟, 覺奔放不可禦矣, 先君子又勸讀『檀弓』, 公讀『檀弓』, 其文益簡切無支言, 公自以有文章知遇, 故其祭先君子文中:'余曰公師, 公曰汝友'者, 眞實錄也."

18 유한준은 1768년 37세 때 진사시에 급제하고 남유용의 퇴임을 기리는 「太學士雷淵南公致仕頌-幷序○戊子」(『自著』권19)를 쓰기도 했다.

19 『自著』권22, 「祭太學士雷淵南公-有容-文-癸巳」. "余初贄文, 公時懸車."

20 「雷淵先生僑舍小集, 抽晉庵集韻, 敬次」(『自著』권9) 이상 1769년; 「太學士南公臨寓近隣, 金丈孺文携酒至, 抽淵翁韻共賦, 敬次」(『自著』권9); 「移居南村, 次兪上舍汝成-漢炅-見屬韻」 「兪君携來飮, 金生-履中-亦至, 拈三淵韻」 「兪君汝成晤言永夕, 明日又以二詩見贈, 喜而和之」 「金孺文, 兪汝成見枉拈韻」 「與孺文, 汝成, 李晦之-奎亮, 公佐小飮拈韻」 「兪上舍汝成見眂一大寶, 文曰身如芭蕉, 心似蓮華, 百節疏通, 萬竅玲瓏, 盖憐我老昏, 將以是覺之也, 且其篆法奇古, 有足珍者, 用二詩拜嘉」 「初度日, 汝成諸君皆有詩, 和之」(이상『雷淵集』권8), 이상 1770년; 「十一月二十三日, 以座中韻, 壽雷淵先生」 「山齋獨坐有懷雷淵先生」(『自著』권10); 「上元之夜, 金孺文, 李晦之, 吳文卿, 兪汝成步屧來訪, 命酒占韻, 聞鷄而散, 公佐, 麟耈, 有衡亦在-辛卯」 「麟孫爲我辰具小酌, 與金濟大, 趙光瑞, 李仲固, 金光仲, 元子靜, 李晦之, 兪汝成, 晤言至夜, 酒罷有衡獻詩, 與弟侄輩和之」(『雷淵集』권8) 이상 1771년; 「雷淵南公冠其子公輸, 遂卜日行迎相之禮, 盖公輸以公六十三歲之年而生, 而公以七十五歲之年而見其成, 世未多有也. 漢炅縻於官, 不得與二席之末, 謹搆燕辭, 庸寓賀悅」 「雷淵先生於某所, 獻蕉蓮章, 有二詩之報, 仍命攀和, 謹步瓊韻, 用備故事-二首」(『自著』권10); 「仲夏陪雷淵先生飮」(『自著』권10); 「蒼谷僑居, 飮汝成酒, 仍和其詩」 「南至後一日, 尨兒始加元服, 喜次兪汝成賀詩」(『雷淵集』권8) 이상은 1772년; 「次獻榮老堂賀迎婦-次原韵○癸巳」(『自著』권10) 이상 1773(원제는 「敬次雷淵先生迎婦詩韻-癸巳」).

21 『自著』권9, 「太學士南公臨寓近隣, 金丈孺文携酒至, 抽淵翁韻共賦, 敬次」 참

조.

22 『自著』권14,「自傳」. "太學士南公謂漢雋曰: '故之有志者, 不得於顯, 則得於晦, 著書垂後, 是也. 子已窮矣, 何不積思慮考究古今之時變, 前悊之得失, 當時之事, 放失之舊聞, 整齊東傳, 傳之來世以自見乎?' 漢雋曰: '不然. 昔者左丘失明而後『國語』行, 太史去勢而後『史記』出, 此天刑也. 班固作『漢書』, 瘦死獄中, 陳壽譔『三國史』, 起又廢, 范曄紀後漢之事, 族誅, 此人禍也. 彼其材足以精褒諱, 文辭足以動鬼神, 而作史不免於刑禍. 況謏聞寡識, 妄是非善惡, 犯神明之所忌, 蹈天人之禍, 何可勝言哉? 於是, 其文亡所用, 游戲恣肆而已.'"

23 『自著』準本,「東傳標目序」참조.

24 이에 대해서는 3. '각자 자신의 길을 가라' 참조.

25 『自著』準本,「東傳標目序」. "余酒采集羣英, 先立標目以擬之, 竢後日年老學進, 卒就完本."

26 유한준의 중인·서얼층과의 교유는 4.3. '신분을 넘어 귀감이 된 사람' 참조.

27 박윤원의 부친인 박사석의 아내가 기계 유씨로, 촌수를 따져가면 박윤원과 유한준은 12촌의 먼 인척이 된다.

28 『自著』권16,「朴永叔鶴山詩錄序-丙戌」. "余拙黨, 性不喜交遊徵逐, 獨潘南朴永叔, 以戚幼同里開, 故宓故. 宓故, 故彼深於情也. 永叔少於余二歲. 方余與永叔年十四五時, 已上下文事, 然猶功令間也. 後五六年, 永叔駿駿爲古文辭, 奇偉雅健, 而余亦時復爲之也."

29 이는 박윤원의 다음과 같은 진술을 통해 알 수 있다. 『近齋集』권10,「答兪汝成」. "弟數十年北山之人, 忽來此地, 不能無小人懷土之思, 而況離平生故舊隣曲, 時時抗言, 談昔之樂, 今不可復得焉者乎? (…) 雖欲尋理舊業, 將誰與講磨討論耶? 益恨與吾兄相去之遠也."; 같은 글, "足下又曰: '君歸後, 頻以書相勉, 則豈不警策有益?' 時元執在座曰: '以長書來, 以長書答, 反有害於讀書.' 吾輩相與一笑而罷."

30 『自著』권16,「朴永叔鶴山詩錄序-丙戌」. "及永叔客遊海上三數年, 盡海之大, 於是見益高. 讀六經及四子『近思』, 朱子書, 乃建言以爲道學之比於文章, 文章輕, 道學爲上, 文章次之, 道固因文而宣, 而文亦非道, 不可久. 一日以書至京師, 勸余理學, 及後相見, 又未嘗不爲余言, 余顧庸愚不能."

31 인용된 글은 박윤원이 충청도 아산에 머무를 때 지은 시 묶음인 『鶴山詩錄』에 대한 서문으로, 학산은 아산의 鶴橋山을 가리킨다. 연보에 따르면 박윤원은 지방관으로 부임하는 아버지를 따라 그 처소를 옮기고 있는데, 1763년(30세)부터 1766년(33세)까지 아산현감에 부임한 아버지를 따라 그곳에 머무르게 된다. 박윤원의 아산행과 그곳에서의 생활은 다음 기록에서 엿볼 수 있다. 『近齋集』권21,「鶴山和杜詩序」. "癸未冬, 余自漢師, 歸覲家大人于牙州, 後旬日, 平叔亦至, 兄弟同處于書室, 相與閉戶讀書者累月. 倦則徘徊於庭階之間, 以望鶴橋山. 牙州諸山, 其姸秀明媚者, 鶴橋爲最, 而山在書室之北, 雲霞蒼翠之景, 朝暮可觀也."

32 『自著』권16,「朴永叔鶴山詩錄序-丙戌」. "方余與永叔年十四五時, 已上下文事, 然猶功令間也. 後五六年, 永叔駿駿爲古文辭";『自著』續集,「朴士能文集序-庚午」. "永叔其 初刻意爲古文, 文章典則, 中年因文入道, 卓爲儒林標準."

33 박윤원이 유한준에게 보낸 편지는『近齋集』권10에 총 23편이 수록되어 있는데 이 중 아산에서 보낸 편지는 권10,「答兪汝成」(장1앞)부터「與兪汝成」(장19뒤~장25뒤)까지 11편이다.

34 朴胤源,『近齋集』권10,「答兪汝成」."弟數十年北山之人, 忽來此地, 不能無小人懷土之思, 而況離平生故舊隣曲, 時時抗言, 談昔之樂, 今不可復得焉者乎? (…) 嘗觀世之朋友, 當其居相比, 日相往來, 握手懇懇, 謔謔笑語, 以爲死生無相負也, 及其家移居遠, 罕相見面, 輒置之相忘之域, 吾輩豈爲是哉? 惟各保故情, 不相遐棄, 可也. 兄心亦如我心否? 至於文字事, 新居整頓未了, 書冊皆束之高閣, 勢不暇爲, 而雖欲尋理舊業, 將誰與講磨討論耶! 益恨與吾兄相去之遠也."

35 같은 글."近聞鳳麓金丈, 頗能留意於經術, 讀『中庸』千遍. 此丈亦少嗜詞翰, 晚就學焉. 而今兪汝成尙不肯回頭, 豈年猶未至而然耶? 此甚可慨者也. 學問即人之不可廢者, 雖文章, 曷嘗有不學而能爲好文章哉! 胤源之前後奉勉於汝成者, 輒以文章之本乎道, 主乎經, 爲言矣, 兄若不信, 試質諸南公. 南公亦必以爲然也."鳳麓金丈는 김이곤을, 南公은 남유용을 가리킨다.

36 같은 글."自兩漢以下, 工於著述者, 皆文人而已, 曷足貴哉? 馬遷雄史也, 而貨殖甚陋; 班固宏詞也, 而忠義不褒; 韓愈碩儒也, 而孔, 墨無辨; 蘇軾奇才也, 而禪, 佛是尙; 曾鞏博識也, 而混荑, 揚爲一, 此皆見道之不明也. 見道不明, 故其言不醇. 夫文, 將以立言, 而言之不醇, 亦奚用文爲哉? 是以君子之爲文也, 必以道爲本, 涵養乎心性, 游泳乎仁義, 窮格以知其理, 踐履以造其極, 然後發言中律, 吐辭成章, 其無本而能如是乎?"

37 이는 박윤원이 유한준의 道文觀을 전면적으로 비판하는 편지를 보내기 전에 이미 이 편지에서 도문분리에 관한 유한준의 언급을 거론하고 있는 데서 확인할 수 있다.『近齋集』권10,「與兪汝成」."文章誠美矣, 語其實, 則莫如道學. 故文與道二者, 輕重相懸, 大小相分, 君子用心, 不當捨此而爲彼也, 而況文章實本乎道者耶! 請復陳其說而冀足下之察焉." 또한 유한준의 「자전」에도 박윤원과의 본격적인 서신 논쟁을 소개하기 전에 자신의 소싯적 문학관을 간략히 밝히는 대목에서 도문분리의 관점을 피력하는 부분이 나온다.『自著』권14,「自傳」."然漢雋少時, 略通文章之道, 常以謂古人所稱德, 言, 功并立, 爲不朽而太上德. 雖然, 言者, 身之文也, 孔子曰: '修辭以立其誠.' 言苟不足文也, 則德亦安所寄行, 功亦安所附顯哉? 故言也者, 上資德, 下飾功, 由此言之, 文辭何可少也? 夫有德者有言, 聖人尙矣,『易』「大傳」曰: '天下一致而百慮, 同歸而殊塗.' 秦漢以來, 道術爲天下裂, 而文章學問, 離爲二塗, 於是世之儒者, 各徇其所慕, 所慕在道學, 尙道學; 所慕在文章, 尙文章, 源遠而未益分, 固其勢也."

38 『自著』권20,「答朴永叔書」."特見之有敏滯, 行之有蚤莫耳. 學在日用矣, 然亦必浸而及之矣. 道在吾身矣, 然亦必漸而入之矣. (…) 從足下於大道之岸也有日矣. 足下其無爲汲汲也."

39 유한준이 당시 아산에 있는 박윤원을 방문했음은「兪汝成漢雋來宿. 有詩次之」(『近齋集』권1)를 통해 알 수 있다.『近齋集』의 시들은 대체로 연대순을 지키고 있는바,「兪汝成漢雋來宿. 有詩次之」의 여덟 번째 앞에 '甲申孟秋'(1764년 가을)로 시작하는 제명의 시가 수록되어 있어「兪汝成漢雋來宿. 有

詩次之'가 대략 1764년 가을 이후에 창작된 것임을 알 수 있다. 또한 유한준과의 만남을 노래한 이 시에 '且看寒雪滿階庭' '春鳥雲山共一亭' 등의 구절이 있는 것으로 보아 대략 1764년 눈 내린 겨울이나 눈이 채 녹지 않은 1765년 초봄 즈음에 유한준이 아산을 방문한 것으로 추론할 수 있다.

40 『自著』 권4, 「吾友」. "吾友朴永叔, 其人富文章. 爲文凌兩漢, 爲詩軼三唐. 謂我亦粗解, 我實慚頷頑. 比來客牙述, 牙述跨海彊. 數年觀於海, 目闊不可當. 大讀『近思書』, 剖割其中藏. 長書月一至, 一書一百行. 行行動波瀾, 字字堆琳琅. 前後累萬言, 一一爲學方."

41 같은 글. "理氣心性情, 周孔程朱張, 其道日月明, 其說絲毛詳. 所以其文辭, 萬古不滅亡, 行之必可信, 傳之必可長. 譬膾膾與炙, 譬穀稻與粱, 豈若悠悠徒, 挏攄勞腎臟. 縱或驚世俗, 終竟失經常. **史遷質而肆, 貨利極布揚. 班固典以雅, 忠義不顯彰. 曾鞏號博識, 子瞻高翶翔, 所學或不醇, 淪佛又雜揚.** 是皆極知力, 道離多孔瘡, 自聖人觀之, 塵垢與枇糠." 이 중 앞부분의 도학 찬양의 내용은 박윤원의 載道의 문예관의 논조를 그대로 가져온 것이고, 강조된 부분의 사마천 등 문인 비판의 내용은 박윤원이 「答兪汝成」에서 말한 내용을 시의 형식에 맞게 글자와 순서를 약간 수정해서 기술한 것임을 알 수 있다. 참고로 관련 부분을 옮기면 다음과 같다. "馬遷雄史也, 而貨殖甚陋; 班固宏詞也, 而忠義不褒; 韓愈碩儒也, 而孔, 墨無辨; 蘇軾奇才也, 而禪, 佛是尙; 曾鞏博識也, 而混笙, 揚爲一."(『近齋集』 권10, 「答兪汝成」)

42 『自著』 권4, 「吾友」. "吾友其於此, 一飯先我嘗. 繼此相告語, 庶使不迷方."

43 『自著』 권4, 「吾友」. "我亦已老矣, 浮華倦猖狂. 古者聖賢書, 轉覺意味良."

44 박윤원은 「與兪汝成」에서 아산에 내려온 유한준을 배웅할 때의 모습을 다음과 같이 회고하고 있다. "嚮者臨別, 輒復申前言, 足下曰: '然則當如君言, 先讀『大學』矣乎?' '乎'者, 亦未決之辭也. 僕不能强奪其諾. 足下又曰: '君歸後, 頻以書相勉, 則豈不警策有益?'"(『近齋集』 권10, 「與兪汝成」) 헤어질 때 말한 유한준의 말과 '乎'라는 어기사에 대한 박윤원의 논평을 통해, 유한준이 겉으로는 박윤원의 말에 동의하는 자세를 취하고 있지만 실제로는 도학에 정진하라는 박윤원의 권유를 받아들이지 못하고 집으로 돌아간 후 서신을 통해 각자의 의견을 다시 교환하는 게 좋겠다는 의견을 피력하고 있음을 알 수 있다.

45 『自著』 권20, 「答朴永叔書」. "先施及之, 呂與叔詩, 尤可誦也. 顧夙習不能劃剔, 舊好不能捐棄, 不免復就班史以自暢. (…) 譬如受棒者, 方受棒時, 攢掌鳴呼, 後當勿樂, 乞蒙德, 止棒又復然, 終不可化, 僕之於足下之言, 亦類是矣. 呵呵."

46 같은 글. "雖然, 每夜五更, 讀至「李陵」, 氣慷慨, 至「東方朔」, 拊掌大笑, 至大將軍「霍光」, 肅然, 至「陳湯」, 隱乎有封狼居胥意, 自喻適志也."

47 『錦石集』 권5, 「上伯氏」. "然汝成之回, 回其頭而不回其心."

48 『近齋集』 권10, 「與兪汝成」. "僕嘗奉勸足下, 捨文辭爲實學, 已有年矣. 足下雖不顯然拒之, 而亦不決然從之. (…) 及承復書, 所讀非『大學』之書, 而乃班固之文也. (…) 足下之於文辭也, 沈溺極矣. 沈溺不反, 其害將大, 忝在朋友, 豈勝憂歎? 僕之言, 於是乎, 不得不多而書不得不長也. 夫規警之道, 莫如明指其病痛, 以足下虛受之量, 如不揮斥而聽之, 則請先論足下平日意見之差, 而次及於今書所言之失, 可乎?"

49 같은 글. "足下平日之言曰: '心性情之說, 微妙難究, 不可通知, 不必勞心求解. 只當於日用事爲之間, 辨其天理與人欲, 天理則存之, 人欲則去之而已.' '足下所謂'不必解性理之說, 而只欲修之於日用之間'者, 謬矣.' '足下所謂'心性情之說, 不必求解'者, 誤矣.'"

50 같은 글. "足下又以爲: '三代以上文與道爲一, 三代以下文與道爲二, 勢不得不爲文也.' '足下嘗云文辭之當攻, 必曰: '修辭.'"

51 같은 글. "足下今書所引, '從吾所好'云云' '足下之於文辭, 沈溺如此, 則豈非所謂欲乎? 然足下之不能勝此欲者, 特以於道未之見耳.'"

52 『自著』권20, 「答朴永叔書-乙酉」. "凡足下前所言大體, 皆合今書之意也, 而今書之意, 視前所言, 又加密焉. 盖件段非一二, 而其歸文與道離合之間耳. 足下合道與文爲一致, 僕離道與文爲兩端."

53 이 생각은 도문일치를 주장하는 박윤원이 유한준에게 누누이 강조했던 것이다. "夫文章之本於道學, 道學正而文章亦好者, 前此言之, 幾乎舌敝, 而猶不得回足下之聽."(『近齋集』권10, 「與俞汝成」) 물론 박윤원의 이 생각은 정주학의 다음과 같은 언술에 기인한다. "聖人亦攄發胸中所蘊, 自成文耳. 所謂'有德者必有言'也."(『近思錄』권2, 「爲學」)

54 『自著』권20, 「答朴永叔書-乙酉」. "司馬遷, 班固之徒, 極能悉知以爲文章, 幾至於驚天地, 動鬼神矣, 而於道則遠. (…) 謂遷, 固道之離也, 而不歸以文章之宗, 則童子不可欺."

55 『自著』권20, 「答朴永叔書-乙酉」. "列禦寇, 老聃, 莊周之屬, 以仁義爲贅疣, 以道德爲駢枝, 以堯, 舜爲僞, 道之不正, 極矣. 而「冲虛」, 「道德」, 「齊物」, 「秋水」, 上與六經相頡頑, 而佛之道, 虛無寂滅, 無君臣無父子, 非惟不正, 亂道甚矣. 而「法華」, 「金剛」, 二嚴之文, 指約而操簡, 語幽而辭玅. 荀卿言性惡, 大論是弘, 李斯導二世爲惡, 無所不至, 嶧山之銘伴雅頌, 揚雄爲莽大夫, 「太玄」玄遠, 唐, 宋以下, 柳子厚玉佩瓊琚, 身躅事佌文, 蘇氏父子, 文章動天下, 仇嫉河南, 王安石奧而勁, 青苗之法, 幾危宗國, 此非文不待於道, 道不正而文好, 已然之驗耶?"

56 노자, 장자와 불도 및 문장가들.

57 같은 글. "如曰: '彼各自道其道而旣於道, 是以文至矣.' 然則是天下之所謂道矣, 無恒道矣. 道不必程, 朱, 而文章固自如也. 使文章必程, 朱之道而後, 可也, 則是各道其道之說, 左矣."

58 같은 글. "沈溺於文辭, 與沈溺於博奕酒色亡以異, 然沈溺而可以爲今世之遷固, 僕有以身斃, 所不辭也, 但恐其未能如足下言耳."

59 『近齋集』권21, 「送俞刑部出宰軍威縣序」. "今汝成之往, 試以文治, 將使威之人, 始知春誦夏絃, 詠歌先王之道, 則愚蠢者漸開, 而頑悍者易使也. 爲政如此, 是眞知本, 雖以汝成, 爲今之子游, 不爲過也. 汝成於書, 無所不讀, 而晚喜「檀弓」, 最甚讀, 至數百遍, 又嘗擬而爲之. 「檀弓」者, 子游所著, 汝成之爲文章, 旣已慕子游矣, 何獨於政事而不慕? 學子游之文, 行子游之政, 是亦子游而已."

60 『自著』권1, 「廣韓賦-後序」. "今是賦也, 總而撮之, 以入於半卷之內, 數句爲一事, 一事下輒懸註釋, 凡三千七百年之故, 瞭然具載, 覽不終日而盡得之矣. 豈非要而不煩, 簡而易知哉? 且褒貶是非, 寓於筆端, 使觀者有所勸戒焉, 則亦賦

中之史也. 夫君子之薄乎文辭, 以其作無益而害有益也. 若此賦之作, 於史學不爲無益, 則又曷可少也哉!"

61 『自著』,「自著序」. "余與杞溪兪汝成友善, 汝成有奇才, 不遇於世, 作爲文章, 以明己見. 其辭閎肆奔逸中有法度. 人言文章高下, 限之以世代風氣, 而汝成居今之世, 能古人之文, 豈不亦偉哉? 汝成天資聰明, 學之甚博, 六經探其緖餘, 諸史考其治亂, 百家究其同異, 又察夫物理事情之眞, 以爲識解, 勤其心而用其力, 文由是工矣."

62 『自著』 續集,「著叟自銘-戊辰」. "性無所嗜, 嗜在文辭. 初下手時, 秦漢外馳. 莊諧屈怨, 馬肆韓奇. 噭鐕銕別, 垂五十朞. 竟亦何得, 怊悵夕返. 狐死首邱, 人竆反本. 道在六經, 四書之蘊, 始迷罔覺, 及覺死近." '戊辰'은 1808년(77세)으로, 이 글은 유한준이 서거하기 3년 전에 쓴 글이다.

63 『自著』 권16,「朴永叔鶴山詩錄序-丙戌」. "方余與永叔年十四五時, 已上下文事, 然猶功合間也. 後五六年, 永叔駸駸爲古文辭, 奇偉雅健, 而余亦時復爲之也." 또, 50세에 쓴「答豐墅李公書-辛丑」(『自著』 권20)에도 "三十年歟, 此形神所獲, 不能遷, 固之眉髮"이라고 말하는 것으로 보아 유한준이 20세를 古文 입문의 시점으로 생각하고 있음을 알 수 있다.

64 『自著』,「謦齋集序-戊辰」. "文章家盼然役志於組織, 弊精於摸擬, 以爲苟文之古矣, 何必學, 故不資於經術; 經術家屹屹乎箋註訓詁是習, 道德性命是講, 以爲學苟深, 文在其中矣, 故不屑於文章. 惟不資也, 故離本遠而賓主易位; 惟不屑也, 故論學沛, 而詞采風神, 常不能以敵彼之馳騁, 二家皆偏也." 이 글 역시「著叟自銘」과 같이 무진년(1808년, 77세)에 쓰인 글이다.

65 『自著』,「朴士能文集序-庚午」. "夫思其人, 其人屋上之鳥, 猶愛之, 況其與二子爲族親, 而又篤好文辭, 如士能哉? 潘南氏國朝以來, 以道學文章勳功事業, 爲世族冠, 而式至後人, 猶不替. 永叔以學, 美仲以文, 而士能又繼起治文辭, 何其盛矣? (⋯) 又嘗從二子後, 得其輔益. (⋯) 士能文章異日者, 安知不高入霄漢, 大中棟樑, 蔚然爲邦國之需也?" 이 글은 1810년(79세)에 쓰인 글이다.

66 金明昊,「朴趾源과 兪漢雋」,『한국학보』 12, 1986.

67 『過庭錄』 권2, 112~113쪽. "時鄰宰有忌惡先君治聲藉蔚, 必吹覓齮齕, 遂以胡服臨民之說, 疑眩譸張, 傳播京洛. 於是, 先君朋儕有某人者, 有能文名, 而以不得詘可於先君, 常積愠不平, 至是, 有論文體之恩讟, 若將有榮數之繼及者, 則尤忌嫉之已深, 及聞有胡服之謗, 謂足以乘機起下石, 遂以虜號之稿'四字, 潛喙其徒, 及戊午己未間, 二謗交作, 幾發大事."『過庭錄』은『한국한문학연구』제6집과 제7집에 소개된 서울대 규장각본 및 후손가장초고본과『열상고전연구』제8집에 수록된 영인본이 있다. 번역본은『한국한문학연구』본을 대본으로 교감 역주한 김윤조 역,『역주 과정록』(태학사, 1997)과『열상고전연구』본을 저본으로 교감 역주한 박희병 역,『나의 아버지 박지원』(돌베개, 1998)이 있다. 원문 및 번역은 최종 정리본으로 여겨지는『열상고전연구』본을 대본으로 한 박희병 역을 그대로 이용했으며 필요한 대로 김윤조 역본을 참조했다. 원문은 권수만, 번역문은 박희병 번역본의 면수만 원문 앞에 간단히 밝히기로 한다.

68 『日省錄』에 따르면, 윤광석은 1791년(정조 15) 2월 27일 함양군수로 임명되어, 1795년 11월 17일까지도 군수직을 지속하다가 1796년(정조 20) 1월 6일에는

휘릉 영이 되어 있다.

69 이에 대해서는 『燕巖集』 권3, 「答咸陽郡守書」와 『過庭錄』 권2 참조.

70 윤광석은 1795년 자신의 선조 尹烇(1575~1636)의 사적을 기록한 『尹忠憲公實記』를 간행하는데, 이 속에 연암의 선조 錦溪君 朴東亮(1569~1635)을 모함하여 욕보인 내용이 있어 박지원과 갈등한다. 그런데 김명호 교수도 『燕巖集』 번역본의 각주에서 밝히고 있듯이, 박동양이 계축옥사 때 유릉저주사건을 시인해서 인목대비 폐위의 빌미를 제공한 것은 부인할 수 없는 사실이다. 박동양은 이로 인해 1623년 인조반정이 일어난 후 부안에 유배되었다.

71 『燕巖集』 권2, 「與尹咸陽光碩書」. "今見頃來 『後村集』, 誣辱吾先祖錦溪君, 罔有紀極, 今僕與足下, 一朝爲百世之讐也, (…) 誠以望誠於毁板之一言, 而且爲歷擧吾先祖被誣本末以暢曉之也, (…) 今僕於足下, 怨旣深矣, 交已絶矣."

72 박지원은 1794년 윤광석이 마을의 학문을 진흥시키기 위해 녹봉을 털어 學士樓를 복원하고 興學齋를 건립한 것을 칭송하고 있다.(『燕巖集』 권1, 「咸陽郡學士樓記」 「咸陽郡興學齋記」)

73 윤광석은 경기도 양성현감으로 있을 때 정사와 공로에 있어서 최고점을 받고 있다.(『日省錄』 1790년 정조 14, 12월 15일) 또한 정조는 윤광석을 함양군수로 임명하면서 경기도 양성에서의 치적을 언급하며 함양에서도 더욱 잘 다스려줄 것을 부탁하고 있다.(『日省錄』, 1791년 정조 15, 2월 27일) 또한, 함양군수로 있을 때도 윤광석은 적지 않은 곡식을 스스로 내어 백성을 구휼하여 경상 감사로부터 상을 받았다.(『日省錄』, 1793년 정조 17, 6월 1일)

74 『過庭錄』 권3, 163~164쪽. "初漢雋少時, 以摸擬爲文, 盛得先輩推詡. 嘗以所著文, 求評於先君, 先君以書答之曰: '文章儘奇矣. 然名物多借, 引據未襯, 是爲圭瑕. 苟使皇居帝都, 皆稱長安, 歷代三公, 盡呼丞相, 名實混淆, 還爲俚穢, 是爲驚座之陳公, 效顰之西施.' 漢雋由是唧憾. 先君中年以來, 訛謗日興, 皆斯人推波助瀾也."

75 『自著』 續集 책2, 「朴士能文集序-庚午」. "方其有意時, 猥爲近齋朴永叔, 燕喦朴美仲所友善, 皆盛年也. (…) 唐寶牟未知何如人, 而昌黎以爲自視雛觳, 望君飛鴻, 以余而望二子, 何翅之二虫乎? 嗟乎! 二子, 今皆已九原, 而獨余生存, 年迫八十; 凡然爲無聞人, 前游可思也. 夫思其人, 其人屋上之鳥, 猶愛之, 況其與二子爲族親, 而又篤好文辭, 如士能哉?"

76 『燕巖集』 권5, 「映帶亭賸墨自序」. "舊與知舊書疏, 得其副墨脞毫, 共五十餘則, (…) 於是抄寫一卷, 藏弃于放瓊閣之東樓, 歲壬辰孟冬上澣, 燕岩居士, 書." 원문의 '壬辰孟冬上澣'은 '1772년 음력 10월 초순'으로 연암의 나이 36세 때다.

77 『燕巖集』 권5, 「答蒼厓-之四」. "昨日, 令胤來問爲文, 告之曰: '非禮勿視, 非禮勿聽, 非禮勿動, 非禮勿言.' 頗不悅而去, 不審定省之際, 言告否?"

78 『自著』 著草, 「欽英記日序」. "始晩柱好讀書, 有志文章, 旣而嘆曰: '古文, 今人孰能焉? 彼自命爲古文者, 是皆孫叔敖衣冠耳, 以爲不如退而窮天下書, 以極其變, 以廣其識, 然後立一書.'" 원문의 '孫叔敖衣冠'은 『사기』 권126 「滑稽列傳-優孟」과 관련된 고사로, 초나라 우맹이 죽은 손숙오의 의관을 입고 노래를 불러 장왕을 감동시켜 손숙오의 아들을 寢丘에 봉해지도록 주선한 일을 말하

는데, 나중에는 '배우처럼 감쪽같이 다른 사람을 흉내내어 남을 속이는 것'을 가리키는 의미로 사용되었다.

79　『謙軒漫筆』의 실제 초록된 내용은 「贈季雨序」(『燕巖集』권3, 孔雀館文稿)이고, 「古今科體引」은 「騷壇赤幟引」(『燕巖集』권1, 煙湘閣選本)이다.

80　『欽英』을사부, 1785.11.13. "侍議燕錦之文, 文則絶等, 人則絶雜, 殊可惋惜也. 出閨詩本, 序一序二及評題, 純學貫華『西廂』, 而半啞不成."

81　같은 글. "仍侍閨『放瓊閣外傳』, 議是一奇文字也. 雜取中庶閨巷間異聞奇蹟, 論次而形容之, 如是逼眞, 自成古文, 非天授之奇才而能之乎?"

82　『欽英』병오부, 1786.11.26. "瑒至, 聞先夜會祇于桂, 聞其中州說話詭異可聽云. (…) 仍示所序『陰晴』卷首, 效公, 縠者, 曰是古文也. 議效公縠則不佳, 效袁金則佳, 是其才長於貫華之文章, 而短於純古正大文字也."

83　『欽英』정미부, 1787.1.15. "祇言'自燕回, 意想猝犯濫', 蔡言'自燕回, 過鐘街, 怪虛無人', 皆自道其觀海之大也."

84　『孔雀館集』의 내용과 김성탄·원굉도의 문학론과 박지원 문학론의 관련에 대해서는 권진옥, 「『孔雀館集』을 통해 본 朴趾源의 작법 태도와 문론-金聖嘆과 袁宏道의 序文을 중심으로」, 『한국어문학 국제학술포럼 제6차 국제학술대회 발표집』, 2008; 권진옥, 「朴趾源의 '眞' 문학론 一考: 金聖嘆과 袁宏道의 영향관계를 통해서」, 『동양한문학연구』 32, 2011 참조.

85　연암 자신이 청나라의 연호를 쓴 이유를 밝히고 있는 『燕巖集』권2, 「答李仲存書」에는 "彼所云虜號之藁, 不識何所指也"라고 했을 뿐 '彼'를 누구라고 특정한 적은 없다.

86　『梅山集』권5, 「答老洲吳丈-戊寅臘月」. "不書虜號, 肇自兩宋先生, 至雲坪, 性潭, 壹遵而不變, 湖中羣儒, 咸用斯例云."

87　『燕巖集』권2, 「答李仲存書」. "噫! 年號之始行于天下也, 我東之先正, 請毋書告身之上則有之矣, 士大夫墓道之刻, 追識以崇禎紀元之後則有之矣."

88　『過庭錄』권3, 161쪽. "壬戌冬, 遷竺章簡公墓于抱川, 遭兪氏山變. 初先君自丁亥事變, 倉皇權厝, 恒有占山移窆之計, 至是買山於抱川機池里, 先遷奉章簡公墓. 旣而兪漢雋陰激其從弟漢寧, 潛往掘墓."

89　『過庭錄』권3, 161~162쪽. "吾家要訟曰: '此有兪氏墳墓乎?' 漢雋曰: '無有.' '此有家舍乎?' 曰: '無有.' '此是兪氏之上地乎?' 曰: '非也.' '然則掘墓之義何居?' 漢雋乃稱'其先祖所築讀禮窩舊址在其下.' 先君: '然則是非曲直, 聽訟者存. 先祖遺址猶足據以爲證, 則如之何不事訟辨, 而遽作悖擧也?' 漢雋輒曰: '吾不知訟與法, 但知掘字.'"

90　『過庭錄』권3, 162쪽. "兪氏之宗子啓煥, 早歿而無後. 漢雋欺其老母孀婦, 潛使人往發其塚. 孀婦慟哭, 嚼指血爲書訟寃, 而不爲之止也. 竟取其柩, 移置於吾家墓後尺許地." 원문의 '啓煥'은 '久煥'이 맞기에 역주본에서 고쳐서 번역함.

91　『自著』準本, 「東傳標目序-癸未」. "三史僨矣, 後雖有作史者出, 其將安所折衷哉?"

92　『過庭錄』권3, 162쪽. "吾家就訟畿伯, 則漢雋乃復抵書畿伯, 言皆悖理. 於是, 人皆謂: '兪汝成, 六十年讀書士也. 如之何一朝有此事也? 且以兩家世好, 而忍掘其墓也? 是可疑也.'"

93 김명호, 「박지원과 유한준」, 『한국학보』44, 일지사, 1986, 54쪽.

94 『自著』권18, 「智洞六記-原記」. "始先君子之下世也, 病中呼先兄至前而詔之曰: '吾病且死矣. 吾祖先墳墓在楊州, 楊州族葬山盡, 王考, 監役公墳墓在抱川, 抱川地又悛, 不可以歸, 歸骨無地矣. 汝其得一山葬我, 不然而必歸於此二山者, 吾體魄, 亦不寧於土中矣.'"

95 『自著』권25, 「殤孫墓誌銘并序○丁未」. "久煥杞溪人, 字元視, 益山郡守漢雋孫也, 操行見識, 往往有出人者, 不幸年十五死 (…). 丁未夏, 偶得疾, 疾革, (…) 竟以其五月十二日死. 六月, 葬廣州芝洞先塋側, 明年十月, 移葬于富平下梧亭, 其父母塚下."

96 『自著』續集 책3, 「從弟大司諫君-俞漢寧-墓碣銘-并序○戊辰」. "君長身美髭鬚, 其爲人簡率勁直, 凡茫事, 事雖微, 必刀破毫析, 竆竟乃已, 奉先以誠敬, 治家以儉約. 甞有人葬逼先塋, 其禦之也, 至於雪中徒跣, 見掘而止. 仲兄死於痢, 君直入守屍旁, 號哭不去, 自殮至葬, 毫毛皆以手, 拊其子女, 服食田宅, 醫藥嫁娶, 爲之甚於己子."

97 같은 글. "連除承旨, 前後凡五十餘拜矣."

98 俞漢雋, 『自著著草』, 「從姪僉正君墓誌銘」. "至監役贈吏曹判書諱命賚, 知中樞府事諱廣基, 敦寧府都正諱彦鐸, 司憲府大司憲諱漢蕭, 仍四世益以仁厚謹拙爲風素, 佑善之理無則已, 有則此其宜緜以昌, 而乃大憲之亂僉正君, 以獨子承四世之重, 年四十八, 而至今上癸丑四月十二日, 忽遇疾卒, 卒五易月, 而一子繼煥病三年, 又死亡子, 於是, 宗祧遂絶."(僉正君은 유한준의 종질이자 유한소의 외동아들로 司僕寺 僉正을 지낸 俞駿柱다.)

99 『續大典』, 「刑典」 '聽理-偸葬依法掘移' 조목에 따르면 士大夫의 墳墓는 그 관직과 품계에 따라 일정한 거리를 확보하는 것이 법적으로 정해져 있었고, 묏자리를 조성한 主山 및 인가 근처에 다른 사람이 몰래 분묘 쓰는 것까지를 금지했다.(士大夫墳墓, 隨其品秩各有步數. 冒禁偸葬者, 依法掘移. 有主山及人家近處偸葬者, 禁斷.) 또한 그 세부 규정에 따르면, 풍수설에 따른 지세의 흐름을 중시하여 主山은 물론 左靑龍 右白虎까지 다른 사람들이 入葬하는 것을 금지하고 있다.(雖無步數之人, 龍虎內養山處, 勿許他人入葬.) 이는 묘지뿐만 아니라 묘지가 조성된 선산의 좌우 지세에 따른 주변 경관과 전망까지를 법적으로 인정해준 것이라 하겠다. 하지만 墳山의 수호 범위를 주산의 좌청룡 우백호까지 확대한 이른바 '龍虎守護' 규정은 그 범위가 애매해서 소송을 담당한 관리에게 최종 판단을 맡기고 있어(龍虎闊遠, 或至五六百步, 亦不可一准龍虎, 惟在訟官量度, 彼此圖局山勢遠近參酌處決) 묘지 분쟁의 주된 원인이 되기도 했다. 유한준 가문과 박지원 가문의 山訟(산소에 관한 송사)에도 이러한 문제가 개입되었을 것으로 보인다.

100 『過庭錄』권3, 162~163쪽. "吾家就訟畿伯, 則漢雋乃復抵書畿伯. (…) 不暇訟辨, 而急占他山, 將移奉焉, (…) 遂移竁於楊州之星谷."

101 같은 글, 164쪽. "其於山事, 必欲挑激憤怒, 使之上章鳴寃, 而時則泥金用事, 先君素與諸金不恢, 故漢雋已悉, 其乘機下石焉." 후손가 초고본에는 이 뒤에 "若使當日或出於上章鳴寃之計, 則其禍色之滔天, 必有不可言者矣"라는 구절이 더 있다.

102 같은 글. "嗚呼! 險矣, 此吾家百世之讎也."

103 같은 글, 162쪽. "吾家就訟畿伯, 則漢雋乃復抵書畿伯, 言皆悖理. 於是, 人皆謂: '兪汝成, 六十年讀書士也. 如之何一朝有此事也? 且以兩家世好, 而忍掘其墓也? 是可疑也.'"

104 『過庭錄』권3, 164쪽. "當時事機, 後從兪氏家人細聞之, 其必欲逞憾, 專由於先君少時不詡可其文詞, 而其於山事, 必欲挑激憤怒, 使之上章鳴寃."

105 『過庭錄』권3, 164쪽. "初漢雋少時, 以摸擬爲文, 盛得先輩推詡."

106 『燕巖集』권5, 「答蒼厓」. "文章儘奇矣, 然名物多借, 引據未襯, 是爲圭瑕. (…) 如販夫之唱貨. (…) 官號地名, 不可相借. 擔柴而唱鹽, 雖終日行道, 不販一薪. 苟使皇居帝都, 皆稱長安, 歷代三公, 盡號丞相, 名實混淆, 還爲俚穢, 是卽驚座之陳公, 效顰之西施." 이하 박지원 글의 원문은 『燕巖集』박영철 본을 저본으로 했고, 그 해석은 신호열 · 김명호 옮김, 『국역 연암집』1 · 2, 민족문화추진회, 2004~2005와 박희병 · 정길수 외 편역, 『연암산문 정독』, 돌베개, 2007을 참조하여 필자가 조금 다듬은 것이다.

107 『自著』續集, 「著叟自銘-戊辰」. "初下手时, 秦漢外馳, 莊諧屈怨, 馬肆韓奇, 嘔鑽剔, 垂五十朞." 유한준은 그 스스로 20세 즈음에 고문사를 배우기 시작했다고 진술하고 있다. 『自著』권16, 「朴永叔鶴山詩錄序-丙戌」. "方余與永叔年十四五時, 已上下文事, 然猶功令間也. 後五六年, 永叔駿駿爲古文辭, 奇偉雅健, 而余亦時復爲之也."

108 袁宗道, 『袁宗道集箋校』, 「論文」上, 중국: 湖北人民出版社, 2003, 333쪽. "且空同諸文, 尚多己意, 紀事述情, 往往逼真. 其尤可取者, 地名官銜, 俱用時制, 今卻嫌時制不文, 取秦, 漢名銜以文之, 觀者若不檢『一統志』, 幾不識爲何鄉貫矣. 且文之佳惡, 不在地名官銜也, (…) 所謂學古也, 學其意, 不必泥其字句也."

109 같은 글. "書倉老翁, (…) 其於書, 辨古今高下眞贗, 十不失一二. 今此書上而沮, 倉, 斯, 邈, 下而王, 虞, 顏, 柳, 遠而羲, 黃, 近而宋, 元, 聞而古, 見而今, 縱而圖, 橫而目, 猶列眉焉. (…) 自夫世之駑於剽儗摘割之塗, 而稽古之學, 絶久矣."

110 『農巖集』권34, 「雜識」外편. "'弇州不知古人提挈錯綜之妙, 而只欲以句字, 步趣摸擬, 故其爲碑誌叙事, 不問巨細輕重, 悉書具載, 煩冗猥瑣, 動盈篇牘, 綱領眼目, 未能挈出點注, 首尾本末, 全無伸縮變化, 其所自以爲風神景色者, 不過用馬字班句, 緣飾傅會耳. 此何足與議於古人之妙哉.'中郞王, 李之詩, 又稍稍東來, 人始希慕倣效, 鍛鍊精工, 自是以後, 軌轍如一, 音調相似, 而天質不復存矣.'"

111 『自著』권16, 「書倉老翁筆叢序」. "昔鄉先生詔余曰: '子欲爲文辭乎? 必根以『詩』, 『書』. 雄以莊, 孟, 怨以『騷』, 奇以『女』, 博以班, 馬, 鬯以韓愈, 柳宗元, 歐陽脩之文. 文未有釋此而成者, 故夫欲爲文而不博識強記而爲之者, 非至文也.'"

112 『燕巖集』권5, 「答蒼厓」. "文章有道, 如訟者之有證. (…) 雖辭理明直, 若無他證, 何以取勝? 故爲文者, 雜引經傳, 以明己意. 聖作而賢述, 信莫信焉, 其猶曰: '康誥'曰: 克明德.' 其猶曰: '帝典'曰: 克明峻德.'"

113 유한준의 도문분리론에 대한 박윤원의 비판은 박경남, 「兪漢雋 · 朴胤源의 도문분리 논쟁과 兪漢雋의 各道其道論」, 『韓國漢文學研究』제42집, 2008, 344~348쪽 참조.

114 박지원이 도문일치적 관점에 서 있음을 간접적으로 확인할 수 있는 글을 열거하면 다음과 같다. 『燕巖集』 권3, 「大隱菴唱酬詩序」·「與人」·「不移堂記」; 『燕巖集』, 권5, 「答蒼厓-之四」; 『燕巖集』, 권7, 「冷齋集序」·「綠鸚鵡經序」·「炯言挑筆帖序」.

115 이에 대해서는 朴胤源이 쓴 「送兪刑部出宰軍威縣序」(『近齋集』 권21), 「廣韓賦-後序」(『自著』 卷1), 「自著序」(『自著』) 참조.

116 『自著』 續集 책2, 「朴士能文集序-庚午」. "余少時不自量, 妄竊有意爲文辭, 其志則未嘗不祗祗乎上薄雲霄. 而才智下, 方洋五十年, 卒不能成文章, 而老耄及之矣. 方其有意時, 猥爲近霜朴永叔, 燕嵓朴美仲所友善, 皆盛年也. 永叔其初刻意爲古文, 文章典則, 中年因文入道, 卓爲儒林標準. 美仲才品絶高, 其文自占地步, 恥入繩墨, 俳諧跳脫, 以文爲戲, 盖皆儒雅傑魁人也."

3장

1 『自著』 권20, 「答朴永叔書-乙酉」. "列禦寇, 老聃, 莊周之屬, 以仁義爲贅疣, 以道德爲騈枝, 以堯, 舜爲僞, 道之不正, 極矣, 而『沖虛』, 『道德』, 「齊物」, 「秋水」, 上與六經相頡頏, 而佛之道, 虛無寂滅, 無君臣無父子, 非惟不正, 亂道甚矣, 而『法華』, 『金剛』, 二嚴之文, 指約而操簡, 語幽而辭妙 (…) 如曰: '彼各自道其道而旣於道, 是以文至矣.' 然則是天下之所謂道, 無恒道矣, 道不必程, 朱, 而文章固自如也. 使文章必程, 朱之道而後, 可也, 則是各道其道之說, 左矣."

2 『韓昌黎文集校注』, 「原道」, 중국: 上海古籍出版社, 1987, 15쪽. "仁與義爲定名, 道與德爲虛位. 故道有君子小人, 而德有凶有吉. 老子之小仁義, 非毁之也, 其見者小也. 坐井而觀天, 曰天小者, 非天小也. 彼以煦煦爲仁, 孑孑爲義, 其小之也則宜. 其所謂道, 道其所道, 非吾所謂道也; 其所謂德, 德其所德, 非吾所謂德也. 凡吾所謂道德云者, 合仁與義言之也, 天下之公言也. 老子之所謂道德云者, 去仁與義言之也, 一人之私言也." 유가 이외의 제자백가나 잡가 등의 사상을 지칭하며 그것을 부정적으로 평가하는 맥락에서 사용되는 道其所道의 논법은 한유 이후의 문인학자들 사이에서 유가-성리학의 정통성을 주장하고 노장과 불가 등 이단 사상을 배척하는 대목에서 지속적으로 인용되며 계승되어왔다. 이와 관련된 중국과 한국의 자료들을 시대순으로 열거하면 다음과 같다. 崔灝, 『拙藁千百』 권1, 「問學業諸生策二道」; 邱濬, 『大學衍義補』 권78; 金時習, 『梅月堂集』 권17, 「性理第三」; 崔忠成, 『山堂集』 권3, 「失題目」; 奇大升, 『高峯先生文集』 권2, 「求觀聖人之道, 必自孟子始論」; 金昌協, 『農巖集』 권32, 「內篇-二」.

3 같은 글의 중략된 부분에서 유한준은 순경·이사 및 다수의 문장가들을 예로 들며 "도가 바르면 문장 역시 훌륭해진다"는 정주학적 도문일치론의 논리가 사실에 부합하지 않음을 실증적으로 보여주고 있다. 『自著』 권20, 「答朴永叔書-乙酉」. "荀卿言性惡, 大論是弘, 李斯導二世爲惡, 無所不至, 嶧山之銘侔雅頌, 揚雄爲莽大夫, 『太玄』玄遠, 唐, 宋以下, 柳子厚王佩瓊琚, 身調事佹文, 蘇氏父子, 文章動天下, 仇嫉河南, 王安石奧而勁, 靑苗之法, 幾危宗國, 此非文不

待於道, 道不正而文好, 已然之驗耶?"

4 사물이나 동물, 혹은 소소한 다른 일에 빠져 본래의 큰 뜻을 잃어버린다는 뜻.『서경』에 나오는 말로, 서쪽 변방의 여나라 사신이 주나라를 세운 무왕에게 큰 개[獒]를 바치자, 무왕이 이를 기뻐하며 많은 상을 내렸는데, 이를 본 태보소공이 '玩人喪德, 玩物喪志'라는 글을 올리며, 여인이나 사물에 마음을 뺏겨 천하를 다스리는 큰 뜻을 잃지 말 것을 당부했다는 일화가 전한다.

5 『自著』著草,「通園遺槁序-辛亥」. "故常以謂名之傳, 無內外雅俗, 在乎極一事之能, 古人且實之. 卽我國韓濩以書傳, 石陽正以畫傳, 德源令以碁傳, 楊禮壽以醫傳, 洪繼灌以卜筮傳, 何必文章哉?"

6 『自著』著草,「燕石集序-辛亥」. "夫理至妙也, 道至廣也, 事至煩也, 物至衆也, 自非悟者, 孰能燭微見深而御無窮哉? 聖知尚矣, 一技一藝而旣焉者, 其術在乎自得. 僚丸, 秋奕, 由射, 扁輪, 彼其始於悟, 終以自得, 故能口靈手化, 刃行肉飛, 亢虛擣批, 竅節開解, 惟意所欲."

7 자기 서사란 자신의 일생이나 혹은 특정 시점까지의 삶을 전체로서 고찰하고 성찰하며 그 의미를 추구하는 서술로, 단일한 장르 개념이 아니라 다양한 장르를 포괄하는 개념이다. 자기 서사의 개념에 대해서는 박혜숙·최경희·박희병,「한국여성의 자기서사」1,『여성문학연구』제7호, 2002, 327~329쪽 참조.

8 自序·自傳·託傳·自撰墓誌銘·自輓詩 등 우리나라 자기 서사 작품에 대한 선집 및 개괄적 분석은 심경호,『내면기행』, 이가서, 2009; 심경호,『나는 어떤 사람인가』, 이가서, 2010; 임준철,『내 무덤으로 가는 이 길』, 문학동네, 2014 등 참조.

9 명대의 자기 서사 작품은 일찍이 杜聯喆에 의해 명대 문인들의 자전 선집이 출간된 바 있다. 杜聯喆 엮음,『明人自傳文鈔』, 타이베이: 藝文印書館, 1977 참조. 이 밖에 명대 자전 문학에 대한 중국의 연구는 郭英德,「明人自传文论略」,『南京师范大學文學院學報』, 2005; 邹丁丁,「明人自传与明代士人的精神生活」, 华中师范大學 碩士論文, 2011; 苏娟,「中晚明自传文研究」, 復旦大學 碩士论文, 2012 참조. 대만의 연구는 張瑄蘭,「明清女性自傳劇作之夢境書寫」, 國立中央大學 碩士論文, 2011 참조. 16세기 이후 조선 후기 자기 서사 작품의 증가 및 특징적 면모에 대해서는 안대회,「조선후기 自撰墓誌銘 연구」,『韓國漢文學研究』31, 2003; 정우봉,「조선후기 자찬연보 연구」,『韓國漢文學研究』59, 2015; 안득용,『한국 고전 자기서사 연구』태학사, 2019 참조.

10 「五柳先生傳」형의 자전의 특징에 대해서는 가와이 코오조오,『중국의 자전문학』, 소명출판, 2002의 제3장 '이러하고 싶은 나-「오류선생전」형의 자전' 참조.

11 남조 양대 蕭統이 편찬한『文選』권45 '설론'부에는 문답식 대화 형식으로 자기 삶을 변론하는「答客難」(東方朔),「解嘲」(揚雄),「答賓戲」(班固) 등의 자기 서술의 작품들이 수록되어 있다. 이들 작품은 북송 초엽에 편찬된 類書인『冊府元龜』에는 總錄部 권769 '自述' 항목에 수록되어 있다.『文選』이 가설적 논란의 측면에 주목하여 분류 항목을 만든 것이라면,『冊府元龜』는 이들 작품의 '자기 기술'적 특성에 주목하여 분류한 것이라 하겠다. 현대의 자전 연구가인 가와이 코오조오는『중국의 자전문학』299쪽에서 위 세 작품을 설론 형식의 자전문학으로 소개하고 있다. 다만,『한국민족문화대백과』사전에는 '對'

라는 문체를 설명하면서 앞서 거론한 작품들을 그 문답 형식에 주목하여 '問對'로 분류하고 있다.

12 설론 형식의 자기 서사적 작품의 원형인 「客難」, 「解嘲」, 「賓戱」는 공히 작가의 불우한 처지를 힐난하는 한 인물과 작가를 대신하여 그 자신을 변호하는 화자의 문답식 대화로 구성되어 있다. 작자 자신을 대변하는 화자는 자신을 변론하는 과정에서 종종 현실에 대한 불만과 갈등을 표출하는 경향이 있다.

13 필자가 확인한 바에 따르면 유한준의 「右閒問數」는 위에서 언급한 대화체 자기 서사 작품들의 주제 의식과 형식을 본받고 있음은 물론, 『列子』 「力命」 편에 나오는 '운명과 재능의 불일치'라는 모티브와 그 대화체 형식도 수용하고 있다. 여기서는 「右閒問數」 작품 자체의 자기 서사적 특징만을 집중적으로 논의하기로 한다.

14 『自著』 권27, 「右閒問數-乙酉」, "右閒公父, 旣窮居不得意. 居於右閒之里, 右閒之里人, 莫有知右閒公父者. 右閒公父, 三年一褐, 三日一食, 無田於野, 無錢於橐, 出無乘, 居無席, 凍餒其妻子, 咨怨其僮僕, 濩兮落, 牢兮騷, 忡兮悒, 慄兮慘, 悄兮恫, 愴兮悅, 淒兮寒, 曠兮蕪. 右閒公父, 形色黎黶, 神心沮憊, 自怨自咎, 自嘆自謂."

15 같은 글, "聞東郭鞳師田先生, 明於天地之理, 察於陰陽之位, 而辨於五行之克生, 而差次日月五星之緯經, 論寒暑之運行, 知別人賢知愚不肖, 猶燭瞳決甕, 而以其生年月日時, 而推之於窮達貴賤貧富夭壽吉凶禍福, 百發百中, 逆其人所爲何事, 何所欲何所不欲, 百不失一二, 不失尺寸, 不錯毫釐."

16 같은 글, "右閒公父, 於是, 齋三日, 之東郭市中, 訪田先生. 時九月天氣淸. 田先生主壁坐, 弟子三四人侍, 方論說天地之理, 陰陽五行之紀, 人事之休咎. 見右閒公父, 而中其說, 召弟子迎, 右閒公父再拜謁就坐. 坐而定, 田先生曰: '客何爲者, 今何爲來?' 右閒公父, 斂纓整襟而對曰: '鄙人聞先生盛名之日, 久矣. (…) 鄙人, 褎之人也, 敢來問數焉.' 田先生曰: '子試言子所欲言者矣.'"

17 같은 글, "怡神攝性, 濯情浣氣, 囷聞淵見, 揚知抽慧, 衡身律口, 繩行墨志, 矩謹矱愼, 度廉量恥.'"

18 같은 글, "履信思順, 佩義秉仁, 循道守正, 持方踣純, 臉忠炙孝, 茶法飯禮, 羽讓翼謙, 紉敬辮悌.'"

19 같은 글, "灌淸培直, 駕學驂藝, 咀詩嚼書, 沉經濃史, 漁古獵今, 爬亂櫛治, 剝緊剜滯, 刻微鉤深.'"

20 같은 글, "編蚕繹牛, 彌洪綸纖, 括天捴地, 極鬼窮人, 鼓流潤行, 呴猜濡眞, 分日合月, 析陰剖陽, 聞盈識虛, 見短揣長.'"

21 같은 글, "擿藻抽辭, 抱醇遺姸, 鍊句琢字, 約章博篇.'"

22 같은 글, "汗屈僵宋, 顚揚走馬, 皁誼隸向, 駕遷軼固, 苞韓孕柳, 絡曾鉗王, 藩歐籬蘇, 褭弇孩滄.'"

23 같은 글, "腋武胸陵, 縻曺摩劉, 掀李撼杜, 哺島乳郊, 簸陶春謝, 糠秦秕黄.'"

24 같은 글, "有不學, 學則必嚌其葳, 有不能, 能則必造其堂, 有不爲, 爲則驚動二氣之幽陰, 有不知, 知則經緯六合之宵荒.'"

25 같은 글, "然而進與時而牴牾, 退與人而抹摋, 出而卷攣, 入而梯突. 坐而觸, 起而躓, 轉喉遭罵, 擧足逢罥. 師心則觚杌, 仰息則忸怩, 鄙人玆莫知所以處焉.'"

26 같은 글. "鄙人亦已見世之士大夫. 時之人居, 可知矣. 或婦人之仁, 豎子之知, 脂韋其容, 婐姝其辭, 拳曲其步, 宛好其眉, 帖肩附耳, 開心見肺. 鬼於進, 鼠於退, 虱於勢, 蠅於利, 黠猵閃猭, 潛狐暗兎, 衒斗舞筲, 獻巧呈態."

27 같은 글. "或堯服周裳, 逢衣淺帶, 盤體輪踵, 上視廣欬, 竊稱胃譽, 袠外桾內, 往而不返, 大而無當, 高而無着, 遁而無防."

28 같은 글. "是皆文不能以經邦, 武不能以定國, 才不足以濟世, 澤不足以利物. 然而嗅尊官眈高位, 掠厚祿攫美勢, 失則戚戚, 得則躍躍, 翕翕訛訛, 炎炎劫劫, 熙熙穰穰, 忙忙急急, 此夫所謂冠裳之蠹也."

29 같은 글. "此足以陋矣. 而且垂紳搢笏, 論議廟堂, 乘馬從徒, 道衢呼唱, 燕姬趙女, 左右羅前, 鄭音楚聲, 夜晝相連, 逸樂富厚而終身."

30 같은 글. "人皆廣廈, 我門之蓽, 人皆文繡, 我衣之褐, 我足之胝, 人乃軒駟, 我羹之藜, 人乃粱稻, 人熱我寒, 人盈我虧, 人伸我縮, 人翔我踦, 鄙人玆莫知曷故焉?"

31 같은 글. "願先生之明以敎我, 毋隱也. 主父偃爲宦不逢, 五鼎是烹, 朱買臣困於樵採, 肘懸銀黃, 陳平無産, 侯于曲逆, 相如壁立, 錦衣還蜀, 此數子皆初貧賤而後顯者也. 鄙人竊慕之. 願聞先生之明敎也."

32 같은 글. "田先生聽畢, 乃鋪筵設席, 探囊提錢, 口誦祝辭以告于神明之前. (…) 祝辭訖, 乃擲錢, 凡六擲而遇蹇之離. 其繇曰: '竅之木, 千歲之鹿, 山中之石.' 右閭公父曰: '何如?' 田先生曰: '竅, 言空也, 鹿, 言久也. 山中之石, 言已定也, 又靜也, 神其告之矣. 子雖欲不貧以窮, 不可得矣. 夫走者, 不可使之飛, 浮者, 不可使之沉, 其質定也. 東不可使之西, 北不可使之南, 其位定也. 窮不可使之通, 通不可使之窮, 其命定也. 夫命已定矣, 而求易之, 則菑必生. 子且歸矣.'"

33 같은 글. "右閭公父曰: '鄙人旣已聞命矣. 雖然願先生卒敎之.' 田先生曰: '何謂也?' 右閭公父曰: '天下之路, 多矣. 天下之事, 衆矣. 人不能如鳧之浮於藻, 如螢之依於草, 汎汎如波中之鷖, 落落如山中之木也. 必處其身於此路, 而御其事矣. (…) 此孰重孰輕, 孰去孰從, 孰利孰否?'"

34 같은 글. "田先生曰: '子來前, 吾且語子. (…) 申生衣厖, 伯奇履霜, 而孝不能完矣. 比干剖心, 子胥江沉, 屈原放逐, 白起翩伏, 而忠不能全矣. 讓不必高, 故伯夷餓於首陽之山, 信不必貴, 故尾生抱柱而不遷. 善不必壽, 惡不夭, 故彭祖之智, 不高於嘉舜之上, 而壽三百, 顔淵之才, 不屈於衆人之下, 而年三十: 賢不必得, 不肖不必失, 故殷, 紂之行, 不出於文王之德, 而處於君位, 仲尼之聖, 不倂於戰國之君, 而畏於匡, 困於陳蔡. 文章美名, 左丘明行, 太史去勢, 而班固瘐死於獄中, 賈生非其命, 韓愈窮故. 由是觀之, 何可以劑乎物, 安可備乎?'"

35 같은 글. "今夫松之在山中也, 風霜困其身, 斤斧侵其骰, 枝幹催頹, 柯葉剝落, 及其貫四時閱萬古而不改者, 其天定也. 今夫犧之在閑也, 衣之以文繡, 食之以棗脯, 及其牢然而鳴, 宛轉於刀几之下之者, 其文禍之也. 此相去遠矣, 此不可同日而辨矣."

36 같은 글. "且夫子不聞, 人之有四不祥乎! 一曰勢, 二曰利, 三曰榮, 四曰名. 回山轉海, 掀天動地, 春與喜來, 秋隨怒至, 舉足安危, 彈指興亡, 眉睫聲生, 睞眯恩長, 此之謂勢, 爭錐競刀, 較銖量鎰, 金積如陵, 銅朽爲糜, 分寸不錯, 絲毫亡遺, 猶不知足, 鷄鳴而爲, 此之謂利, 出將入相, 旄建鉞竪, 馬如游龍, 車如流水, 黃

金橫帶, 紫綾拖綏, 隣里咨嗟, 親戚誦慕, 此之謂榮, 立標樹榜, 倣俊垺顯, 道賢傳能, 稱誰號某. 世蟻于羶, 人獸于壙, 陽吹浮噓, 孔贊夷獎, 此之謂名. 勢, 利, 榮, 名, 此四者, 不可以淫, 淫則傷, 不可以多取, 多取則殃. 不德而將之則戕, 非實而承之則亡. 故曰: "勢爲我辱, 利爲我毒, 榮爲我酷, 名爲我桎梏."

37 같은 글. "右閭公父, 叩頭稽首, 三揖再拜. (…) 終身不復問數."

38 같은 글. "右閭公父, 叩頭稽首, 三揖再拜. 千誦其言, 百復其戒. 歸于右閭之里."

39 같은 글. "內厚益榮, 外厚益悴, 子無窮悼, 子無貧喟. 誰易子寶, 誰爭子好? 誰將一時, 以博千古? 貧飢子腹, 莫飢其玉. 貧寒子膚, 莫寒其珠. 人皆嚘嚘, 子獨優優. 人皆慌慌, 子獨曠曠. 貧於子乎, 其厚已篤, 子復何怨? 與貧休息."

40 유한준의 「自傳」은 문집 속에 독립되어 존재하는 것이 아니라 「家傳」의 일부분으로 수록되어 있다. 그는 「家傳」의 冒頭에서 신라초의 유삼재부터 아버지 유언일까지 21대의 가전을 작성한다고 밝힌 후(『自著』권14, 「家傳-丙午」참조), 직계 선조들의 전을 수록한 그 말미에 자기 생애를 정리한 자전을 첨부하고 있다. 한편, 같은 해 기계 유씨의 족보를 중간하며 유한준이 발문을 쓰고 있는 것으로 보아 가전 창작이 족보 발간과 관련되어 작성된 것임을 짐작할 수 있다.(『自著』準本, 「重刊族譜跋-丙午」참조)

41 장유는 자기 집안의 세보와 가전을 모아 『張氏家乘』이라는 책을 발간한 바 있는데, 그 발문에서 가전의 유래가 『史記』의 「太史公自序」에서 비롯되었음을 밝히고 있다. "昔太史遷著『史記』, 自序其家世, 而班固氏倣之作『敍傳』. 自是之後, 文人學士爲傳譜碑狀, 以自述先德者不可勝紀. (…) 著張氏家乘三篇. 一曰世譜, 記世系, 名字, 官位, 生卒, 妃匹, 子姓, 丘墓之所在, 所以擧其槪也, 二曰家傳, 記出處, 履歷, 言行, 以及狀貌動靜, 雖微不遺, 所以著其詳也, 三曰外傳, 閨壼之行, 別而錄之也."(『谿谷先生集』권5, 「德水張氏家乘序」)

42 가와이 코오조오는 앞의 책, 27~38쪽에서 「太史公自序」의 자전적 성격을 설명한 후, 사마천에서 시작한 사가들의 「自序」형식의 자전적 기술 전통이 『漢書』 『宋書』 『魏書』 등으로 계승되어오다가 당대 이후 국가 기관에서 사서를 집단적으로 편찬하게 됨으로써 사라진 것으로 설명하고 있다.

43 『自著』권14, 「自傳」. "漢雋字曼倩, 一字汝成. 初名漢昊, 後改今名. 年十六父卒, 有兄曰漢郵, 明年亦卒, 以孤童避地, 湖中尋還. 漢雋爲人, 夷蕩不深中, 迂遠而闊於事情, 亡所短長之能. 治功令之文, 不成名, 學爲詩於安東金厚哉先生, 學爲文之术於太學士南公有容, 又不成."

44 같은 글. "然漢雋少時, 略通文章之道, 常以謂古人所稱德, 言, 功幷立爲不朽而太上德. 雖然, 言者, 身之文也, 孔子曰: '修辭以立其誠.' 言苟不足文也, 則德亦安所寄行, 功亦安所附顯哉? 故言也者, '上資德, 下飾功.' 由此言之, 文辭何可少也? 夫'有德者有言', 聖人尚矣. 『易』 『大傳』曰: '天下一致而百慮, 同歸而殊塗.' 秦漢以來, 道術爲天下裂, 而文章學問, 離爲二塗, 於是世之儒者, 各徇其所慕, 所慕在道學, 尚道學, 所慕在文章, 尚文章, 源遠而未益分, 固其勢也. 漢雋旣治文章有年矣, 其友潘南朴胤源, 移書讓漢雋, 其畧曰: '夫文與道一, 一而後, 文章好. 子舍道學而先文章, 文章雖美, 安用哉?'"

45 원래의 서신은 「答朴永叔書-乙酉」(『自著』권20)로 『自傳』에서는 이를 발췌 요

약해서 싣고 있다.

46 가령 "如足下言, 遷固旣以其文而離聖人之道矣, 離聖人之道, 則其文宜若未至矣, 而乃反居宋之諸君子上, 何也? 如日雖離於道, 不害於文之工也, 則又何以日道學正而文乃好也? 如日道學正而文乃好也, 則又何爲而以宋之諸君子道學之正, 而其文章不及遷固也, 謂程朱文章不及遷固也, 而疑道之未至, 則天下無此理, 謂遷固道之離也, 而不歸以文章之宗, 則童子不可欺, 然則僕不知將合道學文章而同之邪, 且固異之也."(『自著』권20,「答朴永叔書-乙酉」) 이 대목은 두 사람의 논점의 차이를 더 적확하고 풍부하게 이해할 수 있게 해준다. "如日彼各自道其道而旣於道, 是以文至矣, 然則是天下之所謂道, 無恒道矣, 道不必程朱, 而文章固自如也, 使文章必程朱之道而後可也, 則是各道其道之說左矣, 離之則兩傷, 合之則雙美, 何不本之以程朱之道, 而被之以遷固之文也, 此又不然, 夫文何以有三代上下之別也, 繁簡異也."(『自著』권20,「答朴永叔書-乙酉」) 이 대목은 유한준 도문분리론의 전제이자 지향이기도 한 각도기도에 대한 생각이 나오는 부분인데, 예상되는 반론이나 가설적 답변들을 생략하고 논의의 큰 틀을 제시하는 방식으로 요약하는 과정에서 모두 생략되고 있다.

47 『自著』권14「自傳」. "夫有三代上下之分, 而爲道學者, 爲文章者, 其勢不能相入也. (…) 宋之諸君子出, (…), 與文辭遠, 非道不正, 繁故也. 而司馬遷, 班固之屬, 極知能以爲文章, 幾至於協三光窮變化, 而卒叛於道學. (…) 列禦寇, 老聃, 莊周之徒, 以仁義爲贅疣, 以道德爲骈枝, 以堯舜爲僞, 道之不正, 極矣. 而冲虛道德, 齊物秋水, 上與六經相抵頑, 而佛之道, 虛無寂滅, 無君臣無父子, 非惟不正, 亂道甚矣. 而法華, 金剛, 二嚴之文, 指約而操簡, 語幽而辭妙, 荀卿言性惡, 大論是弘, (…) 由是觀之, 文固無待於道, 道雖不正, 無害於文, 豈非驗邪?"

48 문집총간본『自著』에는「右閒問數」의 내용을「自傳」에 발췌 요약해서 싣고 있지만『杞溪文獻』과 영인본『著庵集』에 수록된「自傳」에는「右閒問數」의 내용이 전부 실려 있다. 두 본에 수록된「自傳」이 초고 형태를 보존하고 있다면, 『自著』본은 초고를 좀 더 수정하고 다듬은 것이라 하겠다.

49 『自著』권14,「自傳」. "漢雋雖文章自娛, 傷時命不偶, 不能策名樹功, 爲當世之用."

50 같은 글. "漢雋聞其言, 爽然自失, 遂不復問數. 屛居南山下, 絶意於功名, 著書爲業."

51 같은 글. "太學士南公謂漢雋曰: '故之有志者, 不得於顯, 則得於晦, 著書垂後, 是也. 子已窮矣, 何不積思慮考究古今之時變, 前懋之得失, 當時之事, 放失之舊聞, 整齊東傳, 傳之來世, 以自見乎?'"

52 같은 글. "昔者左丘失明而後『國語』行, 太史去勢而後『史記』出, 此天刑也. 班固作『漢書』, 瘦死獄中, 陳壽撰『三國史』, 起女嬖, 范曄紀後漢之事, 族誅, 此人禍也. 彼其材足以精褒諱, 文辭足以動鬼神, 而作史不免於刑禍. 況設聞寡識, 妄是非善惡, 犯神明之所忌, 蹈天人之禍, 何可勝言哉?"

53 사대부 계층의 타락에 대한 유한준의 신랄한 비판은 4.3. '본분을 망각한 사대부' 참조.

54 같은 글. "當是時, 文章之士, 甚衆, 而大抵皆質致儒雅, 體裁淘洗, 溫溫有大雅君子之風. 獨漢雋尙氣力, 驅駕爲能. 或曰: '子於文章, 無所畏忌. 何不殺繁絃

而雅歌是就乎?'"

55 같은 글. "或曰: '子於文章, 無所畏忌. 何不殺繁絃而雅歌是就乎?'" 혹자의 말 중에 나오는 '繁絃'은 '急管繁絃'으로 곡조가 촉급하고 격렬하며 번잡할 정도로 다채로운 관현악 연주를 가리키고, 아가는 세상을 찬미하고 화합하는 순정한 노래를 가리킨다. 따라서 "繁絃를 줄이고 아가로 나아가라"는 혹자의 말은 악곡과 노래에 빗대어 격한 감정과 이단적인 다양한 사상들을 거리낌 없이 표출하고 있는 유한준 문학의 특징을 문제 삼으며, 사상과 표현을 순화시켜 유학적 이념과 미감 속에서 세상을 찬미하고 세상과 화합하는 문학을 할 것을 권유한 것으로 해석할 수 있다.

56 이 구절은 또한 "어찌 일정한 것이 있겠습니까? 오직 하고 싶은 바를 따를 뿐입니다何常? 惟(從)所欲耳"로 해석될 수도 있다. 이렇게 해석이 된다면 이 문장은 유가적 미의식 속에서 "雅(儒雅·大雅)"라는 풍격만을 이상적으로 여기는 상대방에게 그것이 보편적이거나 항상적인 미감이 될 수 없음을 일깨우면서 마음 상태에 따라 다채로운 변화를 보이는 자신의 문체와 풍격을 옹호한 말이라 하겠다.

57 『杞溪文獻』에 수록된 「自傳」에는 『自著』본의 "何常惟所欲耳"가 다음과 같이 자세하게 서술되어 있다. "文章以氣爲主, 氣不足以帥之, 則其文柔弱, 有肉無骨. 夫太史公死, 近二千年矣, 天下操觚墨者, 至於今宗祖太史公者, 何哉? 以其氣耳. 吾猶恐吾氣不昌, 而子乃病漢雋無所畏忌, 不亦謬乎?"(『杞溪文獻』 所收 抄錄本, 유치웅 편집, 재단법인 부운장학회 발행, 1963) 이로 보면 유한준이 별다른 주장도 기개도 없는 문약한 글보다는 두려움 없이[無所畏忌] 자기 할 말을 다하는 기세 넘치는 풍격을 선호하며 옹호하고 있음을 알 수 있다. 두 본의 「自傳」을 비교해보면, 『杞溪文獻』본이 축약과 생략 없이 원고를 그대로 보존하고 있는 원형에 가까운 초본이고, 『自著』본은 표현과 내용을 축약해서 다듬은 수정본임을 확인할 수 있다. 따라서 이 부분의 차이 역시 유한준이 「自傳」을 『自著』에 수록하는 과정에서 초고에 있었던 상대방을 야유하는 듯한 다소 과격한 문장들을 보다 암시적이고 순화된 표현으로 수정한 것으로 볼 수 있다.

58 『自著』 권14, 「自傳」. "漢雋嘗謂晚柱曰: '結構疏鑿, 以氣爲主, 汝不如吾.'"

59 『杞溪文獻』본에는 자기 문학의 장처를 밝히는 부분이 『自著』본과 달리 "出以己意, 橫騖別驅, 批搗剔解, 法在其中, 汝不如吾"로 되어 있으므로 이에 근거해 유한준의 생각을 정리한 것이다. 『自著』본의 "結構疏鑿, 以氣爲主"와 비교할 때 표현이 조금 달라지긴 했지만, 의기를 위주로 하고 결구 등의 문장 법식을 부차적으로 생각한다는 점에서 두 글은 일맥상통한다고 볼 수 있다.

60 『自著』 권14, 「自傳」. "雖窮阨不遇時, 幸得父子文章, 相鼓發以爲至樂. 已而晚柱死, 漢雋哭之曰: '此天奪也. 嗟乎! 孰爲爲之? 孰令聽之?' 遂不復刻意文章之事矣."

61 같은 글. "漢雋英宗四十四年進士, 以陰爲仕, 浮沈於曹署, 州牧之間. 然非其志也."

62 김명호, 「박지원과 유한준」, 『한국학보』 44, 일지사, 1986, 59쪽; 『박지원 문학 연구』, 성대대동문화연구원, 2001, 101쪽 참조.

63 『自著』續集 책3,「著叟自銘-戊辰」,"初下手时, 秦漢外馳, 莊諧屈怨, 馬肆韓奇, 嘰餂鑽刿, 垂五十朞."

64 『自著』권20,「答朴永叔書-乙酉」,"司馬遷, 班固之徒, 極能悉知, 以爲文章幾 至於驚天地, 動鬼神矣."

65 같은 글."不免復就班史以自暢,(…) 每夜五更, 讀至「李陵」, 氣慷慨, 至「東方 朔」, 拊掌大笑, 至大將軍「霍光」, 肅然, 至「陳湯」, 隱乎有封狼居胥意, 自喻適 志也." "自喻適志"는 『莊子』「齊物論」에 나오는 말("昔者, 莊周夢爲胡蝶, 栩栩然 胡蝶也. 自喻適志與, 不知周也")로 장주가 나비와 자신을 분간하지 못하는 것처 럼 '어떤 대상과 혼연일치가 된 느낌이나 상태'를 가리킨다.

66 유한준은 그 스스로 20세 즈음에 고문사를 배우기 시작했다고 진술하고 있 다."方余與永叔年十四五時, 已上下文事, 然猶功令間也. 後五六年, 永叔駸駸 爲古文辭, 奇偉雅健, 而余亦時復爲之也."(『自著』권16,「朴永叔鶴山詩錄序- 丙戌」)

67 인용된 글에서는 한유 문장의 특징을 '奇'로 요약하고 있는데, 이는 「原道」등 을 강조하며 한유의 이단 배척과 도통 확립의 측면을 높이 사는 송대 도학 자들의 평가와는 그 관점을 달리하는 것이다. 실제로 한유는 유가 계승의 측 면 이외에, 자신이 한 사람의 문장가로서 진한 이전에 쓰인 고문의 모든 훌륭 한 측면들을 배우고자 했음을 다음과 같이 밝히고 있다."上規姚姒, 渾渾無 涯, 周誥殷盤, 佶屈聱牙,『春秋』謹嚴, 左氏浮誇,『易』奇而法,『詩』正而葩, 下逮 莊, 騷, 太史所錄, 子雲, 相如, 同工異曲. 先生之於文, 可謂閎其中, 而肆其外 矣."(『韓昌黎文集校注』,「進學解」, 中國: 上海古籍出版社, 1987, 46면) 강조는 인용 자.

68 『自著』권19,「農淵詩選跋」참조.

69 진한 고문을 숭상했던 중국과 조선 문인들에 대한 김창협의 비판은 「雜識-外 篇」에 다수 실려 있지만, 이미 많이 알려진 사실이므로 대표적인 것 한둘만을 언급하기로 한다."弇州不知古人提挈錯綜之妙, 而只欲以句字, 步趨摹擬, 故其 爲碑誌叙事, 不問巨細輕重, 悉書具載, 煩冗猥瑣, 動盈篇牘, 綱領眼目, 未能挈 出點注, 首尾本末, 全無伸縮變化, 其所自以爲風神景色者, 不過用馬字班句, 緣飾傅會耳. 此何足與議於古人之妙哉." "中朝王, 李之詩, 又稍稍東來, 人始 希慕傚效, 鍛鍊精工, 自是以後, 軌轍如一, 音調相似, 而天眞不復存矣."(『農巖 集』권34,「雜識-外篇」)

70 이에 대해서는 다음 글들이 참조된다.『東谿集』권1,「贈鄭生錫儒序-丙午」, "至皇明有天下, 世代益降, 文章益卑, 則學士大夫, 思有以振之, 而不得其術 也. 於是攎掇乎『左傳』,『國語』之句, 塗改乎馬『史』, 班『書』之字, 揭以爲的於天 下曰: '此, 古文也.' 濬源於蛭峒, 揚波於弇州, 滄溟, 鼓天下之文章, 而相與爲 探囊肬篋之習";『東谿集』권10,「答林姪彦春-象元-書-庚戌」, "皇明大家如 弇州, 滄溟, 其法非不秦, 漢也. 彼固未始自以爲知之不眞也, 驟臨之, 如彝器古 錦, 幽然可寶, 而徐以繹之, 如嚼蠟, 淡乎不知其有味. 夫文有活有死, 是之謂 死文." 이 밖에『東谿集』권1,「茱萸軒詩畫帖序」와『東谿集』권6,「復題茱萸 軒詩畫帖」등은 중국 문인을 모의하는 조선 문인들에 대한 비판을 담고 있다.

71 『燕巖集』권4,「贈左蘇山人」, "我見世之人, 譽人文章者, 文必擬兩漢, 詩則盛

唐也. 曰似已非眞, 漢唐豈有旦? 東俗喜例套, 無恠其言野. (⋯) 卽事有眞趣, 何
必遠古拙? 漢唐非今世, 風謠異諸夏. 班馬若再起, 決不學班馬. 新字雖難刱,
我膓宜盡寫. 奈何拘古法, 刲刲類袴把. 莫謂今時近, 應高千載下."

72 『燕巖集』권5,「答蒼厓」. "寄示文編, 漱口洗手, 莊讀以跪曰, 文章儘奇矣, 然名
物多借, 引據未襯, 是爲圭瑕. (⋯) 官號, 地名, 不可相借. 擔柴而唱鹽, 雖終日
行道, 不販一薪. 苟使皇居帝都, 皆稱長安, 歷代三公, 盡號丞相, 名實混淆, 還
爲俚穢."

73 『自著』권16,「書倉老翁筆叢序」. "昔鄕先生詔余曰: '子欲爲文辭乎? 必根以
『詩』, 『書』. 雄以莊, 孟, 怨以『騷』, 奇以『玄』, 博以班, 馬, 鬯以韓愈, 柳宗元, 歐
陽脩之文. 文未有釋此而成者, 故夫爲文而不博識强記而爲之者, 非至文也.'"

74 和와 緩. 춘추시대 진나라의 명의들을 가리킨다.『春秋左傳』成公 十年 기사
에 緩에 관한 기사가 나오고, 소공 원년에는 和에 관한 기사가 보인다.

75 『自著』권16,「私藏功令集序」. "天下之事一理也. 不能相入者, 不能通其意也,
通其意, 則無所不入也. 故畫而占色, 醫而分科, 技之下者也. 夫曹, 吳豈擇人物,
和, 緩豈別老少哉? 文亦無內外雅俗, 惟觸類而通其意而已矣."

76 『自著』권16,「書倉老翁筆叢序」. "書倉老翁, (⋯) 其於書, 辨古今高下眞贋, 十
不失一二. 今此書上而沮, 倉, 斯, 邈, 下而王, 虞, 顏, 柳, 遠而羲, 黃, 近而宋,
元, 聞而古, 見而今, 縱而圖, 橫而目, 猶列眉焉. (⋯) 自夫世之鶩於剝儢摘割之
塗, 而稽古之學, 絶久矣."

77 같은 글. "故夫爲文而不博識强記而爲之者, 非至文也. 然則爲書而不廣見多聞
而爲之者, 豈通書也?"

78 같은 글. "或終身居於山, 而其起祖於崐崘, 落脉於大漠者, 誰得以盡之, 或終
身游於海, 而其源於黃河, 洩於尾閭者, 誰得以竆之? 故天下之事, 或爲之而不
知其所由, 由之而不知其所自者, 何可勝數哉?"

79 같은 글. "書倉老翁, (⋯) 辨古今高下眞贋, 十不失一二. (⋯) 聞而古, 見而今, 縱
而圖, 橫而目, 猶列眉焉, 翁之於斯術, 可謂勤矣. (⋯) 翁覃思近十年, 剔錯爬棼,
鉤深獵隱, 以成此書, 非知其所自者, 非深於見聞者, 莫能也. 傳曰: '其稽古人'
翁有焉."

80 『自著』권19,「農淵詩選跋」참조.『農淵詩選』은 유한준이 한·위·성당풍의 농
암 김창협의 시 50수와 삼연 김창흡의 시 100수를 선별하여 묶은 것이다.

81 이 책 4.3. '신분을 넘어 귀감이 된 사람' 참조.

82 유한준이 편찬한 속담집의 내용과 그 편찬 의의에 대해서는 박경남,「兪漢雋
의『諺記』와 조선후기 漢譯 俗談集 편찬의 재인식」,『한문학논집』 39, 2014
참조.

83 『自著』권3에 수록된『歌謠補逸』참조.『歌謠補逸』은 중국의 삼황오제시대
부터 하상주삼대와 춘추열국의 가요 중 고문헌에 그 제목만 전하는 것들을
유한준이 문헌 기록을 모티브로 삼아 상상력을 발휘해 그 가사를 창작한 것
이다.

84 『自著』권1,「廣韓賦」. "余采東事, 自檀君至高麗之末世, 上下三千七百年之間,
其故多矣. (⋯) 著其大者爲賦, 凡三千九百有餘言. 而名之曰'廣韓'."

85 『自著』권16,「私藏功令集序」. "世常說功令之文, 文辭之文, 其體絶不同. 譬則

文辭之于功令也, 猶仁之於富. 故治功令者, 踈於文辭, 習文辭者, 離於功令, 罕
有能兼之者, 豈非所謂蔽哉?"

86 李敏輔,『自著』,「自著序」. "杞溪俞汝成, 自少治文業旣成, 取其稿十卷讀之. 師
法盖若不出於諸子者, 而本之以聰明博洽, 又集古人之長, 而務以己意刻畫, 以
出變化, 故馳騁恣睢, 不窘邊幅, 頹昻逸宕, 風神遒動, 所著詞賦, 歌詩, 序記,
誌誄, 長牘, 短跋, 以至公移文牒之屬, 篇篇各逞其能, 如通儒之懷奇蘊珍."; 俞
彦鎬,『自著』,「自著序」. "其文自詞賦, 歌詩, 序記, 銘贊, 傳誌, 狀誄, 以至片蹄,
殘墨, 狀牒, 申牓之類, 各擅其能, 體無不具."; 朴胤源,『自著』,「自著序」. "汝成
天資聰明, 學之甚博, 六經探其緖餘, 諸史考其治亂, 百家究其同異, 又察夫物
理事情之眞, 以爲識解. 勤其心而用其力, 文由是工矣."; 吳載純,『自著』,「自著
序」. "吾友俞子汝成, 以瓌材博識, 力治文辭. (…) 其爲文, 包括衆長, 運以匠心,
坌涌宏博, 馳騁恣睢, 如長江舛駛, 魚鼈, 黿鼉, 遊戱於中也, 穹林鉅野, 風雨驟
至, 而雲霞四起也."

87 원문은 "劉寬"으로 되어 있지만, '劉寬'은 '劉邕'을 오인한 듯하다. 류관은 동한
때의 인물로 부스럼 딱지[癬]를 좋아했다는 기록을 발견하지 못했다. 부스럼
딱지를 좋아한 것으로 회자되는 인물은 남북조 시대의 유옹으로,『宋書』「劉
邕傳」 등 여러 곳에 그가 '부스럼 딱지 먹는 것을 좋아했다邕所至嗜食瘡痂'는
기록이 보인다.

88 『自著』著草,「太湖集序-辛亥」. "文章猶飮食也. 可於口, 則孰非飮食也, 而有
偏嗜焉; 中於所尙, 則孰非文章也, 而有偏好焉. 假如或好左氏, 或好遷, 固, 或
好韓愈, 或好歐陽脩, 或好蘇軾. 何常? 惟所尙耳. 猶之乎文王之昌歜, 曾晳之
羊棗, 屈到之芰, 甚則劉寬之癬. 嗜好有偏, 夫文章家嗜好亦然. 故好之則學之,
學之則似之, 似之乎古人之文, 而斯古文矣."

89 같은 글. "其文類, 皆本之刻深, 間以奇麗, 殆若學夫柳子厚者, 豈太和昌歜, 羊
棗之嗜, 於古人中, 獨在子厚歟? (…) 而獨其詩類學韓, 杜者, 此亦所尙在彼, 猶
飮食之嗜, 隨其可口耳." 원문의 '太和'는 홍원섭의 자이고 제목의 太湖는 그
의 호다.

90 박지원은 유한준에게 보낸 척독(『燕巖集』 권5,「答蒼厓」)에서 관호와 지명을 예
로 들어 유한준 문장의 의고성을 지적한 바 있다. 그런데 자료를 통해 보건대
박지원의 이러한 사고방식 자체가 아이러니하게도 공안파 원종도의 관점을
그대로 모방한 것이다. 이에 대해서는 본 책의 2.3. '싸우거나 흠모하거나: 유
한준과 박지원' 참조.

4장

1 이에 대해서는 성기옥,「사대부 시가에 수용된 신선모티프의 시적 기능」,『국
문학과 도교』, 태학사, 1998 참조.

2 이이의『醇言』은 현재까지 알려진『老子』 주석서 중 최초의 것으로 이후 유
학자들의 노자 이해에 하나의 준거점이 되었다. 이이의『醇言』에 관한 연구는
연구사가 정리될 정도로 이미 상당한 양이 축적된 상태다. 이에 대해서는 이

종성,「栗谷〈醇言〉硏究의 動向과 課題」,『율곡사상연구』13권, 2006 참조.

3 『龜峯先生集』권4,「與叔獻書」.“見兄新編『諄言』一帙, 似爲才氣所使, 爲兄致
   疑焉, 抑無乃朱晦庵『參同契』遺意耶. 重爲世道興歎, 屈異而欲同之, 失老子本
   旨, 而於吾道, 亦有苟同之嫌, 註又牽合, 兄以繼絶爲期, 宜日不暇及, 而弄文墨
   於餘地, 非吾所望於兄也.” 강조는 필자.

4 『醇言』의 구성과 성리학적 편집 의도에 대한 자세한 논의는 김석중,「『醇言』
   을 통해 본 율곡의 노자이해」, 연세대 석사논문, 1994; 김학재,「栗谷 ≪醇
   言≫의 硏究」, 韓國精神文化硏究院 韓國學大學院 석사논문, 2002; 금장
   태,「『순언』과 율곡의 『노자』 이해」,『한국유학의 노자 이해』, 서울대출판부,
   2006 참조.

5 노자의 말을 편집하는 과정에서 삭제된 부분의 성격에 대해서는 일찍이 김석
   중이 '유학에 어긋나는 것' '유학에 일치될 수 있는 것' '중복되거나 불필요한
   것'으로 분류·정리한 바 있다(김석중, 앞의 논문, 85~100쪽). 이 중 문제가 되는
   것은 '유학에 어긋나는 것'일 터인데, 이이는『醇言』을 편집하면서 “天地不仁.”
   “聖人不仁”(『도덕경』 5장), “大道廢, 有仁義, 慧智出, 有大僞”(『도덕경』 18장) 등
   유가 윤리의 핵심인 인의를 부정하는 부분을 편집에서 제외시켰고, 고정 불
   변의 이념[道]과 절대적 가치를 부정하는 도가 사상의 핵심을 대변하고 있다
   고 평가받는 “道可道, 非常道, 名可名, 非常名”(『도덕경』 1장)과 “天下皆知美之
   爲美, 斯惡已, 皆知善之爲善, 斯不善已”(『도덕경』 2장) 등을 모두 삭제했다.

6 『新注道德經』은 1681년(숙종 7),『道德指歸』는 1769년(초고본, 영조 45)과
   1777년(완성본, 정조 1),『訂老』는 1817년(순조 17)에 저술되었다. 이 저작들에
   대한 개괄적 이해는 금장태, 앞의 책, 2006 및 이 책들의 번역본인 김학목 옮
   김,『박세당의 노자』, 예문서원, 1999; 김학목 옮김,『홍석주의 노자』, 예문서
   원, 2001; 조민환·장원목·김경수 역주,『도덕지귀』, 예문서원, 2008에 수록된
   역자들의 해제를 참조할 수 있다.

7 박세당에 대해서는 조민환,「朴世堂의 老子理解-道의 體用論的 理解를 中心
   으로」,『道敎文化硏究』11, 1996; 김학목,「≪신주도덕경≫에 나타난 서계의
   체용론」,『哲學』64, 2000; 금장태,『한국유학의 노자 이해』, 서울대출판부,
   2006, 90~95, 118~119, 121~122쪽 참조. 서명응은 조민환,「徐命膺 ≪道德
   指歸≫ 1장에 관한 연구」,『韓國思想과 文化』제22집, 2003; 금장태, 위의 책,
   2006, 166~171, 178, 199~200쪽 참조. 홍석주는 조민환,「洪奭周 ≪訂老≫
   에 나타난 道論」,『19세기 조선지식인의 문화지형도』, 한양대출판부, 2006;
   김학목,「淵泉 洪奭周가 ≪道德經≫을 주석한 목적」, 위의 책, 한양대출판부,
   2006; 금장태, 위의 책, 2006, 273~289쪽 참조.

8 이들이 유가-성리학의 修己治人의 관점에서 노자를 받아들이고 있음은 주
   석서의 취지와 편제를 밝힌 각각의 서문 격의 글과『도덕경』 각 장에 대한 그
   들의 주석을 통해서 구체적으로 확인된다. 그 모두를 다 제시할 수는 없으므
   로 여기서는 유가적 수기치인의 관점에서 노자를 받아들이고 있음을 보여주
   는 서문·後序의 관련 대목을 옮겨 그 대략을 보이기로 한다. “右醇言, 凡四十
   章. 首三章言道體, 四章言心體, 第五章摠論治己治人之始終. 第六章七章, 以
   損與嗇爲治己治人之要旨, (…) 二十六章止三十五章, 言治人之道及其功效”(李

珉, 『醇言』); "其道雖不合聖人之法, 其意亦欲修身治人. (…) 上而爲君, 能行恭默之化, 下而爲臣, 能爲清靜之治."(朴世堂, 『新注道德經』); "兼取其沖虛謙下之道, 以資於養生處世之方."(徐命膺, 『道德指歸』); "寡慈以養神, 不爭以應世, 省爭去殺以治民, 其大要如是而已."(洪奭周의 『訂老』)

9   도와 선악 등의 개념을 고정된 무엇으로 규정하기를 거부(『도덕경』 1장·2장)하는 노자의 상대주의적 사고와 유가 윤리의 핵심인 인의를 부정하는 부분(『도덕경』 5장·18장)을 이이가 『醇言』에서 아예 삭제하고 있음은 앞에서 이미 밝혔거니와, 박세당·서명응·홍석주 등은 이를 삭제하지 않는 대신 노자의 도道를 유가−성리학의 체용론이나 태극의 원리를 원용하여 일원론적으로 해석하고, 인의를 부정하고 있는 부분도 유교적 사유틀 안에서 재해석해서 수용함으로써 유가적 이념과 충돌하는 노자의 이질성을 제거하고 있다.

10   이이·박세당·서명응·홍석주 등이 노자의 어떤 윤리 덕목에 주목했는가는 금장태, 『한국유학의 노자 이해』, 서울대출판부, 2006 참조. 여기서는 『醇言』의 마지막에 쓴 이이의 말을 통해 이들이 노자를 주석한 동기에 대해서만 간단히 확인하도록 한다. "大抵此書以無爲爲宗, 而其用無不爲, 則亦非溺於虛無也. 只是言多招詼, 動稱聖人, 論上達處多, 論下學處少, 宜接上根之士, 而中人以下, 則難於下手矣. 但其言克己窒慾, 靜重自守, 謙虛自牧, 慈簡臨民之義, 皆親切有味, 有益於學者, 不可以爲非聖人之書, 而莫之省也."

11   유한준의 문집 『自著』에서 노장사상과의 관련이 명시적으로 드러나는 자료는 다음 13편이다. 「從兄雅齋公詩文草稿序」 「送金嘉會大歸洪州序」(1752년, 21세), 「樸廬記」 「送李生序」 「無機堂記」(1761년, 30세), 「雲鳥堂記」 「何我齋記」(미상, 30대 추정), 「蒼下種菊記」 「送從兄太僕公宰南原序」(1768년, 37세), 「草堂賦」(1774년, 43세), 「四一齋記」 「林居四訣序」(1781년, 50세), 「族父止軒相公易圖序」(1791년, 60세).

12   「族父止軒相公易圖序」는 유언호의 「易圖」에 대한 서문으로 『역경』의 도가 노자(도가)의 사상과 통한다는 생각을 피력하고 있다. "百家皆借 『易』, 『易』之道, 道家尤近之. 乾坤之 '潛龍勿用' '含章可貞' 豫之 '介于石', 蠱之 '尾厲勿往', 艮之 '行其庭, 不見其人', 道家皆竊而用之, 故其爲道沈而不洩, 弸而不竦, 有而不居, 混而不開也."

13   유한준이 노자나 장자에서 취하고 있는 자애·검소·겸허·졸박·정담, 명리나 권세에의 초탈 등의 실천 윤리를 거론하고 있는 부분은 다음과 같다. "老子曰: '人有三寶, 一曰慈, 二曰儉, 三曰不敢爲天下先.' 昔余及公燕語, 語升沉榮辱以試公. (…) 漢雋竊甞謂名使我重, 勢使我貴, 然名有以生之, 身有以傾之, 勢有以益之, 心有以賊之. 列禦冠, 莊周等所以悲憤太息, 欲去人之驕氣與多慾, 態色與淫志者, 此也."(『自著』 권16, 「從兄雅齋公詩文草稿序」) "鐵劒利, 而倡優拙, 叢祠植, 而社樹圮, 天下之文起, 而樸衰亡. 道家之言曰: '人貴全夫天.' 天則自然, 自然則內實, 內實而樸. 夫惟樸, 道能生之, 德能畜之, 質能包之, 順能衛之."(『自著』 準本, 「樸廬記」) "余族父止軒公, 天性靜澹, 而於理有玄悟. 其惡顯而樂藏, 得乎黃, 弱志强骨, 近乎老, 一死生, 齊得喪, 契乎莊, 是以進而亨, 不改其素履, 退而坎, 不失其所亨."(『自著』 著草, 「族父止軒相公易圖序-辛亥)

14   『自著』 권18, 「何我齋記」. "老子曰: '貴大患有身.' 身者我身也. 天下孰貴於我

也, 孰愛於我也? 至人猶或以爲贅疣, 爲駢拇, 爲土苴, 而況於其外者乎?"

15 『道德經』제13장의 전체 내용은 다음과 같다. "寵辱若驚, 貴大患若身, 何謂寵辱若驚? 寵爲下, 得之若驚, 失之若驚, 是謂寵辱若驚. 何謂貴大患若身? 吾所以有大患者, 爲吾有身, 及吾無身, 吾有何患? 故貴以身爲天下, 若可寄天下, 愛以身爲天下, 若可託天下." 강조는 인용자. 유한준의 "貴大患有身"은 강조된 부분을 의미상 요약해서 취한 것임을 알 수 있다.

16 『莊子』, 「駢拇」. "駢拇枝指, 出乎性哉, 而侈於德, 附贅縣疣, 出乎形哉, 而侈於性. 多方乎仁義而用之者, 列於五藏哉, 而非道德之正也."

17 『莊子』, 「讓王」. "故曰, 道之眞以治身, 其緖餘以爲國家, 其土苴以治天下. 由此觀之, 帝王之功, 聖人之餘事也, 非所以完身養生也. 今世俗之君子, 多危身棄生以殉物, 豈不悲哉!"

18 이에 대해서는 陳鼓應, 『老子今註今譯及評介』, 商務印書館, 수정본, 1997, 79~81의 註釋 및 引述 참조.

19 『莊子』, 「駢拇」. "駢拇枝指, 出乎性哉, 而侈於德, 附贅縣疣, 出乎形哉, 而侈於性. 多方乎仁義而用之者, 列於五藏哉, 而非道德之正也." 원문의 "駢拇"는 엄지와 검지 발가락 사이에 군더더기 살이 있어 네 발가락이 된 것이고, "贅"와 "疣"는 모두 쓸데없이 붙어 있는 사마귀를 가리킨다. 장자는 이들이 모두 자연스러운 性·德·形에서 벗어난 것이라고 하면서 이를 인의가 인간의 자연스러운 본성에서 나온 바른 도덕이 아니라는 생각과 연결시키고 있다. "故曰, 道之眞以治身, 其緖餘以爲國家, 其土苴以治天下. 由此觀之, 帝王之功, 聖人之餘事也, 非所以完身養生也. 今世俗之君子, 多危身棄生以殉物, 豈不悲哉!"(『莊子』, 「讓王」) '土苴'는 '찌꺼기' 혹은 '똥거름'으로, 이 글에서 장자는 "자기 몸을 다스리고[治身]" "자신의 생명을 보존하는 것[完身養生]"을 진정한 道로 생각하고, 天下를 다스리는 행위를 찌꺼기와 같이 가장 쓸데없는 것[土苴]으로 취급하는 사고방식을 드러내고 있다. 반면 소위 세속의 군자들이 '자기 몸'이 아닌 '외물'[國家, 天下]을 위해 "몸을 위태롭게 하고 생명을 버리는 것[危身棄生]"을 훌륭하다고 여기는 것을 슬퍼하고 있다. 이 대목의 "世俗의 君子"들이 '天下'와 '國家' '仁義'라는 대의를 위해 목숨을 바칠 것을 요구하는 '儒家'를 지칭한 것임을 염두에 둔다면, 장자의 양생관 속에는 당대 유자들의 사고방식에 대한 통렬한 비판이 담겨 있다고 할 수 있다.

20 『自著』 권18, 「何我齋記」. "堯, 舜之讓, 湯, 武之爭, 夷, 齊之餓, 關龍逄, 比干之死, 此天下之極處也, (…) 猶或以爲減其性焉, 曰: '此何有於我哉?'"

21 '관점주의'란 모든 대상은 그것을 보는 관점에 따라 달리 평가될 수 있다는 사고방식으로, 『莊子』「秋水」에서 이와 같은 생각을 발견할 수 있다.("以物觀之, 自貴而相賤, 以俗觀之, 貴賤不在己. 以差觀之, 因其所大而大之, 則萬物莫不大, 因其所小而小之, 則萬物莫不小.") 이에 대한 자세한 사항은 관련 대목에서 후술하기로 한다.

22 『莊子』, 「秋水」. "以功觀之, 因其所有而有之, 則萬物莫不有, 因其所无而无之, 則萬物莫不无. 知東西之相反而不可以相无, 則功分定矣. 以趣觀之, 因其所然而然之, 則萬物莫不然, 因其所非而非之, 則萬物莫不非. 知堯桀之自然而相非, 則趣操睹矣. 堯, 舜之讓, 湯, 武之爭, 昔者堯, 舜讓而帝, 之, 噲讓而絶, 湯,

武爭而王, 白公爭而滅. 由此觀之, 爭讓之禮, 堯, 桀之行, 貴賤有時, 未可以爲常也."

23 『莊子』,「騈拇」. "夫小惑易方, 大惑易性. 何以知其然邪? 有虞氏招仁義以撓天下也, 天下莫不奔命於仁義. 是非以仁義易其性與? 故嘗試論之: 自三代以下者, 天下莫不以物易其性矣! 小人則以身殉利, 士則以身殉名, 大夫則以身殉家, 聖人則以身殉天下. 故此數子者, 事業不同, 名聲異號, 其於傷性以身爲殉, 一也. (…) 伯夷死名於首陽之下, 盜跖死利於東陵之上. 二人者, 所死不同, 其於殘生傷性, 均也. 奚必伯夷之是而盜跖之非乎? 天下盡殉也: 彼其所殉仁義也, 則俗謂之君子, 其所殉貨財也, 則俗謂之小人. 其殉一也, 則有君子焉, 有小人焉. 若其殘生損性, 則盜跖亦伯夷已, 又惡取君子小人於其間哉!"

24 유가의 아성으로 평가받는 맹자는 이러한 관점을 다음과 같이 간략하고 명징하게 선언한 바 있다. "生, 亦我所欲也, 義, 亦我所欲也, 二者不可得兼, 舍生而取義者也."(『孟子』,「告子」上)

25 『莊子』,「騈拇」. "伯夷死名於首陽之下, 盜跖死利於東陵之上. 二人者, 所死不同, 其於殘生傷性, 均也."

26 박세당, 『新注道德經』. "貴, 猶言重也. 人但知重其身, 而不知以大患爲重."

27 같은 글. "言人所以有患者, 皆爲自私其身, 我無自私之心, 則患無由至矣."

28 같은 글. "以愛吾身之心, 愛天下之人, (…) 則不但無患而已, 此皆不私其身之效也."

29 같은 글. "故以貴吾身之心, 貴天下之人, 則人皆戴我, 而可以寄於天下矣, 以愛吾身之心, 愛天下之人, 則人皆慕我, 而可以託於天下矣. 可寄可託, 則不但無患而已, 此皆不私其身之效也."

30 徐命膺, 『道德指歸』. "貴之中, 必有大患焉. 故得貴若身者, 亦是得大患若身也."

31 같은 글. "凡人不知貴之有大患而愛惜者, 以自有其身, 樂爲人承奉也. 若以無制有, 視有其身若無, 則何有於貴, 又何有於大患哉!"

32 서명응은 『道德指歸』 후서에서 자신이 노자를 주석한 취지를 "마음을 비우고, 자신을 낮추는 도를 취해 처세와 양생의 방법으로 삼는다"(兼取其沖虛謙下之道, 以資於養生處世之方)고 말하고 있거니와 이 장의 해석에서도 이러한 태도가 관철되고 있는 것으로 보인다. 하지만 그는 또한 「道德指歸序」에서 노자가 "도덕과 인의를 둘로 나누고 인의 이하를 도와 무관한 것으로 취급한 것"(以道德仁義分而爲二, 自仁義以下, 不使與於道)을 잘못으로 지적하고 있는바, 그의 '양생'은 장자적 양생에 내포된 유가적 인의 실천에 대한 비판성이 제거된 것이었다. 한편, 생명보다 인의를 더 소중히 여기는 유가에 대한 도가적 비판의 관점이 거세된 채 노장의 '양생관'은 단지 심신수양을 기반으로 한 내단적 양생관으로 일찍이 주자에게도 수용되었던바, 주자가 내단학의 경전인 『參同契』를 검토하며 『參同契考異』를 저술했듯 서명응 역시 자신의 양생술에 대한 관심을 『參同攷』 저술로 표명하고 있기도 하다. 이에 대해서는 김윤수, 「徐命膺의 《參同攷》와 《易參同契詳釋》」, 『한국도교와 도가사상』, 1991; 이봉호, 「서명응의 《參同攷》에 나타난 先天易을 중심으로 한 단역참동론」, 『도교문화연구』 20집, 2004 참조.

33 홍석주, 『訂老』. "貴大患若身, 皆指世俗而言."

34 같은 글. "吳幼淸曰: '(…) 貨財之爲大患, 則身外物也. 或者視之, 一如吾身之重, 唯恐喪其所有, 是貴此大患而身之者也.' (…) 世俗之所貴重之者, 皆患之大者也, 而顧反役役焉, 甘與其身偕殉, 亦可謂大惑矣." 吳幼淸은 원대의 도학자 吳澄으로 幼淸은 그의 자다. 인용된 오유청의 말은 그의 『道德眞經註』12장 주에 보인다. 김학목 옮김, 『홍석주의 노자』, 예문서원, 2001, 68쪽 참조.

35 洪啓禧, 『醇言』, 「跋」. "栗谷先生, 嘗鈔老子之近於吾道者二千九十有八言, 爲醇言一編, 仍爲之註解口訣. 昔韓愈以荀氏爲大醇而少疵, 欲削其不合者, 附於聖人之籍, 曰: '亦孔子之志歟.' 先生編書命名之意, 或取於此耶! 啓禧攷本文, 盖去其反經悖理者五之三爾, 其取者, 誠不害乎謂之醇也. 去取如衡稱燭照, 註解又明白亭當, 必援而歸之於吾道."; 朴世堂, 「新注道德經序」, 『西溪全書』. "老子 (…) 其意亦欲修身治人. 蓋其言約, 其旨深. 自漢以前, 尊用其術, 上而爲君, 能行恭默之化, 下而爲臣, 能爲淸靜之治."; 徐命膺, 『道德指歸』, 「道德指歸序」. "老子之學, 切近儒學. 其說造化, 說事情, 雖儒學不能易也."; 洪奭周, 「訂老題」, 『淵泉集』. "世之言老氏者, 未嘗有知老氏者也. 老氏書, 率皆言寡慾以養神, 不爭以應世, 省爭去殺以治民, 其大要如是而已."

36 『自著』 권18, 「何我齋記」. "名譽不能以益我, 勢能不能以厚我, 陰陽不能以攖我, 人道不能以干我, 我浮遊混合大道矣, 漠然而無預也, 冲然而忘也, 無適也無莫也. 無畔也無町畦也而後, 身始不爲居處累, 心始不爲景物役, 超然矣, 天下又何我哉?"

37 또한 이 글이 황백원의 齋室에 부친 기문("黃生百源名其齋曰: '何我?' 求余記之." 『自著』 권18, 「何我齋記」)임을 염두에 두면, 황백원 개인의 삶을 표현한 말일 수도 있다. 다만 이 글 전체에서 그에 대한 기술이 마지막 한 줄에 불과한 것을 보면, 이 글은 황백원의 기문 청탁을 계기로 유한준이 평소 자신이 가지고 있었던 노장적 삶에 대한 생각을 풀어낸 것이라고 보는 것이 더욱 타당할 것이다.

38 『自著』 권16, 「杞溪世稿序-庚寅」. "故夫自今以上, 至於所不及承事之世, 而其蘊之爲德行, 行之爲事業, 凝之爲氣像, 散之爲音笑者, 後人何徵焉? 徵於文辭."

39 『自著』 準本, 「雲窓詩稿序-乙卯」. "詩道比物引類, 則近乎雲. 雲運也, (…) 其漬如水, 其撒如絮, (…) 雨而爲油, 雪而爲同. 山而爲草莽, 水而爲魚鱗, 其形萬殊, 其態百變. (…) 其於詩亦然. 詩在乎運, 風花雪月, 草木鳥獸, 天地間千彙萬品之森羅者, 詩得以妙化之. (…) 舒而放之而彌六合, (…) 運於詩如此."

40 노장적 사고의 가장 중요한 특징은 이제까지 '상대주의'로 명명되어왔는데, 필자는 앞서도 잠깐 언급했듯 여기에 '관점주의'라는 용어를 정립해서 사용하고자 한다. 상대주의란 다 알다시피 '어떤 대상에 대한 평가는 그와 관련된 다른 대상과의 비교 속에서 달라질 수 있다'는 생각이다. 그 대표적인 예는 절대적인 선과 악을 부정하고 있는 『道德經』 제2장의 진술("天下皆知美之爲美, 斯惡已, 皆知善之爲善, 斯不善已. 故有無相生, 難易相成, 長短相較, 高下相傾, 音聲相和, 前後相隨, 是以聖人處無爲之事, 行不言之敎, 萬物作焉而不辭, 生而不有, 爲而不恃, 功成而弗居, 夫唯弗居, 是以不去")일 것이다. 한편, '관점주의'란 '모든 대상은 그것을 보는 관점에 따라 달리 평가될 수 있다'는 것으로, 『莊子』 「秋水」에

서 이와 같은 생각을 발견할 수 있다.("以道觀之, 物无貴賤, 以物觀之, 自貴而相賤, 以俗觀之, 貴賤不在己. 以差觀之, 因其所大而大之, 則萬物莫不大, 因其所小而小之, 則萬物莫不小. 知天地之爲稊米也, 知毫末之爲丘山也, 則差數睹矣. 以功觀之, 因其所有而有之, 則萬物莫不有, 因其所无而无之, 則萬物莫不无. 知東西之相反而不可以相无, 則功分定矣. 以趣觀之, 因其所然而然之, 則萬物莫不然, 因其所非而非之, 則萬物莫不非. 知堯桀之自然而相非, 則趣操睹矣.") 관점주의는 각자의 관점을 지닌 '개체'들의 협의와 합의 속에서 역사·사회적으로 도출된 공통의 합의가 곧 '진리'임을 주장한다. 따라서 이는 진리는 하나임을 주장하는 '절대주의적 진리관'이 가지는 '폭력성'과 보편적 진리는 없음을 주장하는 '상대주의적 진리관'이 가지는 '허무감'의 위험에 빠지지 않으면서도 인식의 다원주의를 옹호할 수 있다. '관점주의Perspektivismus, Perspectivism'란 용어는 최근 니체 연구 및 해석학 분야에서 학문적 용어로 정립하여 사용되고 있는 것인데, 다만 니체의 관점주의는 '힘에의 의지Der Wille zur Macht'와 밀접하게 관련되어 '자기 권력(힘)의 증대와 상승 느낌'을 추구하는 '세계에 대한 해석적 전유'의 성격이 강한 까닭에 '타자와의 소통'의 측면이 미약하고 필연적으로 '평등의 이념'을 부정하는 경향마저 있다는 점에서 장자와 유한준의 언술을 매개로 필자가 정립하려고 하는 '관점주의'와는 일정한 차이를 보인다고 하겠다. 니체의 '관점주의'에 대한 논의는 프리드리히 니체, 『유고 (1885년 가을-1887년 가을)』, 책세상 니체전집, 제19권, 책세상, 2005; 『유고 (1887년 가을-1888년 3월)』, 책세상 니체전집, 제20권, 책세상, 2005; 『유고 (1888년 초-1889년 1월 초)』, 책세상 니체전집, 제21권, 책세상, 2005; Alan D. Schrift, *"Perspectivism, Philology, Truth" Nietzsche and the question of interpretation*, Routledge, 1990(이 책은 앨런슈리프트, 『니체와 해석의 문제』, 박규현 옮김, 푸른숲, 1997로 번역됨); 백승영, 「해석적 지식과 해석적 진리: 관점주의 인식론」, 『니체, 디오니소스적 긍정의 철학』, 책세상, 2005 참조.

41 장자 사상의 핵심 중의 하나로 "자연적인 도의 관점에서 보면 모든 사물의 가치는 같다以道觀之, 物无貴賤"(『莊子』, 「秋水」)는 만물제동의 사상을 가리킨다. 만물의 가치를 차별 없이 긍정하는 이러한 세계관은 『莊子』「齊物論」편에 집중적으로 표현되고 있다.

42 『自著』 準本, 「蒼下種菊記-戊子」, "子以爲高下好不好, 將何居? 在彼耶? 在我耶? 九苞之鳳與凡鳥, 一角之麟與凡獸, 高下誠不侔矣, 而其於爲兩翼之鳥, 四蹄之獸, 則子以爲同耶, 不同耶? 夫是以爲同也, 則菊之自根而爲柯, 自柯而爲葉, 自葉而爲花, 而色以氳之, 香而嗅之者, 子以爲有名之菊, 無名之菊, 將二也耶, 將一也耶? 必如子之所言而後, 可也, 是有勢力者事耳. 吾無勢, 無勢而行有勢者之事, 是爲犯分, 吾無力, 無力而學有力者之爲, 是爲勞心."

43 같은 글. "去歲夏, 人有遺余以無名之菊數十本者, 余感其意不俗, 遂令種之. 花至於秋而蓋叢然, 可侑以觴也. 及旣衰, 遂棄不復護, 冬不死, 其明年春, 乃益多乃數百本, 復離而種之, 於是自園之傍, 臺之上下, 庭之左右 而無非菊也."

44 같은 글. "客有過余者曰: '子之菊, 多則多矣, 而無益也. (…) 子獨何取於此無名之菊, 而蓄之多也?'"

45 같은 글. "菊有品, 品有高下好不好, 卿大夫, 公子, 王孫, 曰役役以求, 所謂桃

毯, 散輕, 調羅, 鈴姸, 鶴翎之屬, 輦以致之, 盆以養之, 以飾其居, 以侈其觀. 子 獨何取於此無名之菊, 而蓄之多也?"

46　『莊子』,「秋水」. "以道觀之, 物无貴賤."

47　『自著』準本,「蒼下種菊記-戊子」. "吾無勢, 無勢而行有勢者之事, 是為犯分, 吾 無力, 無力而學有力者之為, 是為勞心. 勞心犯分, 生於不知足. 知足則凡自生之 草, 無用之木, 皆可以觀, 而不知足則何獨於菊耶? 貧而求求乎富也; 賤而或求 乎貴也, 弱而求強也, 無而求有也. 夫不宜求而求之, 不當得而得之, 而能有免 於患者耶?"

48　김명호,『박지원 문학 연구』, 성대대동문화연구원, 2001, 81~116쪽 참조.

49　유한준의 직계 선조의 생애와 이력은『自著』권14,「家傳」에 상세하게 기술되 어 있다. 특히 유한준의 고조·증조·조부에 관한 사항은『自著』권14,「家傳」, 한국문집총간 제249권, 240~244쪽 참조.

50　유한준의 청에 대한 반감을 엿볼 수 있는 글은『自著』권4,「北使」;『自著』권 16,「呂晚村詩集序」;『自著』권18,「洪學士母夫人李氏筆跡記」;『自著』準本, 「送從兄持憲公赴燕序」등 문집의 여러 곳에서 발견할 수 있다.

51　기사환국이나 신임옥사에 대한 유한준의 생각은 앞서 언급한「家傳」의 증조 유명뢰의 전과 조부 유광기의 전 및『自著』권25,「先考行狀」등에서 살펴볼 수 있다.

52　박경남,「유한준의 도문분리론과 산문 세계」, 서울대학교 박사논문, 2009의 제Ⅱ장 제2절 '18세기 道文分離論과 俞漢雋 문학의 새로운 지향' 참조.

53　김건우,「著菴 俞漢雋의 문학론과 그 실천 양상」, 성균관대학교 석사논문, 2000, 49쪽 참조.

54　許穆,『記言』別集 권6,「與柳馨遠德夫」;『記言』別集 권13「挽鄭文翁」; 李玄 逸,『葛庵先生文集』권10,「答裵公瑾-尙瑜」;『葛庵先生文集』권20,「遁庵柳 公隨錄序」; 尹拯,『明齋先生遺稿』권21,「答柳海美-載遠」;『明齋先生遺稿』 권32,「跋隨錄」참조.

55　『조선왕조실록』1678년(숙종 4) 6월 20일 기사. "前參奉裵尙瑜上疏, (…) 陳故 進士柳馨遠所著『隨錄』中, 田制, 兵制, 學制等七條, 請次第施行, 下廟堂, 廟堂 以其言迂闊而置之."

56　이상은『磻溪隨錄』권1에 수록된 오광운과 李瀷의 서문 및 부록에 실린 홍 계희의「柳馨遠傳」, 오광운의 행장,「京外儒生進士盧思孝等疏」,「承旨梁得中 疏」참조. 이 밖에 단행본의 柳發 草錄·安鼎福 修輯,「磻溪先生年譜」와 동일 기사가 수록된『승정원일기』참조. 유형원 및『磻溪隨錄』의 선양, 그리고 인 천과 남인 당파를 벗어난 국가적 확산 과정에 대해서는 양승목,「반계 유형원 抄象-생애기록물에 대한 통시적 이해」,『한국실학연구』34, 2017 참조.

57　李福休,『漢南集』권7,「江湖瑣策續序」. "驟看柳磻溪馨遠所著『隨錄』, 則驟看 其言, 頗似有理, 而細繹其究竟, 則終必有害. 今之船稅, 鹽盆, 錢結, 海塩之類, 是也. 溪馨本以湖南之人, 目覩良役之弊, 作此諸般名目, 以眩於世, 而洪啟禧 又是好事之人, 按節湖南初見其說, 認作神奇文字, 以至上達天聰, 卒行均役 之法, 不三十年, 海東之人, 凋瘵波蕩, 頓無生氣." 유형원은『磻溪隨錄』「田制」 에서 공물 대신 쌀과 포[米布]로 세금을 걷도록 하는 대동법의 고전적 근거

를 밝혔고, 「田制」 「雜說」에서 선세·염분 세금을 나라에서 걷을 것을 제안하는데, 이것이 균역법의 어염세와 선세 수취의 근거가 되었다. 이복휴의 대동법·균역법 비판에 대해서는 석진주, 「李福休 漢詩 硏究」, 고려대학교 박사논문, 2015, 185~190쪽 참조.

58 조성산, 「18세기 洛論系의 『반계수록』 인식과 홍계희 경세학의 사상적 기초」, 『조선시대사학보』 30, 2004.

59 조성산, 조성산, 「18세기 洛論系의 『반계수록』 인식과 홍계희 경세학의 사상적 기초」, 『조선시대사학보』 30, 2004, 142~143쪽 참조.

60 『鹿門先生文集』 권10, 「與舍弟稗共」. "田制乃是 『隨錄』 中第一義大頭腦, 而此一著, 終有信不及. (…) 設令眞箇行王政, 勢不得不就今日法制中推移撙節磨鍊出來耳. 如此則 『隨錄』 一書, 亦將不免爲空言, 還堪一笑?"

61 『雲湖集』 권3, 「宿預錄」 上. "柳馨遠王佐才也. 其所著 『隨錄』 一書, 包大小兼體用, 天德之粹然者自完, 於王道燦然之中, 非可以一部經濟書處之者也. 用一分收一分, 功行二分, 得二分效, 臣謂三代後始無此文字."

62 『近齋集』 권8, 「答任穉共」. "所諭分體用爲二, 似未詳察. 愚意吾儒法門, 曷嘗如此? 然經傳上自有體用具備, 何必待此書而後體用方全乎? 恐執事表章此書之意重, 而不覺其下語之過也. 然經傳之外, 好箇文字, 亦宜熟究以廣學術, 況磻溪柳公, 是東方之傑士, 其所議論, 當最有關於時措之政? 竊欲一觀, 而但喪中看此等文字, 似與讀禮之訓有異, 未知如何?"

63 「答任穉共」의 편지 내용 중에 '歲回丙申'이라는 연조가 나오고 있어 이 편지를 쓴 연도가 1776년임을 알 수 있다. 내용 중에 나오는 '상중'이라는 표현은 1774년 10월에 박윤원이 부친상을 당했으므로 아직 삼년상을 치르고 있는 중임을 말한 것이다.

64 유만주는 1776년 12월 23일~29일의 일기에 『반계수록』의 여러 대목을 발췌한 뒤 간략히 자신의 의견을 남기고 있다. 이에 대해서는 『欽英』 제1권, 규장각 영인본, 1997, 272~280쪽 참조.

65 洪直弼, 『梅山集』, 「近齋朴先生·胤源-行狀」. "嘗謂濂,洛羣賢, 皆是王佐之才, 亦多愛說經濟, 而其言散出, 未有成書. 惟柳磻溪所著 『隨錄』, 禮樂政刑, 官方法制, 綱目俱張, 燦然成一王之憲, 實殷周禮也. 惜不措諸斯世, 用匡一治, 勸著庵兪公漢雋立傳焉."

66 유한준의 「柳馨遠傳」(1780) 이전에 쓰인 유형원의 전기적 자료는 다음과 같다. 金瑞慶, 「磻溪柳先生行狀」, 1674; 楊暹, 「磻溪先生行狀」, 1675; 吳光運, 「(柳馨遠)行狀」, 1745년 이전; 洪啓禧, 「(柳馨遠)傳」 1746; 「(柳馨遠)碑文」 1768; 李瀷, 「磻溪柳先生傳」, 1763년 이전; 柳載遠, 「磻溪先生言行錄」 1771; 曾孫 柳發 草錄·安鼎福 修輯, 「磻溪先生年譜」 1776. 이 중 오광운의 「行狀」과 홍계희의 「傳」은 1770년 영조의 명으로 간행된 목판본 『磻溪隨錄』에 수록된 것이다. 나머지 글들은 가장되어 있거나 당시 친족들과 문인 학자들 사이에 유통되던 것들이다. 이 자료들은 이우성, 임형택 교수 등에 의해 발굴되어 『磻溪雜藁』(여강출판사 영인본, 1990)와 『磻溪逸稿』(『한국한문학연구』, 38권, 2006 수록본)에 수록되었는데 최근 임형택이 두 책과 유형원 관련 자료를 『반계유고』(창비, 2017)로 통합·편역했다. 유한준이 「柳馨遠傳」을 창작하기 전에

이미 많은 전기적 자료들이 쓰여졌음을 알 수 있는데, 동일 인물의 생애를 기
술하는 속성상 당연하게도 이들 간에 겹치는 내용이 적지 않다. 그 시기와 내
용상 부분적으로 중첩된 부분을 고려할 때, 유한준의「柳馨遠傳」은 위 자료
중 특히 공간된 『반계수록』에 실려 있는 吳光運의「行狀」과 洪啓禧의「傳」,
그리고 유형원의 증손 유발이 정리해둔「磻溪先生年譜」를 주로 참고하여 유
형원의 생애 부분을 간략히 정리한 것으로 보인다.

67 『自著』권21,「與柳僉樞明渭書-庚子」. "南漢之役, 虜縱兵四掠, 遇一秀士風骨
    儼然, 年可十五六者, 執而詣汗, 士殊自若無怯色. 汗曰: '汝不怖死乎?' 士徐應
    曰: '死何足怖?' 汗嘻曰: '吾以天子之師壓而境. 而王且怯, 而何者, 乃不怖我.'
    士曰: '皆誤矣. 夫應天順人, 時雨行師, 此王者之兵也, 置君定國, 如歸忘亡, 此
    伯者之兵也, 無故伐人之國, 掠人子女, 奪人財貨, 此劫盜之兵也. 今雖自稱天
    子之師, 所爲劫盜, 又安足以語王, 伯之兵哉?' 汗壯其言, 命卒衛以遣之. 後見
    我使, 誦其言, 嘆曰: '東有一人焉.' 使者歸而求之, 蟠溪先生也. 是說也, 昔者漢
    禹聞之習故事者, 然未敢遽信. 誠若有之, 執事宅, 必有自前相傳以來者, 幸有
    以示之."

68 유형원 생애를 정리한 전기적 자료 중 '전'으로 창작된 자료는 洪啓禧,「柳馨
    遠傳」, 1746; 李瀷,「磻溪柳先生傳」, 1763년 이전이다.

69 『自著』권21,「答或人書-辛丑」. "且夫柳先生, (…) 經濟一書, 載其大端, 櫛先
    王三代以上所嘗行, (…) 使有君相, 卽雖今日皆可擧而行之, 不出十年, 風可移
    俗可易, 宛然復爲三代之氣像."

70 『自著』권15,「柳馨遠傳-庚子」. "先立田制, 其法用周尺. (…) 其次敎選, 凡選以
    有德行學術者爲師長. (…) 凡官人惟其賢, 勿以門地. (…) 先以尙瑞院, 合於承
    政, 濟用監, 合於尙衣, 兩醫司, 合於內局, (…) 凡四十一衙門. 及藝文之館, 讀
    書之堂, 耆老之所, 諸司提調. 其他凡兼啣東西班雜職之法, 悉罷除之. (…) 月
    給祿四斛, 以次爲等, 溯而上之, 亦通京外自九品歲六十斛. (…) 凡兵制先令郡
    邑修其城池, 飭其車馬, 舟船. (…) 凡將領自大將以下, 皆升爲實職. 京砲手馬
    隊, 皆以京近而準減, 外兵收其布, 支下春秋."

71 같은 글. "於是罷山林, 柴草, 楮楮, 果木之征, 海澤, 折受之入, 工匠, 商賈, 公
    廊, 船, 鐵冶, 魚塩濫取之稅, 衙門, 屯田, 市場之賦, 御供所需諸司日供八道進
    上之規, 罷貢物, 罷還上, 罷一切無名之稅, 罷詩賦表雕刻輕浮之文, 庭監增
    別謁聖之試, 節日之製, 明經之科, 武擧之選, 罷陳賀, 罷揀擇, 罷署經, 罷解由,
    罷復戶, 罷妓樂優棚, 罷奴婢以世之法, 然後造嘉量以一輕重, 懸度量衡以均萬
    物, 頒小鐘以讄公私, 改衣冠, 變語音, 以從中華. 講親迎以正人倫, 設時讄以
    通上之情, 其度數節目自有錄."

72 같은 글. "書凡二十餘萬言, 馨遠著書最多. (…) 其法皆平易簡略, 務爲必可行,
    後其書稍出, 然世莫能用也."

73 『自著』권21,「答或人書-辛丑」. "似聞足下斥僕尊柳蟠溪爲先生, 有之否? 夫足
    下之所據以爲不宜稱柳先生先生者, 何故也?"

74 같은 글. "足下之必欲不以先生稱柳先生者, 此無他, 不過持偏論以先生爲東人
    也. 夫偏論不足以知人, 自偏論出, 人無正見, 士無定品. 苟同志歟, 跖, 蹻之暴,
    皆可以爲顔, 思, 苟異趣歟? 夷, 惠之賢, 皆可以爲工, 兜, 偏論之害, 何所不至?

而寂忌於觀人, 尤妙於論人, 何者? 由於偏, (…) 惟願足下論人, 毋徒以偏論, 而至公其心, 惟其人賢與不肖, 是究是極. 不獨於東人爲然, 北人亦然, 少論亦然. 不獨於先輩爲然, 後人亦然, 同輩亦然, 至於後生少年亦然, 則於是乎, 眞可惡者, 一一呈露, 莫得以逃吾目矣."

75 『自著』권16,「送金嘉會大歸洪州序」, "昔者先王制四民士, 農, 工, 商. 士以修孝悌, 農以務稼穡, 工以作器用, 商以通貨財, 使各有所歸焉. 故今雖世敎衰, 猶能農者力耕, 工者殫巧, 商者盡利, 莫不皆有所歸, 彼爲士者, 其將何歸乎? 士之道, 出與處而已. 處則上孝于父母, 下悌于兄長, 出則推其道以事人主, 立紀綱正風俗, 不得則歸而善其身焉. 近世士大夫處無道法, 出無功施, 方洋浮泛, 悠忽散漫, 終身役役, 靡所適歸, 余甚悲之."

76 같은 글, "金嘉會賢士也. 一日將大歸洪州, 臨行告余曰: '我不能出而從世俗之士, 爲其所爲, 寧處而存吾道. 工與商末利, 我其歸農乎.' 余聞此言也, 而太息以爲: '嘉會誠能士矣, 夫孝悌子甞力行之矣! 朝出而耕, 夜歸讀書, 子固優爲之矣. 嗟乎! 如子, 乃可以言有所歸矣. 余又何勉, 余又何勉?'"

77 『自著』권27,「右閤問數」, "鄙人亦已見世之士大夫, 時之人居, 可知矣. 或婦人之仁, 竪子之知, 脂韋其容, 嫚姝其辭, 拳曲其步, 宛好其眉, 帖肩附耳, 開心見肺. 鬼於進, 鼠於退, 虺於勢, 蠅於利. 黠猯閃孫, 潛狐暗兎, 衒斗舞筲, 献巧呈態. 或袞服周裳, 逢衣淺帶, 盤體輪踵, 上視廣衵, 竊稱冑胄, 褻外枴內, 往而不返, 大而無當, 高而無著."

78 유한준은「雲鳥堂記」에서도 사대부 계층의 이러한 행태를 보며 서글픈 마음을 드러내고 있다.『自著』권18,「雲鳥堂記」, "機變權詐, 內纏其心, 榮名利祿, 外桎梏其身, 蕩乎其與逝, 茫乎其無所泊, 以至於失義而敗名者, 相接也, 豈不悲哉?"

79 이에 대해서는 유봉학,「18·9세기 노론학계와 산림」,『한신논문집』제3권, 1986(『조선후기 학계와 지식인』, 신구문화사, 1998에 재수록); 우인수,「18·19세기 산림의 기능 약화와 성격변화」,『대구사학』제55집, 1998; 우인수,『조선후기 산림세력연구』, 일조각, 1999 참조.

80 박윤원의 전언에 따르면, 유한준은 心性情과 관련된 성리학 공부를 애써 할 필요가 없고 다만 일상생활에서 천리와 인욕을 판단해 행동하면 된다는 입장을 취하고 있었다. 朴胤源,『近齋集』권10,「與俞汝成」, "足下平日之言曰: '心性情之說, 微妙難究, 不可通知, 不必勞心求解. 只當於日用事爲之間, 辨其天理與人欲, 天理則存之, 人欲則去之而已.' 足下所謂'不必解性理之說, 而只欲修之於日用之間'者, 謬矣. '足下所謂'心性情之說, 不必求解'者, 誤矣."

81 『自著』권27,「右閤問數」, "是皆文不能以經邦, 武不能以定國; 才不足以濟世, 澤不足以利物, 然而嗅尊官睨高位, 掠厚祿攫美勢."

82 이에 대해서는 강명관,「조선후기 서울의 중간계층과 유흥의 발달」,『민족문학사연구』제2집, 1992, 186~189쪽 참조.

83 『自著』권20,「與或人書-丙戌」, "不佞之與足下親熟, 今二十年矣. 古者朋友相觀, 必以善善也喜, 而憂其所不善, 皆出於情. (…) 傳者, 言足下二三年中所爲多失度, 不佞雖足下, 久矣. 縱不能目見失度狀, 即耳所聞一二事, 使人寒心. 足下貌甚明, 其爲人辨, 不佞窃意之無此理, 不幸而如傳者之言, 誠誤於酒, 誠迷於

色, 誠失於雜技, 則是足下之家亡, 可翹足而待也."

84 같은 글. "世之所謂士大夫家, 多此類矣, (…) 父兄貴顯, 族黨多, 有家富厚, 積錢如山, 好美其衣服飮食, 生長於其中, 而又不學無識矣. 亡怪其若此." 원문의 '此類'는 '주색잡기에 빠진 이들'을 가리킨다.

85 같은 글. "士族中有姓某名某者, 始非不佳士也. 方年二十左右也, 稍以酒色爲事, 然不至甚也. 及夫路歧熟而父兄不能禁也, 則乃猖狂自恣, 竭其財以爲酒費, 窃人之妾以爲己有, 窮日夜不知止."

86 같은 글. "閭巷市井惡少年, 尨雜浮淫無賴之徒, 日相與招聚徵逐, 呼盧擲梟, 竄逐幽隱, 倏閃晦明, 走死地如狂, 大則亡家, 小則亡身, 雖其事殊, 其終也與酒色同." 원문 중 '竄逐'은 원래 '멀리 지방으로 귀양보내는 것'을 가리키지만, 여기서는 문맥과 관련하여 도박을 하기 위해 '쥐새끼처럼 몰래 분주하게 들락거리는 모습'을 형용한다고 생각했다.

87 丁若鏞, 『與猶堂全書』 제5권, 「夏日對酒」. "豪門産一兒, 桀驁如驥騄, 兒生八九歲, 粲粲被姣服. (…) 兒乃躍然喜, 不復窺書籠, 馬弔將江牌, 象棋與雙陸, 荒嬉不成材, 節次躋金玉, 繩墨未曾施, 寧爲大廈木."

88 『自著』 권20, 「與或人書-丙戌」. "不俟身親見以酒色亡者矣. 士族中有姓某名某者, 始非不佳士也, 方年二十左右也."

89 같은 글. "至於雜技則視酒色, 益不可近, 天下猶不可以無者, 酒色也, 天下終不可以有, 有之, 而生百害, 無之而無一損者, 雜技也."

90 尹愭, 『無名子集』 文稿 제6책, 「家禁」. "俗所謂投牋者, 最是敗家亡身之物也. 其害之甚於酒色, 吾已屢言之. 而上自富貴之家, 下至輿儓之賤, 靡不貪惑, 又若訏謨於廟堂, 出入於經幄者, 亦皆成風, 至有不爲投牋, 則不可行世之說, 甚矣! 俗習之易於漸染而難於曉解也."

91 『정조실록』, 1791년(정조 15) 9월 19일. "雜技之害, 投錢尤甚. 上自搢紳子弟, 下至閭巷匹庶, 賣舍鬻田, 破産傾財, 末乃行已不正, 賊心漸長, 伏願亟下明教於京外, 使一民不敢冒禁陷罪, 而其造作投錢, 放賣牟利者, 亦爲嚴禁."

92 『自著』 권16, 「太史公之意贈申翁」. "余讀太史公書, 至其悲世之卑論儕俗者, 浮沉取榮, 而閭巷之俠, 無稱, 未甞不太息也. (…) 申翁, 閭巷人也. 吾初見翁於雅齋公所, 公亟稱之. 與之語, 知其非庸人也. 其爲人, 恬靜雅深, 老益喜文藝書畫之事. (…) 然而世顧莫之知, 豈非以閭巷之無稱哉?"

93 같은 글. "翁老無事, 聚集古今名人書畫爲一帖. 吾於文術無所能, 翁又求之勤, 非至篤好, 能如是邪? 吾是以樂爲言之, 亦太史公之意云." 신옹은 申思輔 (1713~?)를 가리킨다.

94 『史記』, 「游俠列傳」. "今拘學或抱咫尺之義, 久孤於世, 豈若卑論儕俗, 與世沈浮而取榮名哉? 而布衣之徒, 設取予然諾, 千里誦義, 爲死不顧世, 此亦有所長, 非苟而已也. (…) 古布衣之俠, 靡得而聞已. 近世延陵, 孟甞, 春申, 平原, 信陵之徒, 皆因王者親屬, 藉於有土卿相之富厚, 招天下賢者, 顯名諸侯, 不可謂不賢者矣. 比如順風而呼, 聲非加疾, 其埶激也. 至如閭巷之俠, 脩行砥名, 聲施於天下, 莫不稱賢, 是爲難耳. 然儒, 墨皆排擯不載, 自秦以前, 匹夫之俠, 湮滅不見, 余甚恨之."

95 같은 글. "以余所聞, 漢興有朱家, 田仲, 王公, 劇孟, 郭解之徒, 雖時扞當世之

文園, 然其私義廉絜退讓, 有足稱者. 名不虛立, 士不虛附. 至如朋黨宗彊比周, 設財役貧, 豪暴侵淩孤弱, 恣欲自快, 游俠亦醜之. 余悲世俗不察其意, 而猥以朱家, 郭解等, 令與暴豪之徒同類而共笑之也."

96 『自著』續集,「六灘南公詩集序」. "國朝詩連開先京都, 京都之詩, 自古稱東北二村爲最盛. 而至蕭, 英之際, 北尤盛. 粤自金農巖, 三淵二先生以儒學顯, 而詩亦倡起傑出, 風格掩一世. 世之言詩者, 近百年以來, 靡有右稱. 而槎川李公繼起矣, 嵬然大坐詩壇, 執牛耳盟, 同時有茅洲, 檜巢, 東圃諸金公, 下至於洪柳下(洪世泰), 皆以詩得大名. 於是人莫不高北村之詩." 홍세태가 역시 중인 출신으로 시에 뛰어났음은 익히 알려진 사실이다. 홍세태 시의 특징과 그의 시사적 위치에 대해서는 강명관, 『조선후기 여항문학 연구』, 창비, 1997, 240~259쪽 참조.

97 『自著』 권16,「南有衡詩集序」. "南有衡君山者也. (…) 時又有蘿衣大履, 放跡詩酒間, 別自號樵夫者曰南有斗者, 君山弟也." 남유두의 자는 子瞻, 호는 樵夫다. 본관은 의령으로 조부 聖重이 南龍翼의 서자이니 그 역시 서출이다. 관련 자료로 南公轍의 『歸恩堂集』 권6,「芝山樵夫傳」;『金陵集』 권17,「眞樂先生墓誌銘」이 있다. 李奎象의 『幷世才彦錄』「文苑錄」에 오를 정도로 당대에 시명이 있었고, 趙秀三의 『秋齋集』 권8,「李亶佃傳」에는 이단전이 南樵夫에게 시를 배운 것으로 되어 있으니 이단전의 시 스승이기도 하다.

98 『自著』 권16,「太史公之意贈申翁」. "申麟祥閭巷人也. (…) 李麟祥, 奇士也, 才藝伏一世. 金處安翁同輩也, 以知禮名. 吾嘗高此兩人, 此兩人皆與翁善, 翁可知也." 이인상은 당대 서얼 출신 서화가로 명망이 높았고, 김처안은 李絳의 『陶菴先生集』 권25,「書贈金處安」에 長興庫의 서리로 소개되고 있는 것으로 보아 京衙前 출신 중인임을 알 수 있다. 김처안에 대해서는 별다른 연구가 진행된 바 없고, 이인상의 생애와 예술에 대해서는 유홍준,「凌壺觀 李麟祥의 生涯와 藝術」, 홍익대 석사논문, 1983; 장진성,「이인상의 서얼의식─국립중앙박물관 소장〈검선도〉를 중심으로」,『미술사와 시각문화』1집, 2002; 장진성,「양식과 페르소나(Persona): 이인상의 자아의식과 작품세계」,『서양미술사학회논문집』 제36집, 2012; 김수진,「凌壺觀 李麟祥의 문학과 회화에 대한 일고찰」,『古典文學研究』 제26호, 2004; 박희병,「능호관 이인상: 그 인간과 문학」,『능호집』, 돌베개, 2016;『능호관 이인상 서회평석』1·2, 돌베개, 2018 등이 참조된다. 한편, 원문의 申翁을 申思輔로 추정한 이유는 유한준의 다른 글에 신옹이 申子翊으로 불리우고 있기 때문이다. 子翊은 신사보의 자로 이는 『司馬榜目』 및 이인상의 문집에서 확인된다. 신사보에 대한 자세한 사항은 본문에서 후술하기로 한다.

99 손혜리,「靑城 成大中의 文學活動과 文學論」, 성균관대 석사논문, 2000; 손혜리,『靑城雜記』에 대한 일고찰」,『동방한문학』 제24집, 2003; 손혜리,「靑城 成大中의 史論 散文 研究─『靑城雜記』〈揣言〉을 중심으로」,『大東文化研究』 80, 2012; 정민,『영처집』에 실린 성대중의 친필 서문」,『문헌과해석』, 2000, 가을; 정재현,「靑城 成大中의 散文論 研究」, 부산대 석사논문, 2001; 최경렬,「『靑城雜記』研究」, 성균관대 석사논문, 2002; 김문식,「성대중의 가계와 교유 인물」,『문헌과해석』, 2003 봄; 김영진,「청성과 청장관의 교유,『靑城雜記』

에 대하여」, 『문헌과해석』, 2003 봄 참조. 한편 성대중과 유한준의 교유를 알
려주는 글을 소개하면 다음과 같다. 『自著』권20, 「答成士執-大中-書」; 『自
著』準本, 「送成士執-大中-之任北靑序」; 『靑城集』권4, 「和兪蒼厓-漢雋-蔚珍
叙懷詩」; 『靑城集』권5, 「贈軍威使君兪汝成-漢雋-序」; 『靑城集』권6, 「兪汝成
蒼崖稿序」. 『自著』에도 수록되어 있으나 내용상 약간의 차이가 있다.

100 남유형의 조부 남성중이 서자임은 다음 기록들을 통해 알 수 있다. "君諱有
     衡, 字君山, 宜寧縣人. 曾祖諱龍翼, 吏曹判書大提學, 諡曰文憲, 祖諱聖重,
     以文憲公庶子."(『金陵集』권17, 「南君山墓誌銘」) "文憲公有側室三子, 其仲曰聖
     重."(『霅淵集』권21, 「進士南君墓誌銘」) 남유형이 남유용의 庶再從弟임은 『霅淵
     集』권6, 「宿雲水菴, 次從再從弟有衡韻」에서 확인할 수 있다.

101 『金陵集』권17, 「南君山墓誌銘」. "君爲人耿介有內守, 自爲童子, 已能好讀書.
     非病口不絶呻唔聲, 隣里聞之, 爲之嘆息. 其事父母, 以至孝聞, 其與人交, 一於
     誠信."

102 『金陵集』권11, 「苞甘集序」. "夫貧賤之士, 懷奇負才, 而無所樹立於當世者, 往
     往自放於江湖山水之間, 見其山川風物雲煙草木之奇怪變幻, 與夫幽愁感慨鬱
     悒之所蓄於中者, 發而爲詩, 豈古所謂窮者而後, 工於詩者歟? 芝山南公(南有
     衡), 自少工於詩, 老而不厭, 以此知名, 然亦貧賤之士也. 旣觀於世久, 悒悒不
     得意, 遂與其弟子瞻(南有斗)益, 自肆於山水詩酒之間, 憂愁歡息, 罵譏笑謔, 一
     發於詩, 相樂也." 괄호 안은 인용자. 『金陵集』권17, 「南君山墓誌銘」. "其爲詩,
     亦淸絶可喜, 久之家貧無衣食. 嘗客游東南州郡之間, 其行千數百餘里, 所過多
     山川景物, 又不自勝羇旅之愁, 乃著詩凡數千餘言, 皆可以傳於世. 然君志猶不
     自足, 及其旣老, 其言愈多, 其思愈工, 而世俗莫之好也."

103 『自著』續集, 「南有衡詩集序」. "余往年謁太學士雷淵南公于榮老之堂, 學文章
     之道. 公一日指座傍侍者曰: '是雖貌不揚, 然能詩矣.' 余始與之語, 南有衡君山
     者也. 君山侍公, 不離晝夜, 凡公作文字, 捧持筆硯, 考据書籍, 起草繕寫, 塗抹
     洗補, 君山無不爲之役."

104 같은 글. "余庸愚亡能, 然樂從公遊, 故愛君山, 猶其子弟也." 이 밖에 남유용을
     중심으로 한 시회를 매개로 유한준과 남유형이 자주 만났던 정황은 남유용
     의 문집에 실린 시들을 통해 간접적으로 확인할 수 있다. 관련 시의 제목만을
     옮기면 다음과 같다. 「上元之夜, 金孺文, 李晦之, 吳文卿, 兪汝成步屧來訪, 命
     酒占韻, 聞鷄而散, 公佐, 麟耉, 有衡亦在.-辛卯」「麟孫爲我辰具小酌, 與金濟
     大-用謙, 趙光瑞, 李仲固, 金光仲, 元子靜, 李晦之, 兪汝成, 晤言至夜, 酒罷有
     衡獻詩, 與弟侄輩和之.」(이상은, 『霅淵集』권8)

105 『自著』續集, 「南有衡詩集序」. "及公歿, 風流凋落, 敎思邈遠, 旣俯仰, 有無已
     之思, 而君山亦不得數相見, 或遇之, 未嘗不相對噓唏悽愴以悲也."

106 같은 글. "君山家居果州, 嘗貧甚食官穀, 縣宰督君山甚急, 余遺書綏之曰: '昔
     周處士安邑之隱也, 其令月致猪肝. 南生性潔介, 非其義, 一芥不以輕取. 況於
     官穀乎? 老益喜爲詩, 詩數千首, 警發淸新, 務爲必可傳. 白首無衣食, 恤恤皇
     皇, 詩能窮人, 古今一轍, 良足悲也. 若南生者, 豈非公之周處士乎? 何相迫甚之?'
     余盖自以爲實記也." 유한준이 당시 과천 현감에게 보낸 편지는 『自著』권20,
     「與南充尉書-乙未」로 남아 있고, 이 일은 남공철의 『金陵集』권10, 「答南君山

-有衡」에도 그 내용이 보인다.

107 『金陵集』권17, 「南君山墓誌銘」. "不自勝羈旅之愁, 乃著詩凡數千餘言, 皆可以
傳於世."

108 『金陵集』권10, 「答南君山-有衡」. "執事平生學杜, 故今覽集中, 可以知之. 其
所謂布衣而憂天下者邪!"

109 『金陵集』권11, 「苞甘集序」. "公旣老, 乃自集其平生所爲詩五百二十首爲三卷,
名之曰『苞甘』."

110 유한준과 남공철은 각각 「南有衡詩集序」와 「苞甘集序」를 씀으로써 남유형의
시작에 공감을 표현했고, 그 글에서 남유형의 맑은 인품과 문학에 대한 열정을
증언하며 끝내 가난과 불우에 시달렸던 그의 삶을 서글퍼하고 있다. 관련 구
절을 옮기면 다음과 같다. "公固文章淸德, 震耀華顯人, 及如君山兄弟者, 亦皆
詩名自持. (…) 老益喜爲詩, 詩數千首, 警發淸新, 務爲必可傳. 白首無衣食, 恤
恤皇皇, 詩能窮人, 古今一轍, 良足悲也."(『自著』續集, 「南有衡詩集序」); "夫貧賤
之士, 懷奇負才, 而無所樹立於當世者, 往往自放於江湖山水之間, 見其山川風
物雲煙草木之奇怪變幻, 與夫幽愁感慨鬱悒之所蓄於中者, 發而爲詩, 豈古所
謂窮者而後, 工於詩者歟? 芝山南公, 自少工於詩, 老而不厭, 以此知名, 然亦
貧賤之士也. (…) 其思之深者, 怨女寡婦之痛哭也; 其慮之遠者, 孤臣謫客之歎
息也. 由是其詩愈工, 而其窮愈甚. 使其人無所施爲於當世, 使其詩遂爲窮者之
詩, 乃徒發於山川草木羈愁不平之言, 由是世之學士大夫, 往往徒知其詩之爲
可喜, 而不知其人之爲可奇, 又不知其窮之久而老且死也. 白首無衣食, 豈非天
也哉? 後之君子, 讀其詩而想見其爲人, 其有不俯仰太息於當世者, 幾希矣. 悲
夫!"(『金陵集』권11, 「苞甘集序」)

111 『金陵集』권17, 「南君山墓誌銘」. "君以肅宗乙未正月十七日生, 以今上戊戌
十一月十三日卒, 將以其明年正月甲子, 葬于果川縣虎溪某坐之原, 享年六十有
四." 이를 통해 남유형의 몰년이 '무술'(1778)임을 알 수 있다. 한편, 유한준의
「南有衡詩集序」는 유한준의 문집『自著』권16과『自著』續集에 중복되어 실
려 있는데 그 연조가 각각 '갑오'(1774)와 '정유'(1777)로 되어 있어 혼란을 주
지만, 서문의 내용 중에 을미년(1775)에 쓰인 「與南充尉書」가 발췌 인용되고
있어 그 창작 연도를 정유년(1777)으로 최종 확정할 수 있다. 따라서 남유형이
1778년 세상을 하직하기 1년 전에 자신의 시집을 수습해 유한준에게 서문을
받았음을 알 수 있다.

112 『司馬榜目』에는 신사보의 부친이 申鍵으로 기재되어 있는데, 신건(1637~?, 자
는 重堅)은 또한 「庚子式年文武科榜目」에 1660년(현종 1) 24세로 식년시 무
과 병과에 급제한 것으로 기록되어 있다. 무과의 병과 합격자들은 보통 종9품
계를 받고 訓鍊院과 別侍衛에 분관되어 권지훈련원봉사나 훈련원권지 등의
직명으로 불리우며 6~7년을 기다린 후에야 9품 실직에 임용되었으니 신건이
武班의 최하급 관리였음을 알 수 있다. 이로 보면 신사보는 한미한 무반 집안
의 출신이겠는데, 다만 신사보의 인적사항에 부친으로 기재되어 있는 신건의
생년이 나와 있지 않아 「庚子式年文武科榜目」의 신건과 동일 인물인지는 확
언할 수 없다.

113 『自著』권16, 「太史公之意贈申翁」. "申翁, 閭巷人也. (…) 李麟祥, 奇士也, 才藝

伏一世. (…) 與翁善, 翁可知也. 然而世顧莫之知, 豈非以閭巷之無稱哉?"

114 　같은 글. "申翁閭巷人也. 吾初見翁於雅齋公所."；『自著』권9,「幽蘭子至-幷序○
己丑」. "余童子時, 見申子翊于玉流之下邂來. (…) 與余爲異姓五寸親."

115 　『自著』著草,「金正甫哀辭-幷序」. "有洞曰玉流, 吾家亦世居."

116 　이에 대해서는『自著』권16,「送族兄觀甫氏歸鄕序-丙戌」참조.

117 　『自著』권16,「太史公之意贈申翁」. "公亟稱之. 與之語, 知其非庸人也. 其爲人
恬靜雅深."

118 　『自著』권9,「幽蘭子至-幷序○己丑」. "余童子時, 見申子翊于玉流之下邂來,
三十年間, 江海阻濶, 存歿不能記, 余殆忘之, 久矣. 忽一日門外有剝啄聲, 問
之子翊也. 起攝衣一笑而迎, 老已白首矣. 眉間猶有少時氣, 語纒纒可聽." 또한
「幽蘭子至」의 아래 시구에는 신사보를 다시 만나게 된 기쁨과 오랜만에 만났
음에도 한잔 술로밖에 대접하지 못하는 유한준의 미안한 마음이 토로되고
있다. "不謂今還在, 相逢始欲疑. 由來存戚誼, 彷彿記兒時. 布褐秋猶氣, 山川
老益詩. 多慙一樽酒, 未足慰曾離."

119 　같은 글. "子翊自號幽蘭子, 能詩喜文章, 嘗從南雷淵遊. (…) 相逢終恨晚, 秋日
泛虛舟. 貧賤皆呼馬, 浮沉一似鷗. 江湖斑杜鬢, 風雪弊蘇裘. 近遇雷淵叟, 言
君亦道流."；『自著』권9,「幽蘭子歸-己丑」. "來時碧樓月, 未落已歸舟. 酒重陽
關曉, 風高張翰秋. 聚雲元易散, 去水不曾留. 敢謂人情少, 終嗟世故稠." 신사
보의 거처를 淸風으로 추정한 이유는 인용한「幽蘭子歸」의 첫 구절에 나오는
'碧樓'가 바로 충북 청풍의 '寒碧樓'를 지칭하기 때문이다. 또한 이 밖에도『司
馬榜目』에 신사보가 1744년(영조 20), 32세의 나이로 생원시에 급제할 당시의
거처지가 '청풍'으로 되어 있고, 유한준이 1772년(임진)에 쓴 신사보의 아들
申暹의 哀辭에도 '청풍에 거처했다'는 표현이 있다("平山申暹, 幽蘭子之也. 居淸
風之江上."『自著』권23,「申暹哀辭-幷序○壬辰」). 한편, 이인상이 1738년에 쓴 시
인『凌壺集』권1,「峽友申子翊-思輔-來訪共賦-戊午」에는 신사보를 협우로 표
현하고, 그 시 중에 "期君濯足龜潭上"이라는 구절도 있어 그가 이미 20대 중
반부터 龜潭 근처의 충북 청풍에 근거지를 두고 가끔 서울에 올라와 친지와
벗들을 만나 교유했음을 알 수 있다.

120 　『自著』권23,「申暹哀辭-幷序○壬辰」. "昔暹訪余于終南山下, 以詩爲贄, 果秀
而詩又淸厲, 有古音者也."

121 　유한준은 신섬의 갑작스러운 죽음이 준 충격과 슬픔을 다음과 같이 전하고
있다. "忽一日, 幽蘭子以書來曰：'吾兒不幸, 以弱冠死. 吾兒有秀氣, 治古文辭,
願有以哀之.' 余執書失聲鳴泣. 大世孰無年而死者, 惟暹故死可爲惜. 孔子
稱秀而不實者, 有矣, 其暹之謂邪. 悲夫!"(『自著』권23,「申暹哀辭-幷序○壬
辰」)

122 　『自著』권11,「申翁袖其詩來示, 和贈」. "日上寒牕誰攪眠, 晉翁華髮一蕭然. 淸
詩不老行逾健, 翁已前年七十年."

123 　『自著』권9,「幽蘭子至-幷序○己丑」. "子翊自號幽蘭子, 能詩喜文章, 嘗從南雷
淵遊."

124 　『自著』권16,「太史公之意贈申翁」. "其爲人恬靜雅深, 老益喜文藝書畫之事.
(…) 翁老無事, 聚集古今名人書畫爲一帖. (…) 翁又求之勤, 非至篤好, 能如是

邪?"

125 같은 글. "李麟祥, 奇士也, 才藝伏一世. (…) 與翁善, 翁可知也. 然而世顧莫之知, 豈非以閭巷之無稱哉?";『自著』권4,「柏馬篇贈申翁-甲申」. "申翁出閭巷, 文雅邁等班. (…) 元靈死往年, 處顏亦靑山, 翁今六十餘, 白髮秋風寒."

126 이인상과 신사보의 친밀한 교유를 확인할 수 있는 글은 다음과 같다.「峽友申子翊-思輔-來訪共賦-戊午」「子翊得畫帖, 考其印識, 皆中州人. 余用古隸, 題褙曰唼脂山栢, 逐幅寫小詩, 以寓意. 錄五首」「秋夜留申子翊宿凌壺觀共賦」「凌江洞共子翊賦」「舟下酒浦, 里人競來勸酒, 與子翊賦」「贈子翊」(이상『凌壺集』권1),「墨溪宅, 陪伯氏賦, 贈子翊」(『凌壺集』권2).

127 '唼脂山栢'은 '잣나무[山栢]의 樹脂를 씹는다'라는 뜻으로 은나라 탕 임금 때의 仇生이 항상 송진[松脂]을 먹었다는 고사를 염두에 두고 한 말인데("仇生者, 不知何許人. 湯時爲栒, 三十餘年而更壯, 皆知其壽人也, 咸共師奉之. 其人云常食松脂."『列仙傳』) 여기서는 仙人이 고고하게 송진을 씹듯 담박한 畫意를 맛본다는 정도의 뜻으로 쓰인 듯하다.

128 다섯 편의 시 제목을 모두 열거하면 다음과 같다.「何文煌效倪淸閟」「謝採效伯虎」「潘澗潑墨」「何文煌小景雲水」「謝璵白描道人看洗硯」. 소제목에 밝혀져 있는 화가의 간략한 인적사항은 다음과 같다. 何文煌은 청대 하남성 신안 출신으로 자는 昭夏, 호는 竹坡다. 謝採는 浙江 吳興 출신으로 1628년에 남송대 姜夔의『續書譜』에 서문을 쓴 것이 확인되고 청대 卜永譽(1645~1712)의『式古堂書畵匯考』에도 실려 있는 것으로 보아 서화에 조예가 있었던 청초의 인물임을 알 수 있다. 潘澗은 청대 금릉인(지금의 난징)으로 자는 雲樵, 호는 二泉이다. 북종화풍의 산수를 그렸고,「深山漁樵圖」등의 그림이 전한다. 謝璵는 자가 魯生인 명말 崇禎 때의 擧人으로 그림을 잘 그렸다고 한다.

129 唐心怡,「休寧貴公子, 邗上大畫師-査士標生平與繪畫硏究」, 國立中央大學 藝術學硏究所 碩士論文, 2007. 2, 125쪽 참조.

130 본문에 인용하지 않은 나머지 네 편의 원문을 옮기면 다음과 같다. "空江散幽馥, 不見畫舫來. 倚閣數株樹, 猶疑懶攢裁."(「何文煌效倪淸閟」) "植杖看秋樹, 無人坐薄陰. 有懷題落葉, 林鳥聽孤吟."(「謝採效伯虎」) "客歸靑嶂合, 山靜落淸瀑. 登樓望君馬, 繁雲生萬木."(「潘澗潑墨」) "老樹根通泉, 小童手洗硯. 道雨書萬字, 頭白古瓦片."(「謝璵白描道人看洗硯」)

131 이인상의 문집『凌壺集』은 총 4권으로 권1·2에 연대순으로 시를 수록하고 있는데, 대체로 새로운 연대가 시작되는 첫 시의 제목에 간지를 밝히고 있다.「子翊得畫帖, (…) 錄五首」는 연조가 밝혀져 있는「七月望日 (…) 賞荷西池, 共賦荷花詩. 余得八首-己未」와「續題李胤之西池荷花軸-庚申」의 사이에 위치하고 있으므로 신사보가 27세인 1739년(기미)에 창작된 시임을 알 수 있다.

132 유한준이 친족들의 시회에 참가한 나이가 8~9세쯤인 것을 보면(『自著』권16,「送族兄觀甫氏歸鄕序」참조), 그 연대가 대략 1739년 즈음이므로 이인상·신사보가 만난 시점과 일치한다.

133 『自著』권16,「太史公之意贈申翁」. "翁又求之勤, 非至篤好, 能如是邪?"

134 같은 글. "余讀太史公書, 至其悲世之卑論儕俗者, 浮沈取榮, 而閭巷之俠, 無稱, 未嘗不太息也. 夫俠激行也, 猶尙欲張之, 況好文藝自修之人哉? 申翁閭巷

人也. (…) 其爲人恬靜雅深, 老益喜文藝書畫之事. (…) 然而世顧莫之知, 豈非以閭巷之無稱哉? 翁老無事, 聚集古今名人書畫爲一帖. 吾於文術無所能, 翁又求之勤, 非至篤好, 能如是邪? 吾是以樂爲言之, 亦太史公之意云."

135 『自著』 권14, 「痫醫洪翼㽙傳-壬午」. "古者觀人惟其行, 取人惟其能. 世教衰, 輕重人物, 不在行能, 在門地. 門地高, 雖闒茸嵬瑣愚無識, 吹噓飛揚. 門地下, 雖氣義然諾, 奇偉忼慨, 排擯沉晦, 豈非偏道哉? 洪翼㽙痫醫也. 其治痫, 喜用常藥, 而或巧發奇中也. 翼㽙性坦豁無畛域, 見人有急, 則雖素不相識, 苟其力之可爲, 不惜毫髮以救其急. (…) 嘗曰: '夫人有德於人而有自功色, 此賤丈夫也. 吾恥之.' 故壬戌, 癸亥之疫, 翼㽙多所活, 然去而不復顧."

136 같은 글. "洪國藎, 肅宗世爲備局吏. (…) 翼㽙其子云."

137 홍익만은 강명관, 『조선의 뒷골목 풍경』(푸른역사, 2003)에서 민중의의 한 사람으로 소개된 바 있다.

138 조선 후기 벌열의 형성과 그 실체, 과거와 관직 독점 현상에 대해서는 차장섭, 『조선후기 벌열연구』(일조각, 1997)에 자세하게 기술되어 있다. 차장섭은 이 책에서 조선 후기 서울 지역에 거주하는 閥閱家門이 혈연과 학연을 기반으로 부정과 불법 및 합법적인 다양한 수단과 방법을 이용해 문과 급제를 독점함은 물론 관직 임용에도 관여하여 청요직을 독점하는 현상을 통계치를 보이며 상세히 밝히고 있다.

139 『조선왕조실록』에 의하면 1742년(임술)과 1743년(계해)에 삼남지방을 중심으로 서울 전역에까지 전국적으로 전염병이 돌았다. 1742년 5월 20일 실록 기사에는 홍계유가 "여역이 크게 번져 열 집 가운데 아홉 집은 비었다"는 내용의 상소를 올리고 있고, 같은 해 10월 24일에도 "삼남에 여기가 다시 크게 번져 여제를 설행하라"는 명을 내리는 기사가 보인다.

140 유홍준, 「석농화원의 해제와 회화사적 의의」, 『김광국의 석농화원』(눌와, 2015)에 따르면, 그의 고조부 김경화(1628~1708), 증조부 金㙫(1657~1737), 조부 金應三(1680~1751), 부친 金聖守(1702~1731), 그리고 김광국 자신까지 내의원 내의를 지냈고, 그중 김응삼과 김광국은 수의에까지 올랐으며, 모두 資憲大夫·崇政大夫·崇祿大夫·嘉善大夫 등 당상관급의 품계를 받았다. 김광국의 집안은 5대를 이어온 유서 깊은 내의원 집안으로 당대에 명망과 지위가 높았음을 알 수 있다.

141 김광국은 1747년 21세에 일찍이 의과에 급제한 후 내의 동지에 올랐고, 1786년 60세에 내의원 수의에 올랐다. 『의과방목』 및 『日省錄』 1786년(정조 10) 7월 12일 기사 참조.

142 『石農畫苑』은 그동안 화첩이 낙질되어 한 권의 책으로 온전히 전하지 않고, 화첩에서 떨어져 나온 그림들만이 전해져 왔다. 그런데 최근 화첩에 수록된 작품 목록과 畫題의 내용을 필사한 육필본 『석농화원』이 고서 경매에 출품되었고, 얼마 안 되어 유홍준·김채식 옮김, 『김광국의 석농화원』, 눌와, 2015로 영인·번역되었다. 이 번역본은 상세한 해제와 함께 화첩에서 떨어져 나온 그림도 수집해놓고 있어 『石農畫苑』의 전모를 이해하는 데 큰 도움이 된다.

143 『自著』 準本, 「石農畫苑跋-乙卯」. "少與名下士金光遂成仲, 李麟祥元靈遊. 今元賓老白首, 舊從零落, 而余乃始交元賓相得也."

144 같은 글. "元賓求余帖跋."

145 같은 글. "余觀其逐幅題評, 其論雅俗高下奇正死活, 如別白黑. 非深知畫者, 不能, 儘乎其非徒畜之畫也. (…) 元賓求余帖跋."

146 같은 글. "知之者, (…) 會神於奧理冥造之中."

147 유한준은『石農畫苑』이라는 성대한 화첩을 이룬 그의 평생에 걸친 서화 사랑을 다음과 같이 표현하고 있다. 같은 글. "石農金光國元賓, 妙於知畫, (…) 舉天下可好之物, 元賓無所愛, 愛畫顧益甚, 故畜之如此其盛也." 한편,『石農畫苑』所收「臥龍庵小集圖」에 쓴 金光國의 발문에는, 그가 1744년 여름 김광수를 찾아가 서화를 논했다는 내용이 보인다.(유홍준·김채식 옮김, 위 책, 2015, 283쪽) 김광국의 생년을 고려하면 이는 그가 열여덟 살 때의 일이다. 또한 유한준의「石農畫苑跋」의 年條는 '乙卯'(1795)이므로 이는 김광국이 세상을 뜨기 2년 전인 예순여덟 살 때의 일임을 알 수 있다. 이로 보면 10대부터 싹튼 그의 서화에 대한 외길 사랑이 눈을 감기 전까지 지속되었던 것이다. 김광국의 서화수장가로서의 면모는 안대회,「그림을 아는 선비, 제발을 남기다」,『선비답게 산다는 것』, 푸른역사, 2007; 황정연,『조선시대 서화 수장 연구』, 신구문화사, 2012, 603~639쪽; 박효은,「『石農畫苑』을 통해 본 한·중 회화후원 연구」, 홍익대 박사논문, 2013, 199~294쪽 참조.

148 『自著』準本,「石農畫苑跋-乙卯」. "畫有知之者, 有愛之者, 有看之者, 有畜之者. (…) 知則爲眞賞, 愛則爲眞看, 看則畜之, 而非徒畜也. 石農金光國元賓, 妙於知畫, 元賓之看畫, 以神不以形, 舉天下可好之物, 元賓無所愛, 愛畫顧益甚, 故畜之如此其盛也."

149 같은 글. "飾長康之廚, 侈王涯之壁, 惟於畜而已者, 未必能看." 원문의 '長康'은 동진의 대표적인 화가 고개지의 자다.

150 『晉書』,「顧愷之傳」. "愷之嘗以一廚畫糊題其前, 寄桓玄, 皆其深所珍惜者. 玄乃發其廚後, 竊取畫, 而緘閉如舊以還之, 紿云未開." 환현은 제위에 오른 후 유희와 사냥을 일삼고 궁전을 무리하게 짓는 등 사치와 방탕을 일삼아 민심을 잃어서 1년도 채 되지 못해 반란군에게 목숨을 잃었다고 한다.

151 『舊唐書』,「王涯傳」. "涯博學好古, 能為文, 以辭藝登科, 踐揚清峻, 而貪權固寵, 不遠邪佞之流, 以至赤族. 涯家書數萬卷, 侔於秘府. 前代法書名畫, 人所保惜者, 以厚貨致之; 不受貨者, 即以官爵致之. 厚為垣, 竅而藏之複壁."

152 같은 글. "人破其垣取之, 或剔取金寶之飾與其玉軸而棄之."

153 낙질되어 전하는『石農畫苑』의 그림들은 대체로 그림 옆에 고금 명인들의 화제나 화평, 혹은 김광국 자신이 쓴 제발문이 적혀 있고, 각각의 제발문마다 김광국의 인장이 찍혀 있다. 또 별지 小題簽에는 화가와 그림 제목, 제발문의 작자와 화가 등을 친절하게 밝히고 있다. 제발의 내용은 그림이 그려진 내력이나 그림을 그린 화가에 대해 쓴 것이 대부분이니 김광국이 화첩을 만들고 제발을 쓰면서 다른 무엇보다 화가를 포함한 그림과 관련된 인물들의 삶에 많은 관심을 기울였음을 알 수 있다.

154 『自著』準本,「石農畫苑跋-乙卯」. "知之者, 形器法度且置之, 先會神於奧理冥造之中, (…) 石農金光國元賓妙於知畫, 元賓之看畫, 以神不以形."

1   이는 한국고전번역원(http://www.itkc.or.kr/)에서 제공하는 한국문집총간본 『自著』해제(金旻希 작성)와 『欽英』『華泉集』『敦巖集』등 여타의 자료에서 필 자가 확인한 사항들을 종합·정리한 것이다.

2   南公轍, 『自著』, 「自著序」. "年至八十, 其行益脩然不汚, 爲長德名流. 今其集将 付剞劂, 而嗣子晦柱以先契之重, 請公轍爲序." 이후 유한준의 문집은 산삭과 발간에 관여했던 이채와 朴宗慶(1765~1817)의 견해 차이로 인해 그 발간이 무산된 것으로 보인다. 이에 대한 자세한 사항은 부록의 연보와 다음 편지들 이 참조된다.(李采, 『華泉集』권4,「答朴汝會-宗慶○甲戌」, 규장각본; 朴宗慶, 『敦巖集』권6,「上李參判-采」「與任監役-魯」「與李洗馬度中」「答李洗馬」「書 俞著庵-漢雋-文集後」, 규장각본)

3   李敏輔, 『自著』, 「自著序」. "師法盖若不出於諸子者, 而本之以聰明博洽, 又集古 人之長, 而務以己意刻畫, 以出變化, 故馳騁恣睢, 不窘邊幅"; "頹昂逸宕, 風神 遒動. 所著詞賦, 歌詩, 序記, 誌誄, 長牘, 短跋, 以至公移文牒之屬, 篇篇各逞 其能, 如通儒之懷奇蘊珍."

4   朴胤源, 『自著』, 「自著序」. "汝成天資聰明, 學之甚博, 六經探其緒餘, 諸史考其 治亂, 百家究其同異, 又察夫物理事情之真, 以爲識解. (…) 昔韓愈承八代委靡 之餘, 卓然以古文自立, 不肯與世沉浮. (…) 至數百餘年而後, 得歐陽子, 其文終 大顯焉. 今汝成之文, 時人固莫之知也. 安知後世不有如歐陽子者, 取而行之 歟?"

5   이에 대해서는 「與太學士吳公載純書-辛亥」「上止軒書」(『自著』권12, 장서각본) 참조. 「上止軒書」는 壬子年에 쓴 두 번째 편지를 가리킨다.

6   朴胤源, 『自著』, 「自著序」. "君子不詭随乎人, 不苟合于时, 一言而幾乎道, 自以 爲乐"; "一事而當乎理, 独行不惑, 此君子之所用心也. 昔韓愈承八代委靡之餘, 卓然以古文自立, 不肯與世沉浮."

7   「書俞老翁筆叢序」「私藏功令集序」(『自著』권16),「右閱問數」(『自著』권27) 등에 는 노장 등의 제자백가와 한유·구양수 등의 문장가뿐만 아니라 고금 내외의 모든 문장 대가를 섭취해 자유자재의 경지에 이른 글쓰기를 희구했던 유한준 의 모습이 묘사되어 있다.

8   李敏輔, 『自著』, 「自著序」. "儒者之道貴乎通, 爲其有所用也. (…) 文章之於人, 亦類也. (…) 所著詞賦, 歌詩, 序記, 誌誄, 長牘, 短跋, 以至公移文牒之屬, 篇 篇各逞其能, 如通儒之懷奇蘊珍."

9   俞彦鎬, 『自著』, 「自著序」. "文章不出乎意與法二者, 意無體而法有方, 然必繩 趍矩步乎無體之中, 横鶩側出乎有方之内, 然後乃行變化而成體裁也. (…) 余亦 喜譚文字者, 甞竊以爲意與法, 如理氣之不相離而不相混也. 法固統於意, 而意 不拘於法, 故必使意爲之主而法每聽命, 然後其文乃工耳. (…) 吾知汝成深造 独得, 以意爲文者, 而較其分数, 法终爲勝, 或恐其推波而助瀾也."

10   吳載純, 『自著』, 「自著序」. "天下之物, 無不以氣爲用, 文章豈異乎哉? (…) 吾友 俞子汝成, 以璵材博識, 力治文辭. 其言曰: '文主於氣, 氣不足以帥之, 文以卑 弱.' (…) 昔韓子有言: '氣盛, 則言之長短與声之高下, 皆宜.' 此自古作者所難能,

而汝成一朝造其竗, 固已高於當世矣."

11 成大中, 『自著』, 「自著序」. "求文之備者, 鋼範五之, 氣格三之, 慧悟二之, 方可
    稱十全之文. 今之知此道者, 鮮矣. 俞公汝成, 今世之鉅匠也. 其文理勝於辭,
    法勝於巧, 未嘗以慧悟自命, 而工妙則自足也. 乃其氣格則殆欲跨古人而上之,
    鋼範固無論也."

12 李敏輔, 앞 글. "本之以聰明博洽, 又集古人之長, 而務以己意刻畫, 以出變化.";
    俞彦鎬, 앞 글. "其蓄積博而識解高, 故凡臨題目出, 以在我之權度, (…) 能出奇
    變乎尺度之外."; 朴胤源, 앞 글. "天資聰明, 學之甚博, 六經探其緒餘, 諸史考其
    治亂, 百家究其同異, 又察夫物理事情之真, 以爲識解."; 吳載純, 앞 글. "以瓌
    材博識, 力治文辭. (…) 其爲文, 包括衆長, 運以匠心."; 成大中, 앞 글. "未嘗以
    慧悟自命."

13 李敏輔, 앞 글. "所著詞賦, 歌詩, 序記, 誌誄, 長牘, 短跋, 以至公移文牒之屬,
    篇篇各逞其能."; 俞彦鎬, 앞 글. "其文自詞賦, 歌詩, 序記, 銘贊, 傳誌, 狀誄, 以
    至片蹄, 殘墨, 狀牒, 申牒之類, 各擅其能, 體無不具."

14 李敏輔, 앞 글. "故馳騁恣睢, 不窘邊幅, 頹昂逸宕, 風神遒動."; 俞彦鎬, 앞 글.
    "東文纚纚可厭, 務爲氣力以凌駕之."; 朴胤源, 앞 글. "其辭閎肆奔逸."; 吳載純,
    앞 글. "坌涌宏博, 馳騁恣睢, 如長江轉毂, 魚鼈, 黿鼉, 遊戲於中也. 穹林鉅野,
    風雨驟至, 而雲霞四起也, 偉乎! 其氣之盛也."; 成大中, 앞 글. "其氣格則殆欲
    跨古人而上之."

15 『欽英』에 언급되고 있는 도서목록에 대해서는 강명관, 「한 지식인의 독서 체
    험과 조선 후기 문학」, 『대동한문학』 13, 2000; 배기표, 「通園 俞晚柱의 文學
    論」, 성균관대 석사논문, 2001, 81~98쪽; 김영진, 「朝鮮後期의 明淸小品 수
    용과 小品文의 전개양상」, 고려대 박사논문, 2003, 29~31쪽 참조.

16 유한준의 독서는 제자백가와 오경·사서, 국내외의 각종 史書, 『文心雕龍』 등
    의 시문 이론서, 한위고시와 歌行詩, 秦漢唐宋 고문, 王世貞·錢謙益 등의 명
    말 대가는 물론 고려·조선의 명가들의 문집, 金聖嘆의 소설 비평과 『列國志』
    등의 소설, 『文獻通考』『事文類聚』 등의 유서, 『漢魏叢書』『寶顔堂秘笈』 등
    의 총서 잡록류 등을 모두 포괄한 것이었다. 그의 폭넓고 다양한 독서와 그
    구체적 목록은 다음 글들에서 간추려낼 수 있다. 「廣韓賦」(『自著』 권1), 「廣
    韓賦序」(朴胤源, 『近齋集』, 권21), 「歌謠四言序」「歌謠補遺」「古歌謠樂府之變」
    「晉宋齊梁以來淸商橫吹古辭之約」(『自著』 권3), 「書倉老翁筆叢序」「倉下唱酬
    錄序」「呂晚村詩錄序」(『自著』 권16), 「送成近序」「林居四訣序」(『自著』 권17), 「先
    君子詩書正文謄本跋」「濟東詩草跋」「農淵詩選跋」(『自著』 권19), 「欽英記日序」
    (『自著-著草』), 「東傳標目序」(『自著』 準本), 「六灘南公詩集序」「自銘」(『自著』 續集).

17 李敏輔, 앞 글. "間有感奮慕古, 力欲摹擬者, 驟覵之, 其色若滲然而拘澀不活,
    如泥塑之像人, 適足爲識者所笑. (…) 杞溪俞汝成, (…) 本之以聰明博洽, 又集
    古人之長, 而務以己意刻畫."; 俞彦鎬, 앞 글. "世之慕古尚奇者, 率多捨難而趨
    易, 自足而高世, 殊不知血氣知覺之爲人, 與土塑木偶之象人也. 其真贋死活,
    相去千里, 此王元美, 李于鱗諸子, 所以終泪於模擬剿竊者也. 吾知汝成深造
    独得, 以意爲文者."; 朴胤源, 앞 글. "汝成居今之世, 能古人之文, 豈不亦偉哉?
    (…) 今人之文 (…) 循乎庸常, 不自己出, 是謂陳文. (…) 而汝成何苦而守古人之

文哉?"; 成大中, 앞 글. "至若鉤棘以眩世, 側巧以媚世, 公與余所同耻也, 匪惟耻之, 亦所未能也."

18 이에 대해서는 『燕巖集』 권5, 「答蒼厓」 참조.

19 『自著』 권27, 「右閒問數-乙酉」. "汗屈僵宋, 頫揚走馬, 皁誼隷向, 駕遷軼固, 苞韓孕柳, 絡曾鉗王, 藩歐籬蘇, 嬰介孩滄. 腋武脚陵, 麋曹摩劉, 掀李撼杜, 哺島乳郊. 簸陶春謝. 糠秦粃黃. 有不學, 學則必嚌其胾; 有不能, 能則必造其堂; 有不爲, 爲則驚動二氣之幽陰; 有不知, 知則經緯六合之宵荒."

20 『自著』 권16, 「私藏功令集序」. "世常說功令之文, 文辭之文, 其體絶不同. 譬則文辭之于功令也, 猶仁之於富. 故治功令者, 踈於文辭, 習文辭者, 離於功令, 罕有能兼之者, 豈非所謂蔽哉? 天下之事一理也, 不能相入者, 不能通其意也, 通其意則無所不入也. 故畵而占色, 醫而分科, 技之下者也. 夫曹, 吳豈擇人物, 和, 緩豈別老少哉? 文亦無內外雅俗, 惟觸類而通其意而已矣."

21 조귀명의 산문가로서의 면모에 대해서는 강민구, 「東谿 趙龜命의 文學論과 文學世界」, 성균관대 석사논문, 1990, 6~10쪽 참조. 조귀명의 『東谿集』은 모두 12권 6책인데, 12권 전부가 다양한 문체의 산문으로 채워져 있고, 시는 단지 제12권의 말미에 27제만이 실려 있을 뿐이다.

22 고시 및 樂府詩 창작에 대한 관심은 『自著』 권3에 수록된 「歌謠四言序」 「歌謠補逸」 「古歌謠樂府之變」 「晉宋齊梁以來淸商橫吹古辭之約」에서 직접적으로 확인된다.

23 「詩三家集要序」(『自著』 권16)와 「歌謠四言序」(『自著』 권3) 참조.

24 『自著』 續集, 「八灘南公詩集序」 참조.

25 한국문집총간에 영인되어 있는 전집본 『自著』(29권 15책)는 권1~권2에 賦, 권3에는 부와 가요, 권4~권7에는 고시, 권8~권13에는 율시가 실려 있어, 총 29권 중 시부가 수록된 분량이 편제상 거의 절반에 가깝다.

26 『自著』 권18, 「何我齋記」. "漠然而無預也, 冲然而忘也, 無適也無莫也. 無畔也無町畦也而後, 身始不爲居處累, 心始不爲景物役, 超然矣."

27 이에 대해서는 이 책 4.1. 「노장의 유가적 수용을 넘어」 참조.

28 『自著』 권14, 「自傳」. "或曰: '子於文章, 無所畏忌. 何不殺繁絃而雅歌是就乎?'"

29 李敏輔, 앞 글. "嗚呼! 文所以載道也, 豈臺使然哉? 杞溪俞汝成, 自少治文業旣成, 取其稿十卷讀之. 師法盖若不出於諸子者, (…) 使早從事於大人之學, 則心力材具之所發施, 奚特文章一名而已哉?"; 吳載純, 앞 글. "然凡物之氣, 不宰以理, 其將汗漫而不收, 無以佐天地之元氣, 而況文也乎? 傳曰: '其爲氣也, 配義與道, 無是則餒.' 夫人之與文, 其嬴乏未始不相通, 文也者氣也, 道義者理也. 汝成果能斂英就實, 深究聖人之書, 求所謂道與義者以配之, 然後始可謂盡善盡美!"

30 南公轍, 『自著』, 「自著序」. "公少好諸子家言, 玉溪金公純澤, 嘗語公轍曰: '著菴喜諸子, 文章雖好, 醕則或未也.' 其後公轍以玉溪語, 質於醕菴吳公載純仍言: '著菴近頗专意爲性理之書.' 醕菴聞而喜曰: '吾亦嘗勉以斂華就實. 然則其文當益善.' 玉溪, 醕菴, 皆公所从遊者, 而时玉溪已卒, 未及見公晚年著作, 爲可恨也. (…) 观公之集者, 不知有初晚之别, 則非所以知公也."

31 『自著』 續集, 「著叟自銘-戊辰」. "性無所嗜, 嗜在文辭. 初下手时, 秦漢外馳, 莊

저마다의
길

360

諧屈怨, 馬肆韓奇, 嘅舓鑽別, 垂五十朞. 竟亦何得? 怊悵夕返, 狐死首邱, 人窮反本. 道在六經, 四書之蘊, 始迷罔覺, 及覺死近."

32 「石堂集序」는 『自著』著草에는 그 연조가 '壬子'(1792년, 61세)로 되어 있고, 『自著·準本』에는 '癸丑'(1793, 62세)으로 되어 있다.

33 『自著』著草, 「石堂集序」. "經術, 文章, 政事, 此三者, 通而上下者也. 夫口能言天人性命之原, 而不能於文章; 能於文章, 而不達乎錢穀甲兵之事, 儒者之蔽也. 古者士通於此三者, 故本之以經術而文章治, 文章治而所以施之於政事者, 沛有餘地."

34 이는 박윤원과 도문분리 논쟁을 벌였던 당시 편지의 내용을 유한준이 「自傳」본사의 첫 부분에, 그것도 전체 분량의 거의 반 이상을 차지할 정도로 중요하게 다루고 있는 데서 간접적으로 확인된다.

35 유가 경전에 대한 공부와 유교적 강상 윤리의 회복을 강조하는 유한준의 글을 연대순으로 옮기면 다음과 같다. 「洛涯稿序-壬戌」「商山成氏世德錄跋-壬戌」(『自著』準本, 1802, 71세), 「答洪伯應書」(『自著』續集, 1805, 74세, 추정), 「故縣監李公孝引呈禮曹文-丙寅」(『自著』續集, 1806, 75세), 「記兪氏讀書之所-戊辰」「著叟自銘-戊辰」「與任得汝書-戊辰」(『自著』續集, 1808, 77세).

36 지금까지의 연구는 유한준 만년의 변화 시점을 구체적으로 밝히지 않은 채, 그 변화의 원인을 다음 세 가지 정도로 규명한 바 있다. 1. 知己 박윤원의 집요한 권유, 2. 손자와 아들을 연이어 잃은 상실감, 3. 정조의 문체반정 및 정조 서거로 인한 政局의 보수화.(1, 2는 이현호, 「兪漢雋 散文 硏究」, 정문연 한국학대학원 석사논문, 2003, 7~8면 참조; 3은 김영규, 「兪漢雋의 문학관과 작품 세계」, 성균관대 석사논문, 2006, 23면 참조.) 1과 2는 간접적 원인이 될 수 있지만, 유한준의 사상적 변화가 뚜렷이 감지되는 글들이 70세 이후(1801년 이후)에 집중되고 있다는 점에서, 그 시점상 정확히 부합하지 않는 측면이 있다. 박윤원이 서거한 시점이 1799년이고, 손자 구환과 아들 만주의 죽음이 각각 1787·1788년임을 감안하면, 두 혈육의 죽음과 박윤원의 권유가 70세 이후의 유한준의 급격한 변화에 직접적 원인이 되지 못함을 알 수 있다. 3의 '정국의 보수화' 역시 그 변화의 배경적 요인이 될 수는 있겠지만, 사회적 분위기의 보수화라는 막연한 설명보다는 구체적인 자료에 근거한 더 직접적인 계기를 밝힐 필요가 있다.

37 『自著』準本, 「商山成氏世德錄跋-壬戌」. "胡淸有天下百六十有餘年, 東人知有淸, 不知有明天子. 聖人之明尊攘, 朱子之說含忍, 今其義幷與其言而絶, 久矣. 而近又不幸, 有耶蘇之敎, 東出朝鮮, (…) 其禍視楊墨老佛, 愈烈愈棘. 嗚呼! 國其有淪綱斁法, 驅人類盡化爲禽獸而不亡者乎? 春秋晦矣, 異端起矣."

38 『自著』準本, 「洛涯稿序-壬戌」. "蓋自天理民彛物則之所系, 而爲五倫焉, 爲三綱焉. 人以是爲人, 國以是爲國, 絶此倫綱, 則人類滅而國隋以亡. 維我東豈非古所稱禮義之邦小中華哉, 奈何忽有所謂耶蘇之術者, 東出朝鮮, 其法昏棄厥父母, 弗養弗享, 上無君父, 下無夫婦, (…) 人乃大迷惑, 潛吹暗噓, 日滋月熾, 其勢將驅人類, 盡化爲禽獸而國危矣."

39 『自著』권18, 「何我齋記」. "無適也無莫也. 無畔也無町畦也而後, 身始不爲居處累, 心始不爲景物役, 超然矣."

40 홍대용은 1765년 11월, 박지원은 1780년 5월에 연행의 기회를 얻어 북경에 체류할 때 각기 천주당에 방문한 바 있다.

41 이하의 천주교 관련 서술은 조광, 『조선후기 천주교사 연구』, 고려대 민족문화연구소, 1988, 71~79쪽; 김병이, 「正祖·純祖대 초반의 天主教 迫害 事件」, 숙명여대 석사논문, 2001, 14~22쪽을 참조하여 요약한 것이다.

42 이 책 1.2. '그가 평생 머물렀던 곳' 참조.

43 林熒澤, 「李朝前期의 士大夫 文學」, 『韓國文學史의 시각』, 창비, 1984. 조선 건국부터 임란 이전 16세기까지의 문인 학자들을 대상으로 그 사회적 위치와 문학적 관점에 따라 조선의 사대부 문학을 '관료적 문학, 처사적 문학, 방외인 문학'으로 나누어 살폈다. 한편 윤재민, 「조선시대 문인 학자들의 문학관」, 『조선시대 삶과 생각』(고려대 민족문화연구원, 2000)에서는 비슷한 시기의 조선 문인들을 도문관계에 대한 입장 차이에 따라 '경세가, 도학가, 고문가'로 분류하여 고찰한 바 있다.

44 윤재민, 「조선시대 문인 학자들의 문학관」, 『조선시대 삶과 생각』, 고려대 민족문화연구원, 2000, 206쪽 참조.

45 『東谿集』권10, 「與李季和-廷燮-書-己酉」, "天之生斯人也, 各具耳目, 而千萬人之耳目, 無一同焉. 各有意態, 而千萬人之意態, 無一同焉."

46 같은 글. "學吾學, 文吾文, 別建旗鼓, 橫馳旁騖, 使天下後世, 知有不儒, 不釋, 不韓, 不柳, 嵬嵬獨立之乾川子爾."

47 같은 글. "使千萬人者, 各身其身, 而不與人摸擬. 各意其意, 而不爲人管攝者也. 故同視一物, 而吾未嘗借人之視; 同聽一聲, 而吾未嘗借人之聽. (…) 學吾學, 文吾文, 別建旗鼓, 橫馳旁騖, (…) 嵬嵬獨立之乾川子爾." 원문의 '乾川子'는 조귀명의 호.

48 조귀명 문학론에 대한 자세한 사항은 박경남, 「趙龜命 道文分離論의 변화와 독자적 인식의 표현으로서의 문학」, 『국문학연구』제17호, 2008 참조.

49 丁若鏞, 『與猶堂全書-詩文集』권15, 「貞軒墓誌銘」, "生諱用休, 旣爲進士, 不復入科場, 專心攻文詞, (…) 身居布衣之列, 手操文苑之權者, 三十餘年, 自古以來未之有也."

50 李用休, 『惠寰雜著』권6, 「我庵記」, "我對人, 我親而人疏; 我對物, 我貴而物賤. 世反以親者聽於疏者, 貴者役於賤者, (…) 於是有好惡喜怒, 行止俯仰, 皆有所隨而不能自主者." 번역은 조남권·박동욱 옮김, 『혜환 이용휴 산문전집』, 소명출판, 2007을 참조하여 조금 다듬었다.

51 李用休, 『惠寰雜著』권8, 「隨廬記」, "理何在? 在心. 凡事必問之心, 心安則理所許也, 爲之. 不安則所不許也, 已之. 如是, 則所隨者正, 而自合天則."

52 인용된 원문의 "物"을 부귀공명 등의 외물로 풀이한 이유는 인용된 대목의 뒷부분에 부귀·공명 등의 외물에 초연한 벗 李處士에 대한 소개의 말이 나오기 때문이다.("吾友李處士, 古貌古心, (…) 一切榮華勢利富貴功名, 以較我之天倫團歡, 戴力本業外之.") 따라서 문맥상 '物'은 '부귀·공명 등의 외물'이고, '人'은 그것을 좇는 '세속 사람들'임을 알 수 있다.

53 같은 글. "有不隨造化自立性命者, 天下宗周, 而夷, 齊恥. 百卉零秋, 而松, 栢靑是也. 噫! 禹解下裳, 孔從獵較. 大同處, 不可違也. 然則惟從衆歟否?" 이 대목

의 전반부는 온 천하가 주 무왕의 은나라 주왕 정벌을 환영하며 주나라를 종주로 삼을 때 오히려 그 일을 도의적으로 수치스럽게 생각했던 백이·숙제의 고사를 가리키고, 후반부는 우임금과 공자가 예·의에 비추어 잘못된 일임에도 불구하고 나체국과 노나라의 풍속에 따라 아랫도리를 벗고 獵較를 한 일을 가리킨다. 뭇 사람과는 달리 폭군일지언정 군신 간의 의리를 지키려 했던 백이·숙제의 행동이나 예의보다는 대동의 정신을 소중히 해서 뭇 사람의 풍속을 따랐던 우임금·공자의 행동이나 누가 옳고 그른지, 그리고 당시에 어떻게 행동하는 게 가장 올바른 것인지를 쉽게 결정할 수 없는 경우다.

54　『傳習錄』권中,「答顧东桥书」;『王阳明全集』권2. "吾心之良知, 即所谓天理也."

55　이용휴 양명학적 경사에 대해서는 정우봉,「李用休의 문학론의 일고찰-그의 陽明學的 사고와 관련하여」,『韓國漢文學研究』제9-10집, 1987; 박준호,「惠寰 李用休의 陽明學的 思惟樣態와 詩的 形象化」,『漢文學報』제3집, 2000 참조. 또한 이용휴의 문학이 '나'라고 하는 개인적 자아에 주목하고 있음을 밝힌 연구로는 정민,「18세기 시단과 일상성의 시세계」,『18세기 조선지식인의 발견』, 휴머니스트, 2007; 박동욱,「尖新과 覺悟의 산문미학」,『혜환 이용휴 산문전집』, 소명출판, 2007; 이경근,「惠寰 李用休의 文藝論 研究」, 서울대 석사논문, 2009의「Ⅲ.1. 가치개념으로서의 '나'와 그 확대 과정」참조.

56　『松穆舘燼餘稿』,「松穆舘集序」, "詩文有從人起見者, 有從己起見者. 從人起見者, 鄙無論, 卽從己起見者, 毋或雜之固與偏, 乃爲眞見, 又必須眞才而輔之, 然後乃有成焉. 予求之有年, 得松穆舘主人李君虞裳."

57　이언진 시의 내용과 형식상의 독창적 면모에 대해서는 그의 대표작인「術術居室」을 중심으로 한 선행 연구에서 이미 수차례 언급되었다. 대표적인 것만을 열거하면 다음과 같다. 피정희,「李彦瑱의 生涯와 詩 研究」, 성신여대 석사논문, 1984; 이상진,「李彦瑱의 ≪術術居室≫考」,『韓國漢文學研究』12, 1989; 강명관,『조선후기 여항문학 연구』, 창비, 1997, 305~316쪽; 이동순,「이언진 시의 독창성 고찰-세계관의 검토를 통하여」,『한국고전연구』10, 2004; 김동준,「이언진 한시의 실험성과『동호거실』」,『韓國漢文學研究』39, 2007; 박희병,『저항과 아만』, 돌베개, 2009 참조.

58　『松穆舘燼餘稿』,「術術居室」제66수. 필자가 이용한 문집총간본『松穆舘燼餘稿』의 원제는 "術術居室"로 되어 있으나, "術術居室"이 정확한 이름으로 판단되기에 이하 모두「術術居室」이라는 명칭으로 고쳐 사용하기로 한다. 참고로 이언진 역시 이 시의 제142수에서 "術術"으로 자신의 거처를 지칭하고 있다. "畫舫寄情永叔, 書巢命名放翁, 雖無文章爲記, 術術差同兩公." 이하「術術居室」의 인용은 모두 한국문집총간 영인본『松穆舘燼餘稿』를 저본으로 했기에 간략히 "「術術居室」제○수"로 표기해 출전을 밝히기로 한다.

59　『松穆舘燼餘稿』,「甲申六月二十八日, 試鷄毛筆, 書于昌原客舍. 斜陽明窓, 蟬聲滿樹」제12수.

60　『惠寰雜著』권6,「我庵記」. "我對人, 我親而人疎: 我對物, 我貴而物賤. 世反以親者聽於疎者, 貴者役於賤者, (…) 於是有好惡喜怒, 行止俯仰, 皆有所隨而不能自主者."

61 『惠寰雜著』권8,「隨爐記」."凡事必問之心,心安則理所許也,爲之.不安則所不許也,已之.如是,則所隨者正,而自合天則."

62 「衕衚居室」제24수."吾無可無不可,乃所願學仲尼."

63 「衕衚居室」제48수."三百篇道性情,難化那一世人.五千言無丹藥,亦保箇自家身."

64 「衕衚居室」제21수."儒其衣僧其相,其姓則上淸李,要不可一端名,三敎中大弟子."

65 「衕衚居室」제2수."一虞裳一蟹蕩,我友我不友人,詞客供奉同姓,畫師摩詰後身." 원문의 "供奉"은 한림원의 供奉을 지낸 이백을 가리키고, "摩詰"은 王維의 자다.

66 李德懋,『靑莊館全書』권34,「李虞裳」,淸脾錄3."虞裳嘗自題畵像曰:'供奉白,鄌侯泌,合鐵拐爲滄起,古詩人,古山人,古仙人,皆姓李,滄起其自號也.'" 원문의 "供奉白"은 이백이고, "鄌侯泌"은 鄌縣侯에 봉해졌던 李泌,"鐵拐"는 중국 전설의 八仙의 하나인 李鐵拐를 가리킨다.

67 「衕衚居室」제47수."陶先生萬卷書,孫先生數丸藥,陳先生五龍睡,李先生都乞得." 원문의 "陶先生"은 은거하여 만권서를 읽은 陶弘景을,"孫先生"은 환약 등 여러 가지 약을 제조하여 藥王 혹은 医神으로 불리우는 孫思邈을 가리킨다. 또,"陳先生"은 세속의 명리를 잊는 깊은 잠에 빠져드는 五龍睡法으로 내단양생을 했다는 陳搏을 가리킨다.

68 「衕衚居室」제30수."滿衢路皆聖賢,但驅使餧寒苦.有良知與良能,孟氏取吾亦取."

69 『松穆舘燼餘稿』,「失題」."詩如歌又如偈,古一人邵堯夫,文非老亦非莊,今一人李卓吾."

70 이언진의 왕세정과의 연관은 정민,「『동사여담』에 실린 이언진의 필담 자료와 그 의미」,『韓國漢文學硏究』32, 2003; 이춘희,「明 王世貞의 문학사상과 李彦瑱의 한시」,『열상고전연구』27, 2008 참조. 원굉도와의 연관은 이동순,「이언진 문학과 원굉도 문학의 상관성」,『어문논집』60, 2009 참조.

71 兪晩柱,『欽英』戊戌部, 1778.9.8."夫道毋論高下善惡,得其一而造乎微,則不求爲文章而所爲文章,亦自然極至.此非徒三敎爲然,兵,農,醫,卜,漁,樵,陶,冶之類,莫不皆然."

72 인용된 글에서 유만주가 사용하고 있는 "文章"이라는 용어는 '글'이나 '文辭'의 의미로 쓰인 것이 아니다. 여기서의 문장은 어떤 사업에 성취를 이루어 그 성대한 업적이 아름다운 문채를 발산하고 있는 것을 가리킨다. 이와 같은 용례는『論語』「泰伯」의 다음 구절에 보인다."子曰:'大哉! 堯之爲君也. (…) 巍巍乎! 其有成功也; 煥乎! 其有文章.'"

73 『欽英』,「欽英乙未敍」."日記者,身之史也,何可忽哉? (…) 夫邃古遼荒,与今懸遠,未有上於三皇五帝也,而人多傳會穿鑿以求備其事蹟.至於身,親切莫如也,而顧或忽焉,不記其事月日者,有之,甚可惑也."

74 『欽英』,「欽英庚子敍」."廟享之何魚何菓,理病之何藥,擬編之何書,以至更衣之久速,穀直之峻平,咸載焉. (…) 論史以或繼之以經, (…) 政注邸報之間,或有古文,旣古文矣,而下或傳奇,小說,術藝,名物,又或理氣,字韻,又或碑版,

記傳, 詩詞, 異端."

75 『欽英』, 「欽英丁酉敍」. "或見其家庭日用, 後考咸錄, 則疑於時憲之鎖註, 評議
四部, 重複不嫌, 則疑乎箚錄, 朝廷時事見聞畢書, 則疑於斷爛. 雖然深考爲例,
則非時憲之鎖註也, 非箚錄也, 非斷爛也, 乃欽英之日記也."

76 『欽英』, 「欽英庚子敍」. "不嫌于煩瑣, (…) 毋忌乎雜亂, (…) 其瑣固不嫌也, (…)
其雜固不忌也."

77 같은 글. "包括古今, 函囿雅俗, 鉅而聖智英能之所作用, 微而蓬莪蟯蟲之所生
成, 若耳之所聆, 目之所睹, 心之所感也, 無不隨而筆之."

78 이동환, 「朝鮮後期 漢詩에 있어서 民謠趣向의 擡頭」, 『韓國漢文學硏究』제
3・4집, 1979에서 박지원・정약용과 함께 조선시를 제창한 인물로 이옥을 비
중 있게 다루면서 그의 『俚諺』을 민요풍을 대표하는 한시의 하나로 소개했다.

79 李鈺, 『俚諺』, 「一難」. "天地萬物, 有天地萬物之性, 有天地萬物之象, 有天地
萬物之色, 有天地萬物之聲. 總而察之, 天地萬物, 一天地萬物也, 分而言之, 天
地萬物, 各天地萬物也. 風林落花, 兩樣紛堆, 而辨而視之, 則紅之紅, 白之白
也. 勻天廣樂, 雷般轟動, 而審而聽之, 則絲也絲, 竹也竹, 各色其色, 各音其音.
(…) 萬物者, 萬物也, 固不可以一之. 而一天之天, 亦無一日相同之天焉; 一地
之地, 亦無一處相似之地焉. 如千萬人, 各自有千萬件姓名; 三百日, 另自有三百
條事焉, 惟其如是也." 이하 이옥의 원문은 실시학사 고전문학연구회 편역,
『完譯李鈺全集』1~5, 휴머니스트, 2009의 교감본을 따랐고, 번역 역시 이 책
을 참조하여 필자가 조금 다듬었다.

80 李鈺, 『俚諺』, 「一難」. "奈之何生於大淸乾隆之年, 居於朝鮮漢陽之城, 而乃敢
伸長短頸, 瞋大細目 妄欲談國風, 樂府, 詞曲之作者乎? (…) 此吾之亦不可以
不有所作者也. 亦吾之所以只作俚諺."

81 같은 글. "故歷代而夏殷周也, 漢也, 晉也, 宋齊梁陳隋也, 唐也, 宋也, 元也,
一代不如一代, 各自有一代之詩焉. 列國而周召也, 邶鄘衛鄭也, 齊也, 魏也, 唐
也, 秦也, 陳也, 一國不如一國, 另自有一國之詩焉, 三十年而世變矣. 百里而風
不同矣."

82 같은 글. "各自有一代之詩焉. (…) 另自有一國之詩焉, (…) 奈之何生於大淸乾
隆之年, 居於朝鮮漢陽之城, (…) 妄欲談國風, 樂府, 詞曲之作者乎? 吾旣目見,
而其如是, 如是也, 則吾固不可以有所作矣. 惟彼長壽之天地萬物者, 不以乾隆
年間, 而或一日不存焉. 惟彼多情之天地萬物者, 不以漢陽城下, 而或一處不隨
焉. 亦吾之耳之目之口之手也, (…) 此吾之亦不可以不有所作者也. 亦吾之所以
只作俚諺."

83 이에 대해서는 박경남, 「16・17세기 정주학적 도문일치론의 균열과 도문분리
적 경향」, 『고전문학연구』35, 2009에서 개괄한 바 있다. 또한, 본서와 함께 출
간되는 하지영, 『천하제일의 문장: 신유한 평전』, 글항아리, 2021; 송혁기, 『나
만이 알아주는 나: 조귀명 평전』, 글항아리, 2021; 박동욱, 『기이한 나의 집:
이용휴 평전』, 글항아리, 2021에서 유한준의 선배 세대인 신유한・조귀명・이
용휴의 유가–성리학적 사상 및 질서로부터의 이탈 및 개인의 발견이라는 측
면을 자세하게 논의했다.

84 정조의 문체반정은 문체파동이 일어났던 정미년(1787)과 임자년(1792)에 국한

해서 보면, 남인과 노론의 세력 균형을 위해 탕평책의 일환으로 시행되었다는 정치적 요인에 입각한 해석도 가능하지만, 시야를 넓혀 정조의 문학관과 정조 재임 당시의 교육·문화 정책이라는 포괄적인 전망에서 보면, 科策 등의 제도적인 글쓰기와 출판 정책을 통해 유가-성리학에 입각한 전범적 글쓰기를 회복시키려는 것으로 해석할 수 있다. 이에 대해서는 유화선,「正祖代 文體反正 研究」, 서강대 석사논문, 2001 참조. 이 당시 문체와 관련해서 정조에게 견책을 받거나 논의 과정에서 불경스러운 문체로 지목된 사람 가운데 관직에 진출한 이로는 노론의 남공철·金祖淳(1765~1831)·沈象奎(1766~1838), 소론계 李相璜(1763~1841), 남인 李家煥(1742~1801) 등이었고, 서얼 출신 검서관인 李德懋(1741~1793)·朴齊家(1750~1805)와 성균관 유생인 소북계 이옥, 재야에서는 노론의 박지원과 남인의 이용휴 등이었다.

85 이 책에서 언급한 조귀명·이용휴·이언진·유한준·유만주·이옥 외에도 '개인'과 '개체'의 다양성과 독립적 측면을 강조하는 의식은 박지원, 이덕무, 박제가, 李書九(1754~1825), 김려, 南鍾鉉(1783~1840) 등의 글에서 확인할 수 있다. 이에 대한 개괄적 분석은 정민,「『동사여담』에 실린 이언진의 필담 자료와 그 의미」,『한국한문학연구』32, 2003, 111~132쪽 참조. 박제가에 대한 보충은 송재소,「초정 박제가의 미의식과 시론」,『한국한문학과 미학』, 태학사, 2003과 안대회,「박제가 시의 사물·인간·사회」,『18세기 조선지식인의 문화의식』, 한양대출판부, 2001 참조. 김려에 대해서는 박혜숙,「담정 김려-새로운 감수성과 평등의식」,『부령을 그리며』, 돌베개, 1996에서「사유악부」를 대상으로 그의 탈중심적 감수성이 지적된 바 있다. 이제까지 거론한 인물들이 노·소·남·북으로 그 정치적 입지가 다르고 18세기의 전·중·후반의 세대를 포괄하며 신분상의 제약이 있었던 서얼(이덕무·박제가·이옥)과 중인(이언진)까지 포함하고 있는 것을 보면, '개인'과 '개체'의 다양성과 독자성에 대한 자각은 당파·세대·신분을 초월해서 18세기 모든 지식인의 내면에 자리 잡았던 하나의 강렬한 주제였음을 알 수 있다.

86 정조는 正學인 정주학을 위협하는 명말청초의 俗學과 小品을 다음과 같이 광범위하게 지적한 바 있다. 정조의 이 분류에는 양명학과 고증학의 반주자학적 저서 및 총서, 전후칠자와 공안·경릉파의 문학과 沈德潛의 문집까지 명말청초에 유행했던 거의 모든 학술과 문장이 망라되고 있다.『弘齋全書』권50,「俗學-抄啓文臣親試及泮儒應製」. "王若曰, 甚矣, 俗學之弊也. 自有明末淸初諸家, 噍殺詖淫之體出, 而繁文剩, 燦然菁華, 詼諧劇談, 甘於俗蜜, 目宋儒爲陳腐, 嗤八家爲依樣者, 且百餘年矣. (…) 經義之學也, 則以排偶虛書, 以重複訾雅頌, 石經託之賈, 逵, 詩傳假諸子貢, 而非聖誣經之風, 豐坊, 孫鑛輩, 爲之倡焉. 淹博之學也, 則察於名物, 泥於考證, 耽玩雜書曲說, 而猖恣穿鑿之風, 楊愼, 季本輩爲之倡焉, 文章之學也, 則典册之金貫琬琰, 讀之必託謳, 簿錄之兔園冊飯, 見之輒嘈噆, 所矜者蟲刻, 所較者鐔距, 而禪販剽賊之風, 七子, 五子輩, 爲之倡焉, 今其三學源流之以其書行于世者, 欲擧十之一二而言之. 豐坊, 孫鑛之派: 有若王畿之『龍溪語錄』, 王艮之『心齋語錄』, 羅洪先之『冬遊記』, 朱得之『宵練匣』, 胡直之『胡子衡齊』, 羅汝芳之『會語錄』, 周汝登之『王門宗旨』, 毛元淳之『尋樂篇』, 詹在泮之『微言』, 毛奇齡之『經說』之屬是已. 楊愼, 季本之

派: 有若張燧之『千百年眼』, 徐伯齡之『蟫精雋支』, 尤堅之『梅花渡異林』, 郭子章之『六語』, 曹臣之『舌華錄』, 鈕琇之『觚賸』, 周亮工之『因樹屋書影』, 張潮之『檀几叢書』, 陸烜之『奇晉齋叢書』之屬是已. 七子五子之派: 有若李贄之『大雅堂集』, 虞淳熙之『德園集』, 徐渭之『文長集』, 三袁之『白蘇』『中郎』『珂雪集』, 鍾惺之『伯敬集』, 譚元春之『友夏集』, 文翔鳳之『太靑集』, 李紋之『穆堂稿』, 毛先舒之『思古堂集』, 沈德潛之『歸愚集』之屬是已."

87 이 당시 지식인들의 명말청초 저작에 대한 광범위한 독서 실태는 강명관, 「조선후기 서적의 수입 유통과 장서가의 출현」, 『민족문학사연구』 9, 1996(『조선시대 문학 예술의 생성 공간』, 소명출판, 1999에 재수록)과 김영진, 「朝鮮後期의 明淸小品 수용과 小品文의 전개양상」, 고려대 박사논문, 2003의 'Ⅲ.1. 대형 장서가의 등장과 명청서적의 유통; 「조선후기 중국 사행과 서책 문화」, 『19세기 조선지식인의 문화지형도』, 한양대출판부, 2006에서 그 전반적인 상황을 점검한 바 있다.

1732 | 임자 영조 8년, 1세
4월 7일(음력, 이하 동일), 서울 옥류동(현 옥인동)에서 유언일과 창녕 성씨 사이에서 2남 1녀 중 막내로 태어나다.

1737 | 정사 영조 13년, 6세
백형 유한병俞漢邴이 청주 한씨와 혼인하다.

1739 | 기미 영조 15년, 8세
북촌의 옥류동에서 숙부 유언전俞彦銓, 백형 유한병, 십이촌 형 유관보俞觀甫 등이 시회를 열 때 자주 따라가 참석하다.

1742 | 임술 영조 18년, 11세
이해 임술년(1742)부터 이듬해 계해년(1743)까지 전염병이 돌 자 역병을 잘 고치는 홍익만이 많은 사람을 살리다. 유한준은 1762년(31세)에 「여의홍익만전痾醫洪翼曼傳」을 지어 그의 인품을 칭송하고 이 당시 홍익만의 헌신적인 민중 구제의 노력을 선양 하다.

1745	을축 영조 21년, 14세

박윤원과 함께 과문을 익히다. 이로부터 4~5년 후 고문을 익히다.

1747	정묘 영조 23년, 16세

4월 20일, 부친상을 당하다.

1748	무진 영조 24년, 17세

10월, 백형 유한병을 곡하다. 이후 충남 예산군 덕산에 있는 자형 김려행의 집에서 지내다.
12월, 자형 김려행 졸하다.

1749	기사 영조 25년, 18세

안취범의 딸 순흥 안씨와 혼인하다.

1751	신미 영조 27년, 20세

본격적으로 고문을 익히다. 마을 선생이 문장을 잘 지으려면 『시경』과 『서경』을 근본으로 하되, 『장자』 『맹자』, 굴원의 「이소」, 양웅의 「태현경」, 사마천과 반고·한유·유종원·구양수의 문체적 특징과 장점을 고루 익혀야 한다고 말해주다.

1752	임신 영조 28년, 21세

7월, 사헌부 지헌持憲인 백종형 유한소兪漢蕭가 서장관으로 연행燕行을 가자 그를 배웅하다.

1753	계유 영조 29년, 22세

여름, 백형 유한병의 효성을 기리는 정문旌門이 이루어지다.

1755	을해 영조 31년, 24세

아들 만주가 태어나다.

1756	병자 영조 32년, 25세

6월 3일, 금천현감인 장인 안취범이 53세로 임소에서 하직하다.
임진왜란 때 일본 무사와 검술 대결을 벌이고, 아버지를 죽인

살인자를 처형한 어떤 재상에게 은혜를 갚은 의기로운 검객의 일화를 기록한 「검객모사劍客某事」를 짓다.

1757	정축 영조 33년, 26세
	누이의 죽음을 맞다.
	소식의 척독을 가려 뽑아 기록한 후 서문을 쓰다.(「소문충공척독선록서蘇文忠公尺牘選錄序」)

1758	무인 영조 34년, 27세
	2월, 모친상을 당하다. 「선비행장先妣行狀」을 짓다.
	북촌 청풍계의 태고정太古亭에서 박윤원·준원 형제, 김재순 등과 시회를 자주 열다.

1759	기묘 영조 35년, 28세
	차남 면주가 태어나다.

1760	경진 영조 36년, 29세
	『사기』 중에 사마천이 논평한 글만을 모아 『태사공단사太史公斷辭』라는 책을 편하다.
	서창 노옹이 고금 명필들의 서체를 모은 『필총筆叢』이라는 서첩을 만들자 그 서문을 쓰며 높은 식견과 해박한 견문으로 옛 글씨의 정수를 모은 노옹을 칭송하다. 다른 한편 고전에 대한 표절이 횡행하자 옛 문헌을 총체적으로 상고하는 계고지학이 사라졌음을 개탄하다.
	공령문功令文(과거시험 때에 쓰는 시나 문장) 선집에 서문을 쓰며, 공령문과 문예문을 엄격히 구분하는 세태를 비판하고, 그 모두를 겸해야 한다는 생각을 피력하다.
	구전설화인 은혜 모르는 호랑이 이야기를 시화한 「호식승虎食僧」을 지어 인간의 배은망덕함을 우회적으로 풍자하고 비판하다.

1761	신사 영조 37년, 30세
	'비유'를 통해 세상사의 이치를 드러낸다는 점에서 속담이 『역경』 『시경』 『춘추』 등 경전의 언어와 비슷하다는 인식하에, 민간에 구전되어오는 민요와 속담 수백 건을 채록한 『언총諺叢』

을 편찬하다. 2년 뒤에는 그중 속담 28건만을 간추려 한역漢譯한 『언기諺記』를 완성하다.

1762 | 임오 영조 38년, 31세
1월 16일, 종형 유한소가 영남嶺南의 안동도호부사가 되다. 이즈음 유한준은 안동으로 가는 유한소를 서호에서 배웅하다.
5월경, 충북 충주의 탄금대와 조령, 경북 안동의 도산서원을 들렀다가 단양, 제천 일대를 유람하다.
역병이 전국을 휩쓸 때 헌신적으로 역병을 치료한 홍익만의 전을 짓다.

1763 | 계미 영조 39년, 32세
『삼국사기』와 『동국통감』이 모두 소략하여 완사完史가 되기에는 부족하다고 생각하며, 도학가에서부터 고승·이인까지 포괄하는 '조선인 전기 목록[東傳標目]'을 만들다. 이는 『사기열전』을 전범으로 삼아 도학道學·절의節義·장상대신將相大臣·문장·기예·효자·열녀·고승·이인 등 19목으로 나누어 조선시대 인물 212인의 목록을 작성한 것으로, 목록 작성 후 「동전표목서東傳標目序」를 지어 그 의미를 밝히다. 이후 유한준은 이에 대한 전기를 완성하지 못하지만, 1775년(44세)에 「광한부」를 지어 고려시대까지의 역사를 시화하여 자신의 역사 의식의 일단을 드러내다.
겨울, 박윤원이 부친의 임소인 아산牙山으로 아버지를 따라 내려가다. 박윤원의 동생 박준원도 그 열흘 뒤에 아산에 도착하다.

1764 | 갑신 영조 40년, 33세
12월, 차남 유면주(6세)를 곡하다.
12월 30일. 한 해가 저무는 밤에 함께 즐거워할 부모 형제도 없고, 생계를 꾸릴 마땅한 벼슬도 없음을 한탄하면서도, 자신의 운명을 탓하거나 하늘을 원망하기보다 안연顏淵·증삼曾參·장주莊周를 본받아 운명과 소질대로 살아가겠다는 다짐을 담은 「제야술회除夜述懷」라는 시를 쓰다.

1765 | 을유 영조 41년, 34세
겨울(1월경), 북촌 옥류동에서 남산 아래 양생방養生坊 태창太倉 (현 남창동 지역에 있었던 남창고南倉庫) 근처로 이사하다. 이해 가을에 유한준보다 먼저 종형 여정汝貞(유한장兪漢蔣)이 이사 오고, 유한장의 처남인 심건지沈健之 형제가 4년 뒤에 이사 오고, 유한준의 생질인 김이중·이홍 형제 역시 이곳으로 집을 옮기니 함께 자주 모여 시회를 열다. 서울 남산 아래 유한준의 거처를 중심으로 모였던 '남촌시회'는 10여 년 동안 지속되었는데, 1773년부터 1774년에 가장 성했다.

박윤원이 아산에서 서신을 보내와 도학 우위의 문학관을 역설하자 이를 계기로 도문분리와 각도기도의 입장에서 논쟁을 벌이면서 자신의 문학관을 밝히다.(「답박영숙서答朴永叔書」) 도를 부정하거나 심하게 훼손하고 있는 노장과 불가 및 도에서 벗어난 행동을 한 소식 등 문장가들의 문장 역시 훌륭하다는 사실을 근거로 들면서 도와 문이 분리된 삼대 이후 시대에는 유가-성리학적 도의 성취와 무관하게 노장과 불교 및 여타의 문장가들도 훌륭한 문장을 쓸 수 있다는 도문분리적 관점을 제시하다. 더 나아가 노불 등 이단적 문장을 포함해 '스스로의 삶과 사상을 끝까지 밀고 나가 지극한 경지에 이른 모든 삶과 문장이 훌륭할 수 있다'는 각도기도적 삶의 철학과 문학관을 표방하다.

우려공보와 동곽고사라는 가설적 인물의 대화를 통해 자신이 현실에서 느끼는 갈등과 원망을 거짓 없이 토로하고, 궁극적으로는 그 자신의 불우한 삶 자체를 긍정하며, 가난 속에서도 자신의 소질을 보존하고 계발하는 삶을 살겠다는 내용의 대화체 자기 서사 작품인 「우려문수」를 짓다.

남산 아래 거처를 마련한 후 사람들 사이에서 점차 '창애蒼崖'라는 호로 불리다.

1766 | 병술 영조 42년, 35세
박윤원의 『학산시록鶴山詩錄』에 서문을 쓰다.
『시경』에 빠진 내용을 보충한다는 생각으로, 갈천葛天·복희伏羲·신농神農 시대부터 하·상·주 삼대까지 여러 문헌에 제목만 전하는 노래를 사언체로 새로 창작하여 『가요보일歌謠補逸』을 만들다. 또한 송대 『악부시집樂府詩集』 등에 전하는 한대 이전의 가요와 악부를 자신의 뜻에 맞게 새롭게 창작하여 『고가요변古歌謠變』『고악부변古樂府變』을 만들고, 육조시대의 노래 중 문체와 내용이 모두 아름다운 작자 미상의 양梁의 노래와 오성吳聲과 서곡西曲 등을 취해 채록·변주·창작한 『청상곡사淸商曲辭』『횡취곡사橫吹曲辭』를 짓다. 이와 관련하여 「가요사언서歌謠四言序」「가요보일서歌謠補逸序」「고가요악부지변서古歌謠樂府之變序」「진송제량이래청상횡취고사지약서晉宋齊梁以來淸商橫吹古辭之約序」 등의 서문을 지어 그 창작 의미와 배경을 밝히다.

이즈음 「문결文訣」이라는 글을 지어 작품 창작 시 요구되는 기본적인 요소와 작품 평가의 기준 및 작문 시 반드시 피해야 할 것 등을 밝히다. '문학의 표현 대상[四綱: 이理·도道·사事·물物]', '창작 주체가 갖추어야 할 기본 요건[五基: 박博·변辨·정精·전專·수守]', '문장을 이루는 바탕[四質: 자字·구句·장章·편篇]', '문장 구성의 원칙[六用: 체體·용用·기起·결結·지枝·절節]', '작문의 원칙과 변용[中位: 조위우정肇位于正·출입우기出入于奇]', '작문 시의 변주 방법[三調: 장단長短·허실虛實·선후先後]' 등 작품 창작에 필수적인 요건들을 제시하다. 또 작품 평가 기준을 '문장 언어와 구성 평가[成法: 자진字眞·구화句活·장밀章密·편칙篇勅]', '주제의 작품적 구현에 대한 평가[大序: 의意·이理·기氣·술術·기機, 무실기도無失其度, 각이기차各以其次]', '창작 주체에 대한 평가[三始: 도전道全·덕비德備·재구才具]'의 세 가지 차원으로 나누어 제시하고, 마지막으로 작문 시 반드시 피해야 할 것[六忌: 산무통散無統·이俚·부腐·류流·극棘·사死]을 제시하다.

1767   정해 영조 43년, 36세

1월, 남유용이 기영사耆英社에 든 후 상소하여 치사致仕를 허락받다.

4월, 한양 서쪽 신화방神化坊에 출현한 호랑이가 총에 맞아 죽은 일을 계기로, 「일호부䖝虎賦」를 지어 분수를 지키지 못해 죽음에 이르는 것을 경계하다.

1768   무자 영조 44년, 37세

2월 22일. 진사시에 합격하다. 합격 당시 응시한 이름은 유한경兪漢炅이었고, 생원·진사의 복시를 실시한 식년시에서 3등 60위로 급제하다. 『영조실록』에 따르면, 생원 이노술李魯述 등 100명과 진사 이태원李太源 등 100명을 뽑았다고 한다.

벼슬에서 물러난 남유용을 찾아뵙고 문장에 대해서 대화를 나누다.

열네 살인 아들 유만주가 관례를 치르고, 해주 오씨(오재륜吳載綸의 딸)와 혼인하다.

심건지 형제가 남산 부근 양생방 태창 근처로 이사 오니 시회가 더욱 번성하다.

나와 객이 국화의 품종을 구분하는 행위를 둘러싸고 논쟁을 펼치는 「창하종국기菖下種菊記」를 짓다. 이 작품을 통해 유가적 명분 질서와 차별적 사고방식에 기반해 국화로 상징되는 만물과 인간에 대한 부당한 차별을 당연시하는 관점과 태도에 반성을 촉구하다.

1769 | 기축 영조 45년, 38세
6월, 백종형 유한소가 함경도 관찰사가 되어 떠나니 동대문 밖까지 배웅하다.

10월, 함경도 길주의 객관客館에서 유한소가 병으로 숨져 돌아오자, 친형제처럼 절친하게 지냈던 옛일을 회고하며 그 죽음을 애도하다.

신사보가 30년 만에 찾아와 그간의 회포를 풀다.

세시 풍속 중 윷놀이·널뛰기·폭죽·연등 등 열한 가지의 소재를 선별해 민간의 정취를 느낄 수 있는 악부체의 고시를 창작하다.

1770 | 경인 영조 46년, 39세
생질 김이홍에게 「망해忘解」를 지어주다.

1771 | 신묘 영조 47년, 40세
정월 보름, 남유용을 중심으로 모인 시회에 참가하다. 시회는 이후에도 자주 열렸다. 참가한 사람은 김순택, 이규량, 오재순, 남유형, 김용겸金用謙, 조돈, 김익金熤, 원인손元仁孫 등이었다.

2월 11일, 음직으로 경기도 여주의 동릉東陵(영릉寧陵) 참봉參奉이 되다.

1772 │ 임진 영조 48년, 41세

10월 5일, 사옹원 봉사로 임명되었으나 10월 24일, 의금부 도사로 교체되다.

남유용의 아들 남공철의 관례에 참석하다.

신사보의 아들, 신섬이 약관의 나이로 요절하자 이에 애사를 쓰다.

1773 │ 계사 영조 49년, 42세

5월, 며느리 해주 오씨(유만주의 처)의 상을 당하다.

7월 13일, 남유용이 향년 76세로 서울 초동 본가에서 졸하다. 남유용을 곡하고 제문을 짓다.

9월, 남유용을 광주 석마향石馬鄕 율리栗里에 장사 지내다.

10월, 사헌부 지평 안대제安大濟의 논계를 받고 의금부 도사에서 체직되다.

1774 │ 갑오 영조 50년, 43세

여름, 자신의 거처인 남산 아래 태창 남서쪽의 언덕 아래에 작은 초당을 짓고 그곳에 머무르다.

남산 아래의 거처에서 친지와 벗들과 함께 모여 수창酬唱한 시들을 모아 『창하창수록창下唱酬錄』을 만들고 그 서문을 써서, 자신의 거처가 있는 한양의 남촌에서 열린 시회를 도연명이 심양潯陽의 남촌에서 벗들과 모여 시주를 함께했던 일에 비기다.

1775 │ 을미 영조 51년, 44세

1월, 아들 만주, 일기 『흠영』을 쓰기 시작하다. 『흠영』은 유만주가 21세인 1775년부터 33세인 1787년까지 13년 동안 자신의 독서와 생활을 기록한 것으로, 그 자신의 삶과 문학관뿐 아니라 아버지이자 문우로서 문학적 토론을 같이했던 유한준의 생애와 문학관을 엿볼 수 있는 자료이기도 하다.

단군 신화부터 고려시대까지의 우리 역사를 659구의 방대한 육언체六言體부로 형상화한 「광한부」를 짓다. 그 서문에 우리나라가 요제 때부터 단군을 왕으로 세워 중국과 다른 독특한 동방의 문화를 지닌 국가를 이루고 있었음을 밝히다. 또한, 단군을 기원으로 하는 우리 역사의 독자성을 중심에 놓으면서도 기자와 공자로 표상되는 중국 문명을 끌어안음으로써 주체적

저마다의
길

이면서도 보편적인 문명 지향의 역사관을 드러내다.

남유형이 관곡을 갚지 못해 곤경에 처하자 과천 현감에게 그 기일을 늦추어달라는 편지를 보내다.

1776 | 병신 영조 52년, 45세
3월 7일, 영조의 장례 준비를 하는 빈전도감에 차출되어 감조관으로 종사하다.
7월 28일, 빈전도감 감조관에 종사한 공로로 육품의 관직으로 옮기라는 명을 받고 8월 17일, 군자감 주부에 임명되다.
12월 8일, 형조좌랑에 임명되다.

1777 | 정유 정조 1년, 46세
4월 18일, 형조정랑에 임명되다.
7월 2일, 경상도 군위현감이 되다.
남유형의 시집에 서문을 써주다.
경상도 관찰사에게 나산현에 누적되어온 환곡·군정·결세 등의 고질적 병폐를 보고하면서, 관의 빚 독촉 때문에 백성이 도망가는 현실과 도망간 이들의 빚을 이웃과 친족들에게 전가시켜 징수하는 폐단을 시정해달라는 장계를 올리다.(「보순찰사읍폐삼조報巡察使邑弊三條」) 또한, '나산'을 주제로 한 책문 형식의 시를 써서 나산 지역의 풍속과 인심이 황폐해진 원인이 삼정의 문란에 있음을 지적하는 한편, 향리는 물론 고을 수령과 관찰사, 조정이 이를 해결할 의지가 없음을 비판하다(「나산책」). 다른 한편 양반들이 솔선수범하여 환곡으로 빌려간 곡식을 빨리 갚을 것을 새촉하는 방을 쓰다.(「나산현팔면최적방赤羅縣八面催糴榜」)

1778 | 무술 정조 2년, 47세
풍기, 청풍, 단양, 경주 등지를 유람하다.
8월, 경주에 가서 옥산서원玉山書院을 배향하고 고적을 유람하다.
9월 4~8일, 아들 유만주가 새로 등사한 『자저』 9책을 보고 교정하다.
11월 13일, 남유형이 향년 64세로 세상을 뜨다. 이듬해 정월에 과천현의 호계虎溪에 장사 지내다.

1779	기해 정조 3년, 48세

6월 14일, 경상도 암행어사 황승원黃昇源이 감찰 내용을 올리는 서계書啓에 여러 수령과 함께 지방관으로서 통치를 잘못한다는 지적을 받았으나, 정조는 오히려 폐단을 지적만 할 뿐 개혁 방안이 없고, 논죄도 신중하지 못하다고 하며 암행어사 황승원을 문책하다. 『외안고外案考』에 따르면, 이해 6월, 유한경이 박수원으로 교체된 것으로 보아 이 일을 계기로 군위현감에서 물러난 것으로 보인다.

군위에서 돌아와 남산 근처 태창 아래 창동 집에서 다시 지내다.

김상묵金尙默, 심건지를 곡하다.

1780	경자 정조 4년, 49세

5월, 종형 유한장을 곡하다.

「유형원전」을 지어 남인의 재야학자 유형원의 인품을 기리고 『반계수록』에 수록된 제도 개혁의 핵심 내용을 요약 제시함으로써, 개혁안을 널리 알리고 그것의 조속한 실천을 희구하다.

심건지의 시고詩稿 서문을 짓다.

1781	신축 정조 5년, 50세

봄, 군위현감으로 있을 때 그 마을에서 가행시歌行詩를 잘 지었던 성근成近이 남산의 집으로 찾아오다.

6월 하순, 유한준이 창산(지금의 남산)에 살고 있고, 그 기상과 문장이 '창애'라는 호를 써도 과하지 않다고 하며 그것을 호로 받아들일 것을 이민보가 권유하자, 창애라는 호에 부끄럽지 않도록 스스로 더욱 노력할 뜻을 밝히다.(별호설別號說)

유언호의 즉지헌則止軒에 기문을 쓰고 옛사람의 청담운사淸談韻事를 모아 편집한 그의 『임거사결林居四訣』에 서문을 쓰다.

이민보를 위해 「상와기常窩記」와 그의 시고에 서문을 짓다. 서간수徐簡修 형제 및 숙질 등과 시회를 자주 가지다. 이 당시 이경응李景膺도 참석하여 교유를 맺다.

10월 9일, 형조정랑에 임명되다.

11월 19일, 한성부 서윤에 임명되다.

노론계 인물로 보이는 지인으로부터 유형원을 '선생'으로 존경하는 태도에 대해 비난을 받자, 「답혹인서」에서 붕당적 편견으로 인해 올바른 판단을 하지 못하는 세태를 신랄하게 비판하고, 당파적 편견에서 벗어나 인물에 대한 공정한 평가를 해야 함을 역설하다.

김홍도 등이 그린 행인·짚신삼기·대장간·목동·김매기·도로변 할미·게 파는 처자·포구의 어살 등을 소재로 한 여덟 폭의 풍속화를 보고 제화題畵를 남기다.

1782 | **임인 정조 6년, 51세**

4월 21일, 한성부 서윤으로서 정조를 알현하다.

6월 8일, 도청의 낭청郞廳에 차출되어 『한성부지漢城府誌』를 판각·인행하는 책임을 맡다.

8월 14일, 황해도 해주판관에 제수되어 16일에 해주로 떠나다. 아들 유만주도 한 달 뒤인 9월 15일에 해주에 도착해 한동안 해주에 머물다.

1783 | **계묘 정조 7년, 52세**

1월 25일, 족징族徵을 막아달라는 민원이 있어 이를 조사하는 과정에서 아전이 손실처리[逋欠]한 세금을 해주의 창감관倉監官 이광성李光成이 대신 징수했음이 발각되어 옥에 가두고 매를 15대 때려 다스렸는데, 이광성이 이 일로 자결하자 아들 이철李喆이 관청에 와서 판관인 유한준에게 칼을 휘두르며 복수하겠다고 난동을 부린 후, 황해도 관찰사인 황승원黃昇源에게 고발하다. 황승원이 이철의 난폭한 행위는 문제 삼지 않고 매질로 인한 죽음인지 확인하기 위해 두 번이나 시체를 검시했지만 자살로 판명되다. 조정에서 사건을 조사하니 전년 7월 해주의 세선稅船이 파손되어 세곡稅穀이 손실난 일을 국가에 보고하지 않은 일이 발각될까봐 황승원이 이철을 두둔했다는 사실이 밝혀지자 조정에서는 황승원을 삭직하고 이철을 효수하라고 최종 판결을 내리다.

봄, 1783년 11월에 『정감록鄭鑑錄』에 기반해 문인방文仁邦 등이 역모를 꾸민 사실이 발각되어 조정에서 그 우두머리를 죽이고 책을 소장하는 것을 금지시키니, 이 내용을 해주 지역 백성에게 방을 붙여 알리면서 책을 소장하고 있는 자는 관청에 보고하고 불태우도록 하다.

「해주목양서원계분당첩海州牧兩書院戒分黨帖」이라는 글을 통해 해주의 소현서원과 문헌서원에 모인 선비들이 노론과 소론이 없던 시절의 율곡선생과 해동부자를 배향하면서도 노소로 갈려 서로 다투는 상황을 개탄하면서, 차라리 당파를 버리고 고기 잡고 농사지어 양친을 잘 모시고 내야 할 세금이나 잘 내라고 신랄한 비판을 가하다.

해주판관으로 재직하며 개성, 평양 등지를 둘러보다.

해주의 양반 토호들과 마을의 부자들이 환곡의 행정 실무자들인 면임面任과 서리를 뇌물로 매수하여 문서를 위조해 환곡세를 면제받고 있는 현실을 황해도 관찰사에게 고발하다.(「해주목병잡탈통동분조장海州牧併雜頉通同分糶狀」)

1784   갑진 정조 8년, 53세

영남 지역에서 시문으로 명망이 높았던 군위의 김득후가 세상을 뜨자 애사를 지어 추모하다.

봄, 홍원섭洪元燮(호는 태호太湖)이 황해도 관찰사인 중부仲父 홍상찬洪相纘(홍병찬洪秉纘으로 개명)을 찾아오자 부용당芙蓉堂, 백림정柏林亭, 장연長淵의 백사장과 소강蘇江의 해안을 돌아다니며 시를 짓고 문장에 관해 논하다.

12월, 해주판관에서 물러나다(윤행엄尹行儼으로 교체).

12월 25일, 전라도 익산군수가 되다.

1785   을사 정조 9년, 54세

부친 유언일의 행장을 짓다.

7월, 익산 군수에서 물러나다(정동유鄭東愈로 교체). 해주판관 재임 시의 이광성 옥사가 다시 문제가 되어 파직되다.

11월 13일, 아들 만주와 함께 박지원의 『방경각외전』을 읽고 핍진한 묘사에 감탄하다.

1786   병오 정조 10년, 55세

신라초의 유삼재부터 아버지 유언일까지 21대의 「가전家傳」을 작성하다. 조선시대 이전의 선조는 간략히 적고 문헌자료가 있는 조선조의 유해兪解 이후부터는 전의 형식을 갖추어 비교적 상세히 적은 후 그 말미에 유한준 자신의 자전을 붙이다.

『승정원일기』 등 공식 자료와 그의 문집을 볼 때, 이해에 '한경漢冏'에서 '한준漢雋'으로 개명한 것으로 보인다.

1787	정미 정조 11년, 56세

4월 7일, 생질 김이중을 곡하다.

5월, 손자 유구환兪久煥을 곡하다. 유만주가 아들 구환의 죽음으로 실의에 빠져 이해 『흠영』의 집필을 멈추다.

8월 6일, 사도시 첨정이 되다.

10월 10일, 경기도 부평부사가 되다.

10월, 족부 유언호가 정사正使로 연행 가다.

그동안의 시문을 29권 15책으로 정리, 자편自編하여 『자저自著』라고 이름하다.

1788	무신 정조 12년, 57세

2월, 아들 유만주를 곡하다.

부친의 묘를 경기도 광주에서 부평의 한천으로 이장한 일을 기록한 「광부이산영조천묘시말기廣富二山營兆遷墓始末記」를 짓다.

1789	기유 정조 13년, 58세

1월, 부평부사에서 물러나다(이재형李在亨으로 교체). 같은 달 26일, 충청도 청주목사로 임명되어 3월에 부임하다.

1790	경술 정조 14년, 59세

1월, 청주목사에서 물러나다(이지광李趾光으로 교체). 『승정원일기』에 따르면, 재임 시 보미保米를 많이 거두어들인 것이 문제가 되어 조사를 받고 파직되었으나(4월 11일) 얼마 안 있어 유언호 등 221인과 함께 죄가 사면되다(6월 24일).

족형 유한응兪漢膺을 곡하다. 유한응이 죽기 진 자신의 아들 회주를 유한준의 후계로 삼도록 권유하여 이를 받아들이다.

1791	신해 정조 15년, 60세

임로의 도움을 받아 아들 유만주의 일기인 『흠영』의 초고를 정리한 뒤 이 책에서 문장을 가려 뽑아 『통원유고通園遺藁』를 만들고 서문을 쓰다.

유언호의 『연석집燕石集』에 서문을 쓰다. 유언호 문장의 근원이 참된 앎과 자득적 깨달음에서 비롯되었다고 하며, 정주학적 가치관에서 보면 완물상지의 소기小技로 취급될 공 던지기나 바둑의 달인들조차 그 기예를 끝까지 밀고 나가 스스로 깨달음을 얻었다는 점에서 보면 성인聖人과 다를 바 없다는 생각을 피력하고 있다. 이는 30대 때 형성된 각도기도적 문학관의 또 다른 표현이다.

겨울, 자신의 작품을 선별, 산정刪定하여 연조별로 정리한 후, 이민보·유언호·박윤원의 서문을 받다.

1792 │ 임자 정조 16년, 61세
오재순·성대중의 서문을 더 받아 10책의 『자저自著』를 펴내다 (임자본壬子本). 이 문집을 계기로 사람들 사이에서 '저암著菴'이라는 호로 불리다.

3월 29일, 생질 김이홍 졸하다.

12월 28일, 오위五衛의 부사과副司果에 제수되었으나 나가지 않다.

홍원섭의 문집 서문인 「태호집서太湖集序」를 쓰다. 사람마다 좋아하는 문학이 다르니, 자신의 입맛에 따라 좋아하는 문학을 배워 창작에 임하면 고문에 이를 수 있다는 기호론적 창작관과 고문관을 피력하다.

1793 │ 계축 정조 17년, 62세
오재순의 『순암집醇庵集』과 김상정金相定의 『석당집石堂集』 서문을 짓다.

5월 10일, 벗 이경응李景膺 졸하다. 이경응의 아들 이도중李度中의 청으로 묘지명을 짓다.

1794 │ 갑인 정조 18년, 63세
3월 2일, 경기도 김포군수에 제수되다.

4월 12일, 김포군수의 일로 연루되었다가 석방되다.

11월, 김포군수에서 물러나다(구윤덕具允德으로 교체).

1795 │ 을묘 정조 19년, 64세
윤지당允摯堂 임씨任氏의 족자族子인 임로를 통해 『윤지당유고允摯堂遺稿』를 구해 본 후, 윤지당의 학식을 칭송하는 서문을 쓰다.

운창雲窓 이경응의 시고에 서문을 쓰다. 이 글에서 시적 비유란 구름이 자유자재로 변화하는 것과 같다고 하면서, 자신의 성정을 마음대로 표현하기 위해 모든 대상과 모든 시대의 시체(시경

체-한·위시-당·송시)에 정통해야 한다는 생각을 피력하다.

| 1796 | 병진 정조 20년, 65세 |
| | 2월 12일, 사복시 첨정에 임명되다.
3월 19일, 족부族父 유언호가 향년 67세로 졸하다. 병이 위중했을 때 유언호가 자신이 쓴 자지自誌(1784) 이후의 생애를 기록해줄 것을 유한준에게 부탁하자 유한준이 행장 등을 참고하여 하직하기 전 13년 동안의 일을 기록하다.
7월 25일, 강원도 삼척부사에 임명되어 8월에 부임하다. |

| 1797 | 정사 정조 21년, 66세 |
| | 12월, 삼척 인근의 동해 무릉계곡을 가다. 인근 폭포에 용의 덕을 바라면서 용추龍湫라는 글자를 쓰고 음각으로 새기다. 이것이 동해 2경인 용추폭포의 이름이 되다. |

| 1798 | 무오 정조 22년, 67세 |
| | 12월 18일, 삼척부사에서 물러나다(박효성朴孝成으로 교체). |

| 1799 | 기미 정조 23년, 68세 |
| | 1월, 이민보와 박윤원이 졸하다.
4월 20일, 경술과 문학으로 추천되어 원자궁 강학청의 요속으로 임명되다.
9월 11일, 공조좌랑工曹佐郎에 임명되다. |

| 1800 | 경신 정조 24년, 69세 |
| | 1월 1일, 세자익위사 익찬으로 임명되다.
2월 12일, 7월 4일, 세자익위사 사어에 임명되다.
8월 29일, 오위의 부사과에 임명되다.
9월 10일, 영릉령에 임명되었으나 노병老病을 이유로 사임하다. 자신의 초상화에 스스로 찬贊을 남기다. '그가 평생 머물렀던 곳은 옛날도 아니고 지금도 아니며, 실도 아니고 허도 아니며, 도도 아니고 선도 아니며, 은일함도 아니고 방달함도 아니었다 斯其所以平生之攸廬, 非古非今, 非實非虛. 非道非禪, 非隱非放也'고 씀으로써 자신이 어느 한편에 귀속되지 않는 삶을 살아왔고, 또한 그 |

렇게 살고자 하는 자의식을 드러내다.

1801 | 신유 순조 1년, 70세
3월, 큰누이의 손자인 김백순이 천주교를 신봉한 죄로 처형되다. 김백순을 친손자처럼 아꼈던 터라 이 일로 큰 충격을 받고 천주교는 물론 노장에 대해서까지도 멀리하고, 『대학』 『중용』 등의 유교 경전을 암송하며 신독하는 삶을 살다.
8월 30일, 오위의 부사과에 임명되다.

1802 | 임술 순조 2년, 71세
3월 11일, 선혜청宣惠廳 낭청郎廳으로 있을 때 어떤 일에 연루되어 처벌될 뻔했으나 연로하다는 이유로 면제되다.
자신의 시문을 재산정再刪定, 편차하기 시작하여 1804년에 고본稿本을 완성하다. 1792년, 61세 때 자편한 원고(임자본)의 내용 중 다수를 산삭하여 총 20권 10책으로 편차해서 선혜청 아전 직리直吏 지경철池景喆에게 필사하게 하다.

1803 | 계해 순조 3년, 72세
7월 18일, 김재순의 발의로 두기공杜祁公의 회양고사睢陽故事를 본떠 오로회五老會를 만들다. 청풍계의 누정에 모여 시를 짓고 첩을 만든 후 유한준이 오로회첩五老會帖의 서문을 쓰다. 동첩 우인同帖友人은 유한준 외에 조중첨趙重瞻(함안, 전행첨지중추부사, 자는 사준士尊, 74세), 이낙배李樂培(전의全義, 전행돈령부도정, 자는 중선仲善, 73세), 김재순(안동安東, 전행첨지중추부사, 자는 중관仲寬, 71세), 서간수徐簡修(달성達成, 사복시판관, 자는 성가聖可, 70세) 등이다. 발문은 이채李采가 쓰다.

1806 | 병인 순조 6년, 75세
10월 17일, 선공감繕工監 부정에 임명되었으나 부임하지 않다.

1807 | 정묘 순조 7년, 76세
박준원의 행장을 짓고 그의 문집인 『금석집錦石集』의 서문을 쓰다.
이최중李最中의 『위암집韋菴集』 서문 등을 짓다.

11월 21일, 군자감 정으로 임명되다.

1808 | 무진 순조 8년, 77세
4월 17일, 강화경력에 임명되다. 윤5월에 홍윤후洪允厚로 교체된 것으로 보아 부임하지 않은 듯하다.
5월경, 자신의 생애를 정리하는 자명自銘을 짓다.

1809 | 기사 순조 9년, 78세
김순택金純澤을 곡하다. 오로회 동인 중 한 사람인 서간수가 졸하다.
호남과 영남 지방에 큰 기근이 들어, 영남의 상황을 살펴보기 위해 경주로 떠나는 공조참의 이채를 배웅하다.
4월 11일, 장악원掌樂院 정正에 임명되었으나 병을 이유로 사양하다.

1810 | 경오 순조 10년, 79세
박홍수의 문집 『거거집居居集』에 서문을 짓다. 박홍수의 친족 어른들이자 유한준 자신의 가장 훌륭했던 벗들인 박윤원과 박지원을 추억하며, 박홍수가 도학과 문장에 각각 뛰어났던 두 사람을 본받아 도문을 겸비한 역사의 동량이 되기를 바란다는 내용의 서문을 써주다.
1802년의 자편自編 원고(임술본)에서 누락된 문장과 그 이후 저작된 글을 모아 『속자저續自著』 4책을 편차하다.

1811 | 신미 순조 11년, 80세
1월 2일, 가선대부로 가자되고, 5일에는 부호군에 임명되었고, 12일에는 형조참의로 임명되었으나 곧 사직하다.
윤3월 15일, 원자궁 보덕청輔德廳의 요속이 되다.
7월 28일, 졸하다. 10월, 부평에 장사 지내다.

1812 | 임신 순조 12년, 사후 1년
사자嗣子 유회주가 가장家藏된 초고들을 총괄하여 『저암집著庵集』을 편찬 후 문집 간행을 위해 남공철에게 서문을 부탁하다.

박준원의 아들 박종경朴宗慶이 전사자全史字를 주조하여 일가의
문집을 간행할 때 저자의 유고를 이어 간행하려고 하다. 유한
준의 유언에 따라 6, 7책이 넘지 않도록 간정簡精하게 산정해서
간행해야 한다는 이채의 견해와 유고 전부를 그대로 간행해야
한다는 박종경朴宗慶·홍직필 등의 견해가 엇갈려 이채가 임술
본 『자저』 10책은 그대로 간행하고 미처 산정되지 못한 『속자
저續自著』만 산정해서 간행하겠다는 뜻을 밝혔으나 끝내 문집
으로 간행되지는 못하다.

1. 자료

(1) 유한준의 문집

1) 전집본
가. 『自著』 규장각 15책본
  『自著』, 29권 15책, 稿本, 규장각본[古 3428-328] (문집총간수록본)
나. 『自著』 장서각 7책본 계열(원래는 10책본인데, 3책 분량에 해당하는 권
  3~4, 권7~8, 권19~20이 결책된 결본缺本임).
  『自著』, 18권 7책, 稿本, 장서각본[K4-6430] *권3-4, 7-8, 19-20 없음
  『自著』, 18권 7책, 寫本, 장서각본[K4-6939](장서각본[K4-6430]의 사본
  임). *권3-4, 7-8, 19-20 없음
  『自著』, 18권 7책, 寫本, 국립중앙도서관본[古1-1996-321](장서각본
  [K4-6430]의 사본임). *권3-4, 7-8, 19-20 없음
  『自著』, 18권 7책, 寫本, 규장각본[奎 15766] *권3-4, 7-8, 19-20 없음
다. 『著庵集』 16책본
  『著庵集』, 32권 16책, 寫本, 김영호金泳鎬 교수 소장본, *권17-24, 31, 32
  없음(여강출판사 영인본)

2) 소집본

『著草』, 불분권 1책, 고본, 규장각본[古 3428-348-v3] (문집총간수록본)

『自著』 準本, 2권 1책, 고본, 규장각본[古 3428-348-v1] (문집총간수록본)

『自著』, 불분권 1책, 고본, 규장각본[古 3428-348-v2]

『續自著』, 불분권 4책, 고본, 규장각본[古 3428-328a] (문집총간수록본)

『自著』, 2권 1책, 사본, 규장각본[古 3447-15]

『著菴』, 3권 1책, 사본, 규장각본[古 3447-16 3/6] *권3~6 외 없음

『著庵集』, 불분권 2책, 사본, 규장각본[古 3436-9]

3) 초록본

『杞溪文獻』所收 抄錄本, 兪致雄 編, 재단법인 富雲奬學會 發行, 1963

4) 영인본

『著庵集』, 여강출판사, 1987(여강출판사 영인본은 김영호 교수 소장본의
　　유실된 부분을 규장각본 자저(古 3428-328)와 속자저(古 3428-328a),
　　장서각본 稿本(4-6430)으로 보충하여 영인한 것임).

『自著』, 한국문집총간韓國文集叢刊 제249권, 민족문화추진회, 2000(문집
　　총간 영인본은 규장각에 소장되어 있는 『自著』(古3428-328) · 『著草』(古
　　3428-348-v3) · 『準本』(古3428-348-v1) · 『續自著』(古3428-328a)를 합본
　　한 것임).

(2) 고전 및 문집 자료

『禮記』,『論語』,『孟子』,『近思錄』,『四書大全』,『五經大全』,『性理大全』

『道德經』,『莊子』,『列子』,『列仙傳』,『參同契』

『史記』,『晉書』,『舊唐書』

『文選』,『文心雕龍』,『詩品』,『冊府元龜』

韓愈(768~824),『韓昌黎文集校注』, 中國: 上海古籍出版社, 1987

周敦頤(1017~1073),『通書』, 性理大典本, 규장각본 奎中 1450-v.1-35

周敦頤 著, 朱熹 註釋, 권정안 譯,『通書解』, 청계, 2000

朱熹(1130~1200),『朱熹集』, 成都:四川敎育出版社, 1996

＿＿＿,『朱子語類』, 北京:中華書局, 1994

＿＿＿,『南嶽唱酬集』, 규장각본 古 3441-34

朱熹 撰, 錢熙祚 校,『參同契考異』, 臺灣: 中華書局, 民國67(1978)

眞德秀(1178~1235),『文章正宗』규장각본 古 3431-3-v.1-19

金履祥(1232~1303),『(增删)濂洛風雅』, 규장각본 가람古 811.4-G42g-
    v.1-2

田祿生(1318~1375),『埜隱先生逸稿』, 한국문집총간 3

鄭夢周(1337~1392),『圃隱集』, 한국문집총간 5

尹祥(1373~1455),『別洞集』, 한국문집총간 8

徐居正(1420~1488),『四佳集』, 한국문집총간 10~11

金宗直(1431~1492),『佔畢齋集』, 한국문집총간 12

曹偉(1454~1503),『梅溪集』, 한국문집총간 16

金馹孫(1464~1498),『濯纓集』, 한국문집총간 17

王守仁(1472~1528), 吳光 等 編校,『王阳明全集』, 중국: 上海古籍出版社,
    1992

李荇(1478~1534),『容齋先生集』, 한국문집총간 20

_____,『容齋先生和朱文公南嶽唱酬集』규장각본 古 3447-98

金麟厚(1510~1560),『河西全集』, 한국문집총간 33

李攀龍(1514~1574),『滄溟集』, 四庫全書本

王世貞(1526~1590),『弇州四部稿』, 四庫全書本

_____,『弇州四部稿-續稿』, 四庫全書本

_____,『讀書後』, 四庫全書本

宋翼弼(1534~1599),『龜峯先生集』한국문집총간 42

李珥(1536~1584),『栗谷全書』, 한국문집총간 44~45

_____,『醇言』, 규장각본 奎 7743

_____, 이주행 譯,『醇言』, 인간사랑, 1993

_____, 김학목 옮김,『율곡 이이의 노자』, 예문서원, 2001

_____, 유성선 譯,『순언: 栗谷의 老子 풀이』, 국학자료원, 2002

洪聖民(1536~1594),『拙翁集』, 한국문집총간 46

尹根壽(1537~1616),『月汀先生集』한국문집총간 47

袁宗道(1560~1600),『袁宗道集笺校』, 중국: 湖北人民出版社, 2003

馮夢龍(1574~1646) 著, 蔡元放 評釋,『繡像東周列國志』奎中 4743-v.1-24

_____, 蔡元放 改撰, 劉本棟 校訂, 繆天華 校閲,『東周列國志』, 중국: 三
    民書局, 1993

李植(1584~1647),『澤堂集』한국문집총간 88

張維(1587~1638),『谿谷先生集』, 한국문집총간 92

許穆(1596~1682),『記言』, 한국문집총간 98

柳馨遠(1622~1673),『磻溪隨錄』, 景仁文化社 영인본, 1974; 明文堂 영인
    본, 1994

_____,『磻溪雜藁』, 驪江出版社 영인본, 1990

_____,『磻溪逸稿』,『韓國漢文學硏究』38권, 2006 수록본

朴世堂(1629~1703),『新注道德經』,『西溪全書』, 大學社, 1979

_____, 김학목 옮김,『박세당의 노자(新注道德經)』, 예문서원, 1999

金昌協(1651~1708),『農巖集』卷4 한국문집총간 161~162

_____,『文趣』, 奎中 2195-v.1-2

徐宗泰(1652~1719),『晚靜堂集』한국문집총간 163

李宜顯(1669~1745),『陶谷集』, 한국문집총간 181

李縡(1680~1746),『陶菴集』, 한국문집총간 194~195

申維翰(1681~1752),『靑泉集』, 한국문집총간 200

趙龜命(1692~1737),『東谿集』, 한국문집총간 215

南有容(1698~1773),『䨒淵集』, 한국문집총간 217

李用休(1708~1782),『惠寰雜著』, 국립중앙도서관본 k13648-62-921

_____, 조남권·박동욱 옮김,『혜환 이용휴 시전집』, 소명출판, 2002

_____, 조남권·박동욱 옮김,『혜환 이용휴 산문전집』, 소명출판, 2007

李麟祥(1710~1760),『凌壺集』, 한국문집총간 225

_____, 박희병 역,『능호집』상·하, 돌베개, 2016

任聖周(1711~1788),『鹿門先生文集』, 한국문집총간 228

徐命膺(1716~1787),『道德指歸』, 규장각본 古 1401-1

_____, 조민환·장원목·김경수 역주,『도덕지귀』, 예문서원, 2008

李敏輔(1717~1799),『豊墅集』, 한국문집총간 232

任靖周(1727~1796),『雲湖集』, 규장각본 奎 4838-v.1-3

金光國(1727~1797),『石農畵苑』, 홍성하 소장본

魏伯珪(1727~1798),『存齋集』, 한국문집총간 243

李奎象(1727~1799),『幷世才彦錄』,『一夢先生文集』, 景仁文化社 영인본,
    1993

李福休(1729~1800),『漢南集』,『近畿實學淵源諸賢集』5, 成均館大 大東
    文化硏究院, 2002

成大中(1732~1812),『靑城集』, 한국문집총간 248

朴胤源(1734~1799),『近齋集』, 한국문집총간 250

朴趾源(1737~1805),『燕巖集』, 한국문집총간 252

_____, 김명호 역,『국역 연암집』1·2, 민족문화추진회, 2004; 2005

_____, 박희병·정길수 외 편역,『연암산문 정독』1·2, 돌베개, 2007; 2010

李采(1745~1820),『華泉集』, 규장각 소장본

正祖(1752~1800),『弘齋全書』, 한국문집총간 262~267

兪晩柱(1755~1788),『欽英』, 규장각 영인본, 1997

李鈺(1760~1815),『俚諺』, 국립중앙도서관본 BC古朝48-158

_____, 실시학사 고전문학연구회 편역,『完譯 李鈺全集』1~5, 휴머니스트, 2009

南公轍(1760~1840),『金陵集』, 한국문집총간 272

_____,『歸恩堂集』, 규장각본 古 3428-62-v.1-5

_____,『穎翁續藁』, 규장각본 奎1757-v.1-2

丁若鏞(1762~1836),『與猶堂全書-詩文集』, 한국문집총간 281

趙秀三(1762~1849),『秋齋集』, 한국문집총간 271

李度中(1763~?),『新齋集』, 규장각 소장본

朴宗慶(1765~1817),『敦巖集』, 규장각 소장본

金鑢(1766~1821),『潭庭遺稿』, 한국문집총간 289

洪奭周(1774~1842),『訂老』,『淵泉集』, 한국문집총간 293~294

_____, 김학목 옮김,『홍석주의 노자』, 예문서원, 2001

黃嗣永(1775~1801),「帛書」,『황사영 백서와 이본』, 국학자료원, 2004 수록본

洪直弼(1776~1852),『梅山集』, 한국문집총간 296

『奎章閣圖書藏書印譜』1·2, 규장각 한국학연구원, 2019

2. 연구 논저

간호윤,「≪欽英≫의 소설비평 연구」,『어문연구』29집, 2001

강명관,「조선후기 서울의 중간계층과 유흥의 발달」,『민족문학사연구』제2집, 1992

_____,「16세기 말 17세기 초 擬古文派의 수용과 秦漢古文派의 성립」,『韓國漢文學研究』18, 1995

_____,「조선후기 서적의 수입 유통과 장서가의 출현」,『민족문학사연구』9, 1996

_____,『조선후기 여항문학 연구』, 창비, 1997

_____,「허균과 명대문학」,『민족문학사연구』11, 민족문학사학회, 1998

_____,『조선시대 문학 예술의 생성 공간』, 소명출판, 1999

_____,「한 지식인의 독서 체험과 조선 후기 문학」,『대동한문학』13, 2000

_____,「澤堂 李植 散文批評의 재검토」,『한문학보』제8집, 2003

_____,『조선의 뒷골목 풍경』, 푸른역사, 2003

_____,『공안파와 조선후기 한문학』, 소명출판, 2007

_____,『국문학과 민족 그리고 근대』, 소명출판, 2007

_____,『농암잡지평석』, 소명출판, 2007

_____,『안쪽과 바깥쪽』, 소명출판, 2007

강민구,「東谿 趙龜命의 文學論과 文學世界」, 성균관대 석사논문, 1990

_____,「〈東谿集〉을 통해 본 18세기 文藝論의 一 推移-道文分離論과 創新論을 중심으로」,『書誌學報』14, 한국서지학회, 1994

_____,「영조대 문학론과 비평에 대한 연구」, 성균관대 박사논문, 1997

강영심,「18세기 조선의 외국역법서적 수입과 문화변동」,『17·18세기 조선의 독서 문화와 문화 변동』, 혜안, 2007

고은,「士大夫自傳研究」, 서울대 석사논문, 2003

구만옥,『朝鮮後期 朱子學的 宇宙論의 變動』, 연세대 박사논문, 2002

권정원,「소설에 대한 유만주의 입장에 관한 일고찰」,『한자한문교육』, 10집, 2003

금동현,「유몽인 산문 이론의 구조와 의미」,『한국한문학연구』34, 한국한문학회, 2004

금장태,『한국유학의 노자 이해』, 서울대출판부, 2006

김호,「18세기 후반 居京士族의 衛生과 의료」,『서울학연구』11집, 1998

김건우,「著菴 俞漢雋의 문학론과 그 실천 양상」, 성균관대 석사논문, 2000

김경수,「≪道德指歸≫를 통해서 본 徐命膺의 ≪道德經≫ 理解」,『韓國思想과 文化』제22집, 2003

김광년,「息庵 金錫胄 散文 研究」, 고려대 석사논문, 2003

김교빈,「조선 후기 주자학과 양명학의 논쟁」,『시대와 철학』10호, 1999

김기림,「이행의 시세계 연구」, 이화여대 박사논문, 1995

김낙필,『權克中의 內丹思想』, 서울大學校 박사논문, 1990

_____,「韓國道敎 研究의 回顧와 課題」,『韓國宗敎研究』第1輯, 1999

_____,『조선시대의 내단사상: 권극중의 도교 철학적 사유와 그 전개』, 대원출판, 2005

김명호,「박지원과 유한준」,『한국학보』44, 일지사, 1986

_____,「한문학 전통의 현대적 의미: 실학파의 문학론과 근대 리얼리즘」,『한국한문학연구』19집, 한국한문학회, 1996

_____,『박지원 문학 연구』, 성대대동문화연구원, 2001

김문식,「성대중의 가계와 교유 인물」,『문헌과해석』, 2003 봄

김석중,「『醇言』을 통해 본 율곡의 노자이해」, 연세대 석사논문, 1994

김성환,「한국의 仙道 연구」,『도교문화연구』28집, 2008

김수진,「凌壺觀 李麟祥의 문학과 회화에 대한 일고찰」,『古典文學研究』

제26호, 2004

김승대, 「반계 유형원의 가계 분석」, 『한국실학연구』 34, 2017

김영, 「燕巖의 士의식과 讀書論」, 『東方學志』 제53집, 1986

김영봉, 『金宗直 詩文學 硏究』, 이회, 2000

김영진, 「兪晚柱의 한문단편과 記事文에 대한 일고찰」, 『대동한문학』 13집, 2000

_____, 「李鈺 硏究(1)」, 『한문교육연구』 제18권, 2002

_____, 「朝鮮後期의 明淸小品 수용과 小品文의 전개양상」, 고려대 박사논문, 2003

_____, 「스승의 뜻이 담긴 책 『文趣』」, 『문헌과해석』 제24호, 2003. 9

_____, 「청성과 청장관의 교유, 『靑城雜記』에 대하여」, 『문헌과해석』, 2003

_____, 「朴趾源의 필사본 小集들과 작품 창작년 고증」, 『대동한문학』 제23집, 2005

_____, 「조선후기 중국 사행과 서책 문화」, 『19세기 조선지식인의 문화지형도』, 한양대출판부, 2006

김우정, 「월정 윤근수 산문의 성격」, 『한문학논집』 19, 근역한문학회, 2001

_____, 「조선중기 복고적 산문의 두 경향-최립과 유몽인을 중심으로」, 『한국한문학연구』 37, 한국한문학회, 2006

김윤수, 「徐命膺의 ≪參同攷≫와 ≪易參同契詳釋≫」, 『한국도교와 도가사상』, 1991

김윤조, 「유만주가 본 연암」, 『한국의 경학과 한문학』, 1996

_____, 「조선 후기 한문학에 있어서 錢謙益」, 『대동한문학』 13집, 2000

김징규, 「兪漢雋의 문학관과 작품 세계」, 성균관대 석사논문, 2006

김하라, 「일기문학으로서의 ≪欽英≫ 연구」, 서울대 석사논문, 2001

김학목, 「≪신주도덕경≫에 나타난 서계의 체용론」, 『哲學』 64, 2000

_____, 「淵泉 洪奭周가 ≪道德經≫을 주석한 목적」, 『哲學硏究』 60, 2003

_____, 「≪道德指歸≫ 編制에 나타난 保晚齋 徐命膺의 象數學」, 『哲學硏究』 64, 2004

김학재, 『栗谷 ≪醇言≫의 硏究』, 韓國精神文化硏究院 韓國學大學院 석사논문, 2002

김항수, 「16세기 士林의 성리학 이해」, 『한국사론』 제7집, 1981

노경희, 「17세기 명대문학론의 유입과 한문산문의 '조선적' 전개에 대한 일고」, 『고전문학연구』 27, 한국고전문학회, 2005

박경남, 「趙龜命 道文分離論의 변화와 독자적 인식의 표현으로서의 문

학」, 『국문학연구』제17호, 2008

_____, 「兪漢雋·朴胤源의 도문분리 논쟁과 兪漢雋의 各道其道論」, 『韓國漢文學研究』제42집, 2008

_____, 「16·17세기 程朱學的 道文一致論의 균열과 道文分離的 경향」, 『고전문학연구』제35집, 2009

_____, 「18세기 文學觀의 변화와 '개인'과 '개체'의 발견(1)-程朱學的 이념의 해체와 '개인' 중심 문학관의 출현」, 『동양한문학연구』제31호, 2010

_____, 「兪漢雋 문학의 실학적 면모」, 『한국실학연구』26, 2013

_____, 「兪漢雋의 『諺記』와 조선후기 漢譯 俗談集 편찬의 재인식」, 『한문학논집』39, 2014.

박동욱, 「尖新과 覺悟의 산문미학」, 『혜환 이용휴 산문전집』, 소명출판, 2007

박무영, 「실학파의 한시와 일상성」, 『세계화 시대의 실학과 문화예술』, 경기문화재단, 2004

박석, 『송대의 신유학자들은 문학을 어떻게 보았는가』, 역락, 2005

박은정, 「17C말 18C 전기 農巖 계열 문장가들의 古文論 연구」, 한양대 박사논문, 2005

박준호, 「惠寰 李用休의 陽明學的 思惟樣態와 詩的 形象化」, 『漢文學報』제3집, 2000

박혜숙, 「담정 김려-새로운 감수성과 평등의식」, 『부령을 그리며』, 돌베개, 1996

박혜숙·최경희·박희병, 「한국여성의 자기서사」(1)~(3), 『여성문학연구』제7호~제9호, 한국여성문학회, 2002~2003

박효은, 「홍성하 소장본 金光國의 『石農畫苑』에 관한 고찰」, 溫知論叢, 제5집, 1999

_____, 「『石農畫苑』을 통해 본 한·중 회화후원 연구」, 홍익대 박사논문, 2013

박희병, 「≪欽英≫의 성격과 내용」, 『欽英』, 규장각 영인본, 1997

_____, 「淺見絅齋와 洪大容: 中華的 華夷論의 해체양상과 그 의미」, 『大東文化研究』, 40호, 2002

_____, 『능호관 이인상 서화평석』1·2, 돌베개, 2018

박희수, 「박지원 문예론에 나타난 '意'의 의미에 대하여-법고창신론의 재음미와 관련하여」, 『한국한문학회』, 2019

배기표, 「通園 兪晩柱의 文學論」, 성균관대 석사논문, 2001

백승영, 『니체, 디오니소스적 긍정의 철학』, 책세상, 2005

서경요, 「조선조 후기 학술의 고증학적 성격」, 『儒教思想研究』7집, 1994

서한석, 「月汀 尹根壽의 散文에 關한 硏究: 擬古文風의 導入과 關聯하여」, 성균관대 석사논문, 1999

석진주, 「李福休 漢詩 硏究」, 고려대 박사논문, 2015

성기옥, 「사대부 시가에 수용된 신선모티프의 시적 기능」, 『국문학과 도교』, 태학사, 1998

손찬식, 「韓國 道敎文學硏究의 現況과 展望」, 『溫知論叢』 5, 1999

_____, 「조선전기 단학파의 시문학 연구」, 고려대 박사논문, 1990

_____, 『조선조 도가의 시문학 연구』, 국학자료원, 1995

손혜리, 「靑城 成大中의 文學活動과 文學論」, 成均館大 석사논문, 2000

_____, 「『靑城雜記』에 대한 일고찰」, 『동방한문학』 제24집, 2003

_____, 「靑城 成大中의 史論 散文 硏究-『靑城雜記』〈揣言〉을 중심으로」, 『大東文化硏究』 80, 2012

송재소, 「초정 박제가의 미의식과 시론」, 『한국한문학과 미학』, 태학사, 2003

송준호, 「조선조 후기 사가시에 있어서 실학사상의 검토」, 『조선조 후기문학과 실학사상』, 1987

송혁기, 「김창협 문학비평의 당대적 위상」, 『고전문학연구』 18, 한국고전문학회, 2000

_____, 「18세기초 산문이론의 전개양상 一考-이의현, 신유한, 조귀명을 중심으로」, 『韓國漢文學硏究』 31집, 한국한문학연구회, 2003

_____, 『조선후기 한문산문의 이론과 비평』, 월인, 2006

신복호, 「18세기 관각문학 연구」, 고려대 박사논문, 2003

신향림, 「盧守愼 詩에 나타난 思想 硏究: 朱子學에서 陽明學으로의 轉變」, 고려대 박사논문, 2005

_____, 「시조를 통해 본 陽明學의 傳來와 擴散」, 『고전문학연구』 제32권, 2007

_____, 『조선 주자학 양명학을 만나다: 소재 노수신의 사상과 문학』, 심산, 2015

심경호, 「조선후기 한문학과 원굉도」, 『한국한문학연구』 34, 2004

_____, 『내면기행』, 이가서, 2009

_____, 『나는 어떤 사람인가』, 이가서, 2010

안대회, 「박제가 시의 사물·인간·사회」, 『18세기 조선지식인의 문화의식』, 한양대출판부, 2001

_____, 「조선후기 自撰墓誌銘 연구」, 『韓國漢文學硏究』 제31집, 2003

_____, 『선비답게 산다는 것』, 푸른역사, 2007

안득용, 「16세기 후반~17세기 전반 自傳的 敍事의 창작 경향과 그 의미」,

『韓國漢文學硏究』51, 2013

안순태, 「〈劍客薛生傳〉 연구-〈劍客記聞〉과의 대비를 중심으로」, 『국문학연구』 29, 2014

안영상, 「고본 ≪대학≫설을 둘러싼 성호학파의 갈등 양상과 그 의미」, 『韓國思想과 文化』 제29집, 2005

양승목, 「반계 유형원 抄象-생애기록물에 대한 통시적 이해」, 『한국실학연구』 34, 2017

오주학, 「雷淵 南有容의 문예활동과 "趣"의 구현 양상」, 『東方漢文學』 54, 2013

_____, 「雷淵 南有容 散文 硏究」, 성균관대 박사논문, 2017

우인수, 「18·19세기 산림의 기능 약화와 성격변화」, 『대구사학』 제55집, 1998

_____, 『조선후기 산림세력연구』, 일조각, 1999

원재린, 「星湖 李瀷의 國家 改革論과 그 思想的 특질」, 『泰東古典硏究』 26, 2010

유동재, 「著庵 兪漢雋의 文學觀과 文章論 硏究-〈自傳〉과 〈文訣〉을 중심으로」, 안동대 석사논문, 2005

유동재, 「〈文訣〉의 創作論과 그 文論史的 意義」, 『한국한문학연구』 38, 한국한문학회, 2006

유봉학, 「18·9세기 노론학계와 산림」, 『한신논문집』 제3권, 1986

유봉학, 『조선후기 학계와 지식인』, 신구문화사, 1998

유성태, 「朝鮮朝 後期 崇儒思潮에서의 道敎受容에 대한 硏究」, 『정신개벽논집』 12, 1993

兪致雄, 「杞溪兪氏族譜의 沿革」, 『富雲報』 제4호, 1986. 9.10

유홍준, 「凌壺觀 李麟祥의 生涯와 藝術」, 홍익대 석사논문, 1983

유홍준·김채식 옮김, 『김광국의 석농화원』, 눌와, 2015

유화선, 「正祖代 文體反正 硏究」, 서강대 석사논문, 2001

윤재민, 「조선시대 문인 학자들의 문학관」, 『조선시대 삶과 생각』, 고려대 민족문화연구원, 2000

이경근, 「惠寰 李用休의 文藝論 硏究」, 서울대 석사논문, 2009

이동환, 「朝鮮後期 漢詩에 있어서 民謠趣向의 擡頭」, 『韓國漢文學硏究』 제3-4집, 1979

이민홍, 『增補 士林派文學의 硏究』, 월인, 2000

이병도 외, 「실학파 문인과 민족문학론」, 『한국한문학사』, 반도출판사, 1995

이병찬, 「朱子 汪詩說考」, 『한문학논집』 15, 1997

＿＿＿,「成海應과 申綽의 考證的 詩經學 硏究」,『韓國漢文學硏究』30집, 2002

이병휴 외,『탁영 김일손의 문학과 사상』, 영남대출판부, 1998

이병휴,『조선전기 기호사림파의 형성』, 일조각, 1984

이봉호,「서명응의 ≪參同攷≫에 나타난 先天易을 중심으로 한 단역참동론」,『도교문화연구』20집, 2004

＿＿＿,「徐命膺의 ≪道德指歸≫에 나타난 易理와 內丹思想의 一致」,『韓國思想과 文化』제22집, 2003

이성민,「汾西 朴瀰 문학 연구」, 성균관대 박사논문, 2008

이영훈 외,『해방전후사의 재인식』, 책세상, 2006

이원걸,『金宗直의 風敎 詩文學 硏究』, 박이정, 2004

이재훈,「朱子 詩經學 硏究」, 서울대 박사논문, 1994

이종묵,「15세기 후반 문단의 추이와 佔畢齋 金宗直」,『국문학연구』제12호, 2004

이종성,「西溪 朴世堂의 ≪新註道德經≫에 있어서의 老子觀」,『東洋哲學硏究』16, 1996

＿＿＿,「栗谷〈醇言〉硏究의 動向과 課題」,『율곡학연구』13권, 2006

이종호,「18세기초 사대부층의 새로운 문예의식-동계 조귀명의 문예 인식과 문장론」,『한국 근대문학사의 쟁점』, 창비, 1990

＿＿＿,『조선의 문인이 걸어온 길』, 한길사, 2004

＿＿＿,「신유한의 문예인식과 문장론」,『韓國漢文學硏究』35집, 2005

이창희,「容齋 李荇 漢詩의 硏究」, 高麗大 박사논문, 1998

이현호,「兪漢雋 散文 硏究」, 정문연 한국학대학원 석사논문, 2003

이희재,「朴世堂의 ≪新註道德經≫ 硏究」,『서지학연구』23, 2002

임준철,『내 무덤으로 가는 이 길』, 문학동네, 2014

임형택,「朝鮮前期 士大夫 文學」,『韓國文學史의 視覺』, 창비, 1984

＿＿＿,「고전문학에서 현실주의의 발전과 민족문학적 성취」,『한국한문학연구』17집, 1994

＿＿＿,「실학사상과 현실주의문학-언어표현상의 문제를 중심으로」,『한국문학사의 논리와 체계』, 창비, 2002

＿＿＿,「21세기에 다시 읽는 실학」,『대동문화연구』42, 성대대동문화연구원, 2003

임형택 외,『세계화 시대의 실학과 문화예술』, 경기문화재단, 2004

장동우,「茶山과 淸代 考證學者와의 聯關에 관한 고찰」,『延世哲學』6집, 1994

장진성,「이인상의 서얼의식-국립중앙박물관 소장〈검선도〉를 중심으로」,

『미술사와 시각문화』 1집, 2002

＿＿＿, 「양식과 페르소나(Persona): 이인상의 자아의식과 작품세계」, 『서양미술사학회논문집』 제36집, 2012

전상모, 「兪漢雋의 道文分離的 書藝認識에 관한 연구」, 『서예학연구』 17, 2010

정경주, 『成宗朝 新進士類의 文學世界』, 法仁文化社, 1993

정동진, 「朝鮮 前期 仙道詩 硏究」, 대구대 박사논문, 1998

정민, 「『영처집』에 실린 성대중의 친필 서문」, 『문헌과해석』, 2000, 가을

＿＿＿, 『초월의 상상』, 휴머니스트, 2002

＿＿＿, 『18세기 조선지식인의 발견』, 휴머니스트, 2007

정선희, 「조선후기 문인들의 김성탄 비평본에 대한 독서 담론 연구」, 『동방학지』, 연세대학교 국학연구원, 2004

정우봉, 「李用休의 문학론의 일고찰-그의 陽明學的 사고와 관련하여」, 『韓國漢文學硏究』 제9-10집, 1987

정우봉, 「朝鮮後期 散文理論의 展開와 그 性格(1)-16세기 말~17세기 초 중반을 중심으로」, 『한국문학연구』 창간호, 고려대 민족문화연구원 한국문학연구소, 2000

정우봉, 「조선후기 자찬연보 연구」, 『韓國漢文學硏究』 59, 2015

정은진, 「18세기 속화俗畵 관련 제발題跋을 통해 본 통속성 연구」, 『한문학논집』 39, 2014

정재서, 「韓國 道敎學의 現況과 展望」, 『宗敎硏究』 第6卷, 1990

정재헌, 「靑城 成大中의 散文論 硏究」, 부산대 석사논문, 2001

정재훈, 『조선전기 유교 정치사상 연구』, 태학사, 2005

정호훈, 『朝鮮後期 政治思想 硏究: 17세기 北人系 南人을 중심으로』, 혜안, 2004

조남권·박동욱 옮김, 『혜환 이용휴 산문전집』, 소명출판, 2007

조남호, 「김창협 학파의 양명학 비판」, 『철학』 39, 한국철학회, 1993

조민환, 『유학자들이 보는 노장철학』, 예문서원, 1996

＿＿＿, 「朴世堂의 老子理解-道의 體用論的 理解를 中心으로」, 『道敎文化硏究』 11, 1996

＿＿＿, 「徐命膺의 ≪道德指歸≫에 관한 연구」, 동양철학 16, 2002

＿＿＿, 「洪奭周 ≪訂老≫에 나타난 道論」, 『한국학논집』 제37집, 2003

＿＿＿, 「徐命膺 ≪道德指歸≫ 1장에 관한 연구」, 『韓國思想과 文化』 제22집, 2003

조성산, 「18세기 洛論系의 『반계수록』 인식과 홍계희 경세학의 사상적 기초」, 『조선시대사학보』 30, 2004

조성을, 「조선후기 화이관의 변화」, 『근대국가와 민족문제』, 지식산업사, 1995

진재교, 「실학파와 한시-현실주의적 성과와 민족문학적 성취」, 『이조후기 한시의 사회사』, 소명출판, 2001

차장섭, 『조선후기 벌열연구』, 일조각, 1997

최경렬, 「『靑城雜記』研究」, 成均館大 석사논문, 2002

최삼룡, 『한국초기소설의 도선사상』, 형설출판사, 1982

최자경, 「兪晩柱의 小說觀 연구」, 연세대 석사논문, 2001

하지영, 「18세기 秦漢古文論의 전개와 실현 양상」 이화여대 박사논문, 2014

한국고전문학회 편, 『국문학과 도교』, 태학사, 1998

한양대 한국학연구소 편, 『19세기 조선지식인의 문화지형도』, 한양대출판부, 2006

한영우 외, 『다시, 실학이란 무엇인가』, 푸른역사, 2007

홍선표 외, 『17·18세기 조선의 외국서적 수용과 독서문화』, 혜안, 2006

홍선표 외, 『17·18세기 조선의 외국서적 수용과 독서실태: 목록과 해제』, 혜안, 2006

홍선표 외, 『17·18세기 조선의 독서 문화와 문화 변동』, 혜안, 2007

황위주, 「朱子의 蘇東坡 排擊과 朝鮮初期 漢文學」, 『대동한문학회』 제5집, 1993

황정연, 『조선시대 서화 수장 연구』, 신구문화사, 2012

郭英德, 「明人自传文论略」, 『南京师范大學文學院學报』, 2005.

唐心怡, 「休寧貴公子, 邗上大畫師-査士標生平與繪畫研究」, 臺灣: 國立中央大學 藝術學研究所 碩士論文, 民國 96年(2007)

杜聯喆 輯, 『明人自傳文鈔』, 臺北: 藝文印書館, 1977

蘇娟, 「中晚明自傳文研究」, 復旦大學 碩士論文, 2012

張瑄蘭, 「明清女性自傳劇作之夢境書寫」, 國立中央大學 碩士論文, 2011

張 毅, 『宋代文學思想史』, 中國: 中華書局, 1995

錢茂偉, 「論王世貞對理學化史學的批評」, 中國: 『華東師大學學報』, 제34권, 2002. 5

陳鼓應, 『老子今註今譯及評介』, 臺灣: 商務印書館, 수정본, 1997

鄒丁丁, 「明人自傳與明代士人的精神生活」, 華中師範大學 碩士論文, 2011

가와이 코오조오, 『중국의 자전문학』, 심경호 옮김, 소명출판, 2002

Alan D. Schrift, *Nietzsche and the question of interpretation*, New

    York: Routledge, 1990
(엘런 슈리프트Alan D. Schrift, 『니체와 해석의 문제』, 박규현 옮김, 푸른숲,
    1997)
니체, 『니체 전집』 19~21, 김미기 외 옮김, 책세상, 2005

3. 참고 자료

이규상, 『18세기 조선인물지』, 민족문학사연구소 한문분과 옮김, 창비,
    1997
李昌鉉, 『姓源錄』, 高麗大學校 中央圖書館 영인본, 昨晟社, 1985
『日省錄』, 민족문화추진회 역, 1998~2007
『朝鮮時代雜科合格者總覽』, 韓國精神文化研究院, 1990

文淵閣 四庫全書 전자판: http://www.sikuquanshu.com/
한국고전번역원: http://www.itkc.or.kr/
한국역사정보 통합시스템: http://www.koreanhistory.or.kr/
한국역대인물 종합정보시스템: http://people.aks.ac.kr
기계 유씨 대종회: http://gigyeyussi.jangsoft.kr/index/

저마다의
길

저마다의
길

402

저마다의 길
유한준 평전

초판 인쇄 2021년 5월 21일
초판 발행 2021년 5월 31일

지은이 박경남
펴낸이 강성민
편집장 이은혜
편집 곽우정 신상하
마케팅 정민호 김도윤 최원석
홍보 김희숙 김상만 함유지 김현지 이소정 이미희 박지원

펴낸곳 (주)글항아리ㅣ출판등록 2009년 1월 19일 제406-2009-000002호

주소 10881 경기도 파주시 회동길 210
전자우편 bookpot@hanmail.net
전화번호 031-955-2696(마케팅) 031-955-1936(편집부)
팩스 031-955-2557

ISBN 978-89-6735-908-9 03900

• 이 저서는 2016년 대한민국 교육부와 한국학중앙연구원(한국학진흥사업단)의 한국학총서사업의 지원
  을 받아 수행된 연구임(AKS-2016-KSS-1230008)

geulhangari.com